第五版前言

2022年2月，习近平总书记主持召开中央全面深化改革委员会第二十四次会议，审议通过了《关于加快建设世界一流企业的指导意见》，提出“加快建设一批产品卓越、品牌卓著、创新领先、治理现代的世界一流企业”，吹响了建设世界一流企业的号角。2023年12月，中央经济工作会议系统部署了2024年经济工作，要坚持稳中求进、以进促稳、先立后破，在转方式、调结构、提质量、增效益上积极进取，不断巩固稳中向好的基础。提质增效、推进经济高质量发展，建设世界一流企业，要求企业必须做好成本管理，提高企业的全要素生产率，助力发展新质生产力。基于这样的政策背景和企业成本管理需要，本教材进行了此次修订。

本教材第五版突出价值观塑造的基础性地位，关注立德树人根本任务的落实。将专业基础知识和基本理论与国家的法律法规和职业道德相结合，激发学生在学习专业知识的同时了解中国国情国策，增强文化自信和制度自信；将上一版教材中绝大多数外国企业案例替换为中国企业案例，让学生通过探寻中国经验、讲好中国故事树立民族自信，培养爱国之情，为中国式现代化建设赋能。在修订过程中，我们还努力将学科的前沿研究以及中国企业在成本管理方面的先进做法融入教材，让学生通过中国企业成本管理的创新故事培养家国情怀，强化社会责任，提升文化认同感，将显性教育和隐性教育相统一，不断提高创新能力。此外，我们还更新了相关案例和部分章节所用的统计数据并更正了上一版中的几处错漏。

本教材第五版梳理了各章思考与研讨及素养元素的内容，将其整理成表1，方便教师把握教材赋能学生成长的要义，助力学生的素养提升。教师可参考表中的专业知识导引，针对相关知识点或案例，启发学生进行思考与研讨。顺应学生的学习习惯，本教材将学习资源碎片化，每章配有若干教学视频以及案例分析材料，学生可以根据自己的学习进度安排学习。为方便教学，本教材配有由作者亲自制作的电子课件，请登录东北财经大学出版社网站（www.dufep.cn）下载使用，也欢迎您在使用过程中提出宝贵意见和建议。同时，为减少任课教师的工作量，本书配有教学资源库，包括课程简介、教学大纲、模拟试题及参考答案等丰富的内容。本教材可供高等院校管理类专业、经济类专业本科生和MBA学生使用，还适于在职会计人员和从事经济管理工作的其他管理人员培训与自学使用，同时适于从事不同层次成本管理会计教学的教师教学使用。

表1 **专业知识与素养元素**

序号	专业知识	思考与研讨	素养元素
1	成本管理会计导论	1.成本管理在企业经营中处于怎样的地位？ 2.成本管理会计要解决的根本问题是什么？	把握成本管理精髓，助力新质生产力形成，提高全要素生产率
2	成本概念与分类	1.如何界定不同部门的可控成本？ 2.边际成本和变动成本在成本管理中的作用分别有哪些？	重视机会成本在决策中的重要地位，降低单位资源消耗，提高资源利用效率
3	战略成本管理	1.为什么要区分战略成本和战术成本？ 2.如何进行目标成本和生命周期成本管理？	1.把握战术成本落地的重要性，既要有顶层思维，又要关注成本管理细节； 2.能够站在价值链视角认识企业，树立价值创造理念
4	成本计算	为什么要区分基本生产成本和辅助生产费用？	1.依法核算成本，维护国家和社会公众利益； 2.成本无小事，节约成本就是创造价值
5	变动成本法和本量利分析	1.变动成本法和完全成本法各自的应用场景是什么？ 2.在成本管理中，你更赞同哪种方法？	1.进行不同类别成本的计算，实现不同层次的成本管理； 2.进行盈亏平衡分析，管好风险，提高确定性收益
6	产品生产决策	不同成本计算方法分别适用于哪种决策情境？	1.关注相关成本，采用合理方法进行正确决策； 2.形成边际分析的思维习惯，为社会创造正的边际贡献
7	生产组织决策	1.企业如何为产品定价？ 2.如何制定存货的采购和管理策略？	1.减少不增加价值的材料消耗，保护生态环境； 2.合理采购、减少库存，提高资源使用效率
8	作业成本法	1.作业成本法为何提高了决策的相关性？ 2.如何对“作业”进行科学分类？	通过成本管理创新，助力新质生产力形成和中国经济高质量发展
9	成本控制	1.成本差异形成的原因有哪些？ 2.如何界定责任成本？	1.部分最优不等于全局最优，培养集体主义观念； 2.创新地对待差异和差错，进行多元成本管理
10	成本报表与分析	1.如何看待报表项目和业务之间的关系？ 2.进行报表分析时应关注哪些问题？	1.将经济和技术分析相结合，推进业财深度融合； 2.以工匠精神和科学精神对待报表的编制和分析工作

本教材第五版内容架构如图1所示。

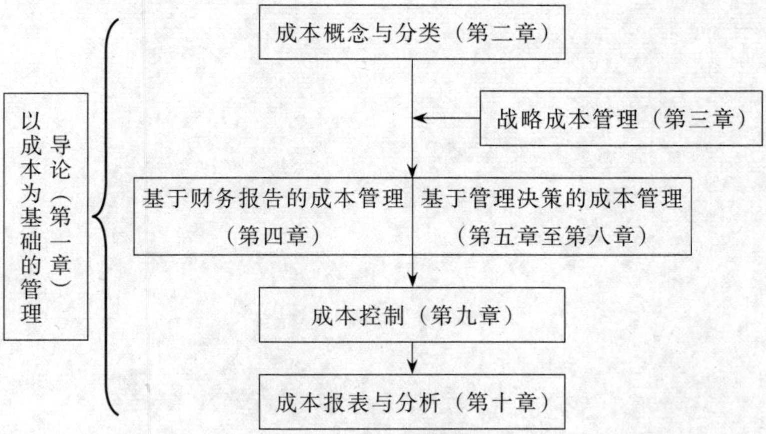

图1　本教材第五版内容架构

本教材编著分工为：第一、二章由孙茂竹编著，第四、五、六、七章由王艳茹编著，第三、八、九、十章由李朝晖编著。中国社会科学院大学博士生导师王艳茹教授和李朝晖老师参与了本版的修订工作。值此书稿付梓之际，感谢参考文献的各位作者，感谢为教材优化提出建议的教师和学生，感谢东北财经大学出版社的支持。

由于时间仓促和编著者自身的理论水平及实践经验有限，书中难免存在疏漏或不足，敬请广大读者批评指正，以便对本书做进一步的修改、补充和完善。

编著者

2024年6月

目 录

第一章 成本管理会计导论 ……1
学习目标 ……1
第一节 企业经营和成本管理 ……1
第二节 成本管理会计的形成和发展 ……4
第三节 成本内涵与成本管理会计 ……9
第四节 成本管理会计循环……16
知识拓展……20
专业素养……20
基本训练……20
案例分析……23
第二章 成本概念与分类 ……25
学习目标……25
第一节 基于战略管理需要的成本分类……25
第二节 基于财务报告目的的成本分类……27
第三节 基于管理目的的成本分类……30
知识拓展……38
专业素养……39
基本训练……39
案例分析……42
第三章 战略成本管理 ……45
学习目标……45
第一节 企业竞争战略与战略成本管理……45
第二节 价值链分析……48
第三节 目标成本管理……58
第四节 功能成本管理……63
第五节 产品生命周期成本的管理……68
第六节 质量成本管理……74

知识拓展……82
专业素养……82
基本训练……82
案例分析……87
第四章 成本计算……91
学习目标……91
第一节 成本计算的一般要求和基本程序……91
第二节 费用的归集与分配……100
第三节 成本计算的品种法……122
第四节 成本计算的分批法和分步法……129
知识拓展……137
专业素养……137
基本训练……137
案例分析……142
第五章 变动成本法和本量利分析……145
学习目标……145
第一节 变动成本法……145
第二节 本量利分析……155
知识拓展……161
专业素养……161
基本训练……162
案例分析……165
第六章 产品生产决策……167
学习目标……167
第一节 产品生产决策方法……167
第二节 产品品种决策……169
第三节 产品生产组织决策……180
知识拓展……189
专业素养……189
基本训练……189
案例分析……193
第七章 生产组织决策……194
学习目标……194
第一节 产品定价管理……194
第二节 最优存货批量管理……204
第三节 零存货管理……210
知识拓展……215
专业素养……215
基本训练……215

案例分析 ……219
第八章　作业成本法 ……221
学习目标 ……221
第一节　作业成本概述 ……221
第二节　作业成本计算 ……226
第三节　作业成本管理 ……231
知识拓展 ……236
专业素养 ……236
基本训练 ……236
案例分析 ……239
第九章　成本控制 ……248
学习目标 ……248
第一节　责任成本控制 ……248
第二节　标准成本控制 ……259
第三节　预算管理与控制 ……271
知识拓展 ……282
专业素养 ……282
基本训练 ……282
案例分析 ……287
第十章　成本报表与分析 ……294
学习目标 ……294
第一节　成本管理会计报告体系 ……294
第二节　成本报表分析的依据和方法 ……307
第三节　全部产品成本表分析 ……312
第四节　主要产品单位成本表分析 ……317
第五节　期间费用分析 ……323
知识拓展 ……324
专业素养 ……324
基本训练 ……325
案例分析 ……328
主要参考文献 ……333

教学视频二维码目录

1-1 中国企业成本管理的现状…… 9
1-2 中国企业成本管理的未来…… 9
2-1 瑞幸咖啡…… 30
3-1 解读产业价值链分析…… 49
3-2 目标成本管理…… 58
4-1 成本计算的原则和要求…… 93
4-2 成本费用的归集与分配…… 99
4-3 辅助生产费用的归集与分配…… 109
4-4 逐步结转分步法…… 131
5-1 本量利分析…… 155
6-1 产品生产决策的方法…… 167
7-1 经济采购批量管理…… 204
8-1 作业成本法概述…… 221
8-2 解读作业成本法业务流程…… 227
9-1 标准成本概述…… 259
9-2 固定预算编制…… 273
10-1 成本报表编制方法…… 297

第一章 成本管理会计导论

学习目标

知识目标：掌握企业的盈利本质，基于企业经营活动的两重性掌握成本形成的过程。

能力目标：了解支出、成本、费用的关系，掌握成本的耗费内涵和管理内涵，为正确的成本计算和有效的成本管理奠定基础。

素养目标：根据企业的实际情况和管理需要，设计成本管理体系并使其有效运行。

第一节　企业经营和成本管理

一、企业经营

企业是以营利为目的，运用各种生产要素（土地、劳动力、资本、技术和企业家才能等），向市场提供商品或服务，实行自主经营、自负盈亏、独立核算的社会经济组织。企业按其承担法律责任的不同分为无限公司（如独资企业和合伙企业）和有限公司（如有限责任公司和股份有限公司）。

在商品经济中，企业生产或提供符合质量要求和市场需要的商品，是为了获得价值增值。简单地说：购买一辆价值20万元的汽车，如果目的是自己使用，购买者就是消费者；而如果购买的目的是销售以获得利润，那购买者就是企业。例如，企业购买一辆价值20万元的汽车，旨在以高于20万元的价格（如23万元）卖出去，从而实现盈利（3万元）。

可见，企业经营活动具有两重性：既是使用价值的生产和交换过程，又是价值的转移和增值过程。而使用价值管理和价值管理就成为企业经营最基本和最重要的两项管理内容，也是业财融合的主要内容。

二、使用价值的生产和交换

使用价值的生产和交换（即产品的生产和销售）必然导致物的流动，而不同企业物的流动是不同的，从而必然导致不同的管理思维和管理方法。

1.制造业

制造业是一种非常典型的行业类型，其基本业务流程是采购—生产—销售（如图1-1所示）。

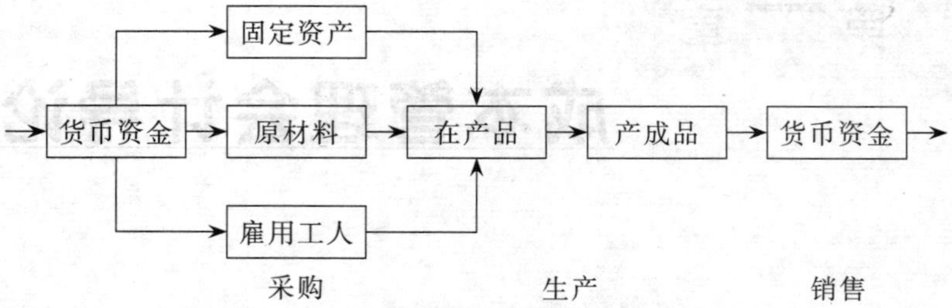

图1-1 制造业的基本业务流程

制造业的基本业务流程从采购开始到销售结束，包括以下主要业务活动：

（1）采购活动：包括采购原材料、机器、设备，雇用员工等，形成生产的必要条件；

（2）生产活动：包括使用工人、利用设备对原材料进行加工，形成在产品和产成品；

（3）销售活动：包括对加工完成的产品进行销售，以取得收入。

这一过程反映了生产的商品性：企业生产的产品（或所提供的劳务）是以商品形式出现的，需要经过市场交换，得到社会承认，才能将个别劳动转化为社会必要劳动，最终实现产品的使用价值和价值。

以钢铁生产企业为例，其生产工艺流程如图1-2所示。

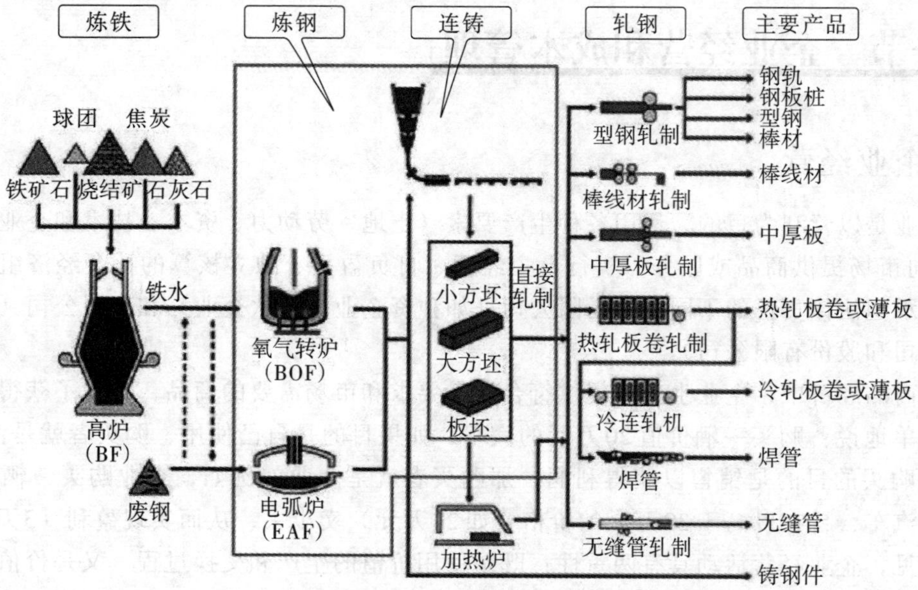

图1-2 钢铁生产企业工艺流程图

2.商业

商业也是一种非常典型的行业类型，其基本业务流程是采购—销售（如图1-3所示）。

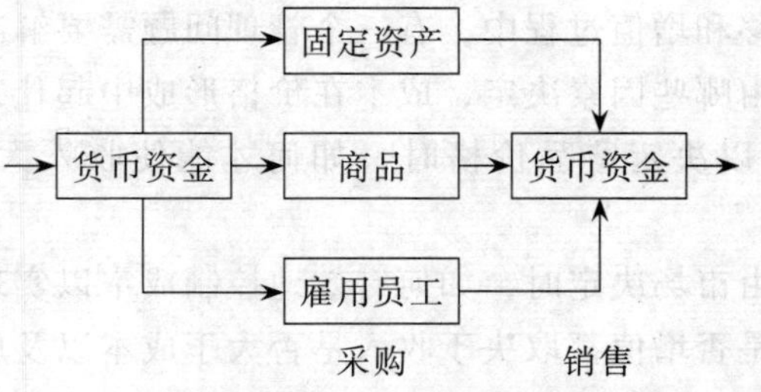

图1-3 商业的基本业务流程

商业企业通过对商品的购进和销售以及因此而必需的运输和储存业务，完成商品由生产领域到消费领域的转移，满足消费的需要。

商品的购进、运输、储存、销售是商业企业商品流通的四个基本环节（如图1-4所示）。

图1-4 商品流通的基本环节

可见，在使用价值的生产和交换过程中，有两个管理问题需要解决：

第一，产品的成本是多少？它关系到生产该产品是否有利可图。

第二，使用价值的生产和交换是如何影响产品成本的？它关系到如何从业务流程角度有效地控制成本。

三、价值的转移和增加

以制造业为例，在产品的生产和销售过程中，随着物质资料的获取、加工和销售（伴随资金的取得和使用），原材料在形态上、物理上或化学上发生改变，从而形成对消费者有用的某项使用价值。在使用价值的形成过程中，原材料丧失其初始状态，其价值随使用或消耗转移到产品中；固定资产则按其购买价格和使用年限，将其价值损耗以折旧方式分期间转移到产品中；工人为补偿自身损耗的工资转移到当期相应产品中。最终，三大资源损耗通过价值转移形成产品成本。

产品销售在取得收入实现产品价值的同时，最终体现为价值的增加与否（如图1-5所示）。如果收入大于成本，则实现了价值增值（表现为企业利润），相反则导致价值损耗（表现为企业亏损）。

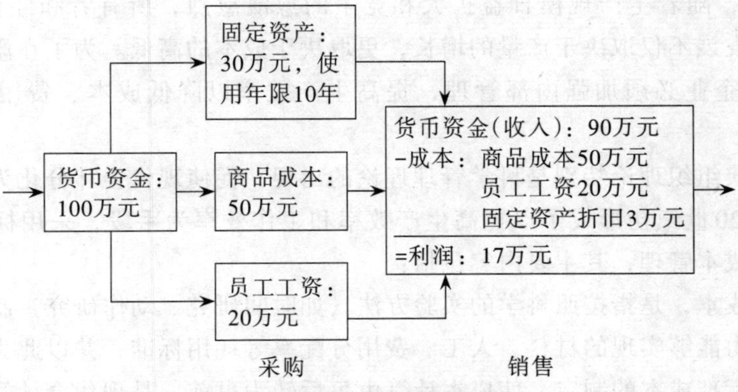

图1-5 价值的转移和增值过程

可见，在价值的转移和增值过程中，有三个管理问题需要解决：

第一，产品的价格由哪些因素决定，成本在价格形成中起什么作用？

第二，当生产者可以决定产品价格时，如何才能使收入大于成本，从而获得价值增值？

第三，当产品价格由市场决定时，如何有效地控制成本以实现价值增值？

但无论如何，价值是否增值都取决于收入是否大于成本以及成本效益的高低，因而成本管理成为企业管理的重要内容。

第二节 成本管理会计的形成和发展

成本管理会计的形成和发展受社会实践及经济理论的双重影响：一方面，社会经济的发展要求加强企业成本管理；另一方面，经济理论的形成又使这种要求得以实现。

一、以成本计算为基本特征的成本会计阶段

19世纪的英国工业革命促使企业生产规模迅速扩大，合伙经营、股份公司等企业组织形式相继出现，企业所有者逐渐将经营权委托给专门的管理阶层。为适应所有权与经营权的分离，满足各有关方面（如股东、债权人、经营者等）对公司财务状况和经营成果的关心，需要编制会计报表，于是近代会计开始形成。

这一时期的经济理论认为：企业的盈利增长点在于增加产量，只要价格高于成本，生产出来的产品销售出去，就能获得利润。因此企业管理着重考虑收入是否能够弥补支出，并最终盈利。

与此相适应，英国会计人员对成本计算进行了研究。起初是在会计账簿之外利用统计方法计算成本，后来将成本计算融入财务会计，从而形成了成本会计，这就是早期的成本计算和管理。该阶段成本管理仅限于对生产过程中的生产消耗进行系统的汇集和计算，应用品种法等成本计算方法确定产品成本和销售成本，计算企业盈亏和评估资产价值。

二、以标准成本控制为基本特征的成本管理阶段

20世纪初，随着生产规模日益扩大和竞争的愈演愈烈，所有者和经营者都意识到：企业的生存和发展不仅取决于产量的增长，更取决于成本的高低。为了在激烈的市场竞争中战胜对手，企业必须加强内部管理，提高生产效率以降低成本、费用，获取最大的利润。

此时，古典组织理论特别是科学管理理论的出现，促使现代会计分化为财务会计和管理会计，并在20世纪初形成了以提高生产效率和工作效率为手段，采用标准成本法控制成本、费用的成本管理，其主要内容包括：

（1）标准成本，是指按照科学的实验方法（如时间研究、动作研究）制定在一定客观条件下经过努力能够实现的材料、人工、费用分配率等耗用标准，并以此为基础形成产品的标准成本。标准成本的制定，使成本计算由事后转为事前，是现代会计管理职能的一大体现。

（2）预算控制，是指将材料、人工、费用分配率等耗用标准以预算形式表现出来（表现为标准材料成本、标准人工成本、标准制造费用），并据以控制料、工、费的发生，使之符合预算的要求。

（3）差异分析，即在一定期间终结时（如月末），对料、工、费脱离标准的差异进行计算和分析，查明差异形成的原因，确定责任归属，借以评价和考核各有关方面成本控制的业绩，促使其改进工作。

三、以预测、决策为基本特征的管理会计阶段

第二次世界大战以后，社会生产力得到了迅速发展，企业获利能力普遍下降。企业简单依靠提高生产效率、工作效率以及标准化管理来提高收益已显得力不从心，管理重心开始转移到提高经济效益上。

在该期间，标准成本控制得到强化并有了新的发展（如定额法的产生）；责任会计在行为科学理论与管理控制理论的推动下，将责任者的责、权、利结合起来，考核、评价责任者的工作业绩，极大地激发了经营者的积极性和主动性；经济理论的发展使得管理会计的内容更加丰富，在强化控制职能的同时开始行使预测、决策职能，逐步形成了预测、决策、预算、控制、考核的管理会计体系。

其主要内容包括以下几个方面：

（1）预测，是指运用科学的方法，根据历史资料和现实情况，预计和推测经济活动的未来趋势和变化程度的过程，包括销售预测、成本预测、利润预测、资金需求量预测等内容。

（2）决策，是指按照既定的目标，通过预测、分析、比较和判断，从两个或两个以上的备选方案中选择最优方案的过程，包括经营决策（如产品品种决策、产品组合决策、生产组织决策、定价决策）、投资决策等内容。

（3）预算，是指用货币度量和非货币度量反映企业一定期间收入、成本、利润、资金需要，以及经营目标和结果的过程，包括业务预算、资本预算和财务预算等内容。

（4）控制，是指按预算要求，控制经济活动使之符合预算的过程，包括标准成本法、作业成本法、责任会计等内容。

（5）考核，是指通过实际与预算的比较，确定差异，分析差异形成的原因，并据以对责任者的业绩进行评价和对生产经营进行调整的过程，这一过程往往在标准成本法、作业成本法和责任会计的实施中表现得更加明显。

四、以重视竞争优势为基本特征的战略管理会计阶段

进入20世纪70年代，技术发展日新月异，市场竞争日趋激烈，企业必须以外部环境的变化为基础，更加密切关注竞争对手。与此相适应，战略管理的理论有了长足发展，并形成了以获得竞争优势为目的的战略管理会计。

1. 价值链分析

迈克尔·波特于1985年将一个企业的经营活动分解为若干与战略相关的价值活动，每一种价值活动都会对企业的相对成本地位产生影响，进而成为企业采取差异化战略的基础。

（1）纵向价值链。

供应商通过向企业出售产品对企业价值链产生影响，而企业通过向顾客销售产品影响着买方的价值链。这种联系和作用可以向上延伸至原材料的最初生产者（或供应者），向下延伸到使用产成品的最终用户，从而形成一条从原材料投入到产成品提供给最终用户的由所有价值转移和增值环节构成的纵向价值链。

勘探、采矿、炼铁、炼钢、轧钢、零部件生产、总装、销售，就是一条完整的纵向价值链。无论是冶金企业（一般有炼铁、炼钢、轧钢三个价值链环节），还是汽车制造企业（一般有零部件生产、总装、销售三个价值链环节），都是这条纵向价值链的一部分。这样，企业可以从整体价值链的层次来分析产品的成本和收益，合理分享利润并进行战略规划。

纵向价值链分析旨在确定企业在哪一个或哪几个价值链环节参与竞争，具体包括：

① 产业进入和产业退出的决策；

② 纵向整合的决策。

（2）横向价值链。

某一产品的生产可以通过多种途径和组合方式来完成，所有在一组互相平行的纵向价值链上的企业之间就形成了一种相互影响、相互作用的内在联系（即横向价值链）。这种横向价值联系实际是一个产业的内部联系，相互影响和相互作用的结果决定了产业内部各企业之间的相对竞争地位，并对企业价值最大化产生重要影响。

例如，在汽车制造业中，奔驰、通用、丰田、一汽、比亚迪等生产商之间的相互竞争、相互合作的关系，构成了横向价值链。

横向价值链分析是对一个产业内部的各个企业之间相互作用的分析，旨在确定企业与竞争对手之间的差异，从而确定能够为企业取得相对竞争优势的战略。

（3）内部价值链。

内部价值链是价值增值活动在企业内部的展开，是企业在经济和技术上有明确界限的各项活动及其关联关系，是创造对顾客有价值的产品的基础。

企业内部价值链分为：

① 基本职能活动，即企业履行基本管理职能的各种活动，包括企业的总体管理、计划与控制、财务与会计、风险与法律管理等诸多活动。基本职能活动是通过整个企业内部价值链（一般不是单个价值活动）对企业的生产经营起辅助作用。

② 人力资源管理活动，包括各类人员的招聘、雇用、培训、开发、报酬和激励等诸多方面的活动。人力资源管理活动不仅支持企业各个具体的价值活动，而且支撑整个企业内部价值链。

③ 生产经营活动，即从原材料投入到最终生产出满足顾客需要的产品的生产经营过程，又可分解为供应、生产、销售三大价值活动，而每一价值活动又可以根据具体的行业和企业特点进一步分解为若干子价值活动。

纵向价值链分析的结果在于确定企业应该生产什么，横向价值链分析则指出企业生产该种产品的竞争优势所在和限制条件，上述分析的结果要通过企业内部价值链的优化去落实。

2.SWOT分析

SWOT是优势（strength）、劣势（weakness）、机会（opportunity）、威胁（threat）英文

的首字母组合，SWOT分析是在确认企业各项业务经营面临的优势与劣势、机会与威胁的基础上，选择企业战略的分析方法。

优势是企业相对于竞争对手而言所具有的资源、技术以及其他方面的优势，反映企业能在市场上具有竞争力的特殊实力；劣势是严重影响企业经营效率的资源、技术和能力限制，企业的设施、资金、管理能力、营销技术等都可能成为造成劣势的原因。

机会是企业业务环境中的重大有利因素，如环境发展的趋势和政府控制的变化、技术变化、买方及供应关系的改善等因素都可视为机会；威胁是环境中的重大不利因素，构成企业发展的障碍。

SWOT分析将企业面临的外部机会和威胁与企业内部具有的优势和劣势进行对比，形成四种企业战略（如图1-6所示）。

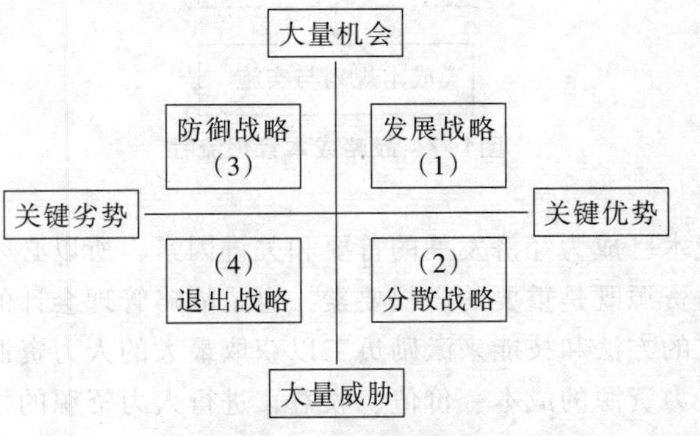

图1-6　SWOT分析法

图1-6中区域（1）是最理想的组合，企业面临较多的机会和优势，应采取发展战略；区域（2）的业务以优势面对不利环境，这时企业要么利用现有优势在其他产品或市场上建立长期优势，要么以其优势克服环境设立的障碍；区域（3）的业务具有较大的市场机会，同时内部劣势也较明显，这时企业应有效地利用市场机会，努力减少内部劣势；区域（4）是最不理想的情形，企业应减少产品或收缩市场，或者改变产品或市场战略。

3.战略成本管理

战略成本管理主要由价值链分析、战略定位分析、成本动因分析三个主要部分构成(如图1-7所示)。价值链分析的目的在于，明确企业在价值链中的位置，讨论利用上下游关系管理成本的可能性；战略定位分析强调，企业在不同时期采取的战略可能不同，不同产品采取的战略也可能不同，对于不同战略，企业应采取的成本管理系统也不同；成本动因分析是要帮助企业选择有利于自身的成本动因作为成本竞争的突破口，以控制企业日常经营中大量潜在的成本问题。

由于竞争十分激烈，顾客对众多供应厂家越来越挑剔，品牌忠诚度明显下降，从而使企业面对越来越复杂的顾客群。企业战略的制定应以产品价格、性能、质量三个方面为坐标进行综合考虑，确立自己的产品生存空间，并注意顾客对这三方面的接受程度，即在适当的价位（同时也是以适当的成本）生产出适当性能与质量的产品。因此，企业必须制定一套针对质量、性能、成本的综合成本管理体系，使企业能够对顾客群的变化迅速做出反应。

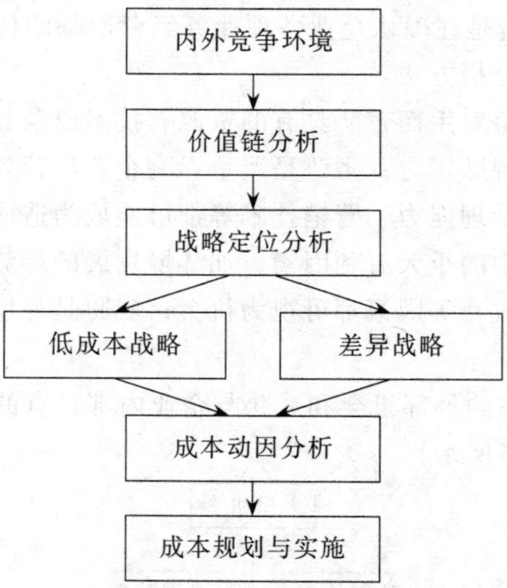

图1-7 战略成本管理流程

4.人力资源管理

在当今社会，技术已成为经济发展的首要和关键因素，所以必须注重发挥人的价值和知识创新能力。人力资源既是重要的产权要素，也是战略管理会计的重要内容。其核心是以人为本，通过一定的方法和技能来激励员工以获取最大的人力资源价值，并采用一定的方法来确认和计量人力资源的成本、价值、收益，进行人力资源的投资分析，帮助企业构建人力资源战略。人力资源管理的内容包括人的行为问题研究，人力资源的价值、成本的确定，以及为提高企业和个人绩效而进行的人力资源战略规划、日常人力资源管理和一年一度的员工绩效评价等。

5.战略性绩效评价

随着企业的生产组织方式向顾客化生产转变，管理者的目光开始从企业内部转向企业外部，扩大市场份额、提高企业竞争优势成为企业关注的重点。在这种情况下，以衡量企业内部经营管理的财务指标作为管理会计业绩评价的依据显然已经不能满足管理者的要求，引入与战略决策相关性高的非财务指标作为业绩评价指标成为一种必然趋势。

战略管理会计中的业绩评价被称为整体业绩评价，是指获取成本和其他信息，并在战略管理每一步的应用过程中强调业绩评价必须满足管理者的信息需求，以利于企业寻找战略优势。比如，在战略形成过程中，管理者需要获取多方面的信息，整体业绩评价通过对相关顾客需求状况的评价来帮助管理者决策。

可见，传统管理会计绩效评价指标通常只看结果而不重视过程。战略性绩效评价则将评价指标与企业战略相结合，根据不同的战略采取不同的评价指标。这不仅改变了传统管理会计，而且将业绩评价由财务指标系统扩展到非财务指标系统。如果采取产品差异战略，则既注重新产品收入占全部收入的比例等财务指标，又注重新产品上市时间、产品市场占有份额、产品创新率、技术进步率等非财务指标。战略性绩效评价强调绩效指标，既能肯定内部绩效的改进，又能借助外部标准衡量企业的竞争地位和能力；既能考核企业战略的执行结果和最初目标的实现情况，又能评价分析取得这一结果的业务经营过程。

第三节 成本内涵与成本管理会计

教学视频 1-1
中国企业成本管理的现状

教学视频 1-2
中国企业成本管理的未来

一、成本的耗费内涵

（一）成本的范围

按照传统的观念，成本是与企业经营过程相关的所有资源耗费的货币表现。在历史成本基础上，成本计量基本局限在损益计算、价格确定等价值补偿与分配问题上，主要满足以企业为主体的对外报告的需要。

1.苹果手机定价的是是非非

苹果手机的成本价，真的只有220美元（1 467.18元人民币）吗？最低卖5 388元，是不是暴利？

问题在于苹果手机的成本就是图1-8中的部件成本之和吗？

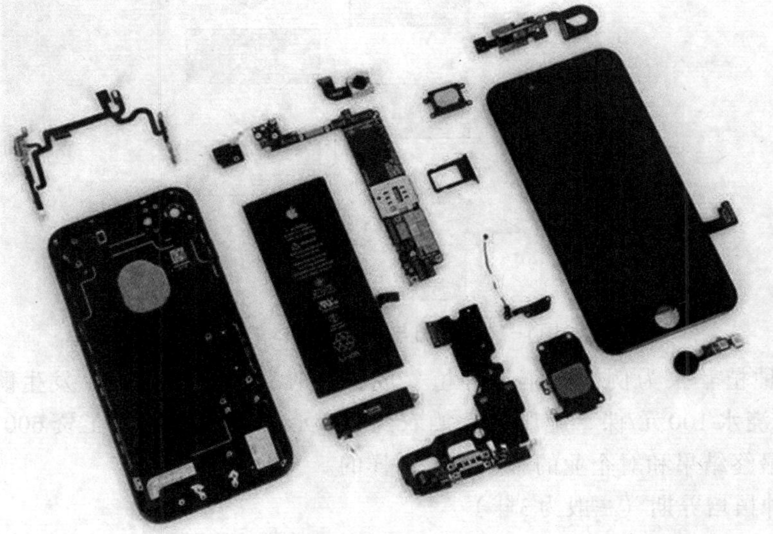

图1-8 苹果手机的主要构成部件

实际上，一个产品从概念提出到设计、实验，再从生产到营销、流通、服务，是一个完整的过程（如图1-9所示），生产只是其中的一个环节。

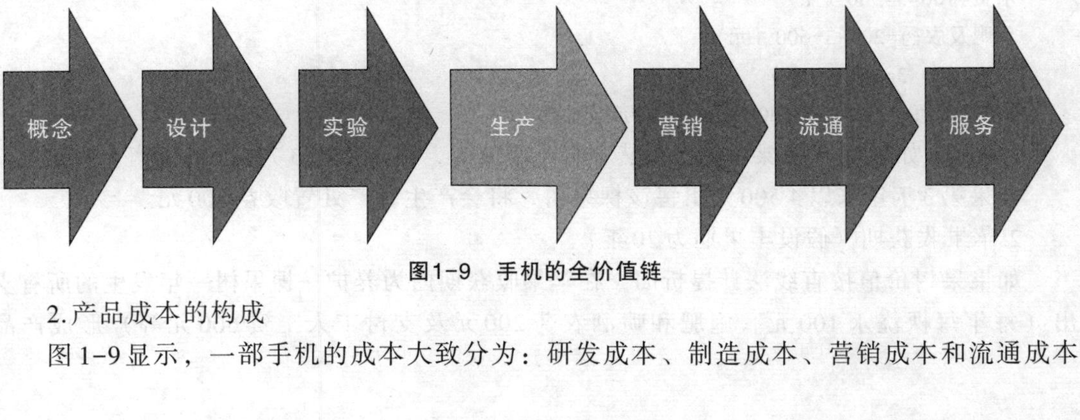

图1-9 手机的全价值链

2.产品成本的构成

图1-9显示，一部手机的成本大致分为：研发成本、制造成本、营销成本和流通成本

等，只有与该部手机相关的成本加总起来才是一款手机真正的成本。1 467.18元人民币也许只是制造成本。

此外，手机的成本也不仅仅限于物料部分，尤其是智能手机。例如，苹果手机上的iOS系统是苹果公司独有的。

（二）支出与费用、成本

在实际工作中，人们总是混淆支出、费用、成本等概念。例如，人们总是认为支出就是花钱，而花钱就是成本或费用。显然，这种说法是错误的。

一定期间内的企业支出，按受益期间的长短形成资产（受益期间在一年以上的支出）或广义的费用（受益期间在一年以内的支出），而广义的费用又按发生的地点形成产品成本（生产单元内为生产产品或形成劳务而发生的费用）和期间费用（管理单元内为组织和管理而发生的费用），支出与费用、成本的关系如图1–10所示。

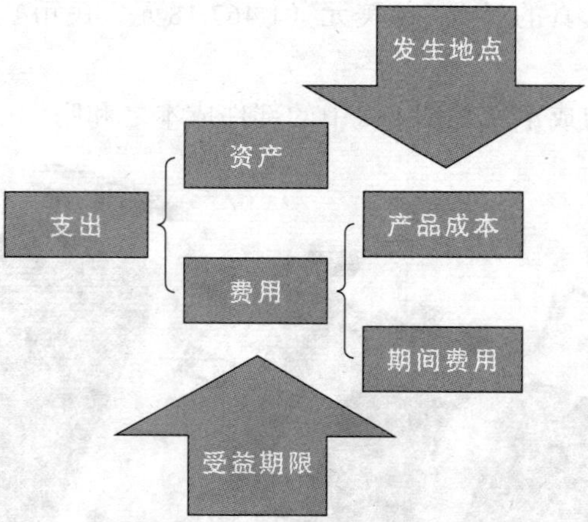

图1–10 支出与费用、成本的关系

以果农种植苹果为例，在苹果种植、成长、收获的全过程中，发生购置树苗1 000元/棵、每年浇水100元/棵、施肥和喷洒农药200元/棵及支付工人工资600元/棵等支出。这些支出的最终结果和对企业的影响是不一样的。

1.果树种植培养期（一般为3年）

在果树种植培养期内发生的所有支出是形成未来盈利的条件，其对利润的影响不在当期而在未来，因而形成资产价值：

•果树购置成本=1 000元

•水费=100×3=300（元）

•化肥及农药=200×3=600（元）

•人工=600×3=1 800（元）

果树总价值=1 000+300+600+1 800=3 700（元）

3年后，如果持有一棵果树，虽然不会产生收入，但却形成3 700元的资产。

如果第3年年末以4 500元出售该棵果树，将会产生资产处置收益800元。

2.苹果收获期（假设丰果期为20年）

如果果树价值按直线法计提折旧，在苹果收获期内为养护一棵果树一年发生的所有支出（每年每棵浇水100元、施肥和喷洒农药200元及支付工人工资600元等）形成产品成本：

•水费=100元

•化肥及农药=200元

•人工=600元

•果树价值的分摊=3 700÷20=185（元）

产品总成本=100+200+600+185=1 085（元）

如果该棵果树的苹果销售实现产品收入1 500元，产品销售成本1 085元，则形成产品销售利润415元。

管理部门为组织和管理而发生的管理费用5 000元、营销费用2 000元、财务费用3 500元等形成期间费用，在本期计算损益时全额扣除。

如果该果农总共种植了200棵苹果树，实现总收入300 000元，产品销售成本217 000元，形成营业利润83 000元。

3.第10年年末以5 000元出售果树

但如果第10年年末以5 000元出售该棵果树，将会产生资产处置收益（资产出售收入-资产折余价值）。

•资产出售收入=5 000元

•资产折余价值=3 700÷20×13=2 405（元）

资产处置收益=5 000-2 405=2 595（元）

可见，成本耗费内涵确立了成本管理会计的第一项功能：

为定期的财务报告计算销售成本和估计存货价值。

二、成本的管理内涵

从管理角度看，成本是企业为获得未来经济利益所耗资源的货币表现。

因此，成本管理会计需要解决以下问题：

（一）什么是资源

问题：一个使用过的水杯，到底有没有价值？如果该水杯的购置价格为100元，可以使用2年，已经使用了1年，该水杯的价值应如何衡量？

如果认为该水杯值50元，那就错了。财务会计认为该水杯的折余价值为50元是从购买角度及损耗程度计算的，而成本管理会计认为该水杯的价值应从不同角度去计量。基于使用和卫生考虑，从原拥有者的角度看，该水杯是有价值的，因为他在使用该水杯；而从拟购买者的角度看，该水杯就没有价值，因为他不能使用该水杯。所以，价值分为使用价值和交换价值，商品价值是由交换价值决定的。同理，在不同的环境下，同样资产的价值又是不一样的。例如，用过的水杯（杯里有水）在撒哈拉沙漠，即使基于卫生考虑也变得有价值了（有了这杯水才有了走出沙漠的可能）。因此，资源的价值首先取决于有用性，其次取决于使用的环境。

从企业的盈利本质而言，资源的价值表现为资源使用形成收入或收益，但同时也形成成本或费用（如图1-11所示），因而对成本或费用的理解就不能只局限在耗费本身，而应更加重视耗费能否带来价值增值。

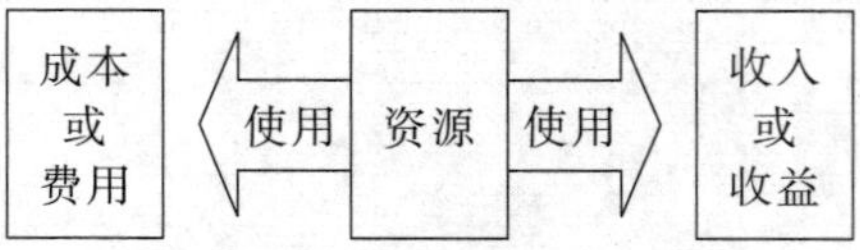

图1-11 资源与成本、收益

综上所述，成本管理会计认为只有在未来给企业带来经济利益的才是资源。资源的价值大小是由该项资源在未来期间产生的经济利益的数量决定的。

（二）你有哪些资源

问题：企业拥有哪些资源？企业的资源种类在发生什么变化？

传统认为资产就是企业的资源，因为它是企业盈利的手段。

成本管理会计认为资源分为物质资源和非物质资源。物质资源是一个企业拥有或控制的、一般具有实物形态的可计量资源，表现为资产负债表内的资产、负债和所有者权益。资产只是物质资源中直接创造价值的资源，而负债和所有者权益或直接创造价值，或成为形成资产的资金来源。非物质资源是一个企业拥有或控制的、没有实物形态的资源，其表现形式多样化，如商誉、采购和销售渠道、地理位置、企业性质、政治关联关系等，其中对管理会计最重要的是基于作业、流程、时间的管理活动。显然成本管理会计对资源范围的理解更加广泛。

（三）你打算怎么使用这些资源

问题：广告费用是越多越好吗？

解决问题的关键在于理解资源的价值取决于资源使用的效率和效果，它们共同构成了经济效益的内涵。效率是资源使用的程度标准，如制造业的设备利用率、饭店的上座率和翻台率、宾馆的客房入住率等，显然效率越高则经济效益应该越好；效果是资源使用实现收益的衡量标准，基本表现形式是利润，其他表现形式有生产毛利、经营毛利以及各种利润率。在正效果情况下，效率越高则经济效益（效果）越好。

因此，做不做广告、什么时间做广告、怎么做广告，完全取决于增加的销售毛利是否大于增加的广告费用（如图1-12所示）。

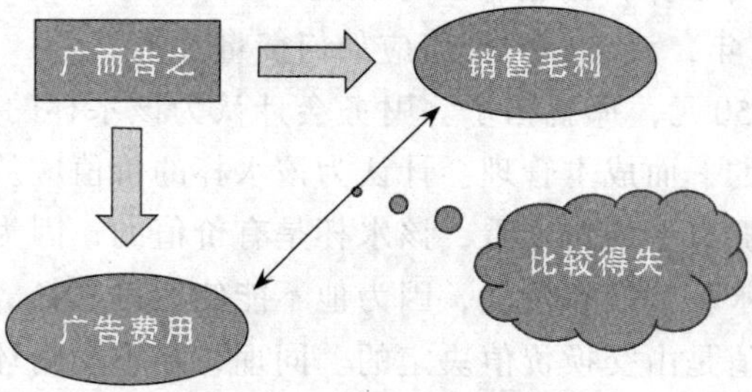

图1-12 成本效益性要求

因此，成本管理会计强调部门的设置、活动的发生、人员的增减等，都应符合成本效益的原则，也就是说，任何功能的所得必须大于所费，实现价值增值。

为此必须解决两个问题：一要区别消耗资源的作业状况，寻找资源动因，为资源的有效利用提供可能；二要明确不同资源的效率内涵是不一样的，如对固定资产而言效率是指使用程度，而对流动资产而言效率是指周转速度。

当然，资源的有效使用必须建立在正确的企业战略基础之上，并通过预算制度控制过程，以确保资源的使用符合既定的政策。

成本管理内涵确立了成本管理会计的第二项、第三项功能：估计和预测作业、产品、服务等成本对象的成本。为企业提高管理效率、进行战略决策提供经济信息和反馈。

三、成本管理会计的内容和特点

成本管理会计，顾名思义，是基于资源优化配置和使用的管理会计。

（一）成本管理会计的研究重点

按照成本管理会计的观念，成本是企业为获得未来经济利益所耗资源的货币表现，这将导致企业在资源的配置使用中应用成本效益分析等价值决策方法进行成本的优化决策，满足“不同目的，不同成本”的过程控制和多目标管理的要求，使得成本管理体系更加完整和有效（如图1-13所示）。

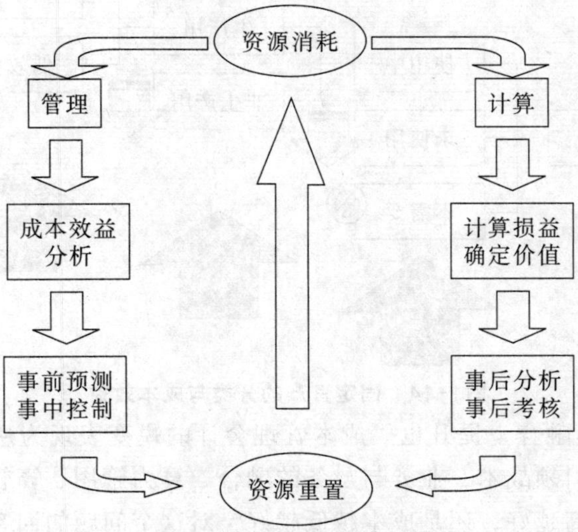

图1-13 现代成本管理体系

从图1-13可以看出，成本管理会计研究两大问题：

第一，成本、费用的归集与分配，解决耗费资源的补偿问题。这部分内容基本属于成本会计的范畴，通过对资源消耗的计算，确定损益和资产价值，并进行事后分析和考核，最终完成基于循环的资源重置任务。

第二，资源消耗的计量与估值，解决资源优化配置和使用的经济评价问题。这部分内容基本属于成本管理会计的范畴，通过对资源配置和使用的成本效益分析，进行事前预测和事中控制，最终完成基于周转的资源优化和重置的任务。

（二）成本管理会计的特点

企业获得资源、使用资源、重置资源都是为了获得利益（主要表现为利润），因此，成本管理会计并不是成本会计和管理会计的简单结合，而是以企业价值最大化为目标、基于资源优化配置和使用的深度和广度的融合。

这种由技入道的融合，反映了成本管理会计的几个特点：

第一，“由”者，历史传承也。企业管理对成本的认识是一个发展的过程：从对影响利润的简单因素的认知（通过品种法、分批法、分步法等）到对影响成本形成的过程的重视（通过时间研究、动作研究），产生标准成本法；再发展到对成本形成过程中人的重视（通过霍桑实验等），产生责任成本法；最终发展到对价值增值的重视，实现业财融合，产生作业成本法。

第二，“技”者，专业传承也。会计的本质在于计量，离开了计量，会计就会失去存在的价值：财务会计通过确认、计量完成对外报告的任务；成本管理会计通过确认、计量、估值完成对内管理的任务。可以说计量是会计的共性，但估值则是管理会计的灵魂。

例如，什么是固定资产，这属于财务会计的确认和计量问题。而将固定资产按使用状态、经济用途、效率高低进行分类，则是管理会计的估值问题。在估值基础上，企业要消除不需用的固定资产，减少未使用、非生产用、低效率的固定资产，从而提高资源的成本效益（如图1-14所示）。

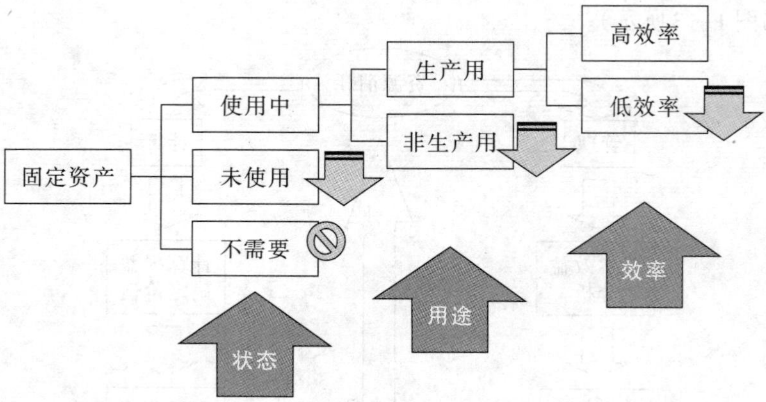

图1-14 固定资产的分类与成本效益

第三，“人”者，融合、提升也。成本管理会计的蜕变表现为从战术到战略、从技术到管理，实现了战略引领战术、业务与财务的融合、算为管用、算管结合。

例如，是质量越高越好，还是成本越低越好？对这个问题的回答包含了对以上变化的思考。首先，质量是顾客要求并确保竞争优势的水平，而成本是为保障质量而发生的资源耗费；其次，对比顾客要求和确保竞争优势的水平，质量水平分为质量不足、质量过剩、质量适当；最后，针对质量不足要优化成本、针对质量过剩要控制和降低成本、针对质量适当则可以维持成本。在这一过程中（如图1-15所示），质量与成本达到竞争创造的融合。

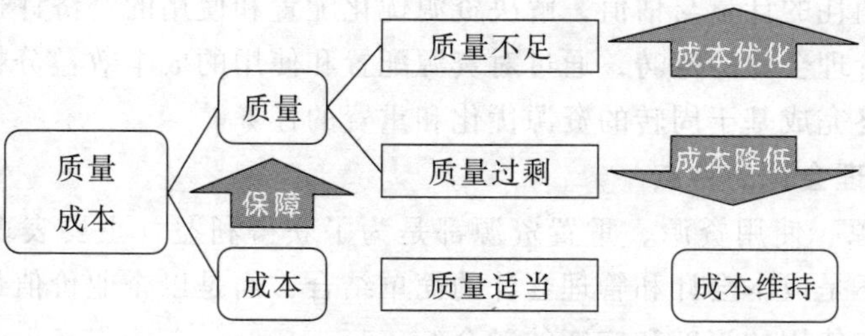

图1-15 质量与成本的关系

第四，“道”者，价值创造也。成本管理会计把企业放在竞争环境中考虑其与其他企业的关系，并以使用价值生产和交换过程的优化为手段，实现价值创造的目的。

位于北京密云水库边的某公司邀请孙教授讲授EVA课程，派车接送（如图1-16所示）。如果车辆购置成本为45万元，可以使用10年，期满无残值。车辆每年运行成本（包括车辆检验费用、保险费用、日常维修费用等）为10万元，司机工资每月8 000元。从密云水库到大红门，单程100千米。车辆行驶每百千米油耗7升，燃油价格为8元/升。过路费每千米0.5元。请基于下列情况进行计算：

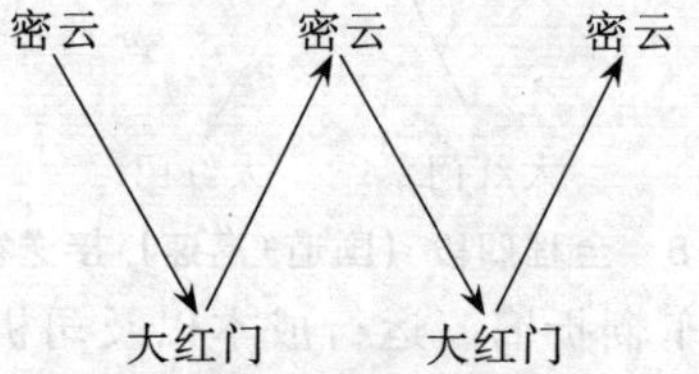

图1-16　全程四段接送行程图

（1）司机全程走高速公路一天的接送成本是多少？

如果按财务会计的成本概念进行计量，一天的接送成本（财务成本）为：

车辆折旧	450 000元÷10年÷360天=125（元/天）
运行成本	100 000元÷360天=277.78（元/天）
司机工资	8 000元÷30天=266.67（元/天）
燃油费用	4段×100千米×7升÷100×8元/升=224（元/天）
过路费	4段×100千米×0.5元/千米=200（元/天）
总计	1 093.45元/天

可见：在司机接送、全程四段（即行驶路线表现为W形）都走高速公路接送时，财务会计计算的完全成本为1 093.45元。这时，如果包车一天支出800元，包车就比购置车辆接送每天节约293.45元。

（2）如果孙教授自己开车全程走高速公路（如图1-17所示），公司给予其每天250元补贴，公司的成本是多少？

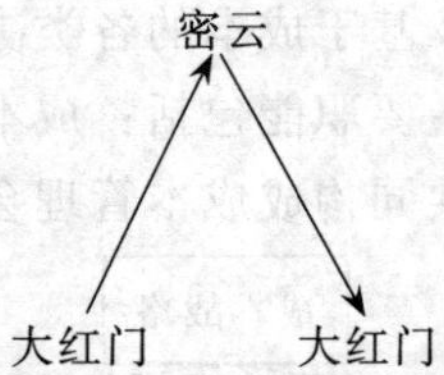

图1-17　孙教授自己开车行程图

如果按成本管理会计的成本概念进行计量，孙教授自己开车时的车辆折旧、运行成本以及司机工资与决策无关（属于不相关成本），只有燃油费用、过路费用才与决策相关。此时一天的接送成本（管理成本）为：

燃油费用	2段×100千米×7升÷100×8元/升=112（元/天）
过路费用	2段×100千米×0.5元/千米=100（元/天）
总计	212元/天

这时，完成一天教学工作的行驶路线由公司接送时的W形改变为自驾时的V形，在全程两段都走高速公路时的成本为212元。公司扣除250元补贴后，成本节约174元（224+200−250）。

（3）如果仍需公司派车接送，孙教授在车里时司机走高速公路，不在车里时走国道

（如图1-18所示），在完成任务的情况下可以按节约费用的40%给予司机奖励，公司的成本是多少？

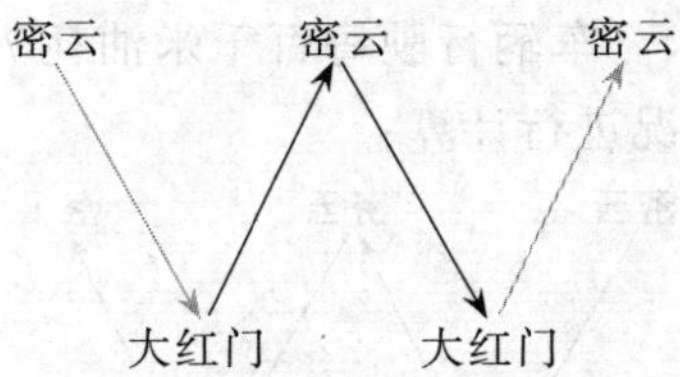

图1-18　全程四段（国道+高速）接送行程图

在公司司机开车接送时，车辆折旧、运行成本以及司机工资仍与决策无关，此时一天的接送成本（管理成本）：

燃油费用	4段×100千米×7升÷100×8元/升=224（元/天）
过路费	2段×100千米×0.5元/千米=100（元/天）
总计	324元/天

从计算结果可以看出：在司机两段走高速公路、两段走国道时的成本为324元，节约100元（424-324）。扣除公司给予司机的40元奖励后，成本节约60元。

以上事例说明：成本的高低，一是与作业有关（是司机接送还是孙教授自己开车），二是与流程有关（全程四段高速，还是全程两段高速，或全程两段高速加两段国道）。在这一过程中，管理会计通过使用价值生产和交换过程的优化（改变作业或改变流程）实现了价值增值。

第四节　成本管理会计循环

成本管理会计旨在解决成本以及基于成本的各类决策和管理问题，这是成本管理会计的核心内容。就成本管理而言，其主要职能包括：成本规划、成本控制、成本计算和业绩考核，它们顺序递进、循环往复，共同构成成本管理会计的循环体系（如图1-19所示）。

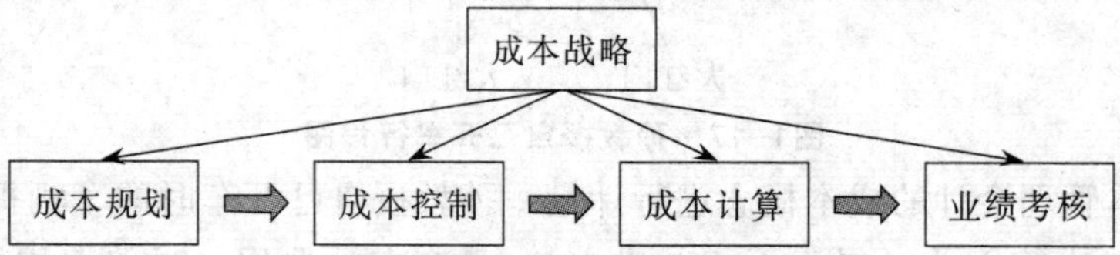

图1-19　成本管理会计的循环体系

一、成本规划

成本规划是基于成本管理战略对成本管理工作的策划，是对成本管理工作的总体把握，旨在为具体的成本管理提供战略思路和方法设计。成本规划是根据企业的竞争战略和所处的经济环境制定的，内容主要包括：确定成本管理的重点，规划成本控制的战略途径，提出成本计算的精度要求，以及确定业绩评价的目的和标准（成本规划流程如图1-20所示）。

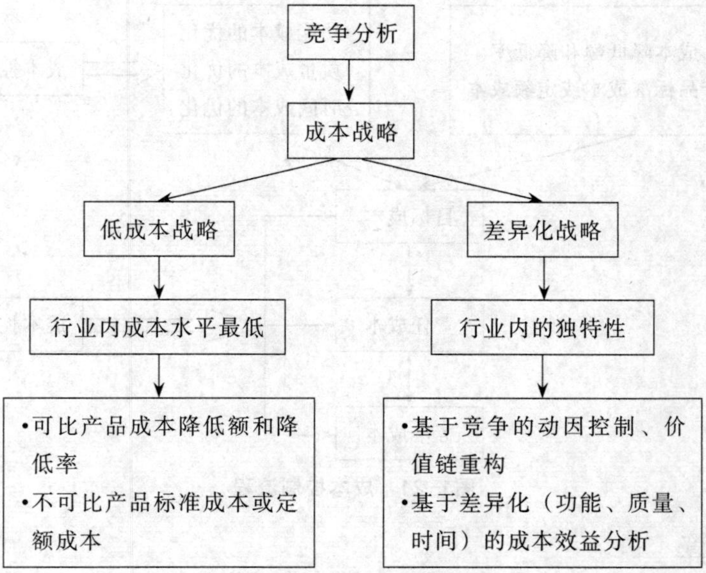

图1-20 成本规划流程

从一定意义上讲，成本规划也是事先的成本计算，它为成本控制提供了基本依据和数据，并成为判断成本控制是否有效的标准。

二、成本控制

成本控制是利用成本规划提供的基本依据和数据，采取经济、技术和组织等手段实现成本降低或成本改善目的的一系列活动。在现代企业中，成本控制是全方位的控制，也是全体员工参与的控制，包括事前、事中和事后的成本控制。

成本控制应在成本规划确定的战略控制途径的基础上进行。战略控制途径主要有两种：强化控制成本动因和重新构建企业价值链。强化控制成本动因就需要寻找关键的成本变动原因，并选择对应的成本控制方法；重新构建企业价值链则需要对影响成本较大的企业价值链环节做出改进或完善。

在成本控制目标确定的情况下，成本控制的核心是选取适当的成本控制方法进行成本控制（成本控制流程如图1-21所示）。传统成本控制方法基本上都是利用经济手段，通过实际成本和标准成本间的差异分析实现的；现代成本控制方法则突破了经济手段的限制，使用包括技术和组织手段在内的所有可能的控制手段。在多样化的经济环境中，传统的和现代的成本控制方法的运用是交织在一起的。比如，标准成本控制可以与作业成本控制结合运用，成本企划法中的目标成本控制可以与责任会计相结合，等等。

在传统成本控制（如标准成本控制、全面预算等）中，成本控制标准是既定的定额或计划数据，控制结果可能大于也可能小于标准，控制标准要定期根据成本控制的结果进行修订。而在现代成本控制（如成本企划法）中，成本控制标准是根据市场情况制定的目标成本，为每种新产品制定的目标成本都是固定的，同时成本控制结果不能大于目标成本。

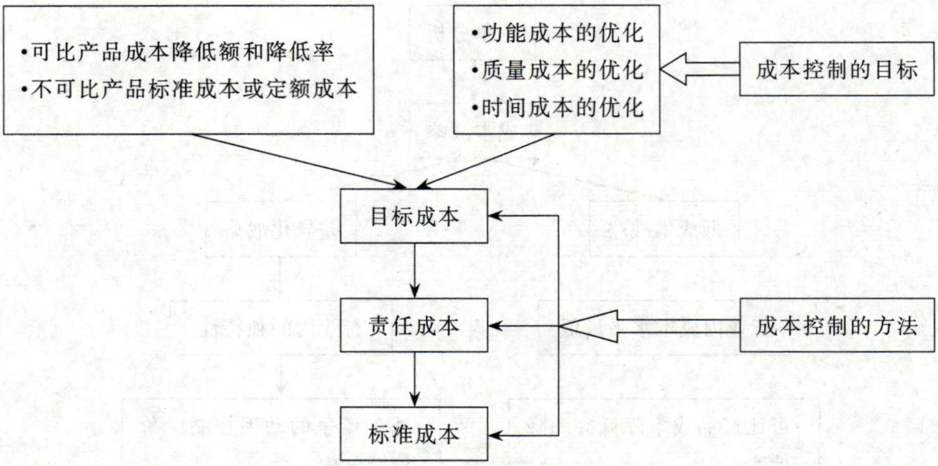

图1-21 成本控制流程

三、成本计算

企业的所有支出（无论已经发生，还是将要或可能发生），最终都要表现为现实的支出才能影响价值变化。于是成本计算可分为财务成本计算和管理成本计算。财务成本是出于对外财务报告目的而计算的，计算原则固定，计算的成本是历史成本（已经发生的支出）。管理成本是根据企业经营管理的需要而计算的，没有固定的计算原则，计算的成本可以是历史成本，也可以是现在和未来的成本（将要或可能发生的支出）。传统成本计算中，由于财务成本信息不能满足管理的需要，要么单独计算管理成本，要么降低管理的要求，利用财务成本信息进行管理，不计算管理成本。直到作业成本法的产生和计算机的广泛使用，才使一种成本计算法同时满足财务报告和成本管理的需求成为可能（如图1-22所示）。

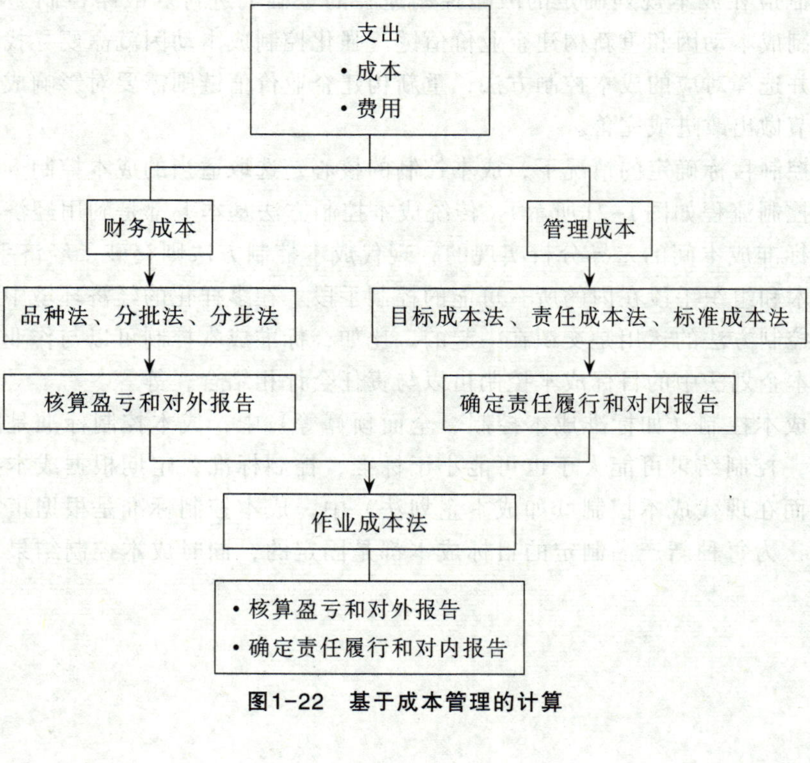

图1-22 基于成本管理的计算

成本计算的核心是计算方法的选择。财务成本的基本计算方法包括品种法、分批法和分步法，企业主要根据企业生产特点和管理要求来确定。管理成本的计算则主要依据企业管理的要求来确定：是直接利用财务成本计算管理成本，还是选取诸如变动成本法来单独计算管理成本，还是对现有财务成本计算法进行改进（如采用作业成本法）。

四、业绩考核

业绩考核是对成本控制效果的评估，目的在于改进原有的成本控制活动以及激励或约束员工和团体的相关行为。业绩考核的关键在于考核指标的选择以及考核结果与激励和约束机制的衔接。

考核指标可以是财务指标，也可以是非财务指标。财务指标可以通过财务报告中的数据计算得到，信息的获取成本低，易于操作，但存在评价范围过窄、容易被操纵的问题。非财务指标则可以弥补财务指标的缺陷，也更适合现代经济环境，但非财务指标的收集和计量尚存在困难。在多样化的竞争性经济环境中，业绩考核指标的选择应适应竞争战略。不同的竞争战略关注不同的经营方面，业绩评价的重点就会不同，选取的考核指标也就各有侧重。低成本战略以财务指标为主，而差异化战略强调实现企业在某些方面的差异，成本管理中的业绩考核也就需要许多非财务指标，如客户满意度、内部循环时间等。基于成本计算的分析与考核如图 1-23 所示。

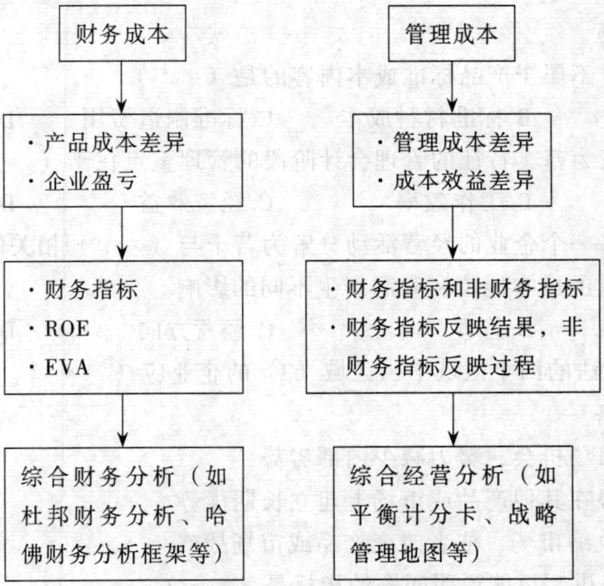

图1-23　基于成本计算的分析与考核

考核结果与约束激励机制能否衔接好关系到成本管理的效果。利用经济手段进行约束或激励，就要解决好考核结果的量化及与奖惩挂钩的问题。

总之，完整且有效的成本管理的重点在于成本规划。成本规划在战略上对成本控制、成本计算和业绩考核进行指导，成本规划的调整是经济环境和竞争战略变动的结果。而成本控制、成本计算和业绩考核三者之间的联系就是成本信息的流动和应用。具体表现为：事先的成本计算（即成本规划）为成本控制提供满足竞争需要的成本信息；成本控制利用成本规划信息，结合其他经济、组织、技术方法对企业成本水平加以控制；事后的成本计算为考核成本控制的效果提供满足各个层面（如投资人、管理者）所需的成本信息；业绩考核根据成本计算得出的结果并结合非财务指标对成本控制活动的结果进行评价，并将评价结果及时反馈到成本计算和成本控制环节，以便改进。

知识拓展

《财政部关于全面推进管理会计体系建设的指导意见》系列解读之一

专业素养

1.社会主义市场经济体制下的企业设立的目的，一方面是满足人民日益增长的物质和文化需要，另一方面是通过盈利获得持续发展的物质基础，而盈利的根本在于成本的控制。

2.“节省每一个铜板为着战争和革命事业”，只有了解成本补偿和价值增值的功能，才能真正把握成本管理的精髓。

3.辩证唯物主义认为：事物总是一分为二的。企业管理就是通过使用价值生产和交换过程的优化，达到价值转移和增值的目的。

基本训练

一、单项选择题

1.下列项目中，不属于产品标准成本内容的是（　　）。

A.标准人工成本　B.标准材料成本　C.标准制造费用　D.产品成本预算

2.以预测、决策为基本特征的管理会计阶段的管理重点在于（　　）。

A.生产效率　B.工作效率　C.经济效益　D.竞争优势

3.价值链分析将一个企业的经营活动分解为若干与（　　）相关的价值活动，每一种价值活动都会对企业的成本地位和利润产生不同的影响。

A.战略　B.管理　C.经营方向　D.经营特点

4.在SWOT分析法的四个区域中，区域（3）的企业应（　　）。

A.采取发展战略

B.有效地利用市场机会，努力减少内部劣势

C.利用现有优势在其他产品或市场上建立长期优势

D.减少产品或收缩市场，或者改变产品或市场战略

5.从战略层面来讲，更能说明问题的指标是（　　）。

A.财务指标　B.非财务指标　C.过程指标　D.结果指标

6.成本管理会计的服务侧重于（　　）。

A.股东　B.外部集团

C.债权人　D.企业内部的经营管理

7.从管理体现经济效益的角度来看，成本管理会计的对象是（　　）。

A.企业生产经营活动　B.企业生产经营活动中的价值活动

C.企业的资金运动　D.企业的会计信息

8.在对未来经济活动进行计划的过程中，管理人员应提供预测、决策的备选方案及相关信息，并准确判断历史信息和未来事项的影响程度，以便选择最优方案的过程是（　）。

A.计划　B.评价　C.控制　D.报告

9.在下列方法中，主要用于确定责任履行和对内报告的方法是（　）。

A.品种法　B.分批法　C.分步法　D.目标成本法

二、多项选择题

1.企业是以营利为目的，运用各种生产要素（土地、劳动力、资本、技术和企业家才能等），向市场提供商品或服务，实行（　）的社会经济组织。

A.自主经营　B.自负盈亏　C.集中管理　D.分级管理

2.制造业是一种非常典型的行业类型，其主要的生产环节包括（　）。

A.采购　B.生产　C.储存　D.销售

3.成本与管理会计的形成和发展受到（　）的影响。

A.社会实践　B.经济理论　C.企业类型　D.业务特点

4.以成本控制为基本特征，以提高生产效率和工作效率为目的的管理会计的主要内容包括（　）。

A.标准成本　B.预算控制　C.差异分析　D.考核与报告

5.以预测、决策为基本特征的管理会计的主要内容包括（　）。

A.预测　B.决策　C.预算　D.控制

6.价值链分析包括（　）。

A.纵向价值链分析　B.横向价值链分析　C.内部价值链分析　D.外部价值链分析

7.纵向价值链分析旨在确定企业在哪一个或哪几个价值链环节中参与竞争，具体包括（　）。

A.产业进入的决策

B.纵向整合的决策

C.产业内部各企业之间的相对竞争地位的决策

D.产业退出的决策

8.企业内部价值链分为（　）。

A.基本职能活动　B.人力资源管理活动

C.生产经营活动　D.物资管理活动

9.战略成本管理是战略管理会计的重要内容，是为了提高和保持企业持久的竞争优势而建立的成本管理系统。这一系统主要由（　）构成。

A.SWOT分析　B.价值链分析　C.战略定位分析　D.成本动因分析

10.下列关于成本管理会计的对象的说法中，正确的有（　）。

A.从本质上讲，其是企业的生产经营活动

B.从表现上讲，其是企业生产经营活动中的资金运动

C.从管理体现经济效益上讲，其是企业生产经营活动中的价值运动

D.从计量上讲，其是可以用货币表现的企业生产经营活动

11.成本管理会计是适应企业加强内部经营管理，提高企业竞争力的需要而产生和发展起来的，其目标是实现（　）等目标。

A.正确计算成本，为管理和决策提供成本信息

B.正确计算成本，满足对外报告的需要

C.正确计算成本，满足存货计量和利润计算的需要

D.科学评价和估值，参与企业的经营管理

12.下列项目中，可以作为成本管理会计主体的有（　）。

A.企业整体　B.分厂　C.车间　D.班组

13.成本管理会计的基本职能包括（　）。

A.计划　B.评价　C.控制　D.确保资源的有效利用

14.成本管理会计应向各级管理人员提供（　）。

A.与计划、评价和控制企业经营活动有关的各类信息

B.历史信息和未来信息

C.与维护企业资产安全、完整及资源有效利用有关的各类信息

D.与股东、债权人及其他企业外部利益关系者决策有关的信息

15.就成本管理而言，其主要职能包括（　）等内容。

A.成本规划　B.成本控制　C.成本计算　D.差异分析

16.在使用价值的生产和交换过程中，需要解决的管理问题有（　）。

A.产品的成本是多少

B.使用价值的生产和交换是如何影响产品成本的

C.如何从业务流程角度有效地控制成本

D.产品的价格由哪些因素决定

17.按照管理的观念，成本是企业为获得未来经济利益所耗资源的货币表现。因此，成本管理会计需要解决的问题有（　）。

A.什么是资源　B.资源的价值怎么确定

C.有哪些资源　D.资源是怎么消耗的

三、判断题

1.企业是以营利为目的的社会经济组织。（　）

2.企业经营过程具有两重性：既是使用价值的生产和交换过程，又是价值的形成和实现过程。（　）

3.所有企业的经营过程都具有相同的特点，企业管理的重点在于产品的生产和交换。（　）

4.企业生产产品是为了客户，最终目的是赚钱。（　）

5.以成本计算为基本特征的成本管理的内容仅限于对生产过程中的生产消耗进行系统的汇集和计算，用于确定产品成本和销售成本。（　）

6.以预测、决策为基本特征的管理会计将管理的重心转到提高生产效率和工作效率上。（　）

7.价值链分析的重点在于将企业的经营活动分解为不同的价值活动，每一种价值活动都会对企业的成本和利润产生影响。（　）

8.SWOT分析的理论基础是有效的战略能最大限度地利用优势和环境机会，同时使劣势和环境威胁降到最低。（　）

9.成本管理会计认为，有效的评价并不在于使用财务指标还是非财务指标，而在于它能够发现企业存在的问题。（　）

10.成本管理会计的最终目标是提高企业的经济效益。（　）

11.战略成本管理会计是与企业战略管理密切联系的，它运用灵活多样的方法收集、加工、整理与战略管理相关的各种信息，并据此协助企业管理层确立战略目标，进行战略规划并评价企业的管理业绩。（　）

12.从根本上讲，成本管理会计的对象是以使用价值管理为基础的价值管理。（　）

13.战略性绩效评价则将评价指标与企业战略相结合，根据不同的战略采取不同的评价指标。（　）

14.降低成本、节约费用，对企业而言无疑是唯一正确的选择。（　）

15.资源的价值是由购买时的市场供求关系决定的。（　）

四、计算题

甲企业本年实现销售收入10 000万元，销售成本7 000万元，所得税税率25%，银行贷款利率为7%，甲企业的平均收益率为10%。

要求：

（1）从财务会计的角度计算并评价甲企业的业绩。

（2）如果1月1日实现销售收入10 000万元，但在年末12月31日实际收到现金10 000万元，请基于管理的角度计算并评价甲企业的业绩。

（3）如果1月1日实现销售收入10 000万元，但在年末12月31日实际收到现金10 000万元，请思考在计量甲企业业绩时需要考虑哪些管理成本？试举例说明。

五、简答题

1.掌握企业生产经营与价值管理之间的关系对学习和掌握成本管理会计有哪些帮助？

2.研究成本内涵对理解和掌握成本管理会计有何帮助？

3.请说明成本规划、成本控制、成本计算、业绩考核之间的关系。

4.在理解什么是资源的基础上，说明资源价值确定与成本、费用的关系。

5.成本管理会计需要解决的基本问题是什么？

基本训练答案解析

案例分析

字节跳动——不同管理，不同信息

北京抖音信息服务有限公司（曾用名为北京字节跳动科技有限公司，以下简称字节跳动）成立于2012年3月，是最早将人工智能应用于移动互联网场景的科技企业之一，以建设“全球创作与交流平台”为愿景，以“激发创造 丰富生活”为使命。公司业务覆盖150个国家和地区、75个语种，拥有近10万名员工。

2012年8月，字节跳动发布了资讯类App——“今日头条”，当年年底“今日头条”就积累了100万日均活跃用户。“今日头条”的出现第一次让外界注意到了字节跳动。更重要的是，它为字节跳动未来的发展提供了一条差异化的发展路径，即基于算法的个性化推荐和爆炸性的流量。

2014年，“今日头条”顺利进入第二梯队，成为国内主流新闻资讯客户端之一；2016年9月，它已经超越腾讯新闻，在中国新闻App中位列第一，活跃渗透率达15.13%；2018年3月，“今日头条”日均活跃用户已经突破2亿人。

2014年，字节跳动开始涉足投资业务，包括社交平台、媒体资讯、工具软件、教育培训、金融、企业服务、汽车交通、人工智能、文化娱乐、硬件、游戏、电商、房产、服装纺织等。当年有2起投资活动，分别是今日特卖和图虫网，并将其内化为字节跳动本身的业务。2015年，投资数量为8起；从2016年到2018年，字节跳动的投资情况较为稳定，分别是10家、16家和15家，投资的公司也基本集中在媒体资讯、社交平台、工具软件等；从2018年起，字节跳动开始大肆占领海外版图，海外投资业务明显多了起来。根据媒体报道，同年1月，今日头条成立了一家规模2亿元的内容投资基金，专门投资早期新媒体内容创业项目，尤其关注短视频项目；2019年，字节跳动开始布局游戏领域，围绕知名IP进行游戏研发，通过并购方式攒齐了基础建设。

根据界面新闻的报道，字节跳动2023年销售额增长30%，达到1 100亿美元，其中不断发展的TikTok电商业务成为字节跳动的增长引擎。

资料来源：王艳茹，应小陆，杨树军.创业企业财务管理［M］.北京：中国人民大学出版社，2022.

案例分析参考答案

要求：

基于公开资料的收集和分析，请思考在企业发展过程中：

（1）财务总监最关心的问题是什么？

（2）会计主管最关心的问题是什么？

（3）企业总经理最关心的问题是什么？

第二章 成本概念与分类

学习目标

知识目标：掌握各种成本分类下的成本概念及其作用。

能力目标：掌握各种成本的特性和内容，为正确的成本计算和有效的成本管理奠定基础。

素养目标：适应企业的实际情况和管理需要，解决基于业财融合的算为管用、算管结合的问题。

成本分类是对成本管理对象的细化，服从成本管理的不同要求。为了满足成本计算和成本控制的管理需要，提升成本的价值贡献，必须对成本进行多层次、多角度的分类。

第一节　基于战略管理需要的成本分类

在竞争的市场环境中，战略规划始于价值链分析。企业可以从整体价值链的角度寻找最大增值的节点进行扩展或收缩，并基于成本效益分析确定对价值增值影响最大的战略成本动因进行战略成本管理。

一、规模成本

规模成本是指由于生产规模大小及生产能力利用效率高低不同所形成的成本。

生产规模的大小取决于生产需求、竞争需要和生产组织，并决定了一个企业的固定成本总额和单位变动成本水平。由于规模经济的影响，大型企业有较低的成本水平，有利于实现战略目标和有效竞争。规模经济是指在一定时期内，企业所生产的产品或提供的劳务的绝对量增加时，其单位成本趋于下降。几乎每个主要的价值链活动都存在规模经济问题。规模经济使企业可以不同的方式或更高的效率进行更大范围的活动；规模经济的更大销量增加了分摊无形成本如广告费用和研发费用的能力；规模经济导致企业活动规模扩大，使支持该项活动所需的基础设施或间接费用的增长低于其扩大的比例。

二、整合成本

整合成本是指对企业各种联系的再思考和重新构建所形成的成本。

整合的目的在于使企业的资源能够更加有效地使用。由于一项价值活动的成本常常受到与之相联系的其他价值活动的影响，因此，协调和优化价值活动之间的联系就能降低相互联系的价值活动的总成本，成为企业取得成本优势地位的重要来源。

1.企业内部联系的整合

企业内部各种价值活动之间的联系遍布企业内部价值链，企业可以采取协调和优化两种策略来提高效率、降低成本。协调，是指通过改善相互联系的价值活动之间的关系，使价值活动之间配合得更好，信息充分沟通，从而使整体作业效率提高。优化，则是通过流程的重整，使生产效率和管理效率提高，进而降低成本。如企业从直线职能式发展到事业部制，从金字塔式的组织结构发展到扁平化的组织结构等都体现了上述需要。

2.企业与外部垂直联系（企业与供应商、顾客）的整合

垂直联系反映的是企业活动与供应商和销售渠道之间的相互依存关系。与上游供应商的联系主要是供应商的产品设计特性、服务、产品运送程序等。这些联系会影响企业成本结构。改善与上游供应商的联系会使双方都获得降低成本的机会。同样，企业与下游销售渠道之间的联系也会影响企业的成本结构，为企业和下游销售渠道同时提供降低成本的机会。垂直联系同样可以通过协调和优化两种方式来降低总成本。

三、功能成本

功能是指产品（或服务）所担负的职能或所起的作用，如手表的计时、防震、防水、美观等，是满足客户需求的最重要的体现之一；成本则是为获得产品（或服务）一定的功能必须支出的费用。如果将产品（或服务）的功能与为获得该功能必须支出的费用配比思考，就形成功能成本这一概念。

基于功能和成本配比的成本管理，就是将产品（或服务）的功能与成本进行对比，通过价值分析寻找降低产品（或服务）成本途径的一种管理活动（如图2-1所示）。其目的在于以最低的成本实现产品（或服务）适当的、必要的功能，提高企业的经济效益。

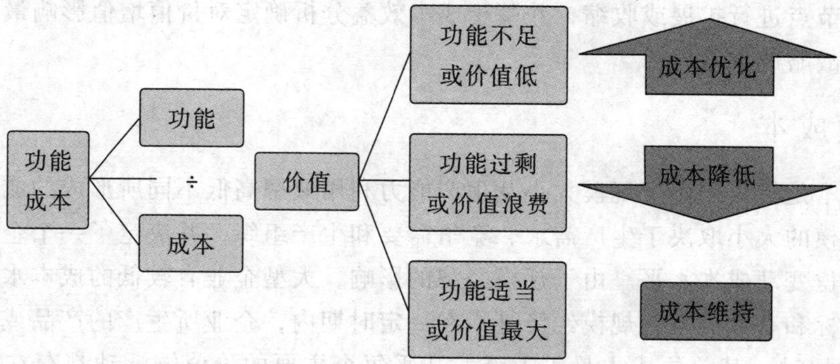

图2-1　基于功能和成本配比的成本管理

四、质量成本

质量是指产品（或服务）担负一定职能或起到一定作用时所应达到的水平，如合格品率、等级率等，反映产品（或服务）满足消费者的程度，是满足客户需求的最重要的体现之一；成本则是为保证产品（或服务）达到要求的质量标准必须支出的费用。如果将产品（或服务）的质量与为获得相应质量必须支出的费用结合起来思考，就形成质量成本这一概念。

基于质量和成本配比的成本管理，一方面从质量成本的内涵出发，深入研究质量与成本的关系，以寻求以最适当的成本保证产品（或服务）适当且必要的功能，提高企业的经济效益（如图1-15所示）。另一方面从质量成本的外延出发，研究成本与质量的关系，以寻找降低产品（或服务）成本的有效途径（如图2-2所示）。

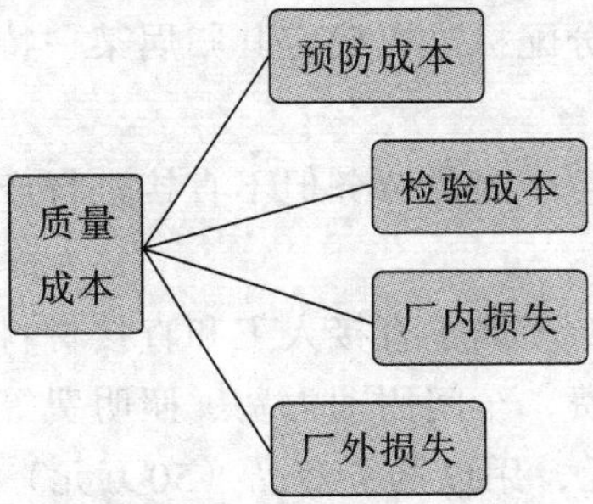

图2-2　质量成本的构成

第二节　基于财务报告目的的成本分类

成本分类的首要目的在于正确归集、分配费用和准确计算成本，满足对外报告时确定企业一定期间损益和资产价值的需要。

一、按经济用途分类

经济用途是指资源消耗的使用方向，由此，成本可以分为制造成本和非制造成本，其作为财务会计成本的最主要和最基本的分类，主要用来确定存货成本和期间损益，满足对外财务报告的需要。

（一）制造成本

制造成本是指生产单位（如车间）在生产产品过程中所发生的各项费用，包括发生时可以直接计入产品成本的直接材料、直接人工，也包括不能直接计入产品成本而需要分配计入产品成本的制造费用。制造成本通过产品的加工、转移和销售，或进入资产负债表（表现为未销售产成品、在制品、材料等的存货成本），或进入利润表（表现为已销售产成品的成本）。

（1）直接材料，是指在制造过程中直接用以构成产品主要实体的各种材料成本。这里所说的材料，是指构成产品的各种物资，也包括外购半成品，而不仅仅指各种天然的、初级的原材料。例如，汽车制造厂所用的汽车轮胎购自橡胶厂，对橡胶厂而言，轮胎当然是产成品；而对汽车厂来说，轮胎只不过是汽车这一产品的原材料之一。

（2）直接人工，是指在制造过程中直接对制造对象施以影响以改变其性质或形态所耗费的人工成本。核算上表现为生产工人的工资。

直接材料和直接人工的共同特征，是可以将其成本直接归属于某一种产品，最能体现成本对象性这一传统上的本质属性。

（3）制造费用，是指为制造产品或提供劳务而发生的各项间接费用。从核算的角度讲，制造费用包括除直接材料、直接人工以外的，为制造产品或提供劳务而发生的全部支出，这部分支出一般情况下必须分配计入不同产品。制造费用内容比较繁杂，人们通常将其细分为三类：

第一，间接材料，是指在产品制造过程中被耗用，但不容易归入某一特定产品的材料成本，或者是不必要单独选择分配标准以确定其归属某一特定产品份额的材料成本，如各种工具、物料的耗用成本。

第二，间接人工，是指为生产提供劳务但不直接进行产品制造的人工成本，如设备养护、维修人员的工资。

第三，其他制造费用，是指不属于直接人工和直接材料的其他各种间接费用，如固定资产的折旧费、维修费、保险费，车间用动力费、照明费等。

例如，某企业投入100万元，用以购买商品（50万元）和房屋（30万元，剩余使用期10年）。经营的第一个月，销售所购商品（50万元），实现销售收入90万元，支付员工工资20万元，实现利润17万元（有关计算如图2-3所示）。

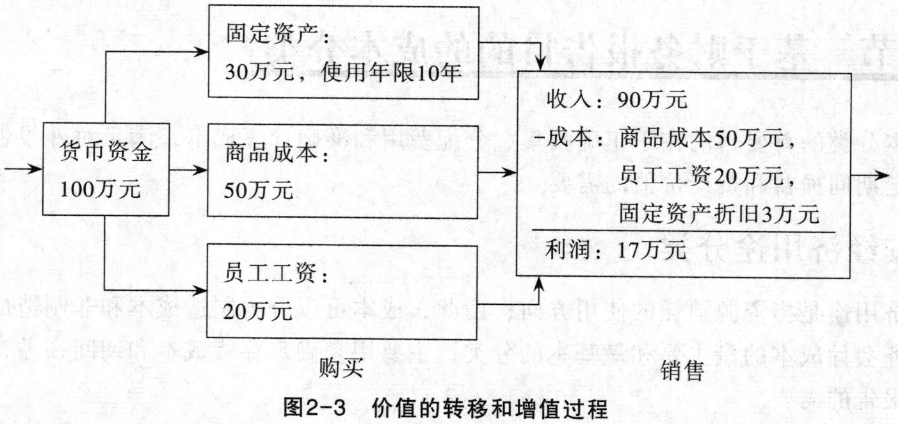

图2-3 价值的转移和增值过程

显然，图2-3中购买商品属于直接材料，支付员工工资属于直接人工，固定资产折旧属于制造费用。商品销售收入大于直接成本（本例中直接材料加直接人工共计70万元），将产生生产毛利20万元（90-70）；生产毛利大于制造费用，产生生产利润17万元（20-3）。

应该指出的是，生产方式的改变或改进对上述直接材料、直接人工和制造费用的划分或三者的构成有直接的影响。例如，生产自动化水平的提高会导致制造费用在生产成本总量中所占的比重增大，生产专业化分工的加深会导致制造费用在形式上更加直接化。

当制造费用按一定的标准在各受益对象（即产品）中分配完毕，制造成本也就演化成为产品成本，即以产品品种来识别的成本。

（二）非制造成本

非制造成本又称期间费用，是指管理部门在组织和管理过程中所发生的各项费用，包括销售费用、管理费用、财务费用和研发费用。非制造成本在期末一次性计入当期利润表。

非制造成本的共同点：

（1）是企业管理部门为组织和管理而发生的；

（2）其支出可以使企业整体受益，但难以描述支出与特定产品之间的关系。

因此，这些费用在财务会计上被处理为期间费用，直接计入当期损益。

二、按与特定成本计算对象的关系分类

成本按与特定成本计算对象的关系可分为直接成本和间接成本。特定成本计算对象可以是产品、步骤、批别，也可以是项目、责任中心或作业。其分类结果主要用来确定特定成本计算对象的成本，满足对外财务报告及内部经营管理的需要。

（一）直接成本

直接成本是在成本发生时即可确认并直接计入某一成本计算对象的费用，是一种可以追溯的成本（如制造成本中的直接材料、直接人工，责任成本中的可控成本）。

例如，老王和老李一起去买服装。老王买了一件500元的衬衫，老李买了一件600元的西服。此时，老王和老李买服装的支出均属于直接成本，于是老王购买的衬衫成本是500元，老李购买的西服成本是600元。

可见，直接成本与成本计算对象之间具有直接关联关系，确定直接成本对提高成本计算的精度具有重要作用。作业成本法就是通过成本动因将更多的间接费用转为直接费用，来解决成本计算的有用性。

（二）间接成本

间接成本是在支出发生时不能确认直接计入某一成本计算对象而需要按照某种标准在各成本计算对象之间分配的费用（如制造成本中的制造费用）。

上例中老王和老李一起去买服装，花了100元出租车费。此时，老王和老李买服装的支出属于直接成本，而出租车费属于间接成本。如果平均负担出租车费，则老王购买的衬衫成本是550元，老李购买的西服成本是650元。

由于产品成本等于直接成本加间接成本，因此分配标准和分配方法的选择对于正确计算成本计算对象的成本十分重要。

问题：若干朋友一日小聚，餐后按聚餐人数平均分配，每人分摊费用300元。这时，一女子说：这样分配不合理。我一苗条女子，吃的少却要多掏钱，而你们男士吃的多却掏得少，实不公平！一男戏曰：汝吃的虽少，但筷筷不离鱼翅与熊掌！我吃的虽然很多，但吃了一锅白菜，你说怎样才合理呢？

三、按与收入相配合的时间分类

成本按与收入相配合的时间可分为产品成本和期间费用，其分类结果主要用来满足对

外财务报告的需要。

产品成本是与产品生产直接相关（如前述制造成本中的直接材料、直接人工和制造费用）而与会计期间无关的成本，该项成本随产品完工而表现为产成品成本（未完工部分表现为在产品成本），随产品销售而表现为销售成本（未销售部分表现为期末库存产品成本）；期间费用则是与一定会计期间相关（如前述非制造成本中的销售费用、管理费用、财务费用和研发费用）而与产品生产无直接关系的成本，因而在财务会计上直接一次性计入当期损益。

例如：某家具生产企业发出10m³的木材，其中8m³用来生产家具，2m³用来对总经理办公室进行装修。于是，前者应计入产品成本，后者应计入期间费用。

教学视频 2-1

瑞幸咖啡

第三节　基于管理目的的成本分类

一、按成本性态分类

成本性态是指成本总额与业务总量（产量或销售量）的依存关系。成本按性态可以分为：固定成本、变动成本、混合成本。

（一）固定成本

1.固定成本的定义

固定成本是指在一定期间和一定业务量范围内，其总额不受业务量变动的影响而保持固定不变的成本。企业管理人员的工资、办公费、广告费、财产保险费、职工教育培训费、研发费以及按直线法计提的固定资产折旧费等，均属于固定成本。

【例2-1】某企业生产一种产品，其专用生产设备的月折旧额为10 000元。该设备最大加工能力为4 000件/月，当该设备分别生产1 000件、2 000件、3 000件和4 000件时，单位产品所负担的固定成本见表2-1。

表2-1　**固定成本与产量的关系**

产量（件）	固定成本（元）	单位产品所负担的固定成本（元）
1 000	10 000	10
2 000	10 000	5
3 000	10 000	3.33
4 000	10 000	2.50

表2-1显示，固定成本总额不受业务量变动的影响，但单位产品所负担的固定成本却直接受业务量变动的影响，与产量成反比，即产量增加会导致单位产品负担的固定成本下降，反之亦然。

将例2-1的有关数据绘入坐标图（如图2-4所示），能够更好地反映固定成本的性态特征。

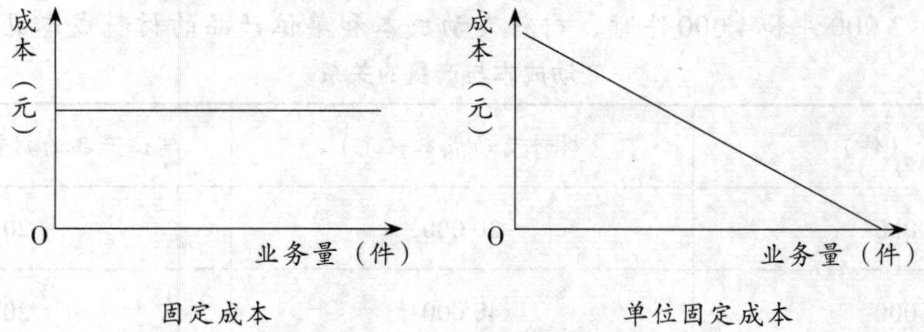

图2-4 固定成本的性态特征

2.固定成本的分类

固定成本按照管理当局的决策能否改变其支出数额细分为酌量性固定成本和约束性固定成本。

酌量性固定成本是指管理当局的决策可以改变其支出数额的固定成本，如广告费、职工教育培训费、研发费等。这些成本的基本特征是，其数额的大小直接取决于企业管理当局根据企业经营状况做出的决策。上述酌量性固定成本的大小直接关系到企业未来竞争能力的强弱，企业管理当局应权衡未来竞争能力提升的利益与为取得未来竞争能力所付出的现时成本，做出合理决策。

约束性固定成本是指管理当局的决策无法改变其支出数额的固定成本，如按直线法计提的固定资产折旧费、房屋及设备租金、财产保险费、照明电费、行政管理人员的工资等。约束性固定成本是企业维持正常生产经营能力所必须负担的最低固定成本，其支出数额的大小取决于企业生产经营的规模与质量，因而具有很大的约束性，企业管理当局的当前决策不能改变其数额。

约束性固定成本的性质决定了该项成本的预算期通常比较长，如果说酌量性固定成本预算着眼于从总量上进行控制，那么约束性固定成本预算则只能着眼于更为经济合理地利用企业的生产经营能力。

3.固定成本的特殊性

需要强调的是：从较长时期看，所有成本都具有变动性，即使是约束性固定成本，也会随着时间的拉长而越来越具有变动性。随着时间的推移，一个正常成长的企业，其经营能力无论是在规模上还是质量上均会发生变化：厂房扩大、设备更新、行政管理人员增加，均会导致固定资产折旧费、财产保险费以及行政管理人员工资的增加；经营能力的逆向变化当然也会导致上述费用发生变化。

就空间范围而言，固定成本表现为在某一特定业务量水平内具有固定性。因为业务量一旦超出这一水平，同样势必扩大厂房、更新设备和增加行政管理人员，相应的费用也势必增加。

（二）变动成本

1.变动成本的定义

变动成本是指在一定期间和一定业务量范围内，其总额随着业务量的变动而呈正比例变动的成本。直接材料成本、产品包装费、按件计酬的工人工资、推销佣金以及按加工量计算的固定资产折旧费等，均属于变动成本。

【例2-2】假定【例2-1】中单位产品的直接材料成本为20元，当产量分别为1 000

件、2 000件、3 000件和4 000件时，材料变动成本和单位产品的材料成本见表2-2。

表2-2　　　　　　　　　　**变动成本与产量的关系**

产量（件）	材料变动成本（元）	单位产品的材料成本（元）
1 000	20 000	20
2 000	40 000	20
3 000	60 000	20
4 000	80 000	20

表2-2显示，与固定成本形成鲜明对照的是，变动成本总额与业务量呈正比例变动，而单位变动成本则是一个定量。

将例2-2的有关数据绘入坐标图（如图2-5所示），能够更好地反映变动成本的性态特征。

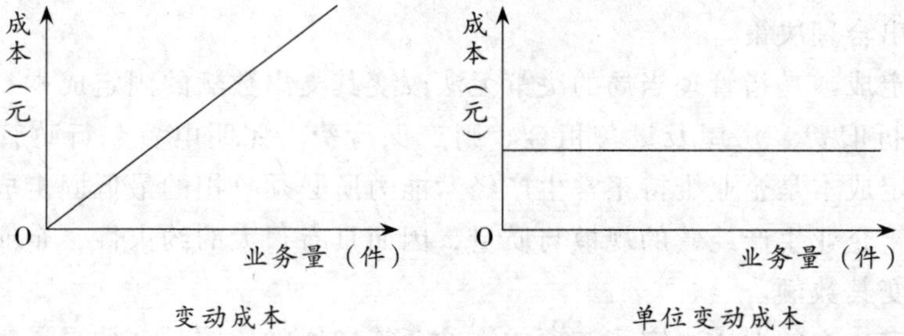

图2-5　变动成本的性态特征

2.变动成本的分类

变动成本按照管理当局的决策能否改变其支出数额细分为酌量性变动成本和约束性变动成本。

酌量性变动成本是指企业管理当局的当前决策可以改变其支出数额的变动成本，如按产量计酬的工人工资、按销售收入的一定比例计算的销售佣金等。这些支出的比例或标准取决于企业管理当局决策时的市场环境。例如，在确定计件工资时必须考虑当时的劳动力市场情况，在确定销售佣金时必须考虑所销产品的市场情况等。

约束性变动成本是指企业管理当局的当前决策无法改变其支出数额的变动成本。这类成本通常表现为企业所生产产品的直接物耗成本，以直接材料成本最为典型。当企业所生产的产品定型（包括外形、大小、色彩、重量、性能等方面）后，上述成本的大小对企业管理当局而言就有了很大的约束性，这类成本的改变往往也意味着企业的产品改型。

3.变动成本的特殊性

变动成本的正比例变动性只在一定业务量范围内才能实现，超出这一业务量范围，就不再是一种正比例变动关系。例如，当企业的产品产量较小时，单位产品的材料成本和人工成本可能比较高。但当产量逐渐上升到一定范围时，由于材料的利用可能更加充分、工人的作业安排可能更加合理等，单位产品的材料成本和人工成本会逐渐降下来。而当产量突破上述范围继续上升时，可能使某些变动成本项目超量上升（如加倍支付给工人的加班工资），从而导致单位产品的变动成本由降转升。

（三）混合成本

混合成本，是指那些“混合”了固定成本和变动成本两种不同性态的成本，企业的总成本就是一项最大的混合成本。

1.混合成本的分类

（1）半变动成本。

此类成本的特征是当业务量为零时，成本为一个非零基数；当业务发生时，成本以该基数为起点，随业务量的变化而呈正比例变化。企业的电费、水费、电话费等均属半变动成本。

以电费为例，假设企业每月电费支出的基数为1 000元，超基数费用为0.2元/千瓦时，每生产1件产品需耗电5千瓦时。那么，当企业本月共生产2 000件产品时，其支付的电费总额为3 000元。如以y代表企业支付的电费总额，a代表每月电费基数，b代表单位产品所需电费，x代表产品产量，则本例各数据之间的关系可以通过y=a+bx来表示。若以坐标图演示半变动成本的特征，则如图2-6所示。

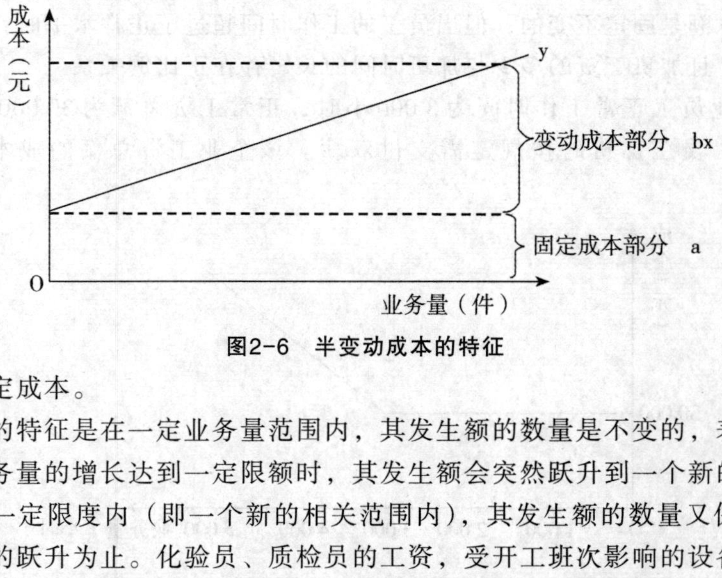

图2-6　半变动成本的特征

（2）半固定成本。

此类成本的特征是在一定业务量范围内，其发生额的数量是不变的，表现出固定成本性态；但当业务量的增长达到一定限额时，其发生额会突然跃升到一个新的水平；然后在业务量增长的一定限度内（即一个新的相关范围内），其发生额的数量又保持不变，直到出现另一个新的跃升为止。化验员、质检员的工资，受开工班次影响的设备动力费，按订单进行批量生产并按开机次数计算的联动设备的折旧费等，均属于这种成本。

假设某企业的产品下线后，需经专门的质检员检查方能入成品库，每个质检员最多检验500件产品，也就是说产量每超过500件就必须增加1名质检员，而且是在产量一旦突破500件的倍数时就必须增加，那么，该企业质检员的工资成本就属于半固定成本。在质检员的工资标准为6 000元时，其工资支出随产品产量的增加，呈现阶梯式跃升（如图2-7所示）。

与半变动成本不同的是，半固定成本较难用数学模型表达。当产量的变动范围较小（如上例中产量在0～500件、500～1 000件、1 000～1 500件浮动）时，半固定成本可以视为固定成本，用y=a表示，即图2-7中的成本实际数。当产量的变动范围较大（如上例中产量在0～1 500件浮动甚至超过1 500件）时，半固定成本应该被视为变动成本，需要

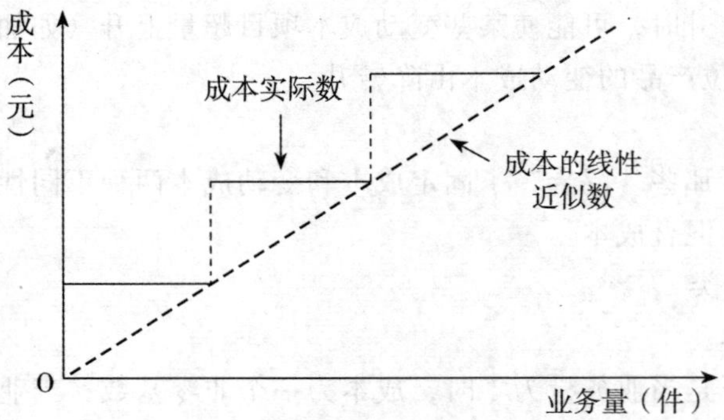

图2-7 质检员的工资支出呈现阶梯式

用平滑的方式将半固定成本描述为一种近似变动成本的性态，即图2-7中虚线所示的成本的线性近似数，即y=bx，其变动率（即图2-7中虚线的斜率）为12元/件（即企业为单位产品所支付的质检员工资）。

（3）延伸变动成本。

此类成本的特征是在业务量的某一临界点以下表现为固定成本，超过这一临界点则表现为变动成本。比较典型的例子是：当企业实行计时工资制时，其支付给员工的正常工作时间内的工资总额是固定不变的；但当员工的工作时间超过了正常水平时，企业需按规定支付加班工资，且加班工资的多少与加班时间的长短存在正比例关系。

假设某企业员工正常工作时间为3 000小时，正常工资总额为30 000元（即小时工资率为10元），员工加班时按规定需支付双薪。该企业工资总额的成本性态如图2-8所示。

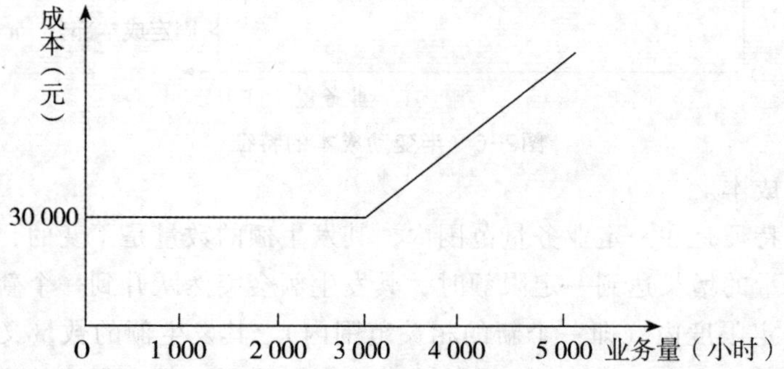

图2-8 某企业工资总额的成本性态

延伸变动成本，顾名思义就是指随着业务量的“延伸”，原本固定不变的成本成为变动成本。

2.混合成本的分解

混合成本需要进一步分解为固定成本和变动成本，才能成为成本管理会计的应用基础。

二、按成本可控性分类

成本按责任中心是否可控分为可控成本和不可控成本。

可控成本是指能由责任中心或责任者控制的成本。一般来讲，可控成本应同时符合三个条件：

（1）责任中心或责任者能够通过一定方式事先了解将要发生的成本；

（2）责任中心或责任者能够对成本进行有效计量；

（3）责任中心或责任者能够通过自己的行为对成本加以调节和控制。

凡是不能同时符合上述三个条件的成本通常为不可控成本。

成本的可控与否是相对而言的：

（1）与责任中心或责任者所处管理层级的高低有直接关系。对企业来说，几乎所有成本都是可控成本，一般不存在不可控成本；而对于企业内部的各个部门、车间、工段、班组来说，则既有其各自专属的可控成本，又有其各自的不可控成本。

（2）与责任中心或责任者管理权限的大小有直接关系。一项对于较高层级的责任中心来说属于可控的成本，对于其下属的较低层级的责任中心来说可能就是不可控成本；反过来，较低层级责任中心的可控成本则一定是其所属的较高层级责任中心的可控成本。例如生产车间发生的折旧费对于生产车间而言属于可控成本，但对于其下属的班组来说则属于不可控成本。

（3）与责任中心或责任者控制范围的大小有直接关系。一项对某一责任中心来说属于可控的成本，对于其他责任中心来说就是不可控成本。例如材料购买价格对采购部门来说基本属于可控成本，但对生产部门或销售部门来说则属于不可控成本。

这种分类对评价责任中心的工作非常重要。

三、按管理的特定需要确认或分类

（一）机会成本

企业决策时，如果必须从多个备选方案中选择一个最优方案而放弃其他方案，那么被放弃的方案所可能获得的潜在利益就是已选最优方案的机会成本。考虑机会成本，有利于有限资源的最佳运用及对选择方案最终效益的全面评价。

【例2-3】某公司现有一台闲置设备，既可以用于生产A产品，也可以出租。如果用于生产A产品，将实现销售收入35 000元，生产成本为18 000元，可获净利润17 000元；出租时可获租金收入12 000元。显然，如果选择生产A产品，就必然放弃出租，于是本来可能获得的租金收入12 000元就应作为生产A产品的机会成本，由A产品负担。这时，可以得出正确结论：生产A产品将比出租多获净利润5 000元。

机会成本产生于某项资源的多用途选择。具体讲，如果一项资源只能用于某一用途而不能用于其他用途，就不会产生机会成本。比如购买一次性还本付息债券，只能在到期时获得约定收益，就不会产生机会成本；而如购买可转让债券，既可以到期获得约定收益，又可以在未到期前中途转让以获得转让收益，就会产生机会成本。

应注意的是：由于机会成本仅仅是被放弃方案的潜在利益而非实际支出，因而不能据以登记入账。

（二）差量成本

差量成本是指企业进行经营决策时，根据不同备选方案计算的成本差异。

【例2-4】某公司全年需要1 200件甲零件，可以外购也可以自制。如果外购，单价为5元；如果自制，单位变动成本为3元，固定成本为500元。外购或自制决策的成本计算见表2-3。

表2-3 **外购或自制决策的成本计算表** 单位：元

项目	外购	自制	差量成本
采购成本	1 200×5=6 000		
变动成本		1 200×3=3 600	
固定成本		500	
总成本	6 000	4 100	1 900

由于外购总成本比自制总成本高1 900元（即差量成本为1 900元），在其他条件相同时，应选择自制方案。

差量成本还经常用于反映不同生产能力利用率在成本上的差别，也就是在原来基础上因追加批量产品生产而增加的成本数额。

【例2-5】某企业生产A产品，最大年生产能力为10 000件，正常利用率为80%。A产品单位变动成本3元，年固定成本6 000元，按正常利用率的产量8 000件分摊，单位固定成本为0.75元。此时，每增加1 000件产品的生产量而追加的差量成本计算见表2-4。

表2-4 **差量成本计算表**

产量（件）	总成本（元）		产量增加1 000件的差量总成本（元）		单位成本（元）		产量增加1 000件的差量单位成本（元）	
	固定成本	变动成本	固定成本	变动成本	固定成本	变动成本	固定成本	变动成本
8 000	6 000	24 000	—	—	0.75	3	—	—
9 000	6 000	27 000	0	3 000	0.67	3	−0.08	0
10 000	6 000	30 000	0	3 000	0.60	3	−0.07	0

通过表2-4可以看出，在产量不超过最大生产能力10 000件时，固定成本总额不随产量的变动而变动，所以，每增加生产1 000件产品而追加的成本为变动成本3 000元。单位成本中的固定部分则呈下降的趋势。

差量成本还可用于接受追加的订货、闲置设备是出租还是出售等的决策。由于差量成本等于单位变动成本乘以追加的产量数，再加上因追加生产而追加的全部固定成本，因此算出差量成本后，将其与可能取得的收入进行比较，就可以根据比较的结果进行经营决策。

【例2-6】某公司面对一项追加订货，产品数量为1 000个，单位变动成本为7元。由于产品规格特殊，需要专门为其购置价值500元的专用设备，并且没有残值。

是否接受这批订货，应先计算这批追加订货的差量成本。根据所给数据计算，随产量变动的变动成本总额为7 000元（7×1 000），加上专用设备成本500元，这批订货的差量成本为7 500元。于是，只要这批订货能够取得大于7 500元的销售收入，就应接受。

（三）边际成本

从理论上讲，边际成本是指产量（业务量）无限小变化时成本的变动数额。当然，产量不可能发生无限小变化，至少应为1个单位的产量。因此，边际成本就是产量每增加或减少1个单位所引起的成本变动数额。

【例2-7】某企业每增加1个单位产量引起的总成本变化及追加成本变化，见表2-5。

表2-5　边际成本计算表

产量（件）	总成本（元）	边际成本（元）
100	800	—
101	802	2
102	804	2
103	806	2
104	808	2
105	918	110
106	920	2
107	922	2

表2-5显示，产量每增加1个单位，边际成本并不总是固定的数值。当产量从100件至104件递增时，每增加1个单位产量的边际成本为2元；但从104件增加到105件时，增加1个单位产量的边际成本就上升为110元；接着，总成本又以每增加1个单位产量的边际成本为2元的趋势变化。这是因为，产量从100件增加到104件时在相关范围内，固定成本不随产量发生变化，只是变动成本随产量发生变化；而当产量从104件增加到105件时，边际成本上升为110元，这表明第105件产品已超出了原来的相关范围。要达到这个产量需增加固定成本。在这之后，边际成本又以一个固定的数值（2元）在新的相关范围内，随着单位产量的增加而增加。

由此看来，边际成本和变动成本是有区别的，变动成本反映的是增加单位产量所追加成本的平均值，而边际成本反映的是每增加1个单位产量所追加成本的实际数额。所以，只有在相关范围内，增加1个单位产量的单位变动成本才和边际成本相一致。此外，如果把不同产量作为不同方案来理解的话，边际成本实际就是不同方案形成的差量成本。

（四）沉没成本与付现成本

沉没成本是指过去已经发生并且无法由现在或将来的任何决策改变的成本。由于沉没成本对现在或将来的决策没有影响，因此决策时不予考虑。

【例2-8】某企业有一台旧设备要提前报废，其原始成本为10 000元，已提折旧8 000元，折余净值为2 000元。假设处理旧设备有两个方案可供选择：一是将旧设备直接出售，可获得变价收入500元；二是经修理后再出售，在支出修理费用1 000元后可得收入1 800元。决策时，由于旧设备折余净值2 000元属于沉没成本，因此不予考虑，只需将这两个方案的净收入加以比较。直接出售可得净收入500元，而修理后出售可得净收入800元（1 800-1 000），显然，第二个方案比第一个方案可多得300元（800-500）。所以，应将旧设备修理后再出售。

可见，沉没成本是企业在以前经营活动中已经支付现金而在现在或将来经营期间摊入成本或费用的支出，固定资产折旧、无形资产摊销等均属于沉没成本。

付现成本是指可以由现在或将来的决策改变其支出数额的成本。付现成本是决策必须考虑的重要影响因素。

【例2-9】某企业现有甲设备一台，原始价值为50 000元，已提折旧35 000元，折余净值为15 000元。生产A产品时，需要支出10 000元对甲设备进行技术改造。假设市场上有乙设备出售，其性能与改造后的甲设备相同，售价为20 000元。在是否改造甲设备的决策中，如果简单地用甲设备的折余净值及追加支出之和（25 000元）与乙设备买价（20 000元）进行比较并选择的话，就会做出错误的抉择：选择乙设备将比改造甲设备节约支出5 000元。由于甲设备的折余净值属于沉没成本，不影响决策，正确的决策应该是：将改造甲设备的付现成本10 000元与购买乙设备的20 000元进行比较，从而做出正确的抉择——改造甲设备将比购买乙设备节约支出10 000元。当然，如果购买乙设备的同时可以将甲设备以12 000元的价格变卖，那么正确的决策应该是：将改造甲设备的成本10 000元及变卖甲设备的收入12 000元（机会成本）之和与购买乙设备的价款20 000元比较，从而做出正确的抉择：改造甲设备将比购买乙设备多支出2 000元，因而应选择购买乙设备。

（五）专属成本和联合成本

专属成本是指可以明确归属于企业生产的某种产品，或为企业设置的某个部门而发生的固定成本。没有这些产品或部门，就不会发生这些成本，所以专属成本是与特定的产品或部门相联系的特定成本。例如，专门生产某种产品的专用设备折旧费、保险费等。

联合成本是指为多种产品的生产或为多个部门的设置而发生的，应由这些产品或这些部门共同负担的成本。在企业生产过程中，几种产品共同负担的设备折旧费、辅助车间成本等都是联合成本。

在进行方案选择时，专属成本是与决策有关的成本，必须予以考虑；而联合成本则是与决策无关的成本，可以不予考虑。

（六）可选择成本与约束性成本

凡是能够由企业管理者决定其是否发生的固定成本，称为可选择成本，如广告费、职工培训费、管理人员奖金、研究开发费等。而那些企业经营必须负担的、不能改变的、最低限度的固定成本，如厂房、设备等固定资产所提的折旧，不动产的税金、保险费以及管理人员的薪金等称为约束性成本。

一般说来，可选择成本是相关成本，约束性成本是无关成本。

（七）相关成本与无关成本

企业在进行经营决策时，可供选择的多种方案中所涉及的各种成本，有些与方案的抉择有关，有些则无关。

相关成本是对决策有影响的各种形式的成本，如差量成本、机会成本、边际成本、付现成本、专属成本、可选择成本等。那些对决策没有影响的成本，称为无关成本。这类成本过去已经发生或对未来决策没有影响，因而在决策时不予考虑，如沉没成本、联合成本、约束性成本等。

相关成本与无关成本的区分并不是绝对的。有些成本在某一决策中是相关成本，在另一决策中却可能是无关成本。

知识拓展

管理会计应用指引第302号——标准成本法

专业素养

1.“战略上藐视敌人，战术上重视敌人”，强调在理解战略成本和战术成本逻辑关系的基础上，重视战术成本管理落地的重要性。

2.“外因是变化的条件，内因是变化的根据，外因是通过内因而起作用。”通过不同的成本分类，可以更好地理解成本控制的方向和动因，有效进行成本管理。

基本训练

一、单项选择题

1.对直接人工、直接材料和制造费用的划分或三者的构成有直接影响的是（　）。

A.使用材料的政策　B.生产方式的改变和改进

C.对固定资产的投资　D.产品品种结构的改变

2.下列费用中属于酌量性固定成本的是（　）。

A.房屋及设备租金　B.技术开发费

C.行政管理人员的薪酬　D.不动产税费

3.下列费用中属于约束性固定成本的是（　）。

A.照明费　B.广告费　C.职工教育培训费　D.业务招待费

4.下列各种混合成本可以用模型y=a+bx表示的是（　）。

A.半固定成本　B.延伸变动成本　C.半变动成本　D.阶梯式变动成本

5.假设每个质检员最多检验1 000件产品，也就是说产量每超过1 000件就必须增加一名质检员，且在产量突破1 000件的倍数时就必须增加。那么，该质检员的工资成本属于（　）。

A.半变动成本　B.半固定成本　C.延伸变动成本　D.变动成本

6.当企业实行计时工资制时，其支付给职工的正常工作时间内的工资总额是固定不变的；但当职工的工作时间超过正常水平，企业须按规定支付加班工资，且加班工资的多少与加班时间的长短存在正比例的关系。那么，上述工资成本属于（　）。

A.延伸变动成本　B.变动成本　C.半变动成本　D.半固定成本

7.成本管理会计将成本区分为固定成本、变动成本和混合成本三大类的标志是（　）。

A.成本的可辨认性　B.成本的可盘存性　C.成本的性态　D.成本的时态

8.（　）在决策中属于无关成本。

A.边际成本　B.沉没成本　C.专属成本　D.机会成本

9.在有关产品是否进行深加工决策中，深加工前的半成品成本属于（　）。

A.估算成本　B.重置成本　C.机会成本　D.沉没成本

10.两个可供选择的方案之间预期成本的差异是（　）。

A.边际成本　B.变动成本　C.差量成本　D.机会成本

11.某企业在6年前购置一台机床，原价18 000元，拟报废清理或修理后作价出售，假定报废后的残值为1 200元，进行修理则需花费4 000元，修理后作价8 000元，那么（　）元是沉没成本。

A.18 000　B.1 200　C.4 000　D.8 000

12.企业5年前购进了一台机器，现已折旧，拟购买一台价值为40 000元的机器取代，卖方提出可以用旧机器作价14 500元，其余的25 500元以现金支付，则该方案的付现成本是（　）元。

A.40 000　B.14 500　C.25 500　D.11 000

13.公司购买的一次还本付息债券，只能在到期时获得约定的收益，因而不会产生的成本是（ ）。

A.沉没成本 B.机会成本 C.差量成本 D.固定成本

14.设某企业生产某种半成品2 000件，完成一定加工工序后，可以立即出售，也可以进一步深加工之后再出售。如果立即出售，每件售价15元，若深加工后出售，每件售价为24元，但要多付加工费9 500元，则继续进行深加工的机会成本为（ ）元。

A.48 000 B.30 000 C.9 500 D.18 000

15.如上题条件，立即出售的机会成本为（ ）元。

A.48 000 B.30 000 C.38 500 D.18 000

16.某人有现金10 000元，若购买企业债券，年息10%；若购买金融债券，则年息12%。那么，其购买企业债券的机会成本是（ ）元。

A.1 000 B.1 200 C.200 D.800

17.有一批可修复废品，存在两种处置方案：一是降价后直接出售；二是修复后按正常价格出售，修复成本为3 000元，降价后出售收入为7 000元，修复后出售收入为11 000元，那么差量损益为（ ）元。

A.3 000 B.4 000 C.8 000 D.1 000

二、多项选择题

1.在相关范围内固定不变的有（ ）。

A.固定成本 B.单位产品固定成本 C.变动成本 D.单位变动成本

2.下列各成本概念中，属于无关成本的有（ ）。

A.专属成本 B.沉没成本 C.历史成本 D.共同成本

3.下列成本中，一般可以归属于相关成本的有（ ）。

A.差量成本 B.机会成本 C.边际成本 D.付现成本

4.可选择成本包括（ ）。

A.广告费 B.固定资产折旧 C.研究开发费 D.管理人员奖金

5.下列成本中，属于沉没成本的有（ ）。

A.固定资产 B.无形资产 C.长期待摊费用 D.在建工程已付费用

6.下列各项目中，属于约束性成本的有（ ）。

A.不动产的税费 B.职工的培训费

C.企业管理人员的工资 D.企业发生的广告费

7.联合成本包括（ ）。

A.专门生产某种产品的专用设备的折旧费 B.专门生产某种产品的专用设备的保险费

C.几种产品共同使用的设备折旧费 D.辅助车间成本

8.采用高低点法分解混合成本时，应当选择（ ）作为低点和高点。

A.（50，100） B.（60，120） C.（50，120） D.（70，130）

9.混合成本根据发生的具体情况，通常可以分为（ ）。

A.半变动成本 B.半固定成本 C.延伸变动成本 D.延伸固定成本

10.混合成本的分解方法很多，通常有（ ）。

A.高低点法 B.散布图法 C.指数法 D.账户分析法

11. 基于财务报告目的进行的分类包括（　　）。

A. 按成本与收入相配合的时间分类

B. 按成本性态分类

C. 按成本与特定成本计算对象的关系分类

D. 按成本与管理者的行为分类

三、判断题

1. 对成本进行计量的目的就是要满足不同信息使用者“不同目的，不同成本”的决策需求。（　　）

2. 降低成本、节约费用，将是企业的正确选择。（　　）

3. 间接人工是指为生产提供劳务但不直接进行产品制造的人工成本，如设备养护、维修人员的工资。（　　）

4. 生产自动化水平的提高会导致制造费用在生产成本总量中所占比重增大，生产专业化分工的加深会导致制造费用的形式更加间接化。（　　）

5. 固定成本是指其总额在一定期间内不受业务量的影响而保持固定不变的成本。（　　）

6. 若从单位业务量所负担固定成本多寡的角度来考察，固定成本则是一个变量。（　　）

7. 约束性固定成本通常是由企业管理当局在每一个会计年度开始前制定年度预算，一旦预算制定之后，将对年度内固定成本的支出起约束作用。（　　）

8. 由于酌量性固定成本的大小完全取决于管理当局的决定，它并不能形成顾客所认为的价值，因此，在进行成本控制时应尽量压缩其总量。（　　）

9. 如果把不同产量作为不同方案来理解，边际成本实际上就是不同方案形成的差量成本。（　　）

10. 固定成本按照是否能够随管理行为改变而改变，划分为相关成本和无关成本两部分。（　　）

11. 专门生产某种产品的专用设备折旧费、保险费属于该产品的专属成本。（　　）

12. 联合成本是由多个产品或部门共同负担的成本，因此属于相关成本，决策时应予以考虑。（　　）

13. 约束性成本不依经营管理者决策而发生变动，因此是无关成本，决策时不予考虑。（　　）

14. 公司购买的可转让债券，既可以到期获得约定收益，又可以在未到期前中途转让获得转让收益，因而可能产生机会成本。（　　）

15. 相关成本是对决策有影响的各种形式的未来成本。（　　）

16. 如果一项资产只能用来实现某一职能而不能用于实现其他职能，就不会产生机会成本。（　　）

17. 机会成本是一项实际支出，应该登记入账。（　　）

18. 在任何情况下，边际成本都与变动成本一致。（　　）

19. 沉没成本是现在发生的，无法由现在或将来的任何决策所改变的成本。（　　）

20. 付现成本与沉没成本的区别在于成本发生的时间不同。（　　）

四、计算题

1. 某企业设立时股东投入资金500万元。设立后，使用150万元购买材料（已全部投入生产），300万元购置生产用房（使用年限20年，按直线法计提折旧），剩余50万元用于现金储备。经营的第一个月，销售全部库存商品实现销售收入220万元，支付生产工人工资30万元、管理人员工资10万元、广告费用10万元。

请问：

（1）该企业截至月末的总支出是多少？

（2）该企业月末总资产是多少？

（3）该企业截至月末的总费用是多少？

（4）总费用中应列为制造成本的是多少？列为非制造成本（即期间费用）的是多少？

（5）该企业月末实现多少利润？

2.某家具公司生产一张桌子的全部制造成本是200元，其中消耗原材料80元、直接人工60元，通用设备的折旧1 000元。现有一客户只愿出180元来购买，卖或不卖？公司管理层有两种不同的意见：一种意见是不卖，理由是价格低于成本，每张桌子要亏损20元（180-200）；另一种意见是卖，理由是价格超过了变动成本，每张桌子售价是180元，卖出一张桌子可赚40元（180-80-60）。

请问：

（1）不同意见各是以哪种成本分类为基础做出的？

（2）你赞成哪种意见，具体理由是什么？

基本训练答案解析

五、简答题

1.成本管理会计对成本的基本分类有哪些？各种分类的主要目的是什么？

2.成本按经济用途分类的结果是如何影响资产负债表和利润表的？

3.说明账户分析法分解混合成本的基本做法或步骤。

4.边际成本和变动成本的含义及其区别是什么？

案例分析

案例一

比亚迪的成本战略

比亚迪股份有限公司（以下简称比亚迪）成立于1995年2月，是一家在A股和H股同时上市的民营高科技企业。比亚迪从电池产业起步，2003年收购陕西秦川汽车公司以后开始了其在汽车产业的布局，凭借独特的垂直整合能力以及低成本战略成为汽车市场上的一股新势力。比亚迪通过自主研发降低固定成本，通过供应链整合节约交易成本，通过流程再造整合技术与劳动力，大大降低了生产成本，提高了市场占有率。

1.自主研发，降低固定成本

比亚迪成立初期，日本的三洋、东芝等电池制造商占据着全球90%以上的市场份额，于是，比亚迪掌门人王传福将业务方向定位在二次充电电池的委托加工市场，专攻日本不再生产的镍镉电池。与日本厂商价值几千万元的电池生产线相比，比亚迪凭借自身的技术研发能力，只花了100多万元人民币就建成了日产4 000多个镍镉电池的生产线。比亚迪还建立了中央研究部，完成了镍氢电池和锂电池核心技术的攻关，并改进了电池的性能与质量。比亚迪自主研发的生产设备大大降低了固定资产投入，分摊到单个电池上的固定性制造费用就非常低。随着产量的增加，规模经济所带来的成本优势进一步凸显。

2.供应链整合，节约交易成本

比亚迪收购秦川汽车以后开始进入汽车产业，其后又收购了北京疾驰汽车模具厂，尽可能降低产品成本。当时对于F3车型来说，请人开模需要花费1.5亿元，自己制作只需9 000万元，仅此一项就可节约40%的资金投入。因此，为了保证整车上各零部件的成本都能达到最低，比亚迪几乎整合了供应链上的每个节点，除了玻璃、轮胎等通用零件外，其他零部件都是自己生产制造，节省了大量供应链上的交易成本，使零部件的整体成本达到最低，并带来决策效率的提高。

3.流程再造，整合技术与劳动力

其他汽车生产企业全自动生产线上的各个流程几乎都是由机械手臂进行安装操作的，虽然技术领先，但成本极高。比亚迪通过流程改造将生产线分解为由若干工人完成的工序，利用“人工加夹具”的方式尽可能地代替昂贵的机器生产。以锂电池生产线的焊接工序为例，日本公司会把电池从生产线上直接转入自动焊接流程，比亚迪却通过人工把电池放到夹具上用激光焊机焊接。这种半自动、半人工的生产流程将资本密集型产业改造成劳动密集型产业，虽然在一定程度上增加了人工成本支出，但最大限度地整合了技术与中国的劳动力比较优势，进一步降低了固定资产的投入。固定成本的降低额远大于变动成本的增加额，从而获得了国外竞争对手难以企及的成本优势。

资料来源：时龙龙，郑鹏. 比亚迪成本管理实践：价值链整合视角［J］. 财务与会计（理财版），2012（2）：17–18.

要求：

结合比亚迪汽车公司的案例分析，谈谈你是如何理解成本概念并根据其特性进行管理的。

案例二　某乙烯企业华丽转身的成本思考

某乙烯企业自建成投产即开始亏损，每年亏损额达6 000万元。其投资人计划将该企业盘出，并向意向投资人提供了相关资料，重要分析性资料如图2–9所示。

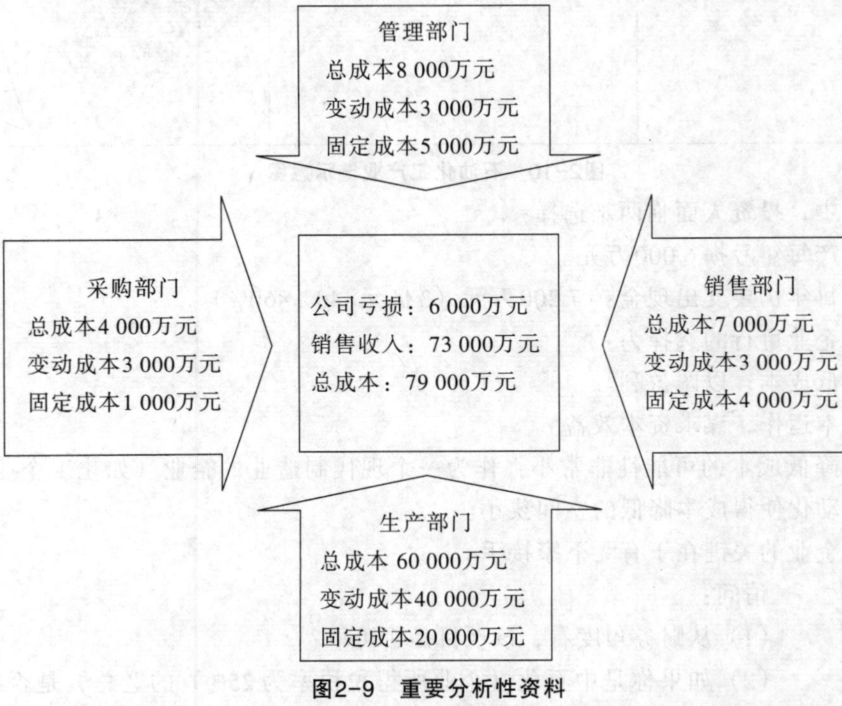

图2–9　重要分析性资料

由于产量设计原因，该企业的生产规模已被限制，产能无法扩张；由于产品市场产大于销，价格没有上涨的可能；在3亿元固定成本中，付现成本占40%，而其中约束性成本又占了60%。在持续亏损的条件下，该怎么办？

该企业为乙烯生产企业。乙烯工业是以化工轻油为原料，生产三大合成材料及有机化工产品的基础原材料工业。乙烯装置生产的三烯（乙烯、丙烯、丁烯）和三苯（苯、甲苯、二甲苯）是石油化工最基本的原料，是生产各种重要的有机化工产品的基础。以其为原料可向下游衍生聚乙烯、苯乙烯/聚苯乙烯、聚氯乙烯、环氧乙烷/乙二醇、醋酸乙烯等重要的合成材料和有机原料，同时联产的丙烯、丁二烯、异丁烯、碳五馏分以及芳烃可以生产各种合成树脂、合成橡胶、化纤单体和基本有机原料等。

该公司处于整个石油化工产业链的中间，其产业链如图2-10所示。

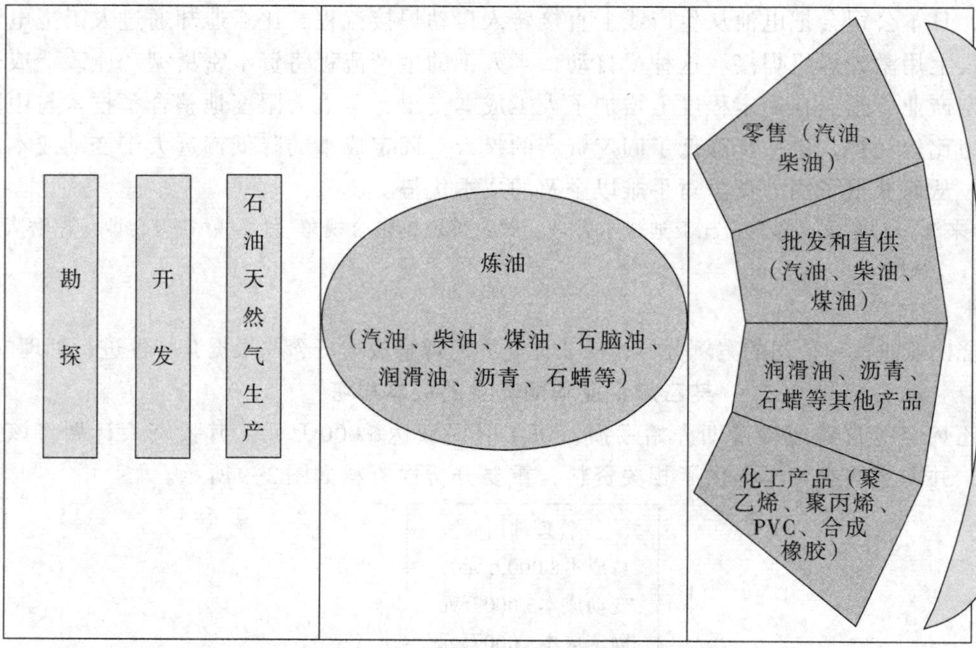

图2-10 石油化工产业链示意图

在经营中，投资人面临两难选择：

继续生产每年亏损6 000万元。

停产时每年仍要支出现金：7 200万元（3亿元×40%×60%）。

此时，企业可行的选择为：

（1）降低成本，以图盈利。

（2）资本运作，谋求资本效益。

显然，降低成本的可能性非常小：作为一个现代制造业的企业（如化工企业），其生产流程的自动化使得成本降低的空间狭小。

而出售企业的关键在于有无下家接手。

请问：

（1）从财务角度看，该项目是否可取？

（2）如果你是中石化（企业所得税税率为25%）的老总，是否有意愿出手以获得该项目？

（3）你获得该项目后如何做才能扭亏为盈？请提出解决方案。

案例分析参考答案

第二章 战略成本管理

学习目标

知识目标：了解企业竞争战略的分类。

能力目标：掌握各种成本管理战略对成本控制的要求；熟练掌握价值链分析；掌握目标成本的制定和分解方法；运用功能成本管理的方法进行决策。

素养目标：熟练利用各种战略成本方法对企业战略进行战略定位和战略分析。

自20世纪80年代末期以来，人们开始将战略的因素引入成本管理的理论与方法中，从而将其逐步推向战略成本管理的新阶段。在战略成本管理中，很显著的一点是人们对成本管理的理解从传统视角的成本管理转移到战略视角的成本管理。最先从战略成本管理的角度详细考虑成本管理的学者是哈佛商学院的迈克尔·波特（Michael Porter）教授，他在《竞争优势》一书中提出，通过识别企业竞争战略，制定简单可行的战略框架，以强调战略成本管理方法。20世纪80年代英国学者西蒙斯（Simonds）提出了战略成本观念，并着重强调了企业管理会计与企业战略结合的重要性。

第一节 企业竞争战略与战略成本管理

企业不同的竞争战略对成本管理的要求也不同，了解企业的竞争战略及其对成本管理的要求，有利于深入了解战略成本管理的内容、方法和工具。

一、竞争战略

企业竞争战略是企业为获取长期的竞争优势，根据自身条件以及所处的外部环境，包括企业竞争者的情况，而制定的经营目标以及为实现这一目标而采取的相应措施。根据迈克尔·波特的理论，企业基本竞争战略可以分为低成本战略、差异化战略和目标集中战略。

（一）低成本战略

低成本战略是企业为赢得价格竞争而追求行业内成本领先地位的竞争战略。企业可以通过改进产品设计、节约生产材料、降低人工费用、扩大生产规模、提高资源配置效率、全过程成本控制、培养全体员工的成本意识和降低成本的主动性等多种办法获得成本优势，使得企业获得高于产业平均水平的收益，从而在竞争中受到更多的保护。

低成本战略适用于发展比较成熟的行业，这种行业市场一般供大于求，竞争比较激烈，市场竞争较多地表现为价格竞争，例如钢铁业、家电业。

（二）差异化战略

差异化战略是企业通过追求产品或服务的独特个性，而赢得市场竞争的竞争战略。该种战略要求企业所提供的产品或服务具有“歧异性”，企业可以通过产品的技术特点、外观特点、品牌形象、客户服务、销售渠道等方式达到。在全产业范围内形成一些独特的、其他企业的产品或服务无法替代的东西，从而取得一定的竞争优势。

差异化战略适用于发展尚未成熟因而企业在市场中的地位还没有完全稳固的行业，这种行业中企业的竞争手段是多样的，竞争的目标是在产品、服务等方面形成与其他企业相比的独特性。此外，还适用于产品技术更新速度很快的行业，例如手机、新能源汽车行业，市场的竞争更多地表现为技术的竞争和新产品上市速度的竞争。

（三）目标集中战略

该种战略主要针对某特定的顾客群、某产品系列的一个细分区段或某一细分市场，力争在局部细分市场取得竞争优势。目标集中战略的实施分为三个步骤：市场细分、目标市场选择和市场定位。市场细分依据整体市场存在的消费需求差异而进行，有利于企业发现新的营销机会、巩固现有市场、正确制定营销策略以及有效地利用营销资源；目标市场选择可以采取无差异性市场营销策略、差异性市场营销策略和集中性市场营销策略，企业应当根据自身的产品性质选择适当的市场营销策略和目标市场；市场定位是企业针对潜在顾客的心理进行营销设计，创立产品、品牌或企业在目标客户心目中的某种形象或某种个性特征，保留深刻的印象和独特的位置，采用上述两种战略中的某一种战略从而取得竞争优势。

二、战略成本管理

企业竞争战略的选择需要通过战略决策来确立。战略决策（strategic decision making）指在若干个可选战略方案中选择其中的一个或多个方案，选中的战略应有合理的把握为公司提供长期成长和生存的能力。战略成本管理（strategic cost management）是指使用成本数据来开发和识别企业的战略优势，通过深入分析和优化成本结构，帮助企业在市场中获得竞争优势。竞争优势（competitive advantage）的目的就是最大化顾客价值。顾客价值是指顾客收到的收益（顾客实现）与顾客付出（顾客牺牲）之间的差异。以同样或比竞争对手更低的成本创造更高的顾客实现；或以低于竞争对手的成本创造同等的顾客实现。顾客实现是一个全面产品（total product）概念，包括无形和有形的全方位的利益，如基本和特别的产品特性、服务、质量、使用指导、声誉、品牌和任何顾客认为重要的因素。顾客牺牲包括购买产品的成本、为获得和学习使用该商品所花费的时间和精力以及使用、维护和处理该产品的购后成本（post-purchase costs）。

增加顾客价值以获得竞争优势与明智的战略选择之间关系非常密切。利用战略成本管理，结合波特的理论可以得到三个基本成本管理战略：成本领先战略、产品差异化战略与集中化战略。

（1）成本领先战略。

成本领先战略（cost leadership strategy）的目标是以低于竞争对手的成本为顾客提供同样的或更高的价值。如果顾客价值被定义为顾客收益与顾客付出之差，那么低成本战略的本质就是通过使顾客付出的最小化来增加顾客价值。在这种情形下，成本领先是组织的目标。比如，一个公司可以重新设计产品，使构成产品的零件数量减少，降低生产成本和顾客购买后的维护成本，从而在顾客实现变化不大的情况下，增加顾客价值。

（2）产品差异化战略。

产品差异化战略（ differentiation strategy）恰恰相反，它是通过增加顾客所收到的收益（顾客实现）来增加顾客价值。可以通过为顾客提供一些竞争对手没有提供的东西来创造竞争优势。因此，必须使产品具有独特性，使其不同于竞争对手的产品。变更产品设计使其不同于普通产品，或者强化产品的某些有形的或无形的特性，都会产生差异性。与竞争对手产品的区别可以是功能方面的、美观方面的，或是样式方面的。比如，一个计算机零售商可以提供现场的修理服务，而这正是当地市场上的其他对手没有提供的产品特性。饼干生产商可以提供动物形状的饼干，比如，纳贝斯克（Nabisco）饼干公司设计了Teddy（泰迪熊）Grahams饼干，使其产品区别于形状更传统的其他品牌。然而，要想使变革具有价值，必须引起顾客的重视。而且，通过差异化为顾客增加的价值必须超出公司为了差异化而付出的成本。如果顾客认为这种差异是重要的，而且差异化为顾客增加的价值超出公司为了差异化而付出的成本，那么竞争优势就建立起来了。

（3）集中化战略

集中化战略（focusing strategy）是选择或重视所要竞争的细分市场或顾客。一个可行的方法是，选择看起来具有吸引力的市场和顾客，然后拓展服务于该目标市场的能力。另一个可行的方法是，选择公司的核心竞争力优于竞争对手的特定市场。集中化战略认为并不是所有的市场（比如，在顾客和地理位置等方面）都是相同的。在组织的能力和潜力既定的情况下，其某些方面总会比竞争者（对顾客来说）更具吸引力。

在现实中，许多企业不会只选择一种基本战略，而是使用三种基本战略的组合。战略定位（strategic positioning）是指选择三种基本战略的最优组合的过程。组合选择的目标是创造持久的竞争优势。对于一个反映三种基本战略组合的战略成本管理，其在战略定位中的任务是在强化所选择的战略定位的同时降低成本，也就是将竞争优势与成本相关联。比如，假定一个组织以高于竞争对手的成本提供同样的顾客价值（那么就没有竞争优势），该组织必须通过增加某一特定顾客群的价值（比如，用差异化和集中化战略来强化战略地位），同时降低成本，才可能达到一种竞争优势，即以同样的或比竞争对手更低的成本提供更大的顾客价值。战略成本管理与传统成本管理的区别见表3-1。

表3-1 **传统成本管理与战略成本管理的区别**

项目	传统成本管理	战略成本管理
目标不同	以降低成本为目标，局部性、具体性	以企业战略为目标，全局性、竞争性
范围不同	较狭窄（考虑近期的成本效益原则）	较长远（考虑长期的战略效益）
时间不同	短期的（每月、每季、每年）	长期的（产品生命周期）
效果不同	暂时性、直接性	长期性、间接性
对象不同	表层，直接成本动因	深层次，表现为质量、时间、服务、技术创新等方面的动因
概念不同	仅指产品的短期成本	质量成本、责任成本、作业成本等
重点不同	重视成本结果信息（事后信息）	重视成本过程信息（实时信息）
注重不同	注重内部成本管理，较少联系宏观政策、外部竞争对手、环境资源等进行分析，难以超越会计主体的范围	注重外部环境，分析企业的市场定位，提供预警信息，及时调整企业竞争战略，可超越会计主体的范围

第二节　价值链分析

价值链分析是战略成本管理的逻辑起点，是通过对企业经营的设计、生产、营销、交货等基本活动以及辅助活动等进行分析，了解企业内部、行业和竞争对手的价值链。从战略成本控制的层面看，由于企业成本的发生与其价值活动有着不可分割的关系，所有的成本都是在每一项价值活动之中发生的，价值链分析就是从全局的角度来评价企业目前所处的环境和竞争状况，以确定企业经营活动的目标和战略成本管理的方向。这种方法是由波特首先提出的，它将企业的经营过程从最基本的原材料到最终用户之间的价值链分解成与战略相关的活动。

一、企业外部价值链分析

公司的价值链包括价值生产作业的整个过程。它包括从最初的供应商手里得到原材料到最终产品送到用户手中的全过程。这一论述把企业自身的价值链放到整个行业的价值链中，从企业所在的行业角度描述价值链，把企业看成是价值生产过程中的一个环节。这样，相对企业来说就存在位于企业外部但与企业所从事活动相关的价值活动，即企业外部价值链，包括行业价值链、供应商价值链、客户价值链、竞争对手价值链等。

一般的价值链概念把行业价值链和竞争对手价值链归为企业外部价值链，在进行价值链分析时将外部价值链分为行业价值链（纵向价值链）和竞争对手价值链（横向价值链）。基于上面的论述，价值链有以下三层含义：

（1）企业各项活动之间都是密切联系的，如原材料供应的计划性、及时性和协调性与企业的生产制造之间密切的联系。

（2）每项活动都能给企业带来有形或无形的价值增值，如企业的售后服务这一活动，如果能密切关注用户的所需并提供及时快捷的售后服务，就可以提高企业的美誉度，从而增加企业的无形价值。

（3）价值链不仅关注企业内部各活动的联系，更加关注企业外部的活动，如与供应商之间的关系、与用户之间的联系。

公司内部的价值链通过采购、销售及售后服务作业与其客户价值链联系，直到最终用户，由此形成了纵向价值链，也就是行业价值链。传统的纵向价值链是在企业内部价值链的基础上拓展与上游供应商和下游客户价值链之间的联系形成的，讨论的内容是企业与供应商以及企业与顾客之间的联系。很显然，这种纵向价值链的范围狭窄，无法满足现代企业战略和决策的需要。因此将纵向价值链定义为一个行业内从最初原材料的开发到产品的最终消费形成的一系列不同作业的结合。纵向价值链不仅包括企业与供应商、与顾客之间的直接联系，还包括与行业相关的活动。例如制造大型设备行业的价值链不但包括设备的制造、零配件的制造、设备的销售等传统意义上的价值链环节，还包括设备贷款、设备租赁等相关行业。传统的价值链是一个单向的链条，但对于越来越复杂的行业来说，它已经不能囊括整个行业的活动了。

（一）产业价值链分析

教学视频 3-1

解读产业价值链分析

产业价值链分析是将单个的企业置于更大的价值链中，关注其与上下游企业之间的关系，探讨整个产业中各个企业的竞争地位，以及从建立战略成本竞争优势的角度出发，充分利用与上游供应商、下游分销商和顾客之间的价值链活动，实现成本的降低，调整企业在产业价值链中的位置和范围。图3-1说明了一个石油行业的产业价值链。石油行业的某一个企业的业务可以不用，而且可能也不会跨越整个价值链。图3-1显示了不同的企业处于价值链的不同位置。大多数大的石油公司，如ExxonMobil、ConocoPhillips，它们的业务范围覆盖了从石油勘探到加油站的整个价值链（如图3-1中的A企业）。当然，这些石油巨头也会从其他的生产商那儿购买石油，或者也会向属于其他公司的加油站提供汽油。而且，有许多石油企业只在价值链的一个较小的部分从事专门业务，如勘探和开采、分销和提炼等（如图3-1中的B企业和C企业）。但无论在价值链中所处的位置如何，一个企业要创造和保持竞争优势，就必须了解整个价值链而不只是企业经营所在的那个部分。

因此，把价值链分解成与战略相关的作业对于成功实施成本领先和差异化战略而言是最起码的要求。对于理解一个企业中具有战略重要性的作业来说，价值链框架是一个非常有用的方法。价值链框架的基本原理是识别企业内部和外部的作业之间存在的复杂的联系和相互关系。必须分析和理解的联系有两种：内部联系（internal linkages）和外部联系（external linkages）。内部联系是身处价值链中的企业的内部作业之间的联系。而外部联系描述的则是构成企业价值链的作业与企业供应商和顾客的作业之间的联系。因此，外部联系有两种类型：供应商联系和顾客联系。

外部联系强调这样一个事实：一个公司必须了解整个价值链，而不仅仅是了解它所参

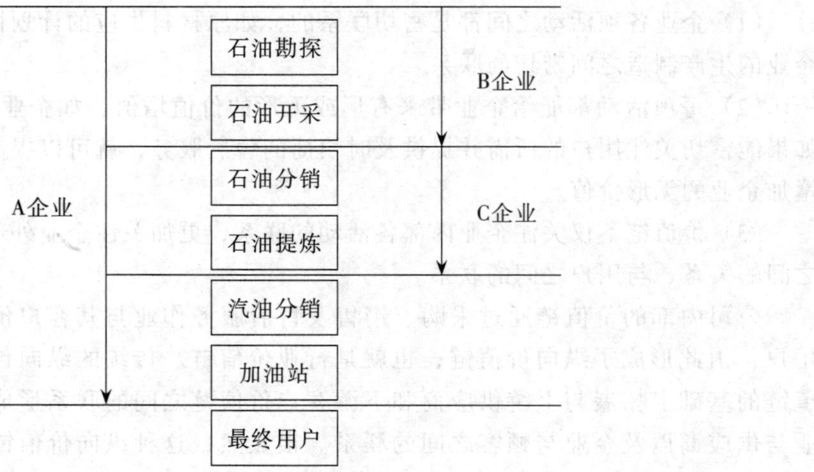

图3-1 石油产业价值链

与的那部分价值链。有效的战略成本管理要求关注外部价值链。一个公司期望建立持久的竞争优势，就不能忽略与供应商和顾客的联系。并且，一个公司需要了解它在产业价值链中的相对地位。评价整个价值链系统中的每一环节的经济优势和联系，可以给予公司重大的战略启示。比如，了解不同环节的收入和成本，可以揭示出是否有必要为提高公司总体经济业绩而进行前向或后向的整合。同样，它也可能反映出缩减投资与缩小在产业价值链上的参与范围是否是一个有利的战略。最后一点是，了解供应商和顾客的能力对于如何利用外部联系具有重大的影响。公司通过对产业价值链的利润率与供应商和顾客的利润率进行比较，就可对它们的能力作出评估。

一条产业链的价值活动囊括了其中所有企业的价值活动，产业中的每个企业都居于产业价值链中的一个或多个环节，因此区分每一环节的成本、收入和相应资产配置以计算每一价值作业的经济效益，有助于了解每一环节对应的卖方与买方的力量，帮助企业明确开发与上下游关系的途径。

企业要加强与上游供应商的价值链联系，与供应商结成紧密的战略合作伙伴关系对于降低成本意义重大，比如可以通过与供应商沟通和协商的方式制定更优惠的订货价格，或者说服供应商通过改进原材料的工艺流程降低之后的生产成本等，分享内部经营信息实现双赢；在加强与下游价值链的联系方面，由于企业生产的最终目的就是最大限度地满足消费者需求，所以要明确目标消费人群，可以将顾客区分为营利顾客和非营利顾客，对营利顾客提供更高质量的服务或更优惠的价格提升顾客满意度，而对非营利顾客则应尽可能地降低服务成本。

（二）战略性成本动因分析

战略性成本动因具有如下特点：

（1）与企业的战略密切相连，如企业的规模、整合程度等；

（2）对产品成本的影响更长期、更持久、更深远；

（3）与作业性成本动因相比，这些动因的形成与改变均较为困难。

战略性成本动因可分为结构性成本动因和执行性成本动因。结构性成本动因和执行性成本动因分别用于促成战略决策和经营决策。

结构性成本动因是指决定企业基础经济结构的成本动因。结构性成本动因具有战略性质，因为它涉及具有长期影响的计划与决策。使用结构性成本动因的战略分析，有助于企业改进其竞争定位，这些分析包括价值链分析和作业管理。价值链分析有助于企业评估其当前的和计划的结构性成本动因的长期影响：

第一，这些因素的形成需要较长时间，而且一经确定往往很难变动，因此对企业成本的影响将是持久和深远的。

第二，这些因素往往发生在生产开始之前，其支出属资本性支出，构成了以后生产产品的约束性成本，因此必须慎重行事，在支出前进行充分评估与分析。

第三，这些因素既决定了企业的产品成本，也会对企业的产品质量、人力资源、财务、生产经营等方面产生极其重要的影响，并最终决定了企业的竞争态势。

由此看来，一个企业的结构性成本动因的决定必须与企业的竞争战略相联系，即不仅要从影响成本的角度去看待结构性成本动因，而且要从企业竞争优势的角度去看待成本动因。结构性成本动因主要包括以下几个因素：

1.规模（Scale）

规模经济在不同的价值活动和不同的产业中的影响各不相同。试图以规模经济为主要的成本动因以取得相对成本优势，就要对市场进行充分分析，如果可扩充的市场规模足以支持规模经济扩张，则规模经济是有效的；反之，则会带来产品的滞销和利润的下降。此外，规模经济的成功与否还取决于竞争者的行为。

2.范围（Scope）

范围指的是垂直一体化程度。范围是指企业为了让自己的业务领域更广泛和更直接，向价值链的上下两端所进行的延伸。企业的纵向整合程度会对成本产生影响。整合程度的提高可能会带来效率的提高或成本的降低：

① 它可避免市场交易带来的额外成本，如采购费用和销售费用；

② 它能使企业获得更多的附加值，相当于把供应商或销售商的利润转移到企业内部；

③ 整合可使企业降低对供应商的依赖程度，是稳定供求的一种重要手段；

④ 整合可以带来联合作业的经济性；

⑤ 整合可能会带来各种无形资源的积累。

加强整合可以降低成本，带来竞争优势。企业必须视实际情况决定各价值活动整合的程度。

3.经验（Experience）

经验即经验积累，它是指生产单位产品所需时间随着工人熟练程度的不断加强而逐渐减少的现象。通常工人经验积累程度越高，操作也就越熟练，单位产品成本就会呈下降趋势。这就是所说的学习曲线或称经验曲线效应。一般学习曲线效应在企业初建时尤为明显，成熟企业的学习曲线效应相对来说不够明显；价格敏感性强的企业，学习曲线效应显著，它可带动需求，增大产量，进而降低成本。

4.地理位置（Location）

企业的地理位置可以以若干种方式影响成本：

（1）位于不同国家和城市的企业的工资成本和纳税支出不同。

（2）企业所处环境的交通便利程度及基础设施的状况，都会影响企业的生产经营成本。

(3) 地理位置对营运成本有重要影响。地理位置几乎对所有价值活动的成本均有影响。

企业利用地理位置这一成本动因改善其成本地位的策略可以是重新设定各种活动的地点。地理位置的转移可创造降低成本的机会，但改变地理位置常常涉及权衡取舍。

5.复杂性（Diversity）

多产品企业会花更多的成本在日程安排、生产流程管理以及上游产品开发和下游产品分销上。这些企业通常采用作业成本法来更好地识别成本以及不同产品、供应商和顾客的营利性。

6.技术（Technology）

技术是指企业价值链在每一环节中运用的处理技术，它反映企业生产工艺技术的水平和能力。通常先进的技术和更高的技术水平会使成本降低，但开发与应用技术和提高技术水平以付出较高的成本为代价且存在被淘汰的风险，因此实际应用中，应在技术革新成本与所获利益之间进行权衡并做出正确的决策。

规模、范围、地理位置和复杂性等是主要的结构性成本动因。经验、技术等是次要的结构性成本动因。

以商店为例，可能的结构性成本动因包括：

(1) 任务和目标的确定——决定进入零售行业。

(2) 商店地理位置的确定——选择设在独立的大楼或商业区中。

(3) 商店规模的确定——选择商店的大小和数量，这将影响到所能采购的商品种类以及营运成本，根据商店的大小和数量决定是否横向联合。

(4) 经营范围——选择是否并购批发商，通过拥有食品加工公司的所有权实现实质性联合。

(5) 采用的技术——收银机的条形码扫描与计算机连接，以便进行存货控制和再订货。

(6) 复杂性——可供销售商品的数量和种类。

(三) 执行性成本动因分析

执行性成本动因是在企业按照所选择的战略定位和经济结构进行生产经营的过程中成功地控制成本所应考虑的因素，是决定企业作业程序的成本动因，是企业在短期内进行管理以降低成本的一些因素，也是决定企业成本水平的重要因素。

影响执行性成本动因的决策是在影响结构性成本动因决策的范围内进行的。在一家企业内，在制定企业执行性成本动因决策之前，就已经制定了战略目标、经营规模及地理位置的决策。执行性成本动因主要包括：

1.员工责任感（参与感）

它是指员工对参与持续改善的责任感。企业生产经营过程中，员工的责任感与企业成本的高低密切相关，企业要降低成本必须调动全体员工的积极性，否则员工的消极反应将是使成本上升的重要因素。

2.全面质量管理理念

它是指员工对产品及工艺质量的信念及达成的意愿。实际中，质量与成本密不可分。

二者既对立又统一，企业应在质量与成本之间进行权衡，从而实现质量成本最优，企业效益最大的目的。

3.生产能力的利用

它是指在既定工厂建设规模的前提下，工人能力、机器能力以及管理能力是否得到充分发挥，各能力之间的组合是否最优。企业生产经营过程中，各种能力的利用程度越高，越有助于成本的降低。生产能力运用模式主要通过固定成本影响企业成本水平，由于固定成本在相关范围内不随产量增加而改变，当企业生产能力利用率提高，产量上升时，单位产品所分担的固定成本相对较少，从而引起企业单位成本的降低。生产能力利用率水平的变化会带来成本的升高或降低。对于固定成本所占比重较大的企业而言，生产能力运用模式将产生重大影响，产量的上升会带来单位成本的明显下降。企业可通过改变价值活动的方式来降低经营风险。一般而言，固定成本比重越高，经营风险也越大。通过改变价值活动的方式，可改变固定成本所占比重。

4.工厂布局的效率

它是指按照目前的标准考核布局效率如何，有效的工厂布局，可以节省大量材料或在产品的搬运与储存成本，因此应从成本的角度考虑，工厂布局是否存在不合理之处。

5.产品设计

它是指所设计的产品工艺的复杂性和可接受性。复杂性是指产品工艺的设计是否合理；可接受性是指所设计的产品工艺是否容易操作并掌握，这些都与成本直接相联。

6.联系

联系是指各种价值活动的相互关联。这种关联可分为两类：一类是企业内部联系，另一类是企业与供应商、顾客之间的垂直联系。由于一项价值活动的成本常常受到与之相联系的其他活动的影响，改善联系就能降低相互联系的活动的总成本。企业要对各部门及外界活动进行协调和优化，它们是企业取得成本优势地位的重要途径。

仍以商店为例，可能的执行性成本动因包括：

（1）布局的有效性——影响各工作环节之间的存货转移成本。如码头卸货、商品仓储和陈列的位置。

（2）产品的结构——产品设计的效率和效益。如以健康饮料为主，分为果汁饮料和能量饮料。

（3）利用价值链的联系——开发与供应商和客户的合作伙伴关系。

（4）与员工的关系——给予员工决策权，让员工参与企业的持续改进，有助于提高决策制定的效果，降低成本。如采购订单由饮料部门的经理编制还是由经理助理编制。

（5）对全面质量管理的态度——为顾客价值最大化和成本最小化而不断地努力。

综上所述，执行性成本动因具有以下特点：

（1）与结构性成本动因相比，执行性成本动因属于中观成本动因，即这些成本动因是在结构性成本动因确定以后才成立的成本动因。

（2）这些成本动因多属非量化的成本动因，因此在分析的过程中进行定量分析较为困难，必须设法予以量化。

（3）这些成本动因因企业而异。不同的企业有不同的执行性成本动因，并无固定的因素。

（4）执行性成本动因的形成与改变均需要较长时间，所以企业在分析的过程中应挖掘潜力，尽量找出可能的成本动因，从多个角度探索降低成本的途径。

显然，结构性成本动因与企业的战略定位密切相关，通过结构性成本动因分析，有助于企业做出横向规模和纵向规模的战略决策；而分析执行性成本动因则有助于企业加强内部成本管理，可以确保战略目标的实现。

在进行成本动因分析过程中，并非所有成本动因始终具有相同的重要性，在每种特定情况下某些动因很可能非常重要。如结构性成本动因与企业所选择的竞争战略密切相关。如果企业选择了低成本战略，则达到规模经济和具备先进的技术水平是企业顺利实现战略目标的关键成本动因。如果企业选择的是差异化战略，那么多样性往往就会成为企业的主要成本动因。

战略成本动因分析的目的就是要通过对结构性成本动因及执行性成本动因的分析，找出对企业的成本产生持续而深远影响的因素，然后根据企业所确定的竞争战略，确定以何种方式来控制、影响甚至改变这些成本动因，达到在提高企业竞争力的同时降低成本的目的。

上述两种战略成本动因的最主要区别是，对于结构性成本动因而言，并不是程度越高越好，而是存在一个适度的问题。比如说，企业的规模应适应其发展的需要而不是越大越好；整合程度也非越高越好。但对于执行性成本动因而言，一般认为程度越高越好，例如，应尽量加强和鼓励员工的全面参与，健全全面质量管理体系。而且就企业而言，执行性成本动因总结得越多，将越有助于企业的成本管理。

总之，战略成本动因分析为企业改变成本地位、增强竞争力提供了契机。企业的成本总是由一组独特的成本动因来控制的，而每一个成本动因都可能成为企业独特的竞争优势来源，选择有利的成本动因作为成本竞争的突破口是企业竞争的一项策略，应引起企业领导者的高度重视。

（四）竞争对手价值链分析

一个产业中往往存在生产相同或相似产品的企业，相互之间就形成了竞争关系，竞争对手价值链分析的目的就是要揭示企业与竞争对手相比的成本优势或劣势，帮助企业制订正确的成本降低计划，从而获得竞争优势。在进行竞争对手价值链分析时，每个企业面对不同的竞争者，必须了解整个价值链和调节价值作业的成本动因，可以对竞争对手的情况进行深入调查和模拟测算，将竞争者的成本水平、构成和项目支出等情况与本企业产品进行比较，找出差距，扬长避短，提高成本竞争力。

通过对企业内部价值链的分析，可以明确企业拥有哪些资源、存在哪些价值活动以及它们的分布状态；通过对产业价值链的分析，能够判断出企业在整个产业价值链中的位置，从更大的视角来审视企业的成本战略，决定是否需要实施纵向整合战略或者怎样处理与上下游的关系以达到降低成本的目的；通过对竞争对手价值链的分析，能够发现企业价值链相对于竞争对手价值链的合理程度，是否拥有更大的竞争优势以及如何在竞争中胜出。总而言之，价值链分析对于企业开展战略成本控制、消除成本劣势和创造成本优势起着重要的作用。

（五）客户价值链分析

战略成本计算的一个关键目标是识别公司利润的源泉。在以产量为基础的成本系统中，产品销售费用和管理费用通常被看成是期间费用，而如果要把这些成本分配给顾客，常见的做法是按收入的比例进行分配。因此，以产量为基础的成本计算法所提供的信息通常是：或者顾客服务没有任何成本，或者各个顾客的服务成本（占总服务成本）的百分比与其销售费用（占总收入）的百分比是相同的。如果顾客服务成本很大，那么不能分配或不能正确地分配这些成本都会使销售人员不能有效地对顾客组合进行管理。从而导致销售人员将不能区分那些花费很多服务资源的顾客以及那些实际上不需要这些资源的顾客。这种信息的缺乏会导致弱化公司战略地位的行为。为了避免这种结果并鼓励强化公司战略地位的行为，应该运用作业成本法将与顾客相关的成本分配到顾客。准确地分配这些与顾客相关的成本可以使公司将顾客区分为有利可图的顾客与无利可图的顾客。因此对顾客进行选择也绝不是一件毫无意义的工作。一个企业如果善于研究本企业的产品如何适应顾客价值链的要求，很显然会在竞争中击败其他生产厂家。特别是当企业的产品在顾客的生产成本中占较大比重时，这一优势地位就会更加明显。客户价值链分析加强了对产品离开企业后的有关活动的分析，通过利用与顾客之间的联系为企业寻求竞争优势。

【例3-1】已知A企业有两个客户，客户资料见表3-2。

表3-2　**A企业客户销售资料**　金额单位：元

项目	大客户	小客户
购买数量（件）	500 000	500 000
订单数量（单）	2	200
生产成本	3 000 000	3 000 000
分配的订单处理成本	303 000	303 000
单位订单成本	0.606	0.606

假设：订单处理能力按45个单位成批取得，每批成本40 400元，订单作业变动成本为每个订单2 000元，由于订单数量为202单，因此订单处理能力需要5个作业，则订单处理能力为225个单位（5×45），因此全部订单的处理成本为606 000元（［（5×40 400）+（2 000×202）］）。公司定价的政策是：生产成本加订单处理成本，再加20%的加成，现大客户要求每个零件价格降0.5元，是否可行？

解：现行订单成本分配计算的每类客户的单位报价=［（3 000 000+303 000）×1.2］÷500 000
=7.93（元）

采用ABC（Activity-Based Costing，作业成本法）来处理时：

订单处理作业单位成本=606 000÷202=3 000（元）

大客户的订单处理成本=2×3 000=6 000（元）

小客户的订单处理成本=200×3 000=600 000（元）

对大客户的单位报价=［（3 000 000+6 000）×1.2］÷500 000=7.21（元）

比现行报价低0.72元（7.93-7.21）。因此对大客户每个零件价格降0.5元可行。

（六）供应商价值链分析

对上游企业的价值链进行分析对于企业避免不必要发生的成本是非常有意义的。企业可以通过了解供应商的生产流程，帮助供应商改变原料设计以更加适合企业自身的需求，可以节约企业对原料的一些初步加工的成本；企业通过与供应商的信息沟通可以协调进货时间和批量，甚至包装和运输的方式，避免企业因急用、积压等原因造成额外的时间、人力和资金成本；企业还可以与供应商建立联盟或直接实施向后整合来节约采购成本和避免原料采购风险。

上述几类价值链分析在企业中相互依存、相互联系构成了一个有机整体，共同成为实现企业纵向价值链分析和横向价值链分析的交叉点。纵向价值链分析的结果确定企业应该生产什么，横向价值链分析指出企业生产该种产品的竞争优势所在，同时明确与外部竞争者有关的因素有哪些，从而确定企业进行生产的限制条件，即确定企业应如何进行生产。这两种分析的落脚点都在企业内部价值链分析的结果之上。

【例3-2】甲企业从A、B两家公司购入X和Y两种产品，该企业发生的作业成本数据见表3-3和表3-4。

表3-3 甲企业产品生产情况 单位：元

作业	配料错误/滞后交货	程序错误
产品返工	200 000	40 000
产品赶工	50 000	10 000

表3-4 甲企业供应商的数据 金额单位：元

项目	A公司		B公司	
	X	Y	X	Y
单位采购价格	10	26	12	28
采购数量（件）	40 000	20 000	5 000	5 000
配件故障数（次）	800	190	5	5
误期到货（次）	30	20		

根据以上资料，从财务成本角度分析甲企业应该选择和哪个公司合作？

解：根据以上资料求解，见表3-5。

表3-5 作业成本法下的供应商单位全面成本 金额单位：元

项目	A公司		B公司	
	X	Y	X	Y
采购成本	10×40 000=400 000	26×20 000=520 000	12×5 000=60 000	28×5 000=140 000
产品返工	200①×800=160 000	200×190=38 000	200×5=1 000	200×5=1 000
产品赶工	1 000②×30=30 000	1 000×20=20 000	0	0
全面成本	590 000	578 000	61 000	141 000
数量（件）	40 000	20 000	5 000	5 000
单位全面成本	14.75	28.9	12.2	28.2

①200 000÷（800+190+5+5）=200

②50 000÷（30+20）=1 000

由表3-5可见，B公司X、Y两种产品的单位全面成本均比A公司低，所以，甲企业应选择与B公司合作。

二、内部价值链分析

企业内部存在许多价值链，每一条价值链在产生价值的同时也要消耗资源。企业内部价值链分析的目的就是要找出最基本的价值链，并将其分解为单独的作业，通过价值作业与内部作业之间关系的开发，推进各个价值作业的优化与相互协调，以降低成本、增加价值。

企业价值链中的作业可分为两种：一种是可增加价值的作业，例如产品的设计、生产、包装以及营销方面的作业；另一种是不增加价值的作业，例如与存货相关的仓储、整理、维护等作业。因此，要优化企业内部的价值链，就要尽可能地减少不增加价值的作业，同时对于可增加价值的作业也要尽可能地提高运作效率。企业可以采用多种现代成本管理方法优化价值链，例如通过适时或准时生产系统，力求实现生产经营环节的零存货；运用全面质量控制，在供、产、销各环节追求零缺陷；利用成本企划，从产品的开发和设计环节开始实现成本的前馈控制等。分析内部价值链的前提就是要识别企业诸多的价值活动，每项价值活动都与用户价值创造有关，而且是引发资源耗费、成本发生的"基本单元"。由于企业各价值活动是互相影响的，因此要运用具体的方法将作业进行系统分类，进而消除非增值作业，使企业内部各作业相互协调，提升整体竞争优势。企业内部价值链如图3-2所示。

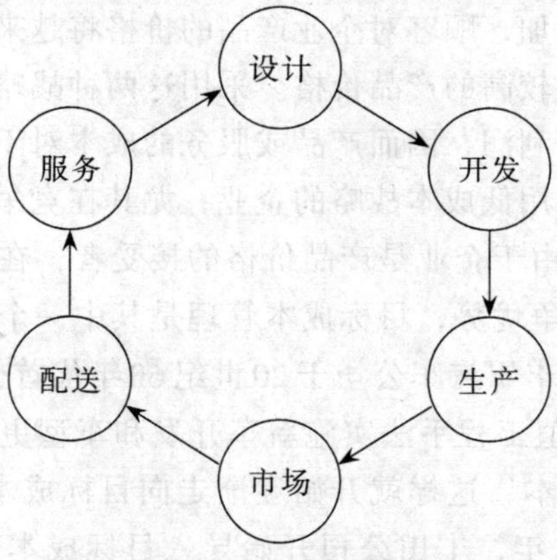

图3-2　企业内部价值链

【例3-3】甲企业通过价值链分析，发现部件数量是多个生产活动作业的成本动因，因此采取减少部件数量的方法来实现企业的成本领先战略，有关资料如下：如果把某一产品的零部件从20个部件减少为8个部件，企业产品年产量数为10 000件。具体资料见表3-6：

表3-6　**甲企业部件相关作业情况表**

作业	成本动因	作业容量	当前需要作业	预期需要作业
使用原材料	部件数量	200 000	200 000	80 000
装配部件	直接人工小时	10 000	10 000	5 000
购买部件	订单数	15 000	12 500	6 500

使用作业：每使用部件3元，无固定作业成本。

装配作业：每直接人工小时12元，无固定作业成本。

购买作业：3名工人工资，每人30 000元/年，每个职员能处理5 000个购买订单，每购买订单的变动作业成本为0.5元。

如果通过减少部件数量（资源的消耗）则可节省：

资源消耗：（200 000-80 000）×3=360 000（元）

装配部件作业：（10 000-5 000）×12=60 000（元）

购买部件作业：30 000+0.5×（12 500-6 500）=33 000（元）

总计：360 000+60 000+33 000=453 000（元）

若假设生产销售10 000件产品，销售价格为每件400元，每件的销售价格按每件的节约来降价，新的销售价格为多少？

生产10 000件产品时，由于部件数量的减少可以节省453 000元的成本，若按每件的节约来降价，则新产品价格可以降为354.7元（400-453 000÷10 000）。

第三节 目标成本管理

教学视频 3-2

目标成本管理

企业可以采用差异化或集中战略，通过增加顾客实现来增加顾客价值，随着顾客实现的增加，顾客对企业产品的价格将越来越不敏感，因此企业可以利用差异化来制定较高的产品价格。采用这两种战略，企业可以通过制定较高的价格来获取超额利润，因而产品或服务的成本对于企业而言，不是重点关注的对象。而对于采用低成本战略的企业，尤其在竞争激烈的市场，或企业处于生命周期中的成熟期的企业，由于企业是产品价格的接受者，在价格一定的情况下，企业需要有竞争力的成本来获取竞争优势，目标成本管理是其中一个比较好的管理工具。目标成本法（target costing）由日本丰田汽车公司于20世纪60年代首创，“在产品设计阶段将成本限定在目标内，然后运用价值工程手法实施新车开发和车型更新。同时，在设计阶段，各部门通力合作以达成目标成本，这样就开始逐渐走向目标成本管理体制。”这是目标成本管理术语的首次出现。1962年，丰田公司开始导入目标成本管理的主要工具——价值工程。1963年则对职工明确提出了成本管理的三大支柱：成本维持、成本改善与目标成本管理。1967年制定了“目标成本实施细则”，规定了目标成本的实施步骤及其责任部门，使其成为一种制度化的组织活动。1969年形成了不仅包括公司内部，而且包括协作企业的一体化目标成本活动。后来，日产汽车公司也经历了类似的过程，形成了具有其自身特色的目标成本管理体制。其后的30年中，目标成本法跨越了汽车界，走向了电机、机械制造、冶金与其他行业，以极快的速度向外普及。目标成本法是一种以市场为导向，有助于同时达到高品质、多功能、低成本的成本管理方法，其从新产品的基本构想立案至生产阶段，设定符合顾客需求的品质、价格、信赖性及交货期等目标，并通过从上游到下游的所有流程，试图同时达成以降低成本和确保综合利润为目标而实行的各种管理活动。

目标成本首先是根据企业的经营目标，也就是从如何满足市场需求以及客户对产品性能、质量和价格的要求入手，确定目标销售收入，然后确定企业所期望的目标利润，最后由销售收入减去目标利润得到目标成本：

目标成本=目标销售收入-目标利润

一、目标成本的制定

目标成本的制定是目标成本管理的起点，目标成本制定的科学性和合理性直接影响到目标成本控制的有效性。

目标成本的制定一般经过以下步骤：

（一）搜集相关成本信息

制定目标成本需要的信息包括两个方面：

一是预测销售量和价格。以新产品来说，价格是一个未知数，要进行市场调查和预测并对其进行分析，并与同类产品相比较，确定消费者对价格的接受程度；对老产品而言，要对现行销售价格进行分析，特别是结合产品市场生命周期和产品竞争能力，预测出价格上下波动的趋势和幅度。

二是取得先进企业的成本资料，可以按成本项目来搜集。先进企业的成本水平是制定目标成本的主要依据。

（二）确定目标利润

将企业经营目标规定的目标利润进行分解，确定某产品在计划期内应完成的目标利润。目标利润水平应考虑预测的销售量和价格水平。

（三）初定目标成本

目标成本是通过市场调研，在成本经营阶段确定的，是为实现目标利润必须达到的成本目标值，而且这个目标值是生命周期成本的最大容许值。任何一种成本管理模式，其在实施之前都应先确立行动目标，即回答“所欲为何”的问题。

目标成本可采取倒算的方式进行匡算，参见“（四）确定目标成本”中的“2.倒算法”。

（四）确定目标成本

在初定目标成本之后，要发动群众讨论匡算的目标成本指标，提出降低成本的措施，根据降低成本的主要措施对未来成本进行预测，寻找降低成本的方向和途径，经过综合平衡，即可确定企业为之奋斗的目标成本。

制定目标成本的方法较多，下面简要地讨论几种：

1.加算法

加算法是以基准成本为出发点，加上为追加新功能所必需的成本，减去可除去功能及可消除作业涉及的成本，从而得到新产品可能达成的成本。基准成本，是指企业根据其拥有的技术水平和作业能力估算得到的成本。在应用加算法时，有什么因素将导致成本上升、上升数额有多少等都要进行合理估算；有哪几种降低成本的方法，采用某种方法所能预计的成本降低额必须明确。这种方法的特征是：依据设计思路的特征及采纳的可能性，对产品各个功能分区域制定的目标成本进行累计加总，再据以设定。需要说明的是，设定时既要考虑观察到的技术水平（包括协作企业的技术水平）、生产设备、交货期等，也应结合企业经营战略的考虑对目标成本进行预测和估算。

2.倒算法

倒算法是以产品销售收入减去产品销售税金及附加和目标利润来制定目标成本的方法。其公式如下：

目标成本=产品销售收入-税金-目标利润

单位产品目标成本=产品单价×（1-税率）-目标利润÷销售数量

3.对比法

对比法就是通过比较本企业的成本水平与先进企业的成本水平来确定目标成本，主要用于老产品。对比的标准可以是国内外同种产品的先进成本水平或历史上最优水平，或按平均先进水平制定的标准成本、定额成本。

【例3-4】某企业产品单位成本如下：直接材料36.54元，直接人工10.27元，制造费用21.20元。同类先进企业直接材料34.14元，直接人工8.16元，制造费用17.42元。

先进企业的单位成本=34.14+8.16+17.42=59.72（元）

本企业产品单位成本=36.54+10.27+21.20=68.01（元）

由此可见，企业产品单位成本高于先进企业的单位成本。企业应以先进企业的单位成本作为企业的目标成本。

4.回归分析法

回归分析法适用于系列产品目标成本的确定。系列产品中各规格产品的成本与某种功能特性或技术参数有一定的线性关系。根据线性关系，可以预测出新产品的成本，然后根据功能设计予以修正，就可以确定其目标成本。

其基本原理是：在y=a+bx中，只要计算确定单位变动成本b和固定成本a，则一定业务量x下的目标成本y就可确定出来。a和b的计算公式是：

$$\begin{cases} a = \bar{y} - b\bar{x} \\ b = \dfrac{\sum x_i y_i - \bar{x}\sum y_i}{\sum x_i^2 - \bar{x}\sum x_i} \end{cases}$$

【例3-5】某产品系列的成本和其功率存在着线性关系，其资料见表3-7。

表3-7 相关资料表

项目	1	2	3	4	5
成本y（元）	700	800	850	950	1 100
功率x（千瓦）	10	15	20	25	30

现欲设计一种功率为40千瓦的产品，其目标成本是多少？

运用回归方程，得：

$$b=\frac{92\,750-20\times 4\,400}{2\,250-20\times 100}=19$$

a=880-19×20=500

则：y=500+19x

当x=40时：

y=500+19×40=1 260（元）

5.公式法

公式法就是根据目标成本的计算公式确定目标成本，它一般用于新产品目标成本的制定。由于消费者可以接受的价格及销售数量不可能预测得十分准确，所以用公式法制定目标成本，应把目标成本与产品的设计成本联系起来，用目标成本校正设计成本，用设计成本调整目标成本。公式法用于产品目标成本制定时可采用以下公式：

$$目标成本=\frac{有竞争能力的市场价格}{销售单价}\times 实际成本$$

【例 3-6】某企业生产A产品，实际成本为350元，售价为520元，有竞争能力的市场价格是460元。

$$目标成本=\frac{460}{520}\times 350=309.62（元）$$

这样，售价降低到460元以后，企业仍可获得相同的成本利润率。

目标成本的各种制定方法仅仅是制定目标成本的手段，要使目标成本真正达到先进合理，成为全体职工奋斗的目标，必须从技术上、经济上进行全面的综合平衡。只有经过综合平衡确定的目标成本，才能成为最后确定的目标成本。

二、目标成本的分解

在制定了目标成本之后，就可以按某种标准（不同的企业，标准有可能不同）将其在企业内部进行分解，编制成本计划。如果经过计算发现目标成本不能实现，就要采取相应措施，通过价值工程、改进生产技术等手段来降低成本，达到目标成本的要求。需要说明的是，拟定目标成本是一个“设定→分解→达成”的反复循环过程，每次循环都是对成本的一次挤压，只有在最后工序设计阶段的成本降低额达成后，才能转入实际生产成本。

目标成本确定出来以后，就要进行分解，层层落实到单位和个人，成为各个单位和个人奋斗的目标。

在分解目标成本时，应与单位和个人的岗位责任制及经济责任制结合起来，要有利于明确经济责任，有利于加强成本控制，同时也应给予相应的管理权力和经济利益，做到权责利相互结合，只有这样目标成本才能落到实处。需要指出的是，分解给各个单位和个人的目标成本必须是该单位和个人可以控制的成本，将不可控制成本分给他们是毫无意义的。不仅要自上而下地分解目标成本，而且要自下而上地提出保证措施。此外，要结合企业工艺技术过程和企业组织结构特点来分解目标成本。

分解目标成本的方法主要有以下几种：

（一）按组织结构分解目标成本

按组织结构分解目标成本是一种广泛适用的目标成本分解方法。这种方法是把全厂的目标成本分解给各个车间和职能科室，成为这些车间和职能科室的目标成本，然后，各个车间和职能科室再将其目标成本拆开分解给各个班组，成为该班组的班组目标成本，各个班组将其负责的目标成本分解落实到个人头上，形成岗位目标成本，个人对岗位目标成本提出个人保证措施，班组对班组目标成本提出班组保证措施，车间和职能科室对车间和科室目标成本提出车间、科室保证措施，全厂对总的目标成本提出保证措施。这样就形成了自上而下的层层分解和自下而上的层层保证的交错的目标成本分解控制体系。

（二）按产品结构分解目标成本

在机械制造企业中，产品的生产首先要对各种不同的材料进行加工，制成各种零件，然后经过组装，装配成部件，最后对部件进行装配形成产成品。在这种情况下，目标成本的分解可以按产品的结构进行，即把产品的目标成本分解到零件、部件和产成品上去，从而形成零件的目标成本、部件的目标成本和产成品的目标成本，然后，将零件、部件、产成品的目标成本按责任中心再分解。

（三）按成本形成过程分解目标成本

由于产品成本的形成要经过供应过程、生产过程和销售过程，在每一过程中成本有不同的表现形式，即供应过程的采购成本、生产过程的制造成本、销售过程的销售成本，因此，产品目标成本可以按成本的形成过程进行分解。

（四）按成本项目和成本特性分解目标成本

这种分解方法是以成本项目为主并参照成本特性来分解目标成本。其具体分解方法是：将目标成本分解为直接材料成本、直接人工成本和制造费用。其中，直接材料成本又具体分为由生产中用量引起的成本和由供应中价格变动引起的成本；直接人工成本具体分为由工时定额变动引起的成本和由小时工资率变动引起的成本；至于制造费用则按其与产量的关系，分为变动性制造费用和固定性制造费用。

（五）按功能分解目标成本

在产品开发设计过程中，对有必要进行功能分析的产品，或者处于导入期及成长期的产品，往往采用按功能分解目标成本的方法。按功能分解目标成本是指将产品目标成本分解为该产品各功能的目标成本。其步骤为：首先分解为大的功能分域成本，再向中功能分域分解，最后再向小功能分域分解。必须注意，功能分域评价时必须以产品用户的观点来进行评估。

三、目标成本的控制与考核

（一）目标成本的控制

确定目标成本并将其层层分解，落实到岗位和个人，仅仅是为每个具体岗位和个人提出了成本控制的标准和奋斗目标，目标成本最终能否实现取决于目标成本的实际执行情况，即目标成本控制的好坏。

目标成本控制就是要根据目标成本的要求，规定各种定额和标准，采取各种控制方法和手段，按照定额和标准进行控制，并且要经常对照检查，发现差异，及时加以调整。

目标成本控制的手段和方法是多种多样的。企业应根据成本控制目标选择成本控制对象，并结合成本控制对象的特点和性质采取相应的措施。比如，对于材料成本来说，要严格材料的验收入库和领退制度，加强发往外部加工材料的管理，降低单位产品的材料用量，建立健全材料核算制度和定期盘点制度，做到账实相符。再比如，对于工资成本而言，要编制工资基金计划，严格限制工资开支范围，审核工资核算的主要原始记录，正确计算和支付工资。

在目标成本控制过程中，要严格限制超标准、超定额的支出。对于达不到目标成本的行为应认真分析原因，采取措施，促使其达到。如果目标成本本身确实存在不合理之处，必须修改，使之既先进合理又切实可行，真正成为企业成本管理的奋斗目标。

（二）目标成本的考核

为了使成本控制起到指导和督促作用，必须经常检查各个单位和个人对目标成本的执行情况。检查可以定期进行，每旬、每月或每季度检查一次，特别是对于那些占成本比重很大、经常发生波动并且控制比较困难的目标成本更要经常性地进行检查，在检查过程中，不仅要检查目标成本的实现程度，而且要检查成本核算的真实性和准确性，特别是有无任意扩大成本开支范围和标准、人为抬高成本的现象，对于乱摊乱挤成本的行为，必须严肃处理。在检查的基础上还要进行分析，通过分析，分清主观因素和客观因素、有利因素和不利因素以及主要因素和次要因素，对比差距，揭露矛盾，充分挖掘企业内部潜力，为今后制定目标成本提供新的依据。最后，以目标成本为依据对成本控制工作进行考核和评价，表扬先进，惩罚落后，贯彻多劳多得的按劳分配原则，从而调动各方面降低成本的积极性。

第四节　功能成本管理

一、功能、成本与产品价值

在保证产品质量的前提下，改进产品设计结构，可以大大降低产品成本。国内外有关资料显示，通过改进产品设计结构所降低的成本数额占事前成本决策取得的成本降低额的70%~80%。可见，大力推广功能成本管理，不仅可以保证产品必要的功能及质量，还可以确定努力实现的目标成本，从而降低产品成本。

产品功能成本管理是将产品的功能（产品所担负的职能或所起的作用）与成本（为获得产品一定的功能必须支出的费用）对比，寻找优化产品成本途径的管理活动。

产品功能与成本之间的关系可用公式表示为：

价值（V）=功能（F）÷成本（C）

从上式可以看出，功能与价值成正比，功能越高，价值越大，反之，则越小；成本与价值成反比，成本越高，价值越小，反之，则越大。

二、提高产品价值的基本途径

由产品功能与成本之间的关系式可以看出，提高产品价值的途径有如下几个方面：

（1）在产品成本不变的情况下，功能提高，将会提高产品的价值。

（2）在产品功能不变的情况下，成本降低，将会提高产品的价值。

（3）在产品功能提高的情况下，成本降低，将会提高产品的价值。

（4）在产品成本提高的情况下，功能提高的幅度大于成本提高的幅度，将会提高产品的价值。

（5）在产品功能降低的情况下，成本降低的幅度大于功能降低的幅度，将会提高产品的价值。

企业可以根据实际情况，从上述途径着手，运用功能成本决策方法确定目标成本。

三、功能成本管理的步骤

进行功能成本管理大致分为以下几个步骤:

(一) 选择分析对象

由于企业的产品（或零件、部件）很多，实际工作中不可能都进行功能成本分析，应有所选择，选择的一般原则是：

(1) 从产量大的产品中选，可以有效地积累每一产品的成本降低额。

(2) 从结构复杂、零部件多的产品中选，可以简化结构、减少零部件的种类或数量。

(3) 从体积大或重量大的产品中选，可以缩小体积、减轻重量。

(4) 从投产期长的老产品中选，可以改进产品设计，尽量采用新技术、新工艺、新方法加工。

(5) 从畅销产品中选，不仅可以降低成本，而且能使该产品处于更有利的竞争地位。

(6) 从原设计问题比较多的产品中选，可以充分挖掘改进设计的潜力。

(7) 从工艺复杂、工序繁多的产品中选，可以简化工艺、减少工序。

(8) 从成本高的产品中选，可以较大幅度地降低成本。

(9) 从零部件消耗量大的产品中选，可以大幅度降低成本，优化结构。

(10) 从废品率高、退货多、用户意见大的产品中选，可以提高功能成本分析的效率。

(二) 围绕分析对象搜集各种资料

确定分析对象后，应进行深入的市场调查，搜集各种资料作为分析研究的依据。所需资料大致包括以下几个方面：

(1) 产品的需求状况，如用户对产品性能及成本的要求、销售结构及数量的预期值、价格水平等。

(2) 产品的竞争状况，如竞争对手的数量、分布、能力，以及竞争对手在产品设计上的特点及推销渠道等。

(3) 产品设计、工艺加工状况，如在产品设计、工艺加工技术等方面存在的不足等，结合市场需求及竞争对手的优势进行分析。

(4) 经济分析资料，如产品成本构成、成本水平、消耗定额、生产指标等。

(5) 国内外同类型产品的其他有关资料，对于搜集到的各种资料，应进行详细分析，去粗取精，去伪存真，增加资料的可靠性。

(三) 功能评价

功能评价的基本步骤包括：以功能评价系数为基准，将功能评价系数与按目前成本计算的成本系数相比，确定价值系数；将目标成本按价值系数进行分配，并确定目标成本分配额与目前成本的差异值；选择价值系数低、降低成本潜力大的作为重点分析对象。

功能评价的方法有很多，现介绍两种常用的方法——评分法和强制确定法。

1.评分法

该方法按产品或零部件功能的重要程度打分，通过确定不同方案的价值系数来选择最优方案。

【例3-7】为改进某款手表的功能，现有3个方案可供选择，并从走时、夜光、防水、防震、外观等5个方面采用5分制进行评分，评分结果见表3-8。

表3-8 **功能比较表（1）** 单位：分

项目	走时	夜光	防水	防震	外观	总分	选择
方案1	3	4	5	4	5	21	可考虑
方案2	5	5	3	5	4	22	可考虑
方案3	5	4	4	3	4	20	不考虑

上述几个方案中，方案3的总分最低，初选淘汰。对于方案1和方案2，应结合成本资料进行第二轮比较，有关成本资料见表3-9。

表3-9 **方案估计成本比较表** 金额单位：元

项目	预计销售量（件）	单位直接材料、人工等	总制造费用	单位制造成本
方案1	5 000	280	80 000	296
方案2	5 000	270	50 000	280

然后，进行价值分析。如果以方案1的成本系数为100，则方案2的成本系数为94.59（（280÷296）×100）。

方案1和方案2的价值系数分别为：

$V_1=21\div100=0.21$

$V_2=22\div94.59=0.23$

通过对比可知，方案2不仅成本较低，而且功能成本比值（价值系数）高，因而应该选择方案2。

2.强制确定法

这种方法也称为一对一比较法或“0”“1”评分法，就是把组成产品的零件排列起来，一对一地比较，凡功能相对重要的零件得1分，功能相对不重要的零件得0分。然后，分别用各零件得分总计数除以全部零件得分总数，即可求得各零件的功能评价系数。

假设甲产品由A、B、C、D、E、F、G七个零件组成，按强制确定法计算功能评价系数，见表3-10。

表3-10 **功能比较表（2）**

零件名称	一对一比较结果							得分合计	功能评价系数
	A	B	C	D	E	F	G		
A	×	1	1	0	1	1	1	5	5÷21=0.238
B	0	×	0	1	1	0	0	2	2÷21=0.095
C	0	1	×	0	0	1	1	3	3÷21=0.143
D	1	0	1	×	1	1	0	4	4÷21=0.191*
E	0	0	1	0	×	1	1	3	3÷21=0.143
F	0	1	0	0	0	×	1	2	2÷21=0.095
G	0	1	0	1	0	0	×	2	2÷21=0.095
合计								21	1.00

*尾数调整。

表3-10中，A、D两个零件的功能评价系数较大，说明其功能较为重要，而B、F、G三个零件的功能评价系数最小，说明其功能较不重要。

在确定功能评价系数后，应计算各零件的成本系数和价值系数：

各零件的成本系数=某零件目前成本÷所有零件目前成本合计

各零件的价值系数=某零件的功能评价系数÷该零件的成本系数

【例3-8】以表3-10中甲产品的七个零件为例，说明价值系数的计算（见表3-11）。

表3-11 **零件价值系数计算表** 金额单位：元

项目 / 零件名称	功能评价系数	目前成本	成本系数	价值系数
A	0.238	300	0.250	0.952
B	0.095	500	0.417	0.228
C	0.143	48	0.040	3.575
D	0.191	46	0.038	5.026
E	0.143	100	0.083	1.723
F	0.095	80	0.067	1.418
G	0.095	126	0.105	0.905
合计	1.00	1 200	1.00	—

价值系数表示功能评价系数与成本系数之比，如果价值系数等于1或接近于1（如A、G零件），则说明零件的功能与成本基本相当，因而也就不是降低成本的主要目标；如果价值系数大于1（如C、D、E、F零件），则说明零件的功能过剩或成本偏低，在该零件功能得到满足的情况下，已无必要进一步降低成本或减少过剩功能；如果价值系数小于1（如B零件），则说明与功能相比成本偏高了，应作为降低成本的主要目标，进一步寻找提高功能、降低成本的潜力。

那么，B零件的成本应降低到什么程度，才能与功能相匹配呢？在产品目标成本已定的情况下，可将产品目标成本按功能评价系数分配给各零件，然后与各零件的目前成本比较，即可确定各零件成本降低的数额。假定甲产品的目标成本为1 000元，则各零件预计成本及成本降低额的计算见表3-12。

表3-12 **零件预计成本表** 金额单位：元

项目 / 零件名称	功能评价系数	按功能评价系数分配目标成本	目前成本	成本降低额
A	0.238	238	300	62
B	0.095	95	500	405
C	0.143	143	48	-95
D	0.191	191	46	-145
E	0.143	143	100	-43
F	0.095	95	80	-15
G	0.095	95	126	31
合计	1.00	1 000	1 200	200

从表3-12可以看出，目标成本比目前成本低200元，其中A、B、G零件成本与其功

能相比偏高，故应作为降低成本的对象，尤其是B零件更应作为重点对象；至于C、D、E、F零件（特别是D零件），只有在功能过剩的情况下才考虑减少过剩功能以降低成本，否则应维持原状。

（四）试验与提案

在功能评价的基础上，即可对过剩功能和不必要成本进行调整，从而提出新的、可供试验的方案。然后，按新方案进行试验生产，在征求各方面意见的同时，对新方案的不足予以改进。新方案经进一步调整即可作为正式方案提交有关部门审批，批准后即可组织实施。

四、改善成本法

改善成本法是通过合理化建议的实施，达到提高工作效率、保证和提高产品质量、改善工作环境和降低成本的效果，并激发企业员工的积极性、创造性，推动企业的发展。改善成本法以"成本可以持续改善"为核心理念，反映了"降低成本的潜力无止境"的成本管理意识。这种成本意识是企业长期保持成本优势的基础。"目标成本计算"主要致力于在新产品的开发、设计阶段降低成本，而改善成本法是指通过持续不断的改进，致力于在现有产品的制造阶段逐步降低成本。改善成本法将成本降低的重点放在产品生命周期的生产制造阶段，是对于目标成本法的补充。在一个设计周到的价值链成本管理项目中，目标成本法和改善成本法紧密合作，确保足够的成本降低压力贯穿整个价值链各个企业和产品的生命周期阶段。改善成本法也是前馈型成本管理方法，通过预期的成本降低需要来制定产品成本的降低目标，而不是成本超标后再做出反应。

改善成本法的实施方式为：期间型、项目型、费用型。

（1）期间型改善成本法。

期间型改善成本法的目标是降低生产过程的成本。大部分企业利用这种成本的降低来维持其盈利能力。

（2）项目型改善成本法。

项目型改善成本法的目标是降低特定产品的成本，以获得长期利润。这样的介入手段既可以用于成本过高的新品，也可以用于售价下调程度高于成本降低程度的成熟产品。

（3）费用型改善成本法。

费用型改善成本法旨在减少产品组合的复杂性，从而降低项目的费用成本。

总体而言，期间型和项目型改善成本法侧重于直接成本控制，而费用型改善成本法则侧重于间接成本控制。以上三种改善成本法实施方式的主要不同点在于它们将购货商的成本压力转移到供应商的方式。在期间型改善成本法下，每个组件的售价都降低了；在项目型改善成本法下，只有特别选中的一些组件的成本被降低；费用型改善成本法并不将压力转移给供应商，而是通过简化产品订单的组合复杂性来降低项目的费用成本。通过运用费用型改善成本法，购货商在降低零件组合的复杂程度的同时，也降低了从供应商处购买的零件组合的复杂程度，从而达到成本降低的目标。

改善成本法主要通过寻求改进现有生产程序，进一步提高其效率，来达到不断降低生产现有产品成本的目的。为此，经理人员和管理会计师必须深刻洞察生产经营的各个环节现有的进一步改进的潜力，尽可能采取有效措施，使可能转变为现实，使企业整体的生产经营处于不断改进的状态中。

在这里，必须明确改善成本的计算与传统的标准成本计算的关系。前已指出，标准成本计算，是以企业的高层领导根据企业一定期间开始时的技术经济条件所制定的成本标准为起点，直至期末再将这一期间内实际发生成本与标准成本进行比较，进行差异分析，据以采取有效措施，发展有利差异、消除不利差异，达到降低成本的目的。因而它具有明显的"间歇性"（期间性）。而改善成本的计算则不然，它通过持续的、渐进式的微小的改进，使产品成本的降低贯穿于制造过程的始终，因而具有明显的动态性。为了使改善成本计算能充分发挥其效率，企业必须为生产第一线的员工持续不断地提供详细的成本资料（一般采用传统标准成本计算的企业并不这样做），生产第一线的员工及时掌握各项成本瞬时的升降动态，使他们能据以随时洞察其变动的因果关系，使其能不失时机地促使制造成本的不断降低。这种从小处着手，坚持不懈地采取渐进式的改进所取得的成果，累积起来也可能是很可观的。因此改善成本计算的有效性，须以广大员工成本意识的高涨及其在挖掘降低成本中积极性、主动性、创造性的充分发挥为条件，否则，将难以实现预期效果。

第五节　产品生命周期成本的管理

价值链成本管理是对价值链中的所有成本进行分析和控制的方法。价值链成本管理方法有很多，但基本思想都是充分利用价值链产生的协同效应、信息共享，实现价值链成本的最优。随着科学技术的进步、市场竞争的加剧以及产品生命周期的缩短，人们对产品的认识发生了重大变化，产品从设计、生产制造、物流配送、销售、使用、维修直至废弃，各个阶段的成本都已不容忽视。因此，必须从全流程的角度对产品在整个生命周期发生的成本都予以关注和控制。

一、产品生命周期成本的概念

产品生命周期成本（life cycle cost，LCC）有狭义与广义两种认识。狭义的产品生命周期成本是指在企业及其关联方内部发生的由产品制造者负担的成本，具体指产品设计开发、制造、物流与营销等过程中的成本。广义的产品生命周期成本又称"生命全周期成本"，不仅包括产品制造者发生的成本，而且要把消费者购入产品后发生的使用成本、维修成本、废弃处置成本也包括在内。产品生命周期成本计算就是用来确定一种产品在其设计阶段（目标成本法计算部分）、生产阶段（成本改善计算部分）以及销售后阶段（回收成本计算、废置成本计算部分）的成本。它考察的是产品整个生命周期的完全成本，极大地拓展了成本管理的时空观，将成本管理的对象从单纯关注产品的设计、制造一直延伸至从采购原材料开始到把最终产品提供给消费者的所有活动，甚至超出了企业边界，向前延伸至供应商，向后延伸至用户，以充分挖掘降低成本的潜力。前述的目标成本法就是以产品生命周期成本思想为基础，其在产品规划、设计和试生产阶段显得尤为重要。

二、产品生命周期的基本概念

生命周期（life circle）是指从事物的产生至消亡的整个过程。一般地说，产品生命周期的概念可以从下面三个方面来考虑。

（1）生产观。

生产观是指从创意到生产出来再到停止生产。这一概念是对产品的生产者而言的，其空间范围仅限于企业内部。以示区别，可以称之为产品生产生命周期。一个产品在生产企业里，总要经过创意过程，即首先有了生产某种产品的愿望并付诸实施，再依次经过研究与开发、设计、试制、小批生产、大批生产直至停止生产的整个过程。

（2）市场观。

市场观是指从产品进入市场到退出市场。这一概念是对某一产品在市场上存续的期间而言的。某种产品从其进入市场到从市场上退出，要经历一个时间跨度，这一时间跨度就是产品的市场生命周期。这一期间是站在市场的角度来认识的。它针对某一种产品而言，并非指某特定企业的产品，如某一型号的计算机，如果该种产品已经在市场上存在，而某一厂家开始生产这一型号产品并投放市场，则并不是产品市场生命周期的开始。市场营销中的生命周期概念通常指的就是这种内涵。不过这种时期的划分要视分析的目的而定，如企业要评价本企业产品所处的市场生命周期则另当别论。产品市场生命周期可以划分为导入期、成长期、成熟期、衰退期。

（3）可消费周期观。

可消费周期观是指从产品购入到报废的整个过程。这一概念是指从产品的购入，到使用磨损直至报废的时期。它是站在客户（消费者）的角度来看的，通常指耐用消费品，如家用电器、生产用的设备等固定资产。这一概念对企业同样适用，因为企业既是生产者，同时也是消费者，如设备的全面管理中的使用寿命（包括物理寿命和经济寿命）。对消费者而言，产品在此期间发生的成本包括购置费、安装调试费、维护修理费、维持产品使用状态发生的其他使用费（如水费、电费等）。产品的生产周期是根据市场的需求即市场生命周期决定的，而生产的产品的质量、成本（往往决定价格）又在一定程度上影响市场上的需求与存续时间。产品的使用寿命周期与产品的生产周期密切相关。研制先进、设计精妙、制作完善的产品不仅寿命适当，发挥的效益高，而且使用成本低。

以上分析表明，产品生命周期的三种不同观点对商品和服务的生产厂商来说都非常重要，每一种观念都不能被忽视。其中，生产观强调研发、设计、生产、销售等所必需的内部作业，是为了支持企业的销售目标，这种销售支持同时需要资源支出，因此，可将产品生命周期的生产观视为一种成本导向的观点。市场观则与产品生产周期内的销售模式的性质有关，它是一种收入导向的观点。可消费周期观涉及产品性能和价格，这个价格不仅包括客户的购买价格，还包括购后成本，生产商必须关注客户所实现的价值和客户放弃的价值，因此，可消费周期观是一种以客户价值为导向的观点。表3-13说明了三种观点各阶段之间的关系。

表3-13 **产品生命周期不同观点的关系**

项目	引进阶段	成长阶段	成熟阶段	衰退阶段
1.生产观生命周期				
产品研发	高	中	中	低
生产研发	中	高	中	低
厂房设备	从低到中	高	中	低
广告	从中到高	高	中	低
服务	低	中	高	高
2.市场观生命周期				
销售额	低	快速增长	缓慢增长、到达顶峰	逐渐减少
3.可消费周期观生命周期				
客户类型	创新者	大众市场	大众市场、产品差异化	落伍者
性能敏感性	高	高	高	中
价格敏感性	低	中	高	中
竞争	没有	逐渐增加	高	低
利润	微利或亏损	高峰水平	从高到中	低

三、产品生命周期成本的构成

随着成本管理战略的不断发展，产品生命周期成本的概念也在不断发展。按照我国学者的研究，其主要包括三个部分。①

（一）基于企业角度的产品生命周期成本

从产品制造者的角度来看，产品的全生命周期包括从产品策划、设计开发、生产制造到物流配送和销售这一系列的过程。

1.设计成本

设计成本是指企业研究开发新产品、新技术、新工艺所发生的成本，包括在可行性研究、市场调查、工程设计、制图、设计修改、设备调试、产品测试等方面所花费的成本。研究表明，对于多数产品而言，产品成本的65%在产品设计阶段就已经确定了，20%的成本在产品生产过程中形成，另外15%的成本才是生产管理所能控制的。在产品开发过程中修改错误的成本也会随着开发过程的推进发生巨大的变化。有资料表明，如果在设计阶段修改一个错误需要花费1 000元的话，在设计检验阶段，这个数字会扩大10倍；在流

① 朱朝晖．产品生命周期成本的演进及其对成本管理的启示［J］．商业经济与管理，2005，7：76-79.

程规划阶段，则扩大至100倍；而在试产阶段这个数字又会扩大10倍。产品一旦投入生产，降低成本的潜力就不大了。由于设计本身就决定了产品成本的65%，因此通过改进设计来降低产品成本是最有效的途径。

2.供应成本

传统的采购费用等供应成本是直接计入产品成本的，这样无法对采购部门进行有效管理。为降低成本，采购部门往往只是一味选择价格低的供应商，而忽视供应商提供材料的质量、可靠性及送货的及时性等，从而损害了整个企业的竞争力。而产品生命周期成本管理则不仅考虑采购价格，同时考虑到采购原材料的质量、可靠性和送货的及时性等多种因素，对所采购的材料成本在全面成本的概念基础上进行评估，从各方面综合考虑选择合适的供应商，这样使成本管理的外延向前延伸至供应商。计算出供应成本后，可以按照作业成本法将该成本转入产品成本，产品设计者则可以在考虑供应成本的各成本驱动因素的基础上对产品做出合理的设计和改进。

3.生产成本和销售成本

生产成本包括材料成本、人工成本、半成品运输、存放以及装配、调试、检验、废品、修复等各种费用。销售成本包括产品包装运输、储存、物流以及广告等费用。

基于企业的产品生命周期成本的管理，考虑到研发成本和营销成本在企业总成本中的比重不断提高，将成本管理的立足点从制造阶段转向制造前阶段并延伸到制造后阶段，成本管理的范围得以扩展。但总体而言，成本控制和管理仍是从企业角度，以生产经营者的利益为出发点。

（二）基于用户角度的产品生命周期成本

从用户角度看，产品生命周期是指产品被用户购入后经过使用磨损直至报废的过程。作为产品的购买者，用户要为产品生产以及销售过程中所耗费的各种资源和开销买单；作为产品的拥有者，用户要为产品的使用、运行、维护以及报废过程所需要的资源和花费付钱。所以，产品的用户生命周期成本将消费者购入产品后发生的售后使用成本包括在内。具体而言，包括以下成本：

1.初始资金成本

初始资金成本包括购买设备、机器或其他产品的成本及其相关手续费、运输费、产品的安装成本、试运行成本以及操作员工的培训费用等。

2.维修成本

维修成本是在使用期间内，为维护设备进行修理或更换零件所需花费的费用。如果所设计的机器设备是自己使用，或在给使用一方的合同中有提供维修的保证，则它是机器设备总成本的一部分；如果合同中不承担维修责任，则其是使用消耗费用的一部分。

3.使用成本

使用成本是指消费者购入产品后需要支付的人力消耗、动力消耗、产品担保以及维修保养等的费用。售后服务是产品市场竞争的要素之一，传统成本管理并没有重视这方面的管理，但在营销方面早就把售后服务作为促销手段，即以增加成本的手段支持市场竞争。

4.处置成本

处置成本是指在设备或产品的生命周期末由于处置相关资产所发生的成本，包括有关设备的拆除成本、资产的废弃成本及出售过程所发生的成本（扣除其残值）。

产品的用户生命周期成本，将产品被用户购买后使用直至报废的所有成本考虑在内，成本管理的内容进一步拓展，超越企业界限，以用户为中心，考虑使产品的用户生命周期成本最小化，有助于吸引用户，提高用户的满意度，提升企业的战略地位和竞争优势。

（三）基于社会角度的产品生命周期成本

从整个社会角度看，产品生命周期则是指产品经过研发、制造、营销、用户使用直到产品被弃置的完整过程。基于这个角度，产品的社会生命周期成本将成本进一步扩展到社会范围，不仅包括生产者和用户承担的成本，还包括由其他社会成员所承担的环境成本，即产品的社会生命周期成本在产品的总成本中引入了环境成本。

环境成本是指产品在其整个生命周期中由于其对环境的影响而造成的直接成本和间接成本。环境成本包括以下方面：

1.污水或废弃物的控制成本

污水或废弃物的控制成本是指在产品制造过程中对污水或废弃物进行控制的相关费用，包括废弃物控制系统的安装、运行和维修成本。

2.废弃物处理成本

废弃物处理成本是指在产品生命周期每个阶段都会发生的废弃物的处理成本，包括废弃物处理系统的安装、运行和维修成本。

3.废弃物处置成本

废弃物处置成本是指对已经经过处理的废弃物进行填埋和焚烧的成本，还包括这些废弃物的收集和运输成本。

4.环境管理系统成本

环境管理系统成本包括环境管理系统的敷设、运行、维修以及相关人员的培训等方面的费用。

5.环境税负成本

环境税负成本是指产品生命周期的某些阶段发生的由于违反有关法规而发生的罚款、罚金以及由企业支付的相关税金。

6.复原成本

复原成本是指由于环境事故、危险职业导致的健康损害等引起的成本以及由此引发的生产损失。

7.能源成本

能源成本包括使用所有传统的能源或者可更新、可恢复的能源而发生的成本，扣除由于使用可更新能源给予的免税或奖励。

8.回收和再利用战略的成本补偿

回收和再利用战略的成本补偿是指在产品生命周期的任何一个阶段由于采用回收、再利用战略或环境管理系统而带来的收益。

这些环境成本有些作为间接成本已经包含在了产品的企业生命周期成本和用户生命

周期成本中，由生产企业和用户承担，如生产过程和使用过程中对废弃物的控制、处理、处置、管理所发生的成本以及所发生的相关罚款和税金等。但是，还有很大一部分的环境成本由国家和社会承担，如由于产品生产使用和废弃对环境和资源的损耗、环境的保护成本、资源的再生成本等，尤其是在产品弃置阶段所发生的环境成本，一般都由社会承担。

综上所述，产品生命周期成本计算已经超越了传统意义上的只从产品生产企业角度看成本问题，即生产者成本（producer's cost），而进一步拓展到同时从产品的使用者视野看成本问题，即使用者成本（user's cost）。也就是说，成本的观念发生了变化——从成本的企业观发展到成本的社会观，这种成本观念的转变与企业价值链观念有关。计算产品生命周期成本旨在促进社会价值链的持续改进与优化，推进社会整体经济效益的提高。

四、产品生命周期成本计算在企业决策中的作用

产品生命周期成本的全面计量与分析在企业决策中发挥着重要的作用。

（一）有利于保持企业的竞争优势

成本管理的目标服从企业的战略管理目标，不仅是为了降低成本，更重要的是借助成本管理的功能建立和保持企业的竞争优势。产品生命周期成本的概念从企业、用户发展到基于整个社会的角度，以用户为中心，有助于吸引用户，提升企业的战略地位和竞争优势；将环境成本纳入产品生命周期成本的范围，有助于提升企业的环保形象，提高企业的市场竞争能力和可持续发展能力。

（二）有利于明确成本管理的重点

现代市场以满足客户的需求为出发点，开发设计产品要以消费者的消费为导向，产品的研究开发与设计阶段现已成为关注的焦点。这不仅因为开发设计本身的成本很高，而且因为设计方案确定之后，相关成本基本锁定，以后各阶段只能在这一框架内进行小幅调整，成本降低余地不大。

（三）扩大了成本管理的范围

成本管理的范围应该不断拓展，不应停留在生产过程中的成本控制，更要着眼于产品的研发、设计、采购、售后服务等方面，不应只局限在企业内部，还要拓展到企业外部，将成本管理的触角上伸到供应商，下伸到分销商、消费者乃至整个社会等。

产品生命周期成本通过对产品的研究开发和设计、原料采购、产品生产、销售、售后服务以及产品的废弃回收进行全面的监控，将这些监控贯穿于产品的整个生命周期，从战略角度研究成本的各个环节并进行规划和控制，既有利于企业在市场上获得持久的竞争优势，也有利于用户利益的实现和人类社会的可持续发展，采用产品生命周期成本和基于产品生命周期成本的成本管理是必然选择。

生命周期成本强调在整个生命周期内降低成本，而不是控制成本；目标成本法是确立成本降低目标的有效工具，在设计阶段建立成本降低目标；改善成本法强调在生产阶段持续降低成本。从而目标成本法和改善成本法成为致力于在产品生命周期各阶段实现成本降低的综合性成本管理工具。生命周期成本、目标成本法与改善成本法三者的关系，如图3-3所示。

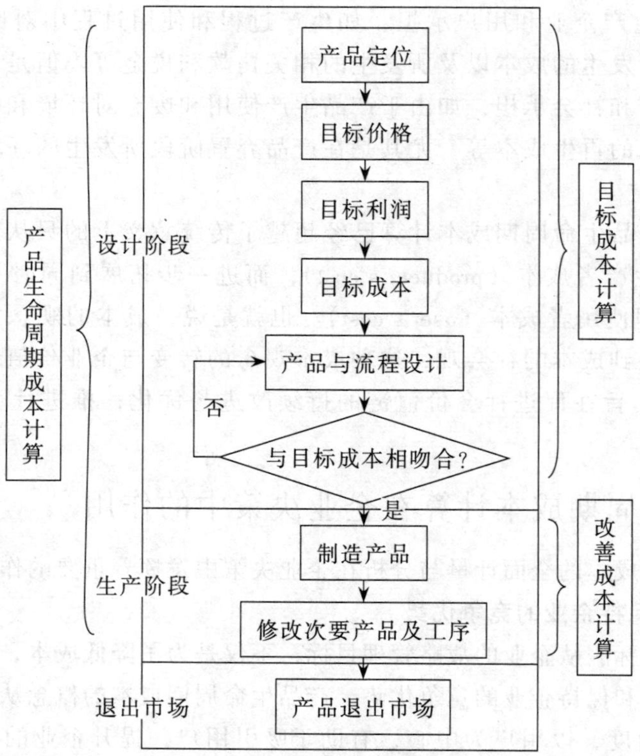

图3-3 生命周期成本、目标成本法和改善成本法关系图

第六节 质量成本管理

一、质量成本管理的发展与应用

(一) 质量成本管理的发展

随着科学技术的发展和产品功能、质量竞争的日趋激烈，为保证和提高产品质量而进行的设备更新、新材料开发、工艺方法的改进及管理技术培训等方面的支出大幅度增加，在探索最适宜质量成本的方法中，美国的菲根鲍姆和朱兰等质量管理专家先后提出“全面质量管理”的理论，把质量和经济结合起来研究。

世界上最早把质量成本概念运用于实践的是美国的菲根鲍姆，他于20世纪50年代初提出，应把质量预防费用和检验费用与产品不合要求所造成的厂内损失和厂外损失一起加以考虑，并首先提出质量成本的概念。20世纪60年代初，菲根鲍姆将质量成本划分为预防成本、检验成本、厂内损失和厂外损失四大类，为质量成本在全面质量管理中的应用奠定了理论基础。20世纪80年代，消费者权益保护意识日益强化，环境保护成了全人类共同关注的问题，企业的工作重心日益从只关注企业自身的微观利益转向兼顾企业利益和社会利益。在这样的背景下，菲根鲍姆进一步发展了质量成本的内涵，将质量成本的范围扩大到产品的整个寿命周期。他认为，产品寿命周期形成于研制、设计、技术准备、生产制造等阶段，体现在生产、销售、使用等阶段。各个阶段所发生的质量投入、质量损失涉及的产品寿命周期都应包含在质量成本之中。

质量管理专家朱兰博士提出“矿中黄金”理论。他认为，随着科学技术的飞速发展，“废次品损失”这座“矿中黄金”的蕴藏量将越来越大，开发利用它的价值也越来越大。其核心思想是通过“矿中黄金”的开采和充分开发，使投入质量控制的资金得到补偿并取得可观的回报，即通过把预防成本、检验成本这些“可控成本”与内外损失这些“结果性损失”结合起来研究，寻求两者之间的理想结合点，并在这一核心思想的基础上建立各种优化的质量成本结构。朱兰博士经研究发现，预防成本10%、故障成本50%、检验成本40%为最佳结构。此外，朱兰博士还把质量成本曲线分为“质量改进区域”、“中间区域”和“至善论区域”三部分，并指出不同区域的工作重点，便于管理当局有的放矢地采取质量管理措施。

（二）质量成本管理的应用

在过去的30年中，许多企业都已经认识到质量改进的战略意义，它可以为企业带来巨大的竞争优势、持续的利润增长以及长期的繁荣发展。企业在竞争中，无论是采取低成本战略还是产品差异化战略，其经营活动的各个方面都要涉及质量问题。大多数质量改进计划的指导原则就是满足顾客需求，以及达到甚至超越顾客的期望。目前普遍的趋势是将质量改进计划整合到企业战略计划当中去。质量是企业成功的驱动力：产品质量与获利性密切相关，提供超值产品与服务的企业极可能拥有更大的市场份额，质量与投资回报率之间正相关。

成本、质量和时间是所有成功战略的三个关键因素。拥有优质产品可以使企业的差异化战略更具竞争力。拥有低成本和高质量产品的企业，就能以更低的价格向其顾客提供同等质量或更优质的产品，只有拥有优质产品的企业才能真正成为成本领先者。

质量问题受到人们越来越多重视的原因在于：

（1）提高质量可以节省大量的费用，从而增加利润。

如摩托罗拉公司1994年的质量改进方案节省了20亿美元，占全年收入222亿美元的9%，而该公司1994年的经营利润为24亿美元。

（2）提高质量可以防止低收入。

如果企业的竞争对手正在提高其产品的质量，而企业本身却没有在提高产品质量方面进行投资，其可能的结果是该企业市场份额和收入的下降。因此，提高质量的目的在于防止低收入，而不是产生高收入。

（3）提高质量能够提高公司的声誉和顾客的关切度，从而能够提高企业未来的收入。

如摩托罗拉公司由于质量的提高，从而增加了顾客的满意度，在8年的时间内，它的收入增加了380%，利润增加了800%，股票价格上涨了600%。

二、质量成本管理的有关概念

（一）质量

质量是指产品或服务满足消费者的程度，包括设计质量和一致质量两个基本方面。设计质量是指产品或服务的功能符合顾客需求的程度，而一致质量是指根据设计和生产规格来生产产品或提供服务的程度。设计质量和一致质量的关系如图3-4所示。

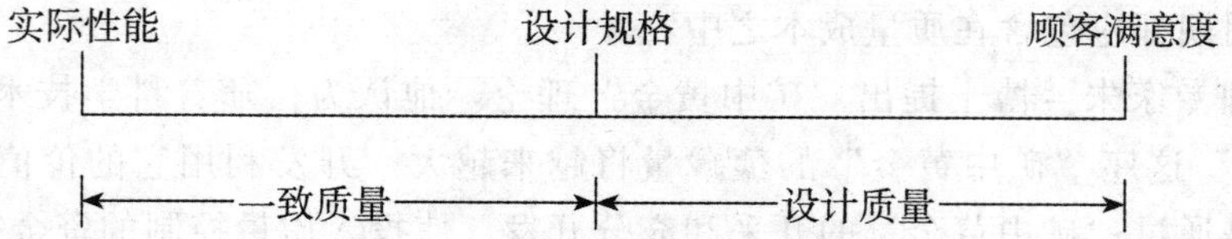

图3-4　设计质量与一致质量的关系

可见，企业必须符合一致质量以符合设计规格，同时也必须符合设计质量以设计出满足顾客需要的产品。只有实现产品质量的经济性，才能体现企业经济效益和社会效益的统一。

（二）质量成本

1.质量成本的含义

质量成本是指企业为确保规定的产品质量水平和实施全面质量管理而支出的费用，以及因为未达到规定的质量标准而发生的损失的总和。

但很多著名质量管理专家和国际组织对质量成本的定义有不同的论述：

菲根鲍姆认为："工厂和公司的质量成本包括两个主要方面，控制成本和控制失效成本。这些就是生产者的经营质量成本。"①

哈灵顿所著的《质量不良成本》认为："质量成本应改称为质量不良成本"，"它是指使企业全体雇员每次都把工作做好的成本，鉴定产品是否可以接受的成本和产品不合公司和（或）用户期望所引起的成本之和。"②

美国质量管理协会认为：质量成本"是对与达到或达不到产品或服务的质量要求有关的那部分费用的具体度量。这些质量要求可以由公司，或由公司与顾客所签订的合同，或由社会具体规定。"

尽管上述定义对质量成本的表述在形式上有所差异，在内容上有所侧重，但在本质上都是一致的，即质量成本就是企业为保证和提高产品质量而支出的一切费用，以及因未达到既定质量水平而造成的一切损失之和。

2.质量成本的分类

（1）质量成本按内容的分类。

质量成本就其一般内容可以划分为五类：预防成本、检验成本、内部缺陷成本、外部缺陷成本和外部质量保证成本。

①预防成本。

预防成本是为了防止产生不合格品与质量故障而发生的各项费用，主要包括质量工作费用、产品评审费用、质量教育培训费用、质量奖励费用、质量改进措施费用和质量管理专职人员工资及福利费用、工序控制费用、质量会计核算费用、其他质量预防费用。一般而言，当预防成本增加时，质量的其他成本相应减少。从长远来看，企业在其质量成本方面的最好实践方式是将其投在预防行为上。通常，预防成本是自愿的或酌量的成本，并且是提高质量的最有效途径的成本。

②检验成本。

检验成本是为检查和评定产品质量、工作质量、工序质量、管理质量是否满足规定要求和标准所需的费用，主要包括进货检测、试制、现场产品制造和加工及产品测试等

① FEIGENBANM A V F.Total quality conntrol［M］. 3rd ed. New York：McGraw-Hill，1983.
② HARRINGTON H J.Poor-quality cost［M］. New York：Marcel Dekker，1987.

费用。

③内部缺陷成本。

内部缺陷成本是指产品交用户前由于自身的缺陷造成的损失，及处理故障所支出的费用之和，主要包括不可修复废品的损失、可修复废品的返修损失、返工后或矫正后的产品重复检测和试验的复验费用、由于产品质量事故引起的停工损失及产品降级损失等。

④外部缺陷成本。

外部缺陷成本是指在产品交用户后，因产品质量缺陷引起的一切损失费用，主要包括由于质量缺陷而支付的诉讼费用、索赔费用、退换货损失、保修费用和降价损失等。

⑤外部质量保证成本。

外部质量保证成本是指为提供用户要求的客观证据所支付的费用，包括特殊的和附加的质量保证措施费用、产品质量验证费、质量评定费等。

（2）质量成本按发生性质的分类。

质量成本就其发生的性质可以划分为三类：企业为确保产品质量而发生的成本、由产品质量和生产工作质量使企业实际支付的成本、由产品质量和工作质量使企业不必支付而应计算的成本。

①企业为确保产品质量而发生的成本包括预防成本、检验成本和外部质量保证成本；

②由产品质量和生产工作质量使企业实际支付的成本有内部缺陷成本和外部缺陷成本；

③由产品质量和工作质量使企业不必支付而应计算的成本也包括内部缺陷成本（如因质量事故而发生的减产损失、停工损失等）和外部缺陷成本（如因不良质量而失去了销售机会和市场份额等），即机会成本。

（3）质量成本按其表现的价值补偿形式的分类。

质量成本按其表现的价值补偿形式可以划分为两类：显性成本和隐性成本。

①显性成本。

显性成本是企业在生产经营过程中实际发生的有形损失，必须得到补偿，它直接造成企业的损失，因而，又称直接质量不良成本。显性成本是可以从企业会计记录中获取数据的成本，包括预防成本、检验成本、内部缺陷成本、外部缺陷成本和外部质量保证成本等。

②隐性成本。

隐性成本是实际发生但并未支付的无形损失，只需计算而不必得到补偿，主要是由不良质量而形成的机会成本，它间接地使企业产生损失，因而又称间接质量不良成本。

（4）质量成本从成本控制角度的分类。

质量成本从成本控制角度可以划分为两类：控制成本和结果成本。

①控制成本。

预防成本、检验成本和外部质量保证成本是控制成本，通过其增减变动可以对内部缺陷成本、外部缺陷成本和隐性成本产生影响。

②结果成本。

内部缺陷成本、外部缺陷成本和隐性成本是结果成本，是因质量达不到既定要求、控制失效而造成的内部和外部损失，它受控制成本的影响。

三、质量成本管理的方法

质量成本管理就是按产品形成的全过程，从投产前的技术准备过程、生产制造过程到产品销售过程等所进行的管理，它用货币形态反映产品质量状况，并成为进行全面质量控制的依据。正确核算质量成本是实施全面质量管理的中心环节。

（一）质量成本目标的确定

为获取对竞争对手的竞争优势，以最低限度的质量成本投入满足特定顾客群体对产品或服务质量的不同需求，必须了解质量和质量成本之间的关系：一是质量（包括产品质量和工作质量）要提高到满足相对顾客有支付能力的需要标准；二是要为高质量产品付出相应的质量成本。

所以，在确定质量成本目标时，既要考虑节约开支，又要处理好质量成本与质量、功能等的关系，通过质量成本效益分析，寻求质量成本的最佳值。

1.传统质量成本管理的目标

在传统质量成本管理中，如果一个产品的质量超出质量特征的允许范围，则该产品是有瑕疵或缺陷的。因此，传统质量成本管理的目标是寻找可接受的质量水平，并认为控制成本（预防成本、检验成本和外部质量保证成本）与结果成本（内部缺陷成本、外部缺陷成本和隐性成本）之间存在着此消彼长的关系。预防成本、检验成本和外部质量保证成本的提高将导致结果成本的下降。只要结果成本的下降速度大于控制成本的提高速度，则公司应进一步加大对不合格产品的预防或检测力度，直到这种努力所产生的任何额外支出大于相应的结果成本的减少额的这一点（该点代表质量成本总和达到最低，即最佳质量成本），如图3-5所示。

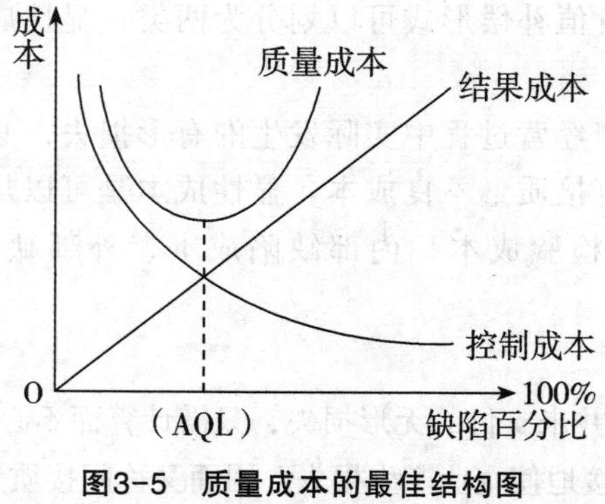

图3-5 质量成本的最佳结构图

从图3-5中可以看出，当控制成本与结果成本相等时，质量成本是最低的，此时的质量水平为可接受的质量水平。可见，AQL（acceptable quality level，认可质量水平）允许生产并销售一定数量的缺陷性产品。例如，将AQL设为2%，则在任何总量的产品中，总有不超过2%的不良产品将销售给客户。因此，AQL具有不利于改善经营缺点的弊端。

2.现代质量成本管理的目标

现代质量观认为，如果健全质量模式是正确的，那么，企业应进一步减少缺陷性产品的数量，以便降低其质量成本总水平。质量成本的最优水平存在于所生产产品达到目标价值之处。

现代质量管理认为，生产不符合目标价值的产品就会招致损失，离目标价值越远其损失就越大。即使实际产品与设计要求之间的偏差在设计允许范围内，损失仍会因产品的生产而产生。此外，现代质量管理强调顾客愿意接受并支付增加价值的作业，但拒绝接受并支付非增值作业。因此，应保留增值作业，尽可能减少甚至消除非增值作业。根据现代质量成本的观点，内部和外部缺陷作业及其相关联的成本都属于非增值作业，应予以彻底消除。预防作业则可视为增值作业而予以保留，而一部分的检验作业是预防作业所必需的，如质量审计，应视为增值作业。

在实践中人们发现，随着企业预防和评估成本的增加及缺陷成本的减少，预防和评估成本是可以缩减的，每种缺陷都有其可预防的根本原因，且预防总是比较便宜的。图3-6揭示了质量成本的变化情况。

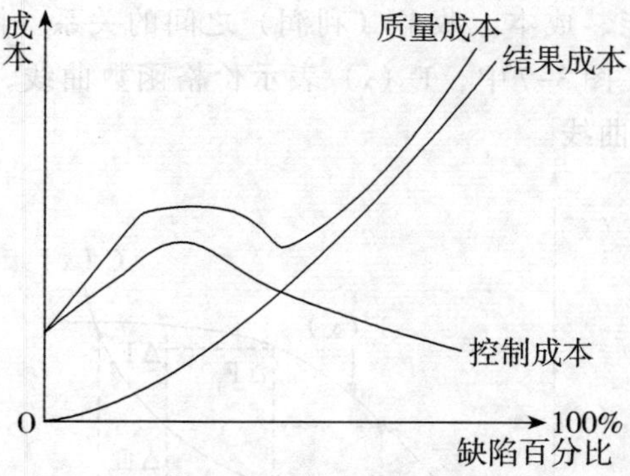

图3-6　现代质量成本控制图

从图3-6可以看出，现代质量成本观与传统质量成本观的主要不同点在于：

（1）努力以零缺陷的方式使成本水平降低到零；

（2）对正确的预防性作业进行投资，以改善质量成本；

（3）根据质量控制的结果进一步降低预防成本和检验成本；

（4）持续不断地评估和更正预防作业，促使产品质量得到进一步的改进。

3.质量与成本的适配性

从产品质量适用性的角度讲，产品的质量标准应包含以下五个方面：

（1）性能指标，即产品应具有的基本功能；

（2）寿命指标，即产品使用的有效期限；

（3）可靠性指标，即产品在时空条件下实现其基本功能的能力大小；

（4）安全指标，即产品使用过程中的安全程度；

（5）经济性指标，即产品从设计制造到使用维护整个寿命周期的成本限度。

这五个方面的指标，构成了完整的产品质量标准体系。

企业制造的任何产品只有达到了企业规定的质量标准，才算是合格的产品。如果没有达到这些标准，将会质量不足，消费者不会购买与使用这些产品，或给消费者增加使用方面的支出。这必然降低企业的竞争力。

如果超出这些标准呢？这将会导致质量过剩，这些超出部分的质量是用户不需要的，因而也是多余的、过剩的。对于过剩质量，企业不但增加了成本支出，同时也减少了应得的收益，而且消费者必须增加购买与使用方面的支出，这就是企业无原则地追求高、精质量标准的后果。任何产品的质量要落实在让顾客满意的“实用性、适用性”上，追求超出消费需求的高质量标准只能是产生质量过剩，这种行为是完全无益的。

质量的关键是"适用性"。不管消费者的要求，盲目追求高精度、高性能、昂贵价格，是不会令顾客满意的。质量必须给用户带来价值，明确产品的质量在于保证用户享用并使其满意的适用功能，不在超质量标准上多花一分钱。

（二）最佳质量水平的确定

质量标准参数标志着产品的使用功能，质量标准参数的优化就是用最少的产品制造成本取得较好的使用功能（使用质量价值）。

确定产品的设计质量水平，应当考虑用户对产品使用功能（产品质量）是否满意，并且能否买得起；同时企业也要考虑不断地降低产品的制造成本，增加收益，也就是要找出质量的变化与价格、功能、成本、收益（利润）之间的关系。图3-7为质量、价格、成本、收益函数关系图。在图3-7中，F（x）表示价格函数曲线，C（x）表示成本函数曲线，n（x）表示收益函数曲线。

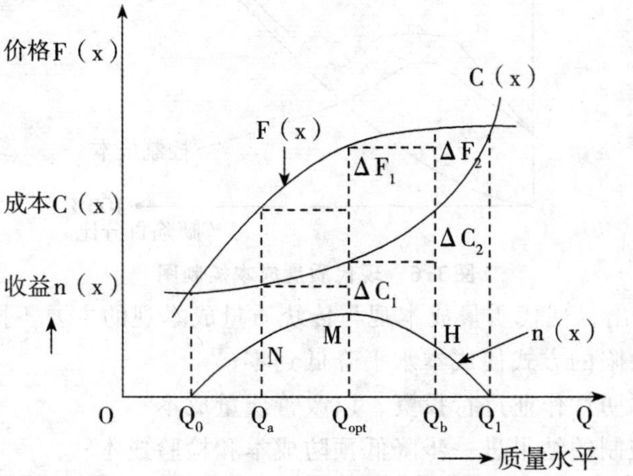

图3-7 质量、价格、成本、收益函数关系图

从图3-7可以看出"随着质量水平的提高，价格和成本亦随之提高"，但在达到一定限度之后（图3-7中的Q_{opt}点），再继续提高质量水平，产品成本增加很快，而售价却不能按比例增加。即当Q→∞时，F（x）几乎不变化，而当C（x）→∞时，企业得不到收益。反之，如果降低质量水平，则成本也随之降低，售价也必然降低很多，但下降到一定程度后（图3-7中的Q_0点），价格再下降，将没有人购买产品，而成本却不能按比例下降，因为生产出不合格品就要带来损失，即当Q→0时，F（x）→0，而C（x）却不能无限制地下降，这时企业也得不到收益。因此Q_0 ~ Q_1是产品可能存在的质量水平范围。

假如在产品可能存在的质量水平范围内，把质量水平由Q_a提高到Q_{opt}，这时产品的价格上升ΔF_1，成本增加ΔC_1，而$\Delta F_1>\Delta C_1$，即$dF/dQ>dC/dQ$，这说明产品的价格增加，不仅可以弥补成本的增加，而且还有盈余，在经济上是合算的。但如果把质量水平再由Q_{opt}提高到Q_b，则价格上升ΔF_2，成本增加ΔC_2，而$\Delta F_2<\Delta C_2$，即$dF/dQ<dC/dQ$，此时收益减少，在经济上是不合算的。因此，质量水平在Q_{opt}时的收益最大，即F（x）-C（x）的差值最大，所以Q_{opt}点为最佳质量水平。

此外，从n（x）曲线也可以看出，随着质量水平的提高，例如由Q_a点提高到Q_{opt}，收益（利润）也随着增加，由N点增加到M点；但是当质量水平继续增加超过Q_{opt}点时，例如由Q_{opt}点增加到Q_b点，则收益将减少到H点，即质量水平超过Q_{opt}时，收益将减少，因此，从质量效益观点来看，Q_{opt}点是最佳质量水平。

然而，实际上有时企业为了满足社会对高质量产品的需要，尽管单位利润少一些，也要以生产优质产品作为质量目标，将设计质量水平确定在$Q_{opt} \sim Q_b$，而总利润并不降低。或者为了实行以面向大众化为目标的薄利多销的方针，也可以把质量水平确定在$Q_a \sim Q_{opt}$，虽然单位利润也少一些，但总利润也不降低。因此，企业实际确定质量目标时，不仅要进行上述的技术经济分析，同时还必须慎重地考虑消费者的需要、本企业的技术条件、设备能力、工人及技术人员的技术水平、营销能力等。

（三）产品寿命周期最佳质量水平的确定

在确定产品的质量水平时，不仅要着眼于生产者（企业）的经济效益，而且还要考虑用户的使用周期的成本费用和效益，也就是考虑用户能否买得起、用得起，并发挥其效用，也就是要用最少的社会劳动消耗，取得最好的社会经济效益，即要考虑产品寿命周期的总成本。

产品寿命周期是一个产品从研制、设计、制造、流通、使用到报废的整个过程。在寿命周期中的每一个阶段都要耗费一定的费用，把这些费用加起来就是产品寿命周期总费用（总成本）。这些费用可以大致分为两大部分，即生产成本和使用成本。生产成本包括设计、制造、外协等费用；产品出厂以后的费用计入使用成本，主要包括运转费用、维修费用、停工损失、折旧费、转卖和更新损失等费用，如图3-8所示。

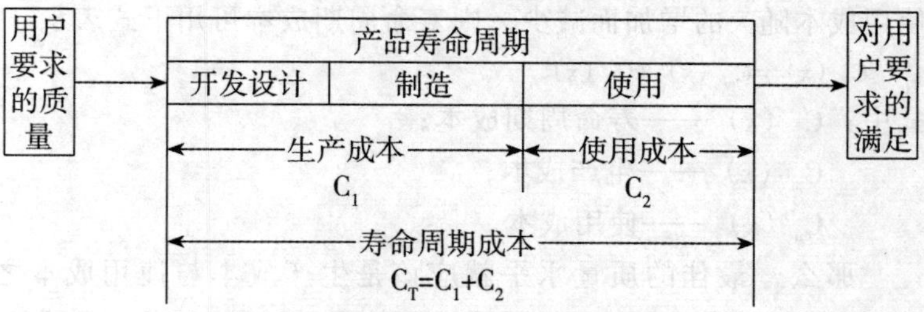

图3-8 产品寿命周期成本构成

从图3-8可以看出，生产成本C_1和使用成本C_2随着产品质量水平的提高往往有不同的变化，即生产成本一般随着质量水平的提高而增加，而使用成本则往往朝着相反的方向变化，即对同一产品来讲，质量高者可以节约使用成本。例如，同样功率的汽车，制造成本可能接近，但是耗油量少的则会降低使用成本，即图3-9所示的产品质量水平与产品寿命周期成本关系。

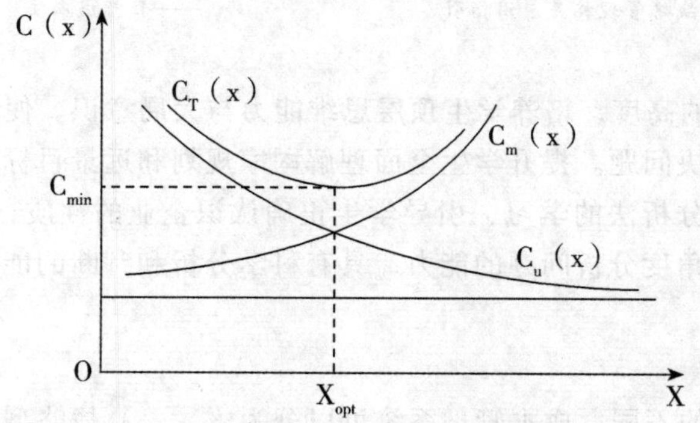

图3-9 产品质量水平与产品寿命周期成本关系

图3-9中曲线$C_m(x)$为生产成本，曲线$C_u(x)$为使用成本，曲线$C_T(x)$为产品寿命周期成本。可见，产品寿命周期成本随着产品质量水平的提高，形成一个马鞍形变化，而在寿命周期成本曲线上有一个最低点（C_{min}），即为寿命周期成本的最低值，这个最低值相对应的横坐标上的点X_{opt}，即为寿命周期成本为最低时的最佳质量水平。

不同产品寿命周期成本由于所包含内容的不同，其计算是不一样的。例如，汽车的寿命周期成本除包括汽车的原价外，还包括使用期间的汽油费、税金、维修费以及其他费用，有些工程项目还应当计算原始投资的资本利息。一般可用下式计算：

$$C=C_0(1+i\times n)+C_p\times n+C_m\times n-(L-S)$$

式中：C——寿命周期成本；

C_0——购置价格；

C_p——每年运转使用费用；

C_m——每年维护费用；

i——年利率；

n——使用年限；

L——残值；

S——处理费用。

如果考虑生产成本、使用成本与质量水平存在函数关系，即生产成本随质量水平X的增加而增加，使用成本随X的增加而减少，则寿命周期成本可用下式表示：

阅读材料3-1

山推股份的质量成本管理探索

$$C_T(x)=C_m(x)+C_u(x)$$

式中：$C_T(x)$——寿命周期成本；

$C_m(x)$——生产成本；

$C_u(x)$——使用成本。

那么，最佳的质量水平就应该是生产成本与使用成本之和最小的点，即应在$dC_T(x)/dx=0$处，即质量水平确定在X_{opt}点时有最佳的质量效益。

知识拓展

管理会计应用指引第100—101号
——战略管理相关应用指引

管理会计应用指引第301号
——目标成本法

专业素养

1.站在战略管理的高度，培养学生顶层思维能力与大局意识。使学生能站在全局看待问题、分析问题、解决问题。提升学生全面理解国家规划和远景目标的能力。

2.通过对价值链分析法的学习，引导学生正确认识企业的性质，树立价值创造理念。培养学生多维度、多角度分析问题的能力，具有科学分析和判断的能力。

基本训练

一、单项选择题

1.按照竞争战略的不同，成本管理系统可以分为（　　）战略型成本管理系统和差异化战略型成本管理系统。

A.标准化　B.定额化　C.成本领先　D.责任化

2.成本领先战略型成本管理系统的成本控制目标是最大限度地降低成本，以赢得价格竞争。通过实际成本与标准成本间的差异分析来控制成本的传统成本控制方法一般就可满足需要，（　）不是经常采用的方法。

A.标准成本制度　B.定额成本法　C.成本企划法　D.预算法

3.（　）不是目标成本分解的方法。

A.按组织结构分解　B.按成本形成过程分解

C.按结构性成本动因分解　D.按功能分解

4.国内外有关资料显示，通过改进产品（　）结构所降低的成本数额占事前成本决策取得成本降低额的70%～80%。

A.生产　B.设计　C.销售　D.使用

5.由产品功能与成本之间的关系可以看出，提高产品价值的途径不包括（　）。

A.在产品成本不变的情况下，功能提高　B.在产品功能不变的情况下，成本降低

C.在产品功能提高的情况下，成本降低　D.在产品成本提高的情况下，功能降低

6.世界上最早把质量成本概念运用于实践的是（　）。

A.朱兰　B.哈灵顿　C.美国质量管理协会　D.菲根鲍姆

7.（　）不是所有战略成功的关键因素。

A.成本　B.差异化　C.时间　D.质量

8.（　）不是质量问题受到越来越多重视的原因。

A.可以节省大量的费用　B.可以防止低收入

C.有利于差异化战略的形成　D.能够提高公司的声誉和顾客的关切度

9.（　）不属于预防成本。

A.产品评审费用　B.质量奖励费用

C.产品测试费用　D.质量教育培训费用

10.（　）不属于检验成本。

A.进货检验测试费用　B.产品评审费用

C.产品测试费用　D.现场产品制造和加工费用

11.（　）不属于内部缺陷成本。

A.不可修复废品的损失　B.可修复废品的返修损失

C.保修费用　D.可修复废品返工后的产品重复检测费用

12.（　）不属于外部缺陷成本。

A.保修费用　B.因质量缺陷支付的诉讼费用

C.降价损失　D.降级损失

13.（　）不属于外部质量保证成本。

A.质量保证措施费用　B.产品质量验证费

C.产品质量测试费　D.质量评定费

14.显性成本是可以从企业会计记录中获取数据的成本，（　）不是显性成本。

A.预防成本　B.检验成本　C.外部缺陷成本　D.机会成本

15.质量成本从成本控制角度可以划分为两类：可控成本和结果成本。（　）不属于

可控成本。

A.内部缺陷成本　　B.外部质量保证成本

C.预防成本　　D.检验成本

16.根据现代质量成本的观点，可以予以保留的作业是（　）。

A.内部缺陷作业　　B.外部缺陷作业　　C.预防作业　　D.质量保证作业

17.质量的关键是其（　　）。

A.安全性　　B.可靠性　　C.适用性　　D.经济性

18.产品寿命周期是一个产品从研制、设计、制造、流通、使用到报废为止的整个过程。在寿命周期中的每一个阶段都要耗费一定的费用，这些费用可以大致分为两大部分，即生产成本和使用成本。（　　）不属于生产成本。

A.设计　　B.制造　　C.外协　　D.维修

19.（　　）不是成本控制的原则。

A.效益性　　B.可控性　　C.可追溯性　　D.全面性

20.（　　）不是可控成本须具备的条件。

A.成本控制主体能够事先了解将要发生的耗费

B.成本控制主体能够对发生的耗费进行计量

C.成本控制主体能够对发生的耗费进行确认和记录

D.成本控制主体能够对发生的耗费加以限制和调整

21.成本控制的全面性原则不包括（　　）。

A.全过程的控制　　B.全部集中的控制

C.全方位的控制　　D.全员参与的控制

22.（　　）不是常用的成本控制标准。

A.设计成本　　B.标准成本　　C.弹性预算　　D.责任成本

二、多项选择题

1.按照竞争战略的不同，成本管理系统可以分为（　　）战略型成本管理系统。

A.标准化　　B.定额化　　C.成本领先　　D.差异化

2.由于竞争战略的区别，两种成本管理系统存在着很多不同，主要表现在（　　）。

A.不同成本管理战略的着力点不同

B.不同成本管理战略对成本计算的要求不同

C.不同成本管理战略的成本控制途径不同

D.不同成本管理战略下的业绩评价不同

3.成本领先战略型成本管理系统的成本控制目标是最大限度地降低成本，以赢得价格竞争。通过实际成本与标准成本间的差异分析来控制成本的传统成本控制方法一般就可满足需要，采用的方法多是（　　）等。

A.标准成本制度　　B.定额成本法　　C.责任会计　　D.预算法

4.（　　）在差异化战略型成本管理系统中可以充分发挥作用。

A.作业成本计算法　　B.成本企划法　　C.定额成本法　　D.预算法

5.差异化战略型成本管理系统的业绩评价目标是为差异化战略的实现服务。评价指标体系中非财务指标占了相当大的比重，常用的非财务指标有（　　）。

A.经营过程循环效率 B.作业成本率 C.产品返修率 D.客户满意度

6.整合程度的提高可能带来效率的提高或成本的降低，这是因为（ ）。

A.可避免使用市场所带来的额外成本

B.可使企业减少对供应商的依赖程度

C.可能带来各种无形资源的积累

D.能使企业获得更多的附加值

7.（ ）属于执行性成本动因。

A.联系 B.生产能力运用模式 C.经验 D.技术

8.制定目标成本的方法有（ ）。

A.加算法 B.倒算法 C.对比法 D.公式法

9.进行功能成本管理时，选择分析对象的原则有（ ）。

A.从产量大的产品中选 B.从结构复杂、零部件多的产品中选

C.从体积大或重量大的产品中选 D.从投产期长的老产品中选

10.进行功能成本管理时，选择分析对象的原则有（ ）。

A.从原设计问题比较多的产品中选

B.从废品率高、退货多、用户意见大的产品中选

C.从零部件消耗量大的产品中选

D.从工艺复杂、工序繁多的产品中选

11.常用的功能评价的方法有（ ）。

A.回归分析法 B.评分法 C.强制确定法 D.公式法

12.质量是指产品或服务满足消费者的程度，包括（ ）等基本方面。

A.设计质量 B.产品质量 C.工作质量 D.一致质量

13.质量成本按其表现价值补偿的形式可以划分为（ ）。

A.显性成本 B.隐性成本 C.控制成本 D.结果成本

14.确定产品的设计质量水平应同时考虑质量的变化与（ ）之间的关系。

A.价格 B.功能 C.成本 D.收益

15.产品寿命周期是一个产品从研制、设计、制造、流通、使用到报废为止的整个过程。在寿命周期中的每一个阶段都要耗费一定的费用，这些费用可以大致分为（ ）。

A.生产成本 B.使用成本 C.显性成本 D.隐性成本

16.下列关于成本控制的描述中，正确的有（ ）。

A.成本控制的主体是企业的成本管理机构和各级管理人员

B.成本控制的受控对象是企业生产经营过程中的劳动耗费

C.成本控制的目标是降低成本水平、提高成本效益

D.成本控制的方式是约束和调节

17.按照成本的形成过程，成本控制的内容包括（ ）的控制。

A.设计成本 B.生产成本 C.销售成本 D.使用成本

18.例外差异一般包括（ ）。

A.较大的成本差异 B.经常出现的成本差异

C.影响企业决策的成本差异 D.可避免原因引起的所有成本差异

三、判断题

1.差异化战略型成本管理系统适用于发展比较成熟的行业，这种行业的市场一般供大于求，竞争比较激烈，市场竞争较多地表现为价格竞争，例如钢铁业、家电业。（ ）

2.差异化战略型成本管理系统的成本管理战略通常着重对产品全生命周期成本和新产品目标成本的管理。（ ）

3.成本领先战略型成本管理系统要求成本信息比较准确，能够真实反映成本发生情况，通常倾向于选用能够准确计算成本的方法。（ ）

4.在同一个企业内部，可能对不同的产品实行不同的竞争战略，也可能对同一产品在不同时期实行不同的竞争战略，因此，成本领先型和差异化两种成本管理系统可能采用相同的成本计算方法、成本控制方法等。（ ）

5.经验和技术属于结构性成本动因。（ ）

6.只有那些企业能保持其成本领先地位的技术变革能为企业带来持久的成本优势，因此，技术的采用可能降低也可能提高成本。（ ）

7.对于执行性成本动因而言，并不是程度越高越好，而是存在一个适度的问题；但对于结构性成本动因而言，一般认为程度越高越好。（ ）

8.功能与价值成正比，功能越高，价值越大，反之则越小；成本与价值成反比，成本越高，价值越小，反之则越大。（ ）

9.在进行功能评价时，应选择价值系数高、降低成本潜力大的作为重点分析对象。（ ）

10.通常，预防成本是自愿的或酌量的成本，并且是提高质量的最有效途径的成本。（ ）

11.内部缺陷成本、外部缺陷成本和显性成本是结果成本，是因质量达不到既定要求、控制失效而造成的厂内和厂外损失，它受可控成本的影响。（ ）

12.狭义成本控制也称事后控制（或日常控制），是指在成本形成过程中，按照事先制定的成本目标，对企业日常发生的各项生产经营活动耗费，采用专门的方法进行严格的监督和控制。（ ）

13.绝对成本控制的着眼点在于节约开支，减少消耗，重在“节流”。（ ）

14.相对成本控制的着眼点在于通过扩大生产和增加利润，以相对降低成本，重在“开源”。（ ）

15.成本的事中控制是成本控制中的最优控制，其特点是在产品成本耗费过程中就完成有关修正。（ ）

16.分散控制一般适用于小型企业。（ ）

17.企业往往根据使用成本来控制设计成本和生产成本。（ ）

18.可控成本与不可控成本的划分是绝对的，某种成本如果是可控成本，就不可能是不可控成本。（ ）

19.成本控制人员应把工作重点放在那些不正常和不符合常规的关键性差异上，分析其产生的原因，采取有效措施加以解决。而不是对所有的成本差异一视同仁。（ ）

20.制定成本控制标准是成本控制的起点，属于事中控制。（ ）

四、简答题

1.你对“不同战略、不同管理”是如何理解的？

2.什么是成本控制？成本控制是如何分类的？

3.成本控制的原则和程序是什么？

4.目标成本管理的核心是什么？

5.提高产品功能与成本比值的途径主要有哪些？

6.功能成本决策的基本工作步骤有哪些？

7.质量成本的构成内容是什么？

8.传统质量成本管理的目标与现代质量成本管理的目标有何联系和区别？

基本训练答案解析

案例分析

案例一　邯钢的战略成本管理经验

邯郸钢铁厂（以下简称“邯钢”）在20世纪90年代地方钢铁企业经济效益出现滑坡时，同样面临亏损，而且企业内外部环境都非常严峻。当时市场上原材料涨价、供过于求，原材料涨价使企业内部成本上升；国家治理整顿，抽紧银根，控制固定资产投资；西方工业化国家钢铁生产能力过剩，国际市场价格下降，出口困难，这些都使钢材销售量大幅度下降。大批竞争对手的存在又使竞争加剧。从企业内部看，厂内无节能降耗、增收节支的自觉性。随着产销比率的下降和价格的降低，仅有少量产品盈利，再加上企业债务负担沉重等各种困难，企业陷入困境。

邯钢面对内忧外患的局面，为了摆脱困境，进行了战略定位分析，推行了“模拟市场核算，实行成本否决，走集约化经营的道路”的管理机制，结果企业产品成本连年下降，并且保持了持久的低成本优势。

1.竞争者分析

邯钢运用战略管理会计来进行环境审视和竞争者分析，用战略眼光而非纯营运眼光来看待信息。一方面，邯钢意识到其产品质量（技术规范）标准化，市场弹性系数小，价格基本上有规可循，与其他竞争对手的产品在性能上没有太大的差别，不易形成差异化竞争优势。另一方面，企业本身为地方国有企业，国家对其支持力度有限，获得较大投资的可能性较小。于是，邯钢从实际出发，制定了低成本发展战略，并充分利用战略管理会计的外向性、整体性等特性进行战略规划，通过密切关注整个市场和竞争对手的动向来发现问题，适当调整和改变自己的战略战术。

2.价值链分析

邯钢实施有效的价值链分析法。邯钢重视“知己知彼”，利用丰富的行业信息资料，诸如上下游企业情报等改善自身的生产经营，以同行业和企业内部历史最好水平为依据，把从原材料供应商到最终产品消费者的各个环节的成本指标作为整体进行分析、比较，找出降低成本的环节和降低程度。邯钢在挖潜增效过程中，广泛开展对企业内部和上、下游价值链的开发。该厂的“模拟市场核算”就是从产品市场上被承认的能接受的价格开始，一个工序一个工序地剖析其潜在效益，向前核定，直到原材料采购。其中“一个工序一个工序地剖析”就是对企业内部价值链上各项活动或作业的剖析，使企业成本管理深入各基本作业层，挖掘各作业层的增值能力，对不必要的和完成质量不佳的作业进行改进或否决。

3.成本动因控制

对战略成本动因的重视和控制使邯钢的“总成本领先”战略得以成功实施，具体体现在以下方面：

（1）在项目投资“规模”上，围绕节能降耗、降低成本的要求来选择，并根据量力而行和“先进、经济、实用”的原则进行控制，对不能控制进度和投资的项目坚决不上马。

（2）控制整合的“范围”。对自己能生产的备件坚持不委托外部的原则，并比较其成本高低，择优选择。

（3）在“技术”选择上，围绕提高产量、质量和优化品种结构，对关键工序、薄弱环节进行技改，走“增效—技改—再增效—再技改”的良性循环发展之路。

（4）落实成本岗位责任制，提高企业的凝聚力。该厂推行成本否决制，使全体职工拥有为企业当家作主的权利和责任，将市场压力和风险变成企业内部各个环节和每个职工的压力和动力。于是，全厂职工围绕降低成本、降低消耗，结成了利益共同体。

4.战略考核

邯钢选择了模拟市场核算、统分结合的管理模式，引入市场风险，把风险分散到个人，实行成本否决制，完不成成本指标，否决奖金、涨工资和职务升迁机会等。这样就将国有资产的管理、使用落实到每个人身上，把各级组织或个人实现目标成本的绩效与工资奖励等职工切身利益挂钩，突出实效，落实责任。邯钢建立定期考核制度，实行严格的奖惩办法，做到奖罚分明，进而优化机构设置。

资料来源：金友良，肖序．战略管理会计几个基本理论问题的探讨——兼论邯钢运用战略管理会计创佳绩的经验［J］．广西会计，2001（7）：7-9．

要求：请从成本动因角度谈谈邯钢战略成本管理成功的关键原因。

案例二　　奥飞：不同战略，不同管理

奥飞娱乐股份有限公司（以下简称奥飞）成立于1993年，旗下有动漫《喜羊羊与灰太狼》《巴啦啦小魔仙》，游戏“奥迪双钻”等著名品牌，是中国极具实力和发展潜力的动漫及娱乐文化产业集团公司，致力于成为新时代“中国迪士尼”。公司于2009年在深交所上市（股票代码SZ：002292），是中国“动漫第一股”。奥飞的前身广东奥迪玩具实业有限公司，是传统的玩具制造销售公司，后通过实施“动漫+玩具”战略与收购广东嘉佳卡通卫视频道，成为动漫全产业链运营公司。

1.“动画片+玩具”战略

在1993年的广东澄海地区，玩具企业众多，对于一家要在玩具市场站稳脚跟的企业来说，树立品牌成为当时的破局之道。1996年，公司创始人蔡东青花了将近700万元与国家体育总局合作举办了第一届奥迪杯四驱车模大赛，在玩具行业率先一步将市场营销与教育、体育结合在一起，带动了玩具的热销，该活动所花费的金额几乎是当时全年销售额的1/4。

到了2002年，为了进一步促进四驱车的销售，蔡东青花了110万美元的版权费把当时在日本非常火的动画片“四驱小子”引入国内，当年奥飞的销售额就达到2.6亿元。在引入“四驱小子”并且代理玩具衍生品以及开发销售的过程中，公司第一次尝到了通过动画片的播映来推动玩具销售的甜头，同时意识到拥有自主品牌动漫形象的重要性——不但可以免去代理费，还能够带动相关的玩具收入，并且可以通过形象授权获取一定的知识产权转让收入。2003年，成立动漫公司的战略浮出水面。

2.“玩具+动漫”战略

2004年，广州奥飞文化传播有限公司注册成立，开始尝试制作动漫内容。公司经营从产业链的下游向上游延伸，从玩具制造商向内容提供商转型。

动漫行业周期长，对资金链的考验大，如果在短时间内不能做出名气，缺乏粉丝基础，就有可能面临资金链断裂、人才流失的问题，因此，当时的大部分动画片制作企业都是学习迪士尼模式，即内容先行，靠衍生品收回成本。也就是说，先制作动画片，进行播映，如果播映好了、有市场了，再开发衍生品或者授权其他企业经营，属于被迫开发下游衍生品的状况。但奥飞却选择逆向发展，采用“动漫+玩具”的经营战略，以玩具销售为目标来开展动漫制作，很好地解决了盈利问题。

奥飞在动画制作初期就明确相应衍生品玩具的设计、生产以及销售计划，市场调研团队会和创意部门共同开发、沟通、策划产品，从功能、价格、产品设计、安全性等多个角度来进行考虑。然后，一边推出动画节目，一边在全国各个销售渠道推出同款玩具，用动漫拉动玩具销量，再用玩具收入反哺动漫制作。

2006年，奥飞推出了自主开发的动画片《火力少年王1》，正式开始这个模式的实践。动画片讲述的是一群中学生组成不同的团队来进行悠悠球的练习和比赛。以玩具起家的奥飞，从动漫的创意阶段就明确了玩具悠悠球是动漫故事的核心。因此，在推出动漫之前，奥飞就开始举办悠悠球比赛来推广玩具，并获得了一定效果；奥飞在电视台播放动画片的同时，又推出相应的悠悠球玩具；奥飞还举办悠悠球高手巡回表演、明星见面会以及亚洲悠悠球高手邀请赛等一系列活动。《火力少年王1》的推出，带动了全国的悠悠球热潮，花费约1 000万元制作的动画片当年就为奥飞带来了8 000多万元的悠悠球销售收入。

第二年，奥飞又趁势推出《火力少年王2》，实现了1.8亿元的销售额，还把悠悠球的故事以及玩具热潮带到了菲律宾、印度尼西亚、泰国等东南亚国家，并且通过“动漫+玩具”模式，将一个出厂价仅仅一两元钱的普通悠悠球卖到十多元。

当悠悠球成功地从传统玩具升级为具备故事内涵、情感性格和品牌特征的动漫玩具时，相应的利润空间与商业价值也随之提升。

根据奥飞上市前的招股说明书披露，各类玩具的毛利率如下：自主开发的动漫类玩具为52.97%，授权开发的动漫类玩具为37.76%，非动漫类玩具为15.53%。“火力少年王”系列的成功，让奥飞明确了“动漫+玩具”的产业文化路径。

3.“文化+动漫+玩具”战略

2007年，奥飞正式成立形象管理事业部，发展对外授权业务，同时成立了广州迪文文化传播有限公司，进入了图书发行领域。同一年，在原来广东奥迪玩具实业有限公司的基础上，企业进行了整体股份制改造，成立广东奥飞动漫文化股份有限公司。2009年9月10日，广东奥飞动漫文化股份有限公司在深交所中小板挂牌上市，成为我国动漫行业第一个上市企业。借着上市的契机，奥飞进行了动漫形象品牌的整合收购，也跨入了手游、舞台剧、影业等泛娱乐化的产业链多环节，形成以IP为核心，集动漫、玩具、婴童、游戏、授权媒体、电影等于一体的泛娱乐生态系统。

2013年，奥飞借助收购中国第一原创动画品牌“喜羊羊与灰太狼”，正式进入文化产业化阶段。2013—2017年，奥飞共发起对外投资70起，新增子公司61家，总计投资金额高达60亿元。为了实现IP的全年龄段覆盖，奥飞采取了“内生+外延”的方式，确定了从服务K12群体转向全年龄段泛娱乐化的发展思路。2019年以后，奥飞陆续推出多个IP影视作品，市场表现非常好。

资料来源：①梁琦，郑云，黄璐萍，等. 奥飞娱乐转型的动机及其财务后果研究［J］. 绍兴文理学院学报，2018，38（3）：82-89. ②长江商学院经典案例课.

要求：结合奥飞的案例进行分析，谈谈你是如何理解企业战略和成本管理之间关系的，同时思考企业进行成本管理的重点是什么？

案例三　　照明制造业企业质量成本管控案例分析

照明制造业企业虽然属于制造业企业，但由于产品本身的特点和较高的运输要求，因此在研究质量成本管控策略的过程中，应结合照明制造业企业的实际情况，从照明制造业企业自身的管理要求和业务特点出发，寻找更加适合照明制造业企业发展的质量成本管控策略。

L公司是一家拥有15年户外景观照明灯具、照明控制系统设计和生产经验的外商独资企业。不同于一般照明灯具生产企业，L公司专注于个性化照明灯具产品的定制、设计以及后续的开发和生产销售。同时，L公司在产品质检方面拥有较为成熟的管理与运作体系，能最大限度地保证产品出厂合格率。为了保证产品出厂合格率，L公司在产品质量检测方面耗费了大量的人力和财力，导致产品质量控制成本居高不下。此外，由于L公司实行定制的生产模式，为了达到客户的定制要求，在产品的前期设计和研发环节投入大量成本，以保证产品设计及后续的生产质量能够达到标准。因此，L公司的质量成本管控存在质量控制成本高和设计研发阶段成本高的问题。

为了进一步提高质量成本管控水平，L公司结合实际情况和业务特点，在全面提高采购、仓储、运输等环节的质量成本管控水平的同时，针对产品质量检测和前期设计进行管理优化，如从供应商入手，定期与供应商进行质量培训和经验交流，细化原材料供应质量的检验标准，从而加强对各类材料的管控，强化供应商的责任和对其的约束，从而为产品质量成本管控打下基础。同时，在生产环节，进一步提高生产标准，强化各流程的执行细则，全面开展质量管控和巡检工作，从而降低成品质检环节的成本消耗和返工率。此外，在设计环节，为了避免设计过程中的反复修改和研发试制阶段的变动，L公司加强了与客户在产品功能、规格、质量要求、生产要求等方面的沟通，同时加强了与客户在出图阶段的沟通，确保在设计阶段解决所有可能存在的问题，并落实全部设计细节，为产品质量成本管控打下基础。

经过质量成本管控改革后，L公司通过优化管理流程提高各项检验工作效率，进一步减少产品检验成本，有效地提高了产品初检合格率和出厂合格率，降低了客户返修比例以及相关运输和维修成本。同时，L公司通过在个性化产品讨论与设计阶段开展质量成本管控，减少无效成本，提高设计阶段的管理效率，增强与客户之间的良性互动，大幅提高了客户的满意度。

资料来源：周长伦. 照明制造业企业质量成本管控策略［J］. 会计师，2022（21）：32-34.

案例分析参考答案

要求：结合L公司的案例进行分析，谈谈你对功能、质量、成本的理解。

第四章

成本计算

学习目标

知识目标：了解成本计算的目标和要求，以及成本计算的账户体系和基本程序。

能力目标：掌握成本计算的内容和原则，熟练进行各项成本费用的归集和分配。

素养目标：灵活运用品种法和分步法计算产品成本，进行成本还原。

第一节　成本计算的一般要求和基本程序

一、成本计算的作用和内容

成本计算的作用决定着成本计算的内容，成本计算的内容又反过来影响成本计算作用的实现。

（一）成本计算的作用

成本计算可以为正确计算企业损益和期末资产的价值提供数据，也是产品定价和企业加强成本管理的基础资料。

1.产品成本是企业定价的依据之一

企业生产和销售产品的目的是在为客户提供价值的同时赚取利润，只有企业产品的售价超过成本，才能够实现盈利。尽管企业产品定价的方法有很多种，但在成本基础上加上一定百分比（成本加成定价法）确定销售价格是很多企业采用的方法之一，成本计算的正确与否会影响产品价格的确定，从而影响企业目标的实现。

2.成本计算为编制财务报表提供数据

企业按照国家有关规定及时、正确地计算产品成本，可以为编制利润表和资产负债表提供真实、有用的成本信息。

首先，成本计算为正确计算企业利润提供数据。生产经营过程中发生的各种成本费用按照其与生产和经营管理的关系分为生产成本和期间费用。生产成本在产品完工时，按照一定的方法在完工产品和期末在产品之间进行分配，完工产品的成本在产品销售时按销售数量结转至销售成本，从产品的销售收入中予以补偿；期间费用则在发生的当期全部计入成本费用，从当期收入中如数得到补偿。成本费用正确合理地计算和结转对于利润的真实性起到了基本的保障作用。

其次，成本计算也为资产负债表的编制提供基础资料。资产负债表中“存货”项目的主要内容是企业的库存产品、期末在产品和各种材料等，产品成本的正确计算对于期末在产品和产成品价值的正确性起着决定性的作用。同时，当期在产品和产成品的成本的正确与否也会影响到以后期间销售成本计算的正确性。

3.成本计算为加强成本管理提供资料

随着会计电算化的普及，会计的核算职能在很大程度上为计算机所代替，会计的管理职能却变得日益重要。正确地进行成本计算可以为成本预测、成本决策、成本预算、成本控制和成本分析与考核等成本管理工作提供真实有用的成本信息，这也是成本管理会计对成本计算的基本要求。

一方面，成本计算是企业进行成本管理的基础。首先，为增强市场竞争力，使企业实现可持续发展，企业需要在经营管理中加强成本的预见性和计划性，这就要求成本计算工作在企业有关各方的支持下，根据历史数据、市场调查情况以及其他有关方面的资料，采用科学的方法预测成本水平及其发展趋势，并通过拟定各种成本降低方案进行成本决策；其次，为落实决策确定的成本方案，需要根据决策结果编制有关的成本费用预算，将成本降低方案落实到每一个管理细节；再次，为保证预算的执行，需要在日常管理过程中严格控制各项成本费用的开支范围，监督企业内部各部门严格执行成本预算，积极探求成本降低的途径；最后，根据成本费用的实际开支情况进行预算差异分析，发现成本执行中存在的问题，为进一步实施对成本的控制提供依据。

另一方面，成本管理活动的效果又能够在成本计算资料中得到体现。在企业的经营管理中，成本是一个综合性很强的指标，可以综合反映企业内部各部门的工作业绩。企业内部各责任单位和责任者对管理工作的执行情况会最终体现在企业的成本费用水平之中，可以说其离开成本会计管理就成了空中楼阁。

（二）成本计算的内容

明确成本计算的内容，对于确定成本计算目标、研究和运用成本计算方法、更好地发挥成本计算在经济管理中的作用有重要意义。

从理论上讲，成本是企业在生产经营过程中所耗费的、用货币表现的生产资料的价值和劳动者为自己所创造的价值（职工薪酬）。但在实际工作中，成本的具体内容则同企业生产经营管理水平和需要相联系，随经济管理具体要求的变化而变化。为具体了解成本计算的内容，下面结合制造业企业的情况加以说明。

1.生产成本

制造企业是从事工业产品生产的企业，其主要的业务是生产并销售工业产品，以满足人们日益增长的物质生产和生活的消费需求，并实现产品价值，取得盈利。制造企业的生产过程是物质消耗和产品形成过程的有机统一：一方面，产品在生产和销售过程中需要消耗各种各样的资源（人力、物力、财力）；另一方面，这些消耗会形成不同的产品。产品在生产过程中会发生一定的生产资料和活劳动的耗费，其中原材料等劳动对象在生产过程中被消耗或改变实物形态，其价值一次性转移到产品中去，构成产品生产成本的主要组成部分；厂房、机器设备等劳动资料在生产过程中长期保持原有的实物形态，通过折旧的形式将其价值磨损逐渐转移到所制造的产品中去，并构成产品成本的一部分；活劳动的耗费则通过劳动者借助劳动工具对劳动对象的加工、制造过程物化到产品之中，并以职工薪酬的形态支付给劳动者，构成产品成本的另一个组成部分。另外，产品在生产过程中，还会发生一些耗费，诸如车间的办公费、水电费、电话费等，这些耗费同样是为产品生产服务的，应该物化为产品价值的一部分。企业在产品生产过程中的上述耗费，用货币表现就是企业的生产费用，为生产一定种类和数量的产品所发生的各种生产费用之和就构成了产品的生产成本（也叫制造成本）。产品生产过程中所发生的各种耗费以及产品成本形成的核算是成本计算的主要内容。

2.期间费用

企业只有将生产的产品销售出去才能够真正为客户服务，并通过产品价值的增值实现利润。产品在销售过程中所发生的广告费、展览费、运输费、包装费、装卸费等，以及专设销售机构发生的职工薪酬、固定资产折旧和其他业务经费，还有按照销售额一定比例提取的销售佣金等耗费统称为销售费用，销售费用是企业在生产经营过程中发生的一项重要费用，其支出及归集过程也是成本计算的内容。

为组织和管理企业的生产经营活动，保证产品生产和销售的顺利进行，企业行政部门也会发生各种各样的耗费，如行政管理人员的职工薪酬、办公费、差旅费、业务招待费、咨询费、董事会费、技术转让费等，这些费用统称为管理费用。管理费用是企业在经营过程中的一项重要耗费，是成本计算的内容之一。企业生产车间（部门）和行政管理部门等发生的固定资产修理费用等后续支出，也在管理费用中核算。

同时，制造企业为筹集生产经营过程中所需资金也会发生一定的手续费、利息支出等，这些支出是企业的财务费用，其支出和归集也构成成本计算的内容。

上述销售费用、管理费用和财务费用等费用与产品生产没有直接联系，而与生产经营期间直接相关，按发生的期间进行归集，并从当期收益中扣除，构成企业的期间费用。可见，制造企业成本计算的内容包括产品成本的核算和期间费用的核算。

另外，随着企业经营管理水平的不断提高，产品成本计算不仅仅限于以上两者，还需要为满足管理的要求提供多方面的信息。如为进行短期生产经营决策计算的变动成本、固定成本，为加强企业内部控制计算的可控成本和不可控成本，为进一步提高成本信息决策的相关性计算的作业成本等。这些均构成成本计算的内容，也已在本书的其他章节进行讲解。所以，本章关于成本计算的内容只就制造成本和期间费用的核算展开。

教学视频 4-1

成本计算的原则和要求

二、成本计算的原则和要求

成本计算原则是保证成本信息质量的基本会计技术要求。成本计算要提高质量，使提供的信息符合规定，达到正确性和及时性的要求，必须遵循一定的原则。

(一)成本计算的基本原则

成本计算的基本原则包括划分收益性支出和资本性支出原则、历史成本原则、权责发生制原则、一致性原则、分期核算原则、相关性原则和重要性原则等。

1.划分收益性支出和资本性支出原则

划分收益性支出和资本性支出原则是指在会计核算中应合理划分收益性支出和资本性支出。如果一项支出所带来的经济收益只与本会计期间有关，那么该项支出就是收益性支出，如生产过程中消耗的原材料、人工支出、制造费用及期间费用等；如果支出的经济收益不仅与本会计期间有关，而且与几个会计期间有关，那么该项支出就是资本性支出，对于资本性的支出，应当在发生时列为资产，然后按受益期间分期转作各期费用，如购置房屋建筑物、机器设备的支出和长期待摊费用等。划分收益性支出与资本性支出的目的是正确确定资产价值，正确计算产品成本、期间费用和正确确定当期损益。

对于分摊的资本性支出以及当期的收益性支出，应按照谁受益谁承担的基本原则（受益原则）分配计入不同的成本费用，以正确计算产品成本，真实反映企业各种产品或劳务的成本水平。企业在生产过程中发生的一些费用常常与若干种产品或劳务发生联系，这种费用需要在发生时进行归集，然后按照受益原则进行分配。对于分配标准的选择应注意其一致性、科学性及可操作性，以各受益对象共有的因素作为分配标准，并保证其与费用的发生存在一定的因果关系，且相关资料易搜集，分配过程易操作。

2.历史成本原则

历史成本又称为实际成本，是取得或制造某项财产物资时所实际支付的现金或其他等价物。采用历史成本进行计量，各项财产物资按照取得或购建时支付的现金或者现金等价物的金额入账，并在会计报告中按实际成本反映。历史成本原则要求对生产所耗用的材料、人工、折旧等费用按其实际成本计价，对完工产品的成本也按其实际成本计价。

具体来说，对于生产过程中耗用的原材料、燃料、动力等，在数量上应按照实际消耗量计算，在价格上可以采用实际价格或计划价格，但在计算产品成本时需通过对其成本差异的调整以实际成本计入产品价值；对于固定资产的折旧费用，需按照固定资产历史成本、预计使用年限和合理的折旧方法等因素计算；对于生产单位发生的办公费、职工薪酬、保险费、修理费用等也应该按照费用的实际支出计价核算，以使企业在产品、自制半成品和完工产品的成本反映其实际成本。

3.权责发生制原则

权责发生制是指收入、费用的确认应当以收入、费用的实际发生为确认的标准，即凡是当期已经实现的收入和已经发生或应当负担的费用，不论款项是否收付，都应作为当期的收入或费用处理；凡是不属于当期的收入和费用，即使款项已经在当期收付，都不作为当期的收入和费用。在成本计算中采用权责发生制原则主要是为了正确划分本期产品成本和下期产品成本的界限，以便正确计算产品成本和利润水平。

4.一致性原则

一致性原则是指企业各项生产费用归集和分配的程序和步骤，以及成本计算的具体方法应前后各期保持一致，保证成本计算资料的可比性。在成本计算中贯彻一致性原则，是为了保证企业不同时期的成本计算资料在内容和口径上相一致，具有可比性，并在一定程度上避免人们利用成本计算方法的改变人为调节各期成本水平，达到操纵利润的目的。坚持一致性原则，并不是说对成本计算所采用的方法就不能做必要的变动，如果由于企业的经营类型、产品品种等发生重大改变，客观环境或企业内部管理的要求或国家有关成本计算的政策发生较大变化等，为取得和提供更加准确、有用的信息，企业成本计算的方法和程序也可以变更，但必须在报表附注中将由于变更带来的影响予以充分说明。

5.分期核算原则

企业的生产经营活动是连续不断进行的，但为了及时取得相关的成本费用信息，为成本管理决策提供数据支持，在成本计算上需要人为地将生产经营活动划分为若干相等的核算期，以分期计算产品或劳务的成本。成本核算期是生产费用归集和分配的周期，通常与企业的会计报告期相一致，以利于各项成本费用的核算以及财务报表的编制，无论企业生产什么产品，一般在管理上都需要定期进行费用的归集、汇总和分配。成本核算期不同于成本计算期，成本计算期是指计算完工产品成本的周期，即间隔多长时间计算一次完工产品的成本，可以是定期计算，如每个月、每个季度或每个年度，也可以是非定期计算，一般性的制造企业会每间隔一个月或一个季度就计算一次产品成本。按照《企业产品成本核算制度（试行）》的规定，制造企业产成品和在产品的成本核算，除季节性生产企业等以外，应当以月为成本计算期。

6.相关性原则

相关性原则也叫有用性原则，是指企业提供的成本计算信息应当与会计报告使用者的成本管理决策需要相关，有助于会计报告使用者对企业过去、现在或者未来的成本情况做出评价或者预测。成本计算信息质量的相关性原则要求企业在确认、计量和报告成本计算信息的过程中，充分考虑使用者的决策模式和信息需要，全面并及时提供满足信息使用者成本管理决策需要的会计信息，以迅速做出生产经营决策，纠正和完善成本管理工作中的失误和不足，果断采取进一步加强成本管理的措施。

7.重要性原则

重要性原则是指企业在进行成本计算时，应视其内容和对象的重要程度，采用不同的成本计算方法。成本计算的重要性原则要求：凡是企业的主要产品或劳务，应重点进行成本计算，计算出每一种产品或劳务的单位成本和总成本，以及各个成本项目的具体数字；同时，凡对成本水平影响较大的费用，如产品生产过程中直接消耗的材料、人工等均应作为主要费用，单独设置项目进行核算，而对那些次要产品或费用则可以在不影响成本真实性的前提下，适当简化核算程序和方法。

（二）成本计算的要求

为充分发挥成本管理在企业中的重要作用，使成本计算提供的信息更好地服务于企业经营管理决策，在进行成本计算时应完善各项成本计算的基础工作，正确划分各种费用。

1.满足经营管理的需要

企业的成本计算必须与其生产经营特点和管理要求相适应。成本计算中可选择的方法有很多，如实际成本计算制度、标准成本计算制度、变动成本计算制度和作业成本计算制度等，就具体的成本计算而言，又包括品种法、分批法、分步法等多种方法。企业究竟选择哪一种或哪几种核算方法，必须根据实际情况进行选择。企业会计人员必须在分析企业生产经营类型、生产工艺和技术流程特点的基础上，设计出适合本企业管理需要的成本计算程序和方法。

为满足企业经营管理的需要，成本计算不仅要按照国家的有关法规、制度计算产品或劳务成本和各项期间费用，还应该为不同的管理目的提供不同的成本管理信息，如功能成本和质量成本、相关成本和无关成本、目标成本和机会成本等，以利于企业管理部门做出正确的经营管理决策。

2.完善各项成本计算的基础工作

各项成本计算基础工作的完善是保证成本计算资料完整、准确的基础。

首先，建立健全各项原始记录。原始记录是反映企业生产经营活动的原始资料和进行成本预测、编制成本计划、进行成本计算、分析消耗定额和成本计划执行情况的依据。企业在初步核算过程中，应建立各方面的原始记录，统一规定其格式、内容和填写方法，明确各种领、存、取制度，保证全面、准确、及时地提供有关信息。第一，建立健全原材料方面的原始记录，包括原材料的验收入库单、领料单、退料单、材料报废单、盘盈盘亏记录等；第二，劳动工资方面的原始记录，包括考勤登记表、工资结算及分配汇总表等；第三，固定资产方面的原始记录，包括固定资产卡片、设备调拨单、使用情况记录以及处置和报废记录等；第四，生产方面的原始记录，包括生产计划、工时消耗统计表、完工通知单、废品通知单以及产成品和在产品入库单等。

其次，建立健全材料的计量、收发、领退和盘点制度。在成本计算中，计量和验收制度是保证原始记录正确无误和财产物资质量的有效保障。凡是材料物资的收发、领退，在产品、半成品的内部转移，以及产成品的入库等，均应填制相应凭证，办理审批手续，并由经办人员和有关部门负责人签字，严格进行计量和验收。

再次，建立健全定额管理制度。产品的各项消耗定额既是编制成本计划、分析和考核成本水平的依据，也是审核和控制成本的标准，而且还可以作为分配实际发生的费用的标准，在成本计算中企业应制定原材料消耗定额、辅助材料消耗定额、单位产品人工工时定额和制造费用消耗定额等，对企业生产经营过程中人力、物力和财力的配备规定相应的标准。

最后，建立健全内部结算制度。内部结算制度是企业内部各部门之间对相互提供的产品或劳务进行收付结算的一种制度。企业应对原材料、半成品、厂内各车间提供的劳务等制定内部结算价格，以便各部门计算产品成本。内部结算价格应切合实际并保持相对稳定，一般在年度内保持不变，如需修改宜在年末进行。内部结算制度作为内部管理的依据，可以明确各部门之间的经济责任，应得到严格贯彻执行。

3.正确划分各种费用界限

为保证产品成本的真实性，成本计算除了要与其生产经营特点和管理要求相适应，建立健全各项成本计算的基础工作之外，还应当正确划分各项费用的界限。

（1）正确划分应计入产品成本和不应计入产品成本的费用界限。

企业的活动是多方面的，企业耗费和支出的用途也是多方面的，其中只有一部分费用可以计入产品成本。

首先，非生产经营活动的支出不能计入产品成本。例如筹资活动和投资活动的耗费不能计入产品成本，而应当计入筹资成本和投资成本。

其次，生产经营活动的成本分为正常的成本和非正常的成本，只有正常生产经营活动的耗费才能计入产品成本。灾害损失、盗窃损失等非正常损失，滞纳金、违约金、罚金等赔偿支出，坏账损失、存货跌价损失、长期股权投资减值损失等不能预期的原因引起的资产减值损失，以及债务重组损失等非正常的经营活动成本，不能计入产品成本。

最后，正常的经营活动成本又分为产品成本和期间费用。正常的生产成本计入产品成本，其他正常的生产经营成本计入期间费用。

（2）正确划分各个会计期间的费用界限。

为分期考核成本计划或定额的完成情况，正确计算成本和损益，还应将计入生产费用的各项跨期支出按照一定标准在各个会计受益期间进行分配。分配时应以权责发生制原则为基础，正确核算长期待摊费用，除长期待摊费用以外，本期支付的各项费用和支出按会计准则的规定全部计入当期的成本或费用。

（3）正确划分不同成本对象的费用界限。

对应计入本月产品成本的费用还应在各种产品之间进行划分。凡是能分清应由某成本计算对象负担的直接费用，应直接计入该成本计算对象；属于共同发生、不易分清应由哪种成本计算对象负担的费用，则应采取合理的方法分配计入有关产品的成本。

（4）正确划分完工产品和在产品成本的界限。

在划分不同成本对象费用界限的基础上归集的某成本计算对象应负担的生产费用合计（包括期初在产品成本以及本期直接或间接计入该成本计算对象的生产费用），应在完工产品和期末在产品之间进行分配。月末计算产品成本时，如果某种产品全部完工，则将全部生产费用作为完工产品成本，然后根据完工产品数量计算每单位产品的成本；如果某种产品全部未完工，则将全部生产费用作为期末在产品成本；如果某种产品既有完工产品又有在产品，则将全部生产费用通过适当的方法在同一种产品的完工产品和期末在产品之间进行分配。

三、成本计算的基本程序

正确计算产品成本需要设置相应的成本费用账户，并按照一定程序进行核算。

（一）成本计算使用的主要账户

为进行成本计算，企业一般应设置“生产成本”“制造费用”“原材料”“应付职工薪酬”“累计折旧”“长期待摊费用”“管理费用”“销售费用”“财务费用”等账户。

制造企业的生产车间按性质可分为基本生产车间和辅助生产车间两大类。基本生产车间是直接生产产品的车间，以生产各种产品为主要任务；辅助生产车间是为基本生产车间提供各种劳务或服务的车间，以提供水、电、气以及修理、运输等各种劳务为主要任务。因此，为正确核算企业产品的生产成本，需要根据企业经营管理的要求，在“生产成本”和“制造费用”总分类账户下设置“基本生产成本”和“辅助生产成本”二级账户，同时根据成本计算对象设置“生产成本”账户的明细账户，根据车间或工序设置“制造费用”账户的明细账户。

1.“生产成本——基本生产成本”账户的设置

基本生产是指为完成企业主要生产目的而进行的产品生产。“生产成本——基本生产成本”账户核算企业生产各种产品（产成品、自制半成品）、自制材料、自制工具等所发生的各项费用。该账户借方登记企业为进行基本生产而发生的各种费用，包括生产过程中发生的直接材料、直接人工和月末通过“制造费用”账户分配结转的间接费用；贷方登记转出的完工入库产品的生产成本；该账户的借方余额反映企业基本生产的在产品成本。

“生产成本——基本生产成本”账户应按成本计算对象设置明细账户，如按产品品种、批次、生产步骤等设置明细账户，并按成本项目设置专栏或专行。其常用格式见表4-1。

表4-1 **基本生产成本明细账**

产品名称： 车间：

年		摘要	产量	成本项目			成本合计
月	日			直接材料	直接人工	制造费用	
		月初在产品成本					
		本月生产费用					
		生产费用合计					
		本月完工产品成本					
		完工产品单位成本					
		月末在产品成本					

2.“生产成本——辅助生产成本”账户的设置

辅助生产是指为基本生产服务而进行的产品生产和劳务供应。“生产成本——辅助生产成本”账户核算为基本生产车间及其他部门提供产品、劳务等发生的各项费用。该账户借方登记企业为进行辅助生产而发生的各种费用，包括开展辅助生产过程中发生的直接材料、直接人工和月末通过“制造费用”结转分配的间接费用；贷方登记转出的完工入库的低值易耗品、加工的材料、包装物成本或分配转出的提供劳务和产品的成本；该账户借方余额表示辅助生产的在产品成本。

“生产成本——辅助生产成本”账户应按辅助生产车间和生产的产品、提供的劳务等设置明细账户，并按成本或费用项目分设专栏或专行。

3.“制造费用”账户的设置

“制造费用”账户属于成本费用类账户，核算企业为生产产品和提供劳务而发生的各项间接费用。该账户的借方登记企业当期发生的各种制造费用，包括车间发生的机物料消耗、车间管理人员工资等职工薪酬、生产车间计提的固定资产折旧、生产车间支付的办公费和水电费、发生的季节性停工损失等；贷方登记按一定标准分配记入“生产成本”或“劳务成本”账户，应由各种产品负担的制造费用；结转后，本账户期末一般应没有余额。本账户可按不同的生产车间、部门和费用项目进行明细核算。

“原材料”“应付职工薪酬”“累计折旧”“长期待摊费用”“管理费用”“销售费用”“财务费用”等账户在“会计学原理”等课程中已经涉及，此处不再赘述。

（二）成本计算的一般程序

成本计算的一般程序是指对企业在生产经营过程中发生的各种费用按照成本计算的要求逐步进行归集和分配，计算出各种产品的成本和期间费用的过程。尽管不同企业的生产经营特点和管理要求不尽相同，但在成本计算的程序上依然存在着一定的共性。一般来说，成本计算的程序包括以下几个步骤：

1.根据国家规定的成本控制范围，确定不同支出是否计入生产经营费用

在进行成本计算时，应首先根据国家规定的成本控制范围，合理区分应计入生产经营

的费用和不应计入生产经营的费用。企业应在对各项支出合理性和合法性进行审核和控制的基础上，按企业生产经营的特点和国家规定，根据各项支出的性质正确区分其是否应计入生产经营费用，确保成本计算资料的准确。

2.按各项要素费用的用途分别计入生产费用和期间费用

根据各种费用的原始凭证及其他有关资料，对于应计入生产经营的费用分生产费用要素进行汇总，并按其用途记入有关的成本费用账户：将与产品直接相关的费用分配到“生产成本——基本生产成本”“生产成本——辅助生产成本”等明细账户；不能直接归属到产品中的生产费用，先在“制造费用”中进行归集；与企业行政管理相关的费用记入“管理费用”账户；与销售过程相关的费用记入“销售费用”账户；与理财活动相关的费用计入“财务费用”账户。

3.正确处理跨期摊提费用

对发生的跨期费用，应以权责发生制为基础，正确判断其归属期，并通过编制长期待摊费用分配表，按合理的标准将其在各个会计期间进行分配。

4.编制辅助费用和制造费用分配表，将其分别计入不同的成本对象

在会计期末，企业应将记入到“生产成本——辅助生产成本”明细账户中的费用，按其受益对象分配到“生产成本——基本生产成本”明细账户、“制造费用”明细账户、“管理费用”明细账户、“财务费用”明细账户和“销售费用”明细账户等，然后将“制造费用”账户中的各项间接费用采用适当的方法分配计入不同的产品成本中去。

5.编制成本计算单，结转完工产品的成本

会计期末，将记在“生产成本——基本生产成本”明细账户中的生产费用合计采用一定的成本计算方法，在完工产品和期末在产品之间进行分配，以正确计算完工产品成本，并将其转入“库存商品”账户。

教学视频 4-2

成本费用的归集与分配

图4-1列示了产品成本计算账务处理基本程序。通过图4-1，可以对产品成本计算的账务处理有一个概括的了解，也可以从账务处理的角度进一步理解产品成本计算的一般程序。

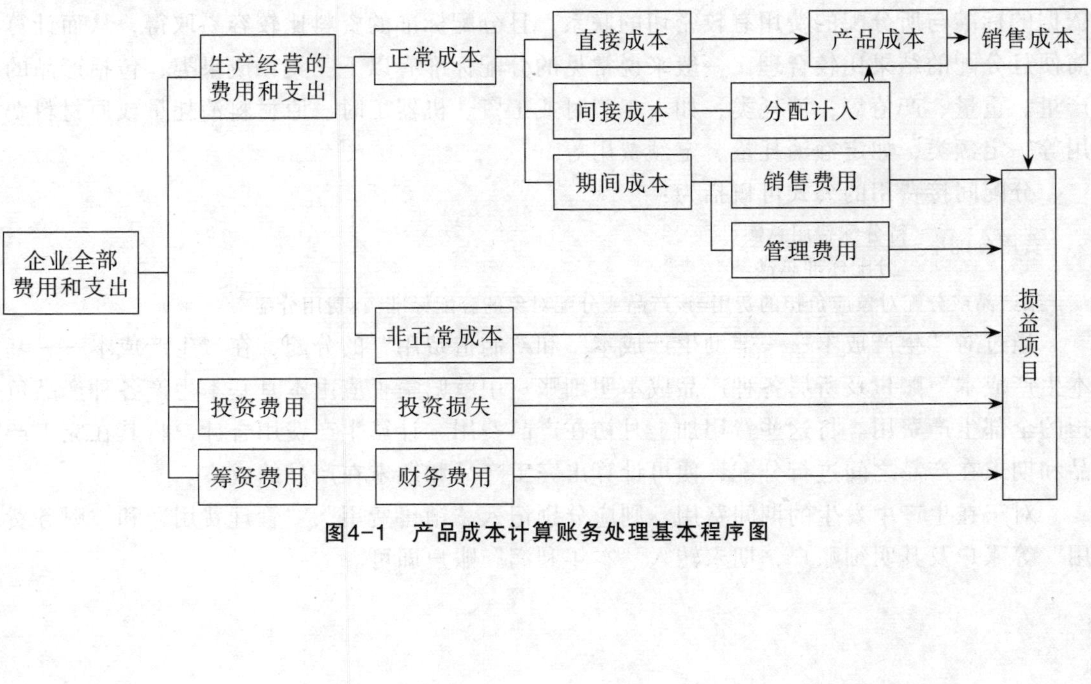

图4-1　产品成本计算账务处理基本程序图

第二节 费用的归集与分配

一、费用的归集与分配概述

生产车间发生的各种费用最终要记入产品生产成本明细账，由于产品生产成本明细账是按产品品种等成本计算对象设置，账内按成本项目设专栏或专行，因此，产品生产过程中发生的各种费用需要分别情况记入生产成本明细账。

（一）直接费用的归集和分配

对于直接用于基本产品生产的各项费用，应按成本项目直接记入“生产成本——基本生产成本”明细账户各专栏或专行。如构成产品实体的材料费用、人工费用、工艺耗用的燃料及动力费用等，如果专属于某成本计算对象，则应直接记入该成本计算对象生产成本明细账的“直接材料”“直接人工”“燃料及动力”等成本项目；对于几种产品共同耗用的费用项目，则应采用适当的分配方法进行分配后分别记入受益产品生产成本明细账的“直接材料”“直接人工”“燃料及动力”等成本项目。

（二）间接费用的归集和分配

对于直接或间接用于辅助生产的费用，应记入“生产成本——辅助生产成本”账户及其所属明细账户，或者先分别记入“生产成本——辅助生产成本”和“制造费用”账户进行归集，然后通过一定的分配程序和方法记入“生产成本——基本生产成本”账户及所属各种产品生产成本明细账有关的成本项目。

对于直接用于产品生产而未设成本项目专栏的生产费用，如基本生产车间发生的机器设备折旧费、车间管理人员的职工薪酬以及间接用于产品生产的费用等，应先记入“制造费用”总分类账及所属明细账有关的费用项目，月末再将归集的全部制造费用通过适当的程序和分配方法转入“生产成本——基本生产成本”明细账。适当的分配方法是指分配所依据的标准与所分配的费用有较密切的联系，且分配标准的资料比较容易取得，从而计算简便且分配的结果比较合理。一般来说常见的分配标准有以下三类：成果类，包括产品的产量、重量、产值等；消耗类，如人工工时或工资、机器工时、原材料消耗量或原材料费用等；定额类，如定额消耗量、定额费用等。

分配间接费用的公式可概括为：

$$费用分配率=\frac{待分配费用总额}{分配标准总额}$$

某产品或分配对象应负担的费用=该产品或分配对象的分配标准额×费用分配率

通过对“生产成本——辅助生产成本”和“制造费用”的分配，在“生产成本——基本生产成本”账户及所属各种产品成本明细账户中就归集了应由本月基本生产各种产品负担的全部生产费用。将这些费用加上月初在产品费用，计算生产费用合计，将其在完工产品和期末在产品之间进行分配，便可计算出完工产品和期末在产品的成本。

对于在生产中发生的期间费用，则应分别记入“销售费用”、“管理费用”和“财务费用”等账户及其明细账户，期末转入“本年利润”账户即可。

二、材料费用的归集与分配

在实践中，企业使用的材料名目繁多，一般可分为原料及主要材料、辅助材料、燃料、修理用备件、周转材料等。原料及主要材料指加工后构成产品主要实体的各种原料和材料，如机械制造业中的金属材料、炼铁企业使用的铁矿石等；辅助材料指生产中不构成产品主要实体，只起一定辅助作用的各种材料，如油漆、润滑剂等；燃料指生产过程中用来燃烧发热的各种材料，包括固体燃料、气体燃料和液体燃料等；修理用备件指为修理本企业机器设备和运输工具所专用的各种备品备件，如齿轮、轴承、阀门等；周转材料在制造业企业主要是指包装物和低值易耗品。包装物是为包装本企业产品，随同产品一起出售或者在销售产品时租给、借给购货单位使用的各种包装物品，如桶、瓶、坛等；低值易耗品指单项价值在规定限额以下、使用期限较短、不能作为固定资产管理的各种物品，如工具、管理用具等。

（一）原料及主要材料费用的归集和分配

材料费用的归集和分配要求处理好以下两方面的问题：一是正确计算发出材料的实际成本；二是对其进行合理的分配。

1.发出材料实际成本的计算

仓库应根据经会计部门审核批准的领料单或领料登记表发出材料，并将其作为发料核算的原始凭证。为更好地控制材料领发，企业应尽量使用限额领料单制度。对于生产所剩余料，应该填制退料单退回仓库；对于车间已领未用、下月需要继续耗用的材料，为简化月末退库和月初领用手续，可以采用“假退料”方法，转为下月领用。

材料收、发、结存的日常核算可以按照实际成本计价，也可以按照计划成本计价。采用实际成本计价的，在材料发出时需要采用先进先出法、加权平均法、移动加权平均法或个别计价法等方法进行核算；采用计划成本计价的，月末需要调整发出材料的成本差异，计算发出和结存材料的实际成本。

2.材料费用的分配

企业应根据领料凭证所列材料的种类、数量和用途等编制“耗用材料汇总表”并据以编制记账凭证，作为记账的依据。

对于直接用于产品生产且构成产品实体的材料，如果是按产品领用的，属于直接费用，应根据领料凭证直接记入该种产品的“生产成本——基本生产成本”明细账的“直接材料”成本项目；如果所领材料是几种产品共同耗用的，不能分清哪种产品具体耗用多少，则应按产品的重量、体积，或材料的定额消耗量或定额费用等标准予以分配，分配后记入有关产品成本中的“直接材料”成本项目。

【例4-1】某企业20××年10月生产A、B两种产品，共领用甲、乙两种材料108 700元。其中：A、B两种产品分别领用甲材料20 000元和30 000元，共同耗用乙材料51 000元，机修车间、运输车间、管理部门和销售部门分别领用甲材料5 000元、1 000元、300元和800元，基本生产车间领用乙材料600元作为一般性消耗。A、B两种产品的产量分别是815台和1 675台，两种产品乙材料的定额消耗量分别是15千克和13千克，共同耗用的材料按定额消耗量进行分配。试编制甲、乙材料费用分配表及相应的会计分录。

首先，计算产品乙材料的定额消耗量。

A产品乙材料定额消耗量=815×15=12 225（千克）

B产品乙材料定额消耗量=1 675×13=21 775（千克）

原材料费用分配率=51 000÷（12 225+21 775）=1.5（元/千克）

其次，计算分配的乙材料费用。

A产品应分配的乙材料费用=12 225×1.5=18 337.5（元）

B产品应分配的乙材料费用=21 775×1.5=32 662.5（元）

再次，编制材料费用分配表，见表4-2和表4-3。

表4-2 甲材料费用分配表

20××年10月

单位：元

应记账户		成本（费用）项目	直接记入	分配记入			合计
				分配标准	分配率	金额	
基本生产成本	A产品	直接材料	20 000				20 000
	B产品	直接材料	30 000				30 000
	小计		50 000				50 000
辅助生产成本	机修	直接材料	5 000				5 000
	运输	直接材料	1 000				1 000
	小计		6 000				6 000
管理费用		机物料	300				300
销售费用		其他	800				800
合计			57 100				57 100

注：材料费用分配表应分材料类别、车间、部门，根据领料凭证和有关资料编制。其中，退料凭证的数额可以从相应领料凭证的数额中扣减。

表4-3 乙材料费用分配表

20××年10月

金额单位：元

应记账户		成本（费用）项目	直接记入	分配记入			合计
				分配标准	分配率	金额	
基本生产成本	A产品	直接材料		12 225	1.5	18 337.5	18 337.5
	B产品	直接材料		21 775	1.5	32 662.5	32 662.5
	小计			34 000		51 000	51 000
制造费用		机物料	600				600
合计			600			51 000	51 600

根据表4-2和表4-3编制的会计分录如下：

借：生产成本——基本生产成本（A产品）　38 337.5
　　　　　——基本生产成本（B产品）　62 662.5
　　　　　——辅助生产成本（机修车间）　5 000
　　　　　——辅助生产成本（运输车间）　1 000
　　制造费用　600
　　管理费用　300
　　销售费用　800
　贷：原材料——甲材料　57 100
　　　　　——乙材料　51 600

（二）燃料费用的归集和分配

燃料实际上也属于材料，因而燃料的分配程序和方法与上述材料费用的分配程序和方法相同。对于直接用于产品生产的燃料，如果是按产品领用的，属于直接费用，应根据领料凭证直接记入该产品的“生产成本——基本生产成本”明细账户。如果燃料费用占产品成本的比重较小，可直接记入“直接材料”项目；如果燃料费用占产品成本的比重较大，可以设置“燃料及动力”成本项目，发生时直接记入该成本项目。

（三）外购动力费用的归集和分配

外购动力费用是指企业从外部购入的各种动力，如电力、热力等所支付的费用。外购动力虽不属于材料的核算范畴，但因其经常与燃料费用合并设置“燃料及动力”成本项目，所以在这里一并讲解。外购动力有的直接用于产品生产，如生产工艺用电；有的间接用于产品生产，如车间的照明用电；有的用于经营管理，如企业行政管理部门的照明和取暖等。对于外购动力，在有计量仪器记录的情况下，直接根据仪器所示的耗用动力的数量和动力的单价计算；没有计量仪器时，需要按照一定标准进行分配。各车间、部门的动力用电和照明用电一般都分别装有电表，可以直接按用电度数进行分配；车间中的动力用电一般不能按产品安装电表，需要按照人工工时比例、机器工时比例、定额消耗量比例或其他比例进行分配。同时，为了加强对能源的核算和控制，生产工艺用动力可以与生产工艺用燃料合并设置“燃料及动力”成本项目。

【例4-2】某企业20××年10月共耗用动力费用31 475元，已通过银行存款支付。其中：生产A、B两种产品共耗用动力费用16 875元，没有分产品安装电表，A、B两种产品的生产工时分别是12 200小时和21 550小时，动力费用按产品的生产工时比例进行分配。基本生产车间、机修车间、运输车间、管理部门和专设销售机构的照明用电分别为2 300元、5 000元、2 000元、3 500和1 800元。试编制动力费用分配表及相应的会计分录。

首先，计算动力费用的分配率。

动力费用分配率=16 875÷（12 200+21 550）=0.5（元/小时）

A产品应分配的动力费用=12 200×0.5=6 100（元）

B产品应分配的动力费用=21 550×0.5=10 775（元）

其次，编制动力费用分配表，见表4-4。

表4-4 **动力费用分配表**

20××年10月

金额单位：元

应记账户		成本（费用）项目	直接记入	分配记入			合 计
				分配标准	分配率	金额	
基本生产成本	A产品	燃料及动力		12 200	0.5	6 100	6 100
	B产品	燃料及动力		21 550	0.5	10 775	10 775
	小计			33 750		16 875	16 875
辅助生产成本	机修	水电费	5 000				5 000
	运输	水电费	2 000				2 000
	小计		7 000				7 000
制造费用		水电费	2 300				2 300
管理费用		水电费	3 500				3 500
销售费用		水电费	1 800				1 800
合 计			14 600			16 875	31 475

根据表4-4编制的会计分录如下：

借：生产成本——基本生产成本（A产品） 6 100
　　　　　　——基本生产成本（B产品） 10 775
　　　　　　——辅助生产成本（机修车间） 5 000
　　　　　　——辅助生产成本（运输车间） 2 000
　　制造费用 2 300
　　管理费用 3 500
　　销售费用 1 800
贷：银行存款 31 475

（四）周转材料的归集和分配

周转材料在制造业企业主要是指包装物和低值易耗品。企业会计准则规定，如果企业包装物和低值易耗品业务较多，可单独设置“包装物”和“低值易耗品”总分类账户进行核算；相关业务不多的企业可在“周转材料”总分类账户下设置“包装物”和“低值易耗品”二级账户进行核算。

企业发出包装物，应按其用途不同分别进行处理。企业生产部门生产产品领用的包装物，构成产品的实体，成为产品成本的组成部分，应在领用时，记入“生产成本——基本生产成本”账户；随同产品出售不单独计价的包装物和出借的包装物，应于包装物发出时，记入“销售费用”账户；随同产品出售单独计价的包装物和出租包装物，应于商品销售或包装物出租时，记入“其他业务成本”账户。

低值易耗品的摊销额在产品成本中所占比重较小，又未专设成本项目，对于生产领用应计入产品成本的低值易耗品摊销额作为间接费用先记入“制造费用”账户进行归集；对于为组织和管理生产经营活动而领用的低值易耗品摊销额记入“管理费用”账户；用于其他经营业务的低值易耗品摊销额记入“其他业务成本”账户。

包装物和低值易耗品计入成本费用的方法有一次转销法和多次摊销法。采用其他摊销法时需按周转材料的种类，分别“在库”、“在用”和“摊销”进行明细核算。

一次转销法是指在包装物和低值易耗品领用时将其价值一次性计入有关成本费用的方法。采用其他摊销法时，应于领用时按其账面价值转入“周转材料——在用”（或“包装物——在用”“低值易耗品——在用”，以下均以“周转材料”总分类账户进行说明）明细账户，贷记“周转材料——在库”明细账户；摊销时按其摊销额，分别记入“管理费用”“生产成本”“销售费用”等账户，贷记“周转材料——摊销”明细账户。周转材料报废时应补提摊销额，借记“管理费用”“生产成本”“销售费用”等账户，贷记“周转材料——摊销”明细账户；同时，按报废周转材料的残料价值，借记“原材料”等账户，贷记“管理费用”“生产成本”“销售费用”等账户，并转销全部已提摊销额，借记“周转材料——摊销”明细账户，贷记“周转材料——在用”明细账户。

周转材料采用计划成本进行日常核算的，发出周转材料时，还应同时结转应分摊的成本差异。

（五）辅助材料和修理用备件的归集与分配

凡直接用于产品生产且有助于实体形成的辅助材料，如果能分清是哪一种产品耗用的，应直接计入该种产品成本中的“直接材料”项目；如果难以分清，则应采用一定的分配方法分配之后计入有关产品成本中的“直接材料”项目，其分配方法同材料的归集与分配。如果辅助材料用量较少、金额较小，也可以简化核算方法，将其全部记入“制造费用”账户，期末随“制造费用”一次性分配后计入产品成本。

修理用备件一般不是生产产品直接耗用，而是供维修设备使用，属于生产过程中的间接费用。生产车间领用的修理用备件，按照企业会计准则的规定，记入“制造费用”账户；维修厂部管理部门、销售部门的设备领用的部分，分别记入“管理费用”和“销售费用”等账户。如果耗用的修理用备件较多，可根据领用凭证编制“修理用备件分配表”并据以进行账务处理。

三、人工费用的归集与分配

按照企业会计准则的规定，企业发放给职工的工资、货币性及非货币性福利以及按一定标准提取的“五险一金”、职工教育经费、工会经费等均应通过“应付职工薪酬”进行核算。

（一）工资费用的归集和分配

工资总额是各单位在一定时期内支付给全体职工的劳动报酬。工资总额包括计时工资、计件工资、奖金、加班工资、津贴和补贴以及特殊情况下支付的工资等。凡属工资总额的内容，无论是否发放，均应通过“应付职工薪酬”账户进行归集，并按照其发生部门和用途进行分配。

对于基本生产车间直接从事产品生产的工人工资，应记入“生产成本——基本生产成本”账户及所属明细账户“直接人工”或“工资与福利”成本项目；工人的计件工资属于直接费用的，应根据工资结算单直接计入某种产品成本的以上明细项目；计时工资、奖金、加班工资、津贴和补贴以及特殊情况下支付的工资等，如分不清负担对象，应按合理的方法分配计入各产品成本的以上项目；基本生产车间非直接从事产品生产的工人工资记入“制造费用”及其所属明细账户；辅助生产车间工人的工资记入“生产成本——辅助生产成本”账户及其所属明细账户；行政管理部门人员的工资记入“管理费用”及其所属明细账户；专设销售机构销售人员的工资记入“销售费用”及其所属明细账户。

基本生产车间直接从事产品生产的工人的计时工资、奖金、加班工资、津贴和补贴以及特殊情况下支付的工资进行分配时，可以采用生产工时比例、定额工时比例等标准进行分配。其计算公式如下：

$$工资费用分配率=\frac{某车间间接工资合计额}{该车间各种产品生产工时（实际或定额）总数}$$

某产品应分配的工资费用=该产品生产工时（实际或定额）×工资费用分配率

（二）工资性支出的归集和分配

企业按一定标准提取的“五险一金”、职工教育经费、工会经费及非货币性福利等也属于工资性支出，应随同工资并按其用途进行分配。属于生产工人的，应借记“生产成本——基本生产成本”账户中的“直接人工”成本项目；属于车间管理人员的，应借记“制造费用”及其相应的明细账户；属于行政管理人员的，应借记“管理费用”及其相应的明细账户；属于专设销售机构销售人员的，应借记“销售费用”及其相应的明细账户；同时贷记“应付职工薪酬”及所属的“社会保险费”、“职工教育经费”、“工会经费”及“非货币性福利”等明细账户。

【例4-3】某企业20××年10月生产A、B两种产品。生产A、B两种产品生产工人的计件工资分别为30 000元和90 000元，计时工资合计为135 000元，机修车间、运输车间、生产车间管理人员、行政管理部门和专设销售机构人员的工资分别为4 000元、3 600元、6 000元、24 000元和3 500元。A、B两种产品生产工时分别是12 200小时和21 550小时，计时工资按产品的生产工时进行分配；养老保险、医疗保险、失业保险、工伤保险和生育保险的提取比例分别为工资总额的8%、2%、0.2%、1%和0.8%。试编制工资费用、社会保险费用分配表以及相应的会计分录。

首先，计算计时工资的分配率。

工资费用分配率=135 000÷（12 200+21 550）=4（元/小时）

A产品应分配的工资费用=12 200×4=48 800（元）

B产品应分配的工资费用=21 550×4=86 200（元）

其次，编制工资费用分配表和社会保险费用分配表，见表4-5和表4-6。

根据工资费用分配表和社会保险费用分配表编制的会计分录如下：

借：生产成本——基本生产成本（A产品）	88 256	
——基本生产成本（B产品）	197 344	
——辅助生产成本（机修车间）	4 480	
——辅助生产成本（运输车间）	4 032	
制造费用	6 720	
管理费用	26 880	
销售费用	3 920	
贷：应付职工薪酬——工资		296 100
——社会保险费		35 532

表4-5 **工资费用分配表**

20××年10月

金额单位：元

应记账户		成本（费用）项目	直接记入	分配记入			合计
				分配标准	分配率	金额	
基本生产成本	A产品	直接人工	30 000	12 200	4	48 800	78 800
	B产品	直接人工	90 000	21 550	4	86 200	176 200
	小计		120 000			135 000	255 000
辅助生产成本	机修	直接人工	4 000				4 000
	运输	直接人工	3 600				3 600
	小计		7 600				7 600
制造费用		工资	6 000				6 000
管理费用		工资	24 000				24 000
销售费用		工资	3 500				3 500
合计			161 100			135 000	296 100

表4-6 **社会保险费用分配表**

20××年10月

单位：元

应记账户		成本（费用）项目	工资总额	计提保险费
基本生产成本	A产品	直接人工	78 800	9 456
	B产品	直接人工	176 200	21 144
	小计		255 000	30 600
辅助生产成本	机修	直接人工	4 000	480
	运输	直接人工	3 600	432
	小计		7 600	912
制造费用		社会保险费	6 000	720
管理费用		社会保险费	24 000	2 880
销售费用		社会保险费	3 500	420
合计			296 100	35 532

四、其他要素费用的归集与分配

其他要素费用是指除了材料费用和人工费用以外的要素费用，包括折旧费用等其他要素费用以及长期待摊费用等。

（一）折旧费用的归集与分配

折旧费用是固定资产由于发生各种损耗而转移到产品成本和期间费用中的那部分价值。企业应当按月计提固定资产折旧，当月增加的固定资产当月不计提折旧，从下月开始计提折旧；当月减少的固定资产当月照提折旧，从下月起停止计提折旧。

对于计算出的折旧费用应通过编制“折旧费用分配表”进行分配。

【例4-4】企业9月份基本生产车间、机修车间、运输车间、管理部门和专设销售机构计提的固定资产折旧分别为20 000元、8 000元、12 000元、13 000元、3 500元；9月基本生产车间减少的固定资产的月折旧额为1 100元，机修车间和运输车间增加的固定资产应计提的月折旧额分别为650元和1 200元，管理部门减少的固定资产的月折旧额为500元。则企业10月份“折旧费用分配表”，见表4-7。

表4-7 **折旧费用分配表**

20××年10月

单位：元

应记账户		9月固定资产折旧额	9月增加固定资产折旧额	9月减少固定资产折旧额	10月固定资产折旧额
制造费用	基本生产车间	20 000		1 100	18 900
生产成本——辅助生产成本	机修车间	8 000	650		8 650
	运输车间	12 000	1 200		13 200
	小计	20 000	1 850		21 850
管理费用	折旧费用	13 000		500	12 500
销售费用	折旧费用	3 500			3 500
合计		56 500	1 850	1 600	56 750

根据表4-7编制的会计分录为：

借：制造费用　18 900

　　生产成本——辅助生产成本（机修车间）　8 650

　　　　　　——辅助生产成本（运输车间）　13 200

　　管理费用　12 500

　　销售费用　3 500

　贷：累计折旧　56 750

（二）其他要素费用的归集与分配

对于企业发生的短期借款利息和长期借款利息费用化的部分，应按照权责发生制原则在适当的会计期间将其记入“财务费用”账户及所属明细账户。

企业负担的董事会和行政管理部门在企业的经营管理中发生的或者应由企业统一负担的公司经费（包括行政管理部门职工工资及福利费、物料消耗、低值易耗品摊销、办公费和差旅费等）、董事会费（包括董事会成员津贴、会议费和差旅费等）、聘请中介机构费、咨询费（含顾问费）、诉讼费、业务招待费等应按照相关规定的处理方法记入“管理费用”账户及其明细账户。

企业发生的办公费、邮电费、差旅费、保险费、租赁费、报纸杂志订阅费等费用，因未设专门的成本项目，应于费用发生时，按照发生的单位（车间、部门）和用途，分别借记“制造费用”“管理费用”等账户。

企业进行研究与开发无形资产过程中发生的各项支出在“研发支出”账户中核算，包括研究支出、开发支出以及相关的费用（如专利购置费用）等。

（三）长期待摊费用的归集与分配

长期待摊费用核算企业已经支出，但应由本期和以后各期分别负担的分摊期限在1年以上的各种费用，如预付的财产保险费等。长期待摊费用的归集与分配是通过“长期待摊费用”账户进行的。企业支付费用时记入该账户的借方；摊销费用时，记入“制造费用”、“管理费用”和“销售费用”等账户的借方，记入该账户的贷方；该账户可按费用项目进行明细核算，其期末借方余额反映企业已经支付但尚未摊销完毕的长期待摊费用。

五、辅助生产费用的归集与分配

教学视频 4-3

辅助生产费用的归集与分配

辅助生产车间提供劳务成本的高低以及分配的合理与否将会直接影响企业产品的成本，而且只有辅助生产的劳务成本分配之后，才能进一步计算企业基本生产车间的产品成本。因此，正确、及时地组织辅助生产费用的归集与分配，对于节约费用、降低产品成本以及正确计算产品成本有着重要的意义。

辅助生产费用的归集与分配是通过“生产成本——辅助生产成本”账户进行的。该账户同“生产成本——基本生产成本”账户一样，一般应按车间以及产品和劳务设置明细账，账内按成本或费用项目设置专栏或专行进行明细核算。

（一）辅助生产费用的归集

辅助生产车间发生的各种费用，属于直接计入的费用，直接登记在该账户的借方；属于间接计入的费用应按一定标准分配后登记在该账户的借方。

对于单设“制造费用”账户的辅助生产车间发生的其他费用，记入“制造费用——辅助生产车间”账户的借方进行汇总，期末转入或分配转入“生产成本——辅助生产成本”账户及其明细账户的借方，以计算辅助生产车间生产的产品或劳务成本。当企业辅助生产车间（部门）的规模较小、发生的制造费用较少，也不单独对外销售产品或提供劳务时，为简化核算工作，辅助生产车间可以不单独设置“制造费用——辅助生产车间”账户，而直接将辅助生产车间发生的其他费用记入“生产成本——辅助生产成本”账户及其明细账户的借方。

（二）辅助生产费用的分配

归集在“生产成本——辅助生产成本”账户借方的辅助生产费用，由于辅助生产车间提供的劳务种类不同，其费用结转或分配的程序也不相同。一般有两种处理方法：生产工具、模具、修理用备件的辅助生产费用，在工具、模具等完工后，将其成本从“生产成本——辅助生产成本”账户的贷方转入“低值易耗品”账户的借方，结转后“生产成本——辅助生产成本”账户的借方余额为辅助生产车间在产品的成本；提供水、电、汽以及修理、运输等劳务的辅助生产费用，应于月末按各受益对象的受益量进行分配，分配后应无余额。

辅助生产车间为基本生产车间提供的电力劳务，如属于工艺耗用，应记入“生产成本——基本生产成本”账户及其“燃料及动力”成本项目；如属于非工艺耗用，则记入“制造费用”账户。辅助生产车间为基本生产车间提供的其他劳务记入“制造费用”账户；为行政管理部门提供的劳务记入“管理费用”账户；为专设销售部门提供的劳务记入“销售费用”账户。

如果企业有两个或两个以上的辅助生产车间，辅助生产车间除了为基本生产车间、管理部门等单位服务外，各辅助生产车间之间也会相互提供劳务，这时各辅助生产车间发生的辅助生产费用，不仅要对辅助生产车间以外的受益单位进行分配，还应在各辅助生产车间之间进行分配，而且在各辅助生产车间之间的分配应先于对辅助生产车间以外的单位和部门。

辅助生产费用分配的方法有直接分配法、交互分配法、代数分配法、顺序分配法和计划成本分配法等五种。

1.直接分配法

直接分配法是指将各辅助生产车间发生的辅助生产费用直接分配给辅助生产车间以外的各受益单位，而不考虑各辅助生产车间之间相互提供产品或劳务情况的分配方法。

【例4-5】假定某企业有供水和供电两个辅助生产车间，主要为企业基本生产车间和行政管理部门提供服务。20××年9月供电车间发生的费用为7 100元，供水车间发生的费用为32 361元。该企业辅助生产车间发生的间接费用直接记入“生产成本——辅助生产成本”账户，未设置“燃料及动力”成本项目。各辅助生产车间劳务消耗情况见表4-8。

表4-8 **辅助生产车间劳务消耗情况统计表**

受益单位		供电数量（度）	供水数量（立方米）
辅助生产车间	供电车间		1 350
	供水车间	3 200	
基本生产车间		16 150	8 594
行政管理部门		1 600	652
合 计		20 950	10 596

试编制该企业9月的辅助生产费用分配表及相应的会计分录。

首先，根据表4-8的资料，计算辅助生产费用的分配率。由于辅助生产车间内部相互提供的劳务不分配费用，在计算费用分配率时需将其他辅助生产车间的劳务耗用量从总供应量中扣除。

电费分配率=7 100÷（20 950-3 200）=7 100÷17 750=0.4（元/度）

水费分配率=32 361÷（10 596-1 350）=32 361÷9 246=3.5（元/立方米）

其次，编制辅助生产费用分配表，见表4-9。

表4-9 **辅助生产费用分配表**

20××年9月 金额单位：元

项目		供电车间	供水车间	合 计
待分配辅助生产费用		7 100	32 361	39 461
供应辅助生产以外的劳务量		17 750（度）	9 246（立方米）	—
费用分配率（单位成本）		0.4（元/度）	3.5（元/立方米）	—
基本生产车间	耗用数量	16 150（度）	8 594（立方米）	—
	分配金额	6 460	30 079	36 539
行政管理部门	耗用数量	1 600（度）	652（立方米）	—
	分配金额	640	2 282	2 922
合 计		7 100	32 361	39 461

根据辅助生产费用分配表编制的会计分录如下：

借：制造费用 36 539
　　管理费用 2 922
　贷：生产成本——辅助生产成本（供电车间） 7 100
　　　　　　——辅助生产成本（供水车间） 32 361

采用直接分配法，由于各辅助生产费用只对外分配，计算较为简单。但当辅助生产车间相互提供产品或劳务数量差异较大时，会影响分配结果的正确性。因此，这种方法只适用于辅助生产单位内部相互提供产品或劳务不多的企业。

2.交互分配法

交互分配法是指先将辅助生产车间发生的费用在相互提供劳务的各辅助生产车间之间进行分配（对内分配），然后再将各辅助生产车间交互分配后的实际费用在辅助生产车间以外的各受益单位之间进行分配（对外分配）的方法。采用交互分配法计算分配率时，对内分配和对外分配的分配率计算如下：

$$对内（交互）分配率（单位成本）=\frac{待分配的辅助生产费用总额}{辅助生产供应总量}$$

$$\begin{array}{l}对外分配率\\(单位成本)\end{array}=\frac{待分配的辅助生产费用总额+交互分配转入的费用-交互分配转出的费用}{辅助生产供应总量-辅助生产车间内部劳务耗用量}$$

【例4-6】以例4-5的资料为例，按交互分配法进行辅助生产费用的分配。

首先，计算交互分配率。

对内（交互）分配率计算如下：

电费分配率=7 100÷20 950=0.3389（元/度）

水费分配率=32 361÷10 596=3.054（元/立方米）

供水车间应负担的电费=3 200×0.3389=1 084.48（元）

供电车间应负担的水费=1 350×3.054=4 122.90（元）

于是，对外分配率计算如下：

电费分配率（单位成本）$=\frac{7\,100+4\,122.90-1\,084.48}{20\,950-3\,200}=\frac{10\,138.42}{17\,750}=0.57118$（元/度）

水费分配率（单位成本）$=\frac{32\,361+1\,084.48-4\,122.90}{10\,596-1\,350}=\frac{29\,322.58}{9\,246}=3.17138$（元/立方米）

其次，编制辅助生产费用分配表，见表4-10。

表4-10 **辅助生产费用分配表**

20××年9月

金额单位：元

项目	交互分配			对外分配		
辅助生产车间名称	供电	供水	合计	供电	供水	合计
待分配费用	7 100	32 361	39 461			
劳务供应量	20 950（度）	10 596（立方米）				
费用分配率（单位成本）	0.3389（元/度）	3.054（元/立方米）				
辅助生产车间 辅助生产成本 供电车间 数量		1 350（立方米）				
辅助生产车间 辅助生产成本 供电车间 金额		4 122.90	4 122.90			
辅助生产车间 辅助生产成本 供水车间 数量	3 200（度）					
辅助生产车间 辅助生产成本 供水车间 金额	1 084.48		1 084.48			
辅助生产车间 辅助生产成本 金额小计			5 207.38			
基本生产车间 制造费用 数量				16 150（度）	8 594（立方米）	
基本生产车间 制造费用 金额				9 224.53*	27 254.84	36 479.37
行政管理部门 管理费用 数量				1 600（度）	652（立方米）	
行政管理部门 管理费用 金额				913.89	2 067.74	2 981.63
分配金额合计				10 138.42	29 322.58	39 461

*该数字进行了尾数调整。

根据表4-10编制的会计分录如下：

（1）对内（交互）分配会计分录：

借：生产成本——辅助生产成本（供电车间） 4 122.90

　　　　　——辅助生产成本（供水车间） 1 084.48

　贷：生产成本——辅助生产成本（供水车间） 4 122.90

　　　　　　——辅助生产成本（供电车间） 1 084.48

（2）对外分配会计分录：

借：制造费用　36 479.37

　　管理费用　2 981.63

　贷：生产成本——辅助生产成本（供电车间）　10 138.42

　　　　　　　——辅助生产成本（供水车间）　29 322.58

采用交互分配法，辅助生产车间内部相互提供的劳务全部进行了分配，提高了分配结果的准确性，但增加了工作量；另外，由于交互分配的费用分配率是根据交互分配前的待分配费用进行计算的，不是该辅助生产单位的实际单位成本，分配结果也不是非常准确；因此，在各月辅助生产费用水平相差不大的情况下，为简化计算工作量，可用上月的辅助生产单位成本作为本月交互分配的单位成本。

3.代数分配法

代数分配法是运用代数中求解多元一次方程组的原理，通过计算辅助生产劳务的单位成本来分配辅助生产费用的方法。采用这种分配方法，应先根据各辅助生产单位相互提供劳务的数量联立方程组求解，计算辅助生产劳务的单位成本，然后根据各受益单位（包括辅助生产内部和外部各单位）耗用劳务的数量和单位成本，计算分配辅助生产费用。

【例4-7】以例4-5的资料为例，采用代数分配法进行辅助生产费用的分配。

假设x为每度电的成本，y为每立方米水的成本，联立方程组如下：

$$\begin{cases} 7\,100 + 1\,350y = 20\,950x \\ 32\,361 + 3\,200x = 10\,596y \end{cases}$$

解得x=0.5463，y=3.2191

根据上述计算结果编制的辅助生产费用分配表见表4-11。

表4-11

辅助生产费用分配表

20××年9月

金额单位：元

项目			供电车间	供水车间	合　计
待分配辅助生产费用			7 100	32 361	39 461
劳务供应总量			20 950（度）	10 596（立方米）	
实际单位成本			0.5463（元/度）	3.2191（元/立方米）	
辅助生产车间	供电车间	数量		1 350（立方米）	
		金额		4 345.79	4 345.79
	供水车间	数量	3 200（度）		
		金额	1 748.16		1 748.16
	小计				6 093.95
基本生产车间		数量	16 150（度）	8 594（立方米）	
		金额	8 822.75	27 664.95	36 487.70
行政管理部门		数量	1 600（度）	652（立方米）	
		金额	874.88	2 098.42	2 973.30
合　计			11 445.89	34 109.16	45 554.95

注：表中实际分配辅助生产费用合计45 554.95元与待分配费用39 461元不等，是由于辅助生产车间之间交互分配费用转账引起的。供水车间转到供电车间4 345.79元，供电车间转到供水车间1 748.16元，合计6 093.95元，刚好为二者的差额。

根据上述辅助生产费用分配表编制的会计分录如下：

借：生产成本——辅助生产成本（供电车间） 4 345.79

——辅助生产成本（供水车间） 1 748.16

制造费用 36 487.70

管理费用 2 973.30

贷：生产成本——辅助生产成本（供电车间） 11 445.79

——辅助生产成本（供水车间） 34 109.16

采用代数分配法其分配结果最为准确。但在辅助生产车间较多的情况下，由于未知数较多，计算工作量较大。代数分配法适宜在辅助生产车间较少或已实现会计电算化的企业中采用。

4.顺序分配法

顺序分配法指各辅助生产车间之间的费用按照辅助生产车间受益多少的顺序依次排列，受益少的排列在前，先将费用分配出去并不再参加以后的费用分配，受益多的排列在后，后将费用分配出去的方法。这里受益的多少按照金额大小来确定。

采用顺序分配法时，分配率的计算公式如下：

$$\text{先分配的费用分配率（单位成本）}=\frac{\text{待分配的辅助生产费用总额}}{\text{辅助生产供应总量}}$$

$$\text{后分配的费用分配率(单位成本)}=\frac{\text{待分配的辅助生产费用总额}+\text{由其他辅助生产车间分配来的费用}}{\text{辅助生产供应总量}-\text{先分配的辅助生产部门耗用的劳务量}}$$

【例4-8】沿用例4-5的资料，按顺序分配法进行辅助生产费用的分配。

首先，计算辅助生产车间费用的分配率。由以上资料可以很容易地算出供水车间消耗供电车间提供电力的总费用为1 280元（3 200×0.4），供电车间消耗供水车间提供的水费总额为4 725元（1 350×3.5），所以，供水车间受益少，应先进行分配。

$$\text{水费分配率}=\frac{32\,361}{10\,596}=3.054\text{（元/立方米）}$$

供电车间应承担的水费=1 350×3.054=4 123（元）

$$\text{电费分配率}=\frac{7\,100+4\,123}{20\,950-3\,200}=\frac{11\,223}{17\,750}=0.63228\text{（元/度）}$$

其次，编制辅助生产费用分配表，见表4-12。

表4-12

辅助生产费用分配表

20××年9月

金额单位：元

项目	待分配费用	劳务供应量	分配率	分配金额					
				供电车间		基本生产车间		行政管理部门	
				数量	金额	数量	金额	数量	金额
供水车间	32 361	10 596	3.054	1 350（立方米）	4 123	8 594（立方米）	26 246.74	652（立方米）	1 991.26
供电车间	11 223	17 750	0.63228			16 150（度）	10 211.35	1 600（度）	1 011.65
合计					4 123		36 458.09		3 002.91

注：表中部分数字做了尾数调整。

根据表4-12编制的会计分录如下：

分配水费：

借：生产成本——辅助生产成本（供电车间） 4 123

　　制造费用 26 246.74

　　管理费用 1 991.26

　贷：生产成本——辅助生产成本（供水车间） 32 361

分配电费：

借：制造费用 10 211.35

　　管理费用 1 011.65

　贷：生产成本——辅助生产成本（供电车间） 11 223

采用顺序分配法，各辅助生产费用只分配一次，既分配给辅助生产以外的受益单位，也分配给排列在其后的其他辅助生产车间或部门，分配的正确性有所提高，计算工作量也有所加大。由于排列在前面的辅助生产车间或部门不负担排列在后面的辅助生产车间或部门的费用，因而分配结果的准确性仍受到一定影响。这种分配方法只适用于在各辅助生产车间或部门之间相互受益程度有明显顺序的企业。

5.计划成本分配法

计划成本分配法是按照辅助生产车间提供劳务的计划单位成本计算分配辅助生产费用的方法。采用计划成本分配法分配时需要按两步进行：首先将各辅助生产车间待分配的劳务费用按计划成本进行分配；然后将各辅助生产车间的实际成本（包括交互分配转入的费用）与按计划单位成本分配转出的费用之间的差额（辅助生产成本差异）追加分配给辅助生产车间以外的单位或全部计入管理费用。

【例4-9】以例4-5的资料为例，采用计划成本分配法进行辅助生产费用的分配。假设每度电的计划成本为0.6元，每立方米水的计划成本为3元，辅助生产成本差异全部计入管理费用。

根据上述资料编制的辅助生产费用分配表见表4-13。

表4-13

辅助生产费用分配表

20××年9月

金额单位：元

项目			供电车间		供水车间		合计
			数量（度）	金额	数量（立方米）	金额	
待分配费用				7 100		32 361	39 461
劳务供应量			20 950		10 596		
按计划成本分配	计划单位成本			0.6		3	
	辅助生产车间	供电			1 350	4 050	4 050
		供水	3 200	1 920			1 920
		小计		1 920		4 050	5 970

续表

项目		供电车间		供水车间		合计
		数量（度）	金额	数量（立方米）	金额	
按计划成本分配	基本生产车间	16 150	9 690	8 594	25 782	35 472
	行政管理部门	1 600	960	652	1 956	2 916
	计划成本合计		12 570		31 788	44 358
辅助生产成本实际额			11 150		34 281	45 431
辅助生产成本差异			−1 420		2 493	1 073

注：表中供电车间生产成本实际额=7 100+4 050=11 150（元），供水车间生产成本实际额=32 361+1 920=34 281（元）。

根据表4–13编制的会计分录如下：

借：生产成本——辅助生产成本（供电车间）　4 050

　　　　　——辅助生产成本（供水车间）　1 920

　　制造费用　35 472

　　管理费用　2 916

　贷：生产成本——辅助生产成本（供电车间）　12 570

　　　　　　——辅助生产成本（供水车间）　31 788

借：管理费用　1 073

　　生产成本——辅助生产成本（供电车间）　1 420

　贷：生产成本——辅助生产成本（供水车间）　2 493

采用计划成本分配法，由于是按预先确定的计划单位成本进行分配，因此能够反映和考核辅助生产成本计划的执行情况，便于分析和考核各受益单位的成本以及分清企业内部各单位的经济责任。但是，计划单位成本的确定必须相对准确。该方法适合在有准确计划成本的单位中使用。

通过辅助生产费用的归集与分配，应计入本月产品成本的生产费用已全部汇集在“生产成本——基本生产成本”和“制造费用”账户之中。

六、制造费用的归集与分配

企业在生产产品的过程中，不仅会发生直接材料、直接人工等费用，还会发生各种间接费用，为正确计算产品成本，需要对其进行合理的归集和分配。

（一）制造费用的归集

制造费用是指企业为生产产品或提供劳务而发生的，应该计入产品成本，但未设专门成本项目的各项间接费用，包括车间管理人员的薪酬，机器设备和厂房的价值磨损，车间的水电费、物料消耗、办公费、租赁费、保险费、劳动保护费及其他制造费用等。

制造费用的归集和分配是通过“制造费用”总账账户进行的。该账户应按不同车间、部门设置明细账户，账内按费用项目设置专栏或专行，分别反映各车间、部门各项制造费用的发生情况。

企业在发生各项制造费用时，根据支出凭证记入“制造费用”账户及其明细账户的借方，但材料、工资、折旧等，要在月末时，根据汇总编制的各种费用分配表记入。材料、产品等存货的盘盈、盘亏数，则应根据盘点报告表登记。归集在“制造费用”借方的各项费用，月末时应全部分配转入“生产成本”账户，计入产品成本，同时记入“制造费用”账户的贷方。除季节性生产的企业外，该账户一般无余额。

由于制造费用大部分与产品生产的工艺过程没有直接联系，制造费用一般按车间、部门编制费用计划并加以控制。企业在进行产品成本计算时，可通过制造费用的归集与分配来反映和监督其费用计划的执行情况。

（二）制造费用的分配

在生产一种产品的车间里，制造费用可直接计入产品成本。在生产多种产品的车间里，就要采用合理又简便的分配方法，将制造费用分配计入各种产品成本。制造费用的分配标准可以是生产工人职工薪酬的比例、工时比例、耗用原材料的数量或成本等，也可采用年度计划分配率进行分配。

在具有产品实用工时统计资料的车间里，可按生产工时的比例分配制造费用。如果企业没有实用工时统计资料，而制定有比较准确的产品定额工时，也可采用按产品定额工时的比例进行分配。在机械化程度较高的车间中，制造费用也可以按照机器工时比例分配。其计算公式如下：

$$\text{制造费用分配率}=\frac{\text{制造费用总额}}{\text{各种产品生产（或定额、机器）工时之和}}$$

年度计划分配率分配法是指按照年度开始前确定的全年适用的计划分配率分配费用的方法。采用这种分配法，不论各月实际发生的制造费用是多少，每月各种产品成本中的制造费用都按年度计划分配率进行分配。制造费用实际发生额与计划发生额的差额应于12月份将其调整计入（冲减）当月的产品成本。假定以定额工时作为分配标准，其计算公式如下：

$$\text{年度计划分配率}=\frac{\text{年度制造费用计划总额}}{\text{年度各种产品计划产量的定额工时总数}}$$

某月某种产品应负担的制造费用=该月该种产品实际产量的定额工时数×年度计划分配率

按年度计划分配率分配制造费用核算工作较为简单，特别适用于季节性生产的企业。但是采用这种方法必须具有较高的计划工作水平。

七、生产费用在完工产品和在产品之间的分配

各项生产费用在各种产品之间进行归集与分配后，应计入本月产品成本的生产费用已全部汇集在“生产成本——基本生产成本”账户及其明细账中。

对于生产企业来说，如果生产的产品当期已全部完工，则记入该产品明细账户中的全部生产费用，包括期初在产品成本以及本期归集的生产费用，就是该种完工产品的成本；如果当期的产品全部未完工，则记入该产品明细账户中的全部生产费用就是该种产品的在产品成本；如果既有完工产品又有在产品的话，全部生产费用还应在同一种产品的完工产品与在产品之间进行分配。

制造企业的在产品是指没有完成全部生产过程、不能作为商品销售的产品，包括正在车间加工中的在产品，已经完成一定生产步骤但尚需继续加工的半成品，等待验收入库的产品等。大多数制造企业在产品生产过程中，为均衡生产、保证生产顺利进行，都会形成一定数量和种类、完工程度不同的在产品。

（一）在产品数量的确定

月初在产品成本、本月生产费用、本月完工产品成本和月末在产品成本四者之间的关系可用下列公式表示：

月初在产品成本+本月生产费用=本月完工产品成本+月末在产品成本

公式左侧两项费用之和在完工产品与月末在产品之间进行分配的方法一般有两种：一种是将左侧费用之和按一定标准进行分配，同时计算出完工产品与月末在产品成本；另一种是先确定月末在产品成本，再从左侧费用之和中减去月末在产品成本，计算出完工产品成本。无论采用哪一种方法，都必须正确确定在产品数量，取得在产品收、发、结存的数量资料。

上述在产品的概念是从广义或者就整个企业来说的在产品。从狭义或者就某一车间或某一生产步骤来说，在产品只包括该车间或该生产步骤正在加工中的那部分在产品，车间或生产步骤完工的半成品不包括在内。

在产品结存的数量，同其他材料物资结存的数量一样，应同时具备账面核算资料和实际盘点资料。企业一方面要做好在产品收、发、结存的日常核算工作，另一方面要做好在产品的清查工作。做好这两项工作，既可以从账面上随时掌握在产品的动态，又可以清查在产品的实际数量。这不仅对正确计算产品成本、加强生产资金管理以及保护财产有着重要意义，而且对保证账实相符也有着重要意义。

车间在产品收、发、结存的日常核算，通常是通过在产品收、发、结存账簿进行的。在实际工作中，这种账簿也叫作在产品台账，应分别车间并且按照产品的品种和在产品名称（如零部件的名称）设立，以便用来反映车间各种在产品的转入、转出和结存的数量。各车间应认真做好在产品的计量、验收和交接工作，并在此基础上根据领料凭证、在产品内部转移凭证、产成品检验凭证和产品交库凭证，及时登记在产品收、发、结存账簿。

为了核实在产品数量，保证在产品的安全完整，企业需对在产品进行定期清查，或不定期轮流清查。没有建立在产品日常收发核算的车间，每月月末都必须清查一次在产品，以便取得在产品的实际盘存资料。清查后，根据盘点结果和账面资料编制在产品盘点表，填明在产品的账面数、实存数和盘存盈亏数，以及盈亏的原因和处理意见。对于报废和毁损的在产品，还要登记残值。

在产品发生盘盈时，应按盘盈在产品的成本（一般按计划成本计价）借记“生产成本”科目，并记入相应的生产成本明细账各成本项目，贷记“待处理财产损溢”科目。经过审批进行处理时，则借记“待处理财产损溢”科目，贷记“管理费用”等科目。

在产品发生盘亏和毁损时，应借记“待处理财产损溢”科目，贷记“生产成本”科目，并从相应的产品成本明细账各成本项目中转出，冲减在产品成本。毁损在产品的残值，应借记“原材料”科目，贷记“待处理财产损溢”科目，冲减损失。经过审批进行处理时，应根据不同的情况分别将损失从“待处理财产损溢”科目的贷方转入“管理费用”、“其他应收款”或“营业外支出”等有关科目的借方。

如果在产品的盘亏是由于没有办理领料或交接手续，或者是由于某种产品的零件被另一种产品挪用，则应补办手续，及时转账更正。

（二）生产费用在完工产品和在产品之间进行分配的方法

企业应当根据在产品数量的多少、各月在产品数量变化的大小、各项费用比重的大小以及定额管理基础的好坏等选用适当的方法将生产费用在完工产品和期末在产品之间进行分配。常用的分配方法有不计算在产品成本法、在产品按固定成本计算法、在产品按所耗原材料费用计价法、在产品按定额成本计价法、约当产量法、定额比例法、在产品按完工产品成本计算法等。其中，在产品按定额成本计价法和定额比例法可统称为定额分配法，其他方法可统称为约当分配法。

1.不计算在产品成本法

采用这种方法时，虽然月末有在产品但不计算其成本。这种方法适用于各月末在产品数量很少的产品。由于在产品数量很少，算不算在产品成本对于完工产品成本的影响不大，为简化计算工作可以不计算在产品成本。此时，当月归集的生产费用全部由完工产品负担，其每月的生产费用之和就是完工产品的成本。煤炭等采掘企业属于单步骤生产企业，在产品数量较少，月末可以不计算在产品成本。

2.在产品按固定成本计算法

企业各月月末在产品数量很小或数量虽大但各月之间数量变动不大的产品，各月月末在产品的成本可以按年初数固定计算。如果各月末在产品数量较小，则月初、月末在产品成本就较小，两者的差额也较小，不计算各月在产品成本的差额对完工产品成本的影响不大；如果各月末在产品数量较大，但各月在产品数量变化不大，则月初、月末在产品成本的差额不大，不计算各月在产品成本的差额对完工产品成本的影响也不大。为简化计算工作，对于以上两种情况的各月末在产品的成本可以按年初数固定计算。

采用该方法时，每月归集的生产费用之和依然等于当月完工产品的成本。但为避免产品成本与实际出入过大，年终时应对在产品数量进行盘点，重新计算确定在产品成本，并将其作为下一年度各月在产品的固定成本。炼铁企业、化工企业或其他有固定容器装置的企业，其在产品数量一般都较稳定，可以采用这种方法。

3.在产品按所耗原材料费用计价法

采用这种方法时，月末在产品成本只计算其所耗用的原材料数量，其他生产费用均由完工产品负担。这种方法适用于各月月末在产品数量较大而且变化也较大，且原材料费用在产品成本中所占比重较大的产品。各月末在产品数量较大且变化也较大的产品，必须计算每月在产品成本，由于该产品原材料费用所占比重较大，其他费用所占比重较小，在产品成本中的其他费用及月初、月末在产品成本中的其他费用差额均不大，为简化计算，在产品可以只计算其原材料费用。某种产品全部的生产费用减去按所耗原材料费用计算的月末在产品成本，就是该种完工产品的成本。纺织、造纸和酿酒等行业的产品，原材料费用占产品成本的比重较大，可以采用此种方法。

如果原材料在生产开始时一次投入，不同工序上的在产品所耗原材料费用与完工产品相同，在产品和完工产品一样按实际数量作为原材料费用分配率的计算标准；如果原材料随生产进度陆续投入，在计算原材料费用分配率时，必须对在产品按一定的标准计算其约当产量，然后以完工产品数量加在产品约当产量作为分配标准，计算原材料费用的分配率。

其计算公式如下：

$$材料费用分配率=\frac{期初在产品材料费用+本期材料费用}{完工产品数量+在产品约当产量}$$

期末在产品负担的材料费用=在产品约当产量×材料费用分配率

在产品约当产量=$\sum$(在产品的实际数量 × 在产品的完工程度)

【例4-10】企业A产品的原材料费用在产品成本中所占比重较大，月末在产品只计算原材料费用。加工A产品只需进行一道工序。该产品月初在产品原材料费用为5 300元，本月发生的原材料费用为31 100元，职工薪酬等其他费用为1 600元，原材料是在生产中陆续投入的。本月完工产品为300件，月末在产品为100件，完工程度按50%计算，则：

$$材料费用分配率=\frac{5\,300+31\,100}{300+100\times 50\%}=104(元/件)$$

在产品成本=104×100×50%=5 200（元）

完工产品成本=1 600+104×300=32 800（元）

或 =5 300+1 600+31 100-5 200=32 800（元）

4.在产品按定额成本计价法

采用这种分配方法，月末在产品成本按定额成本计算，在产品定额成本与实际成本的差异由完工产品负担。这种方法适用于定额管理基础较好，各项消耗定额或费用定额比较准确、稳定，且各月月末在产品数量变化不大的产品。在产品各项消耗定额或费用定额比较准确，则月初和月末单件在产品生产费用脱离定额的差异不大；月末在产品数量变化不大，意味着月初和月末在产品实际生产费用与定额之间的差额也不会太大。因此，月末不计算在产品费用差异对完工产品成本影响不大，为简化核算工作，可以按定额成本确定在产品成本。

计算期末在产品成本时，应根据成本项目分别确定其定额成本。在产品材料费用定额一般按在产品消耗量定额以及原材料计划成本计算；在产品人工的定额费用按单位工时人工定额费用及定额工时计算；在产品制造费用定额按单位工时定额费用及定额工时计算。产品成本的计算公式如下：

完工产品成本=期初在产品定额成本+本期生产费用-期末在产品定额成本

$$\begin{matrix}期末在产品\\定额成本\end{matrix}=\begin{matrix}在产品直接\\材料定额费用\end{matrix}+\begin{matrix}在产品直接\\人工定额费用\end{matrix}+\begin{matrix}在产品制造\\费用定额费用\end{matrix}$$

5.约当产量法

约当产量法是以完工产品数量、在产品约当产量作为分配标准对生产费用合计数进行分配，分别确定完工产品成本和期末在产品成本的计算方法。这种方法适用于月末在产品数量较大，各月末在产品数量变化较大，产品成本中原材料费用及人工等加工费用的比重相差不多的产品。采用这种方法时，在产品既要计算原材料费用，又要计算人工等其他加工费用。

在此种分配方法下，如果原材料在生产开始时一次投入，则不论在产品完工程度如何，其单位在产品消耗的原材料与单位完工产品相同，在产品约当产量即为在产品实际数量；若直接材料随生产过程陆续投入，直接材料的投入程度与生产工时进度基本一致时，在产品约当产量按完工程度折算；若直接材料分阶段在每道工序开始时一次投入，月末在产品投料程度可按以下公式计算：

$$在产品投料率=\frac{前面各工序材料定额消耗量之和+本工序的材料定额消耗量}{单位产品材料消耗量定额}\times 100\%$$

材料费用以外其他费用的发生与完工程度关系密切，随工艺过程的进行逐渐增加，产品完工程度越高，应负担的费用就越多，所以通常按完工程度计算约当产量。在产品完工程度指在产品实耗（或定额）工时占完工产品实耗（或定额）工时的百分比，完工程度的计算，既可以按照产品加工工序分别计算，也可以计算平均完工率。采用平均完工率时在产品约当产量为各工序在产品实际数量之和的50%；按工序分别计算的完工程度计算公式如下：

$$某工序在产品完工程度=\frac{前面各工序工时定额之和+本工序工时定额\times 50\%}{单位产品工时定额}\times 100\%$$

【例4-11】企业B产品本月完工产品产量1 500件，月末在产品600件，产品经三道工序加工而成，原材料在生产开始时一次投入，9月初在产品和9月份耗用的直接材料费用共计14 700元，直接人工费用7 180元，制造费用3 590元。工时定额及在产品统计表见表4-14。

表4-14 工时定额及在产品统计表

工序	工时定额（小时）	在产品数量（件）
1	100	300
2	60	200
3	40	100
合计	200	600

首先，计算各工序在产品的完工程度。

第一道工序完工率=100×50%÷200×100%=25%

第二道工序完工率=（100+60×50%）÷200×100%=65%

第三道工序完工率=（160+40×50%）÷200×100%=90%

其次，计算原材料和其他费用的分配率。

由于原材料在生产开始时一次投入，单位在产品消耗的原材料与单位完工产品相同。

原材料费用分配率=14 700÷（1 500+600）=7（元/件）

再次，计算其他费用的分配率。

在产品约当产量=300×25%+200×65%+100×90%=295（件）

人工费用分配率=7 180÷（1 500+295）=4（元/件）

制造费用分配率=3 590÷（1 500+295）=2（元/件）

最后，计算完工产品和月末在产品成本。

完工产品成本=1 500×（7+4+2）=19 500（元）

月末在产品成本=600×7+295×（4+2）=5 970（元）

如果原材料随生产过程陆续投入，则在产品约当产量按完工程度折算，原材料的分配率及完工产品和在产品成本的计算如下：

原材料分配率=14 700÷（1 500+295）=8.189（元/件）

完工产品成本=1 500×（8.189+4+2）=21 284（元）

月末在产品成本=295×（8.189+4+2）=4 186（元）

若直接材料分阶段在每道工序开始时一次投入，需根据计算的各工序在产品投料率，计算在产品的约当产量，进而计算直接材料分配率，以及完工产品和在产品的成本（此处略）。

6.定额比例法

定额比例法是按照完工产品与月末在产品定额费用的比例分配生产费用的方法。这种方法适用于定额管理基础较好，各项消耗量定额或费用定额比较准确、稳定，各月末在产品数量变动较大的产品。该方法下，直接材料费用按照材料定额费用的比例分配，直接人工和制造费用按定额工时比例分配。

$$直接材料费用分配率=\frac{月初在产品直接材料费用+本月直接材料费用}{完工产品定额直接材料费用+月末在产品定额直接材料费用}$$

完工产品分配的直接材料费用=完工产品定额直接材料费用×直接材料费用分配率

月末在产品分配的直接材料费用=月末在产品定额直接材料费用×直接材料费用分配率

$$直接人工(制造费用)分配率=\frac{月初在产品直接人工(制造费用)+本月直接人工(制造费用)}{完工产品定额工时+月末在产品定额工时}$$

完工产品分配的直接人工（制造费用）=完工产品定额工时×直接人工（制造费用）分配率

月末在产品分配的直接人工（制造费用）=月末在产品定额工时×直接人工（制造费用）分配率

7.在产品按完工产品成本计算法

采用这种分配方法时，将在产品视同完工产品。这种分配方法适用于月末在产品已接近完工，或者在产品已加工完毕但尚未包装或者尚未验收入库的产品。这种情况下在产品成本已接近完工产品成本，为简化计算工作可以将在产品视同完工产品，按两者的数量比例分配各项费用。

第三节　成本计算的品种法

产品成本计算方法是按照一定的成本对象设置产品成本明细账，汇集生产费用，计算产品成本的方法。产品成本计算对象是根据生产特点和管理要求确定的。不同企业的生产特点不同，管理要求不相同，其成本计算对象也不一样。成本计算的基本方法包括品种法、分批法和分步法三种方法。本节讲述成本计算的品种法。

一、品种法的应用范围和特点

品种法是按照产品品种归集生产费用，计算产品成本的一种方法，主要适用于大批大量的单步骤生产，例如发电、采掘等。在大量大批的多步骤生产中，如果生产规模较小，或车间是封闭式的，或生产是按流水线组织的，管理上不要求按照生产步骤计算产品成本，可以采用品种法；辅助生产的供水、供电等单步骤大量生产的车间也可以采用品种法。

品种法的产品计算对象是产品品种，一般需定期（每月月末）计算产品成本，如果企业月末有在产品，要将生产费用在完工产品和在产品之间进行分配。

二、品种法的计算程序

按照产品的品种计算成本，是成本管理对于成本计算的最一般要求，成本计算的一般程序也就是品种法的成本计算程序。

各种成本计算方法除了成本计算单的开设和计算方法有所不同，其他核算程序基本相同。“第二节　费用的归集与分配”中所举的例子就是按照品种法的主要计算程序展开的。

品种法下成本计算程序如图4-2所示。

① 分配各要素费用；

② 分配跨期摊提费用；

③ 分配辅助生产费用；

④ 分配制造费用；

⑤ 结转完工产品成本。

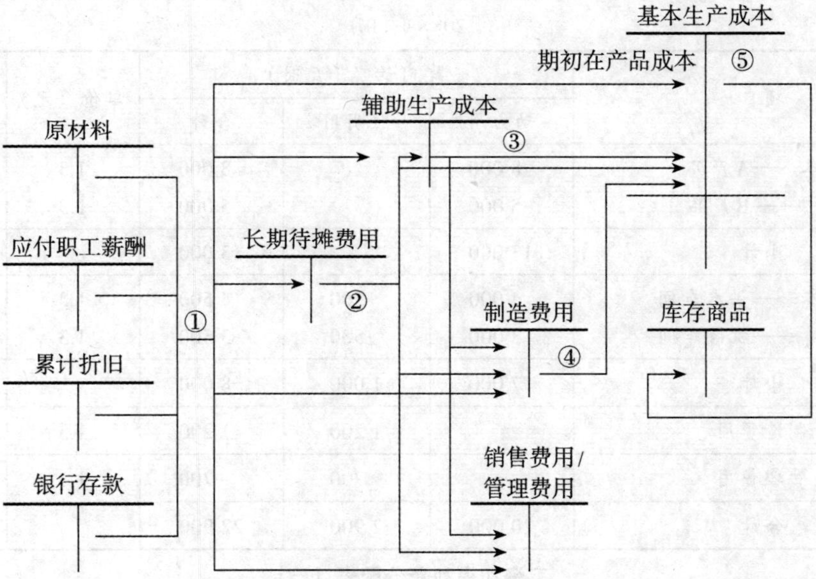

图4-2　品种法下的成本计算程序

三、品种法举例

【例4-12】甲公司有一个基本生产车间，单步骤大量生产A、B两种产品，还同时设有供水和机修两个辅助生产车间。该公司20××年11月的有关资料如下：A产品月末在产品60件，加工程度为50%，本月完工产品400件；B产品月末无在产品，本月完工产品500件。A、B产品的原材料均为在生产开始时一次投入，人工和其他加工费用的发生随加工程度增加，外购动力在“直接材料”账户核算。该公司产品的成本按品种法核算。

（一）各要素的发生与分配

根据原始凭证及有关资料，按用途和部门编制各种费用分配表（见表4-15至表4-19），进行要素费用的归集和分配。

表4-15 **材料费用分配表（一）**

20××年11月

单位：元

项目	原材料及主要材料	辅助材料	燃料	合计
基本生产成本——A产品	40 000	600		40 600
——B产品	36 000	1 000		37 000
小计	76 000	1 600		77 600
辅助生产成本——供水车间	400	120	60	580
——机修车间	300	80	40	420
小计	700	200	100	1 000
制造费用		900	520	1 420
管理费用		300	200	500
合计	76 700	3 000	820	80 520

表4-16 **外购电力费用分配表（二）**

20××年11月

项目	耗用量（千瓦时）			单价（元）	金额（元）
	动力用	照明用	合计		
基本生产成本——A产品	8 000		8 000	1.3	10 400
——B产品	5 000		5 000	1.3	6 500
小计	13 000		13 000		16 900
辅助生产成本——供水车间	4 000	500	4 500	1.3	5 850
——机修车间	3 000	500	3 500	1.3	4 550
小计	7 000	1 000	8 000		10 400
制造费用		1 200	1 200	1.3	1 560
管理费用		700	700	1.3	910
合计	20 000	2 900	22 900		29 770

表4-17 **工资和福利费分配表（三）**

20××年11月

单位：元

项目	基本工资及补助	职工福利费	合计
基本生产成本——A产品	42 720	5 980	48 700
——B产品	38 680	5 415	44 095
小计	81 400	11 395	92 795
辅助生产成本——供水车间	5 500	770	6 270
——机修车间	8 100	1 134	9 234
小计	13 600	1 904	15 504
制造费用	3 200	448	3 648
管理费用	4 800	672	5 472
合计	103 000	14 419	117 419

表4-18

折旧和提取的大修理费用分配表（四）

20××年11月　　单位：元

项目	基本生产成本	辅助生产成本		管理费用	合计
		供水车间	机修车间		
折旧	1 200	800	400	650	3 050
大修理费用	760	360	400	380	1 900

表4-19

其他费用分配表（五）

20××年11月　　单位：元

项目	差旅费	办公费	运输费	合计
制造费用	3 620			3 620
辅助生产成本——供水车间		85		85
——机修车间			90	90
管理费用		230		230
合计	3 620	315	90	4 025

表4-15至表4-19展示了甲公司各要素费用的发生情况，并且按照用途和部门进行了费用的归集，为接下来的费用分配奠定了基础。

（二）辅助生产费用的归集和分配

需要将上述费用分配表中归集的、应记入“辅助生产成本”账户的各项辅助生产费用汇总反映在辅助生产费用明细账中（见表4-20和表4-21）。

表4-20

辅助生产费用明细账

部门：供水车间　　20××年11月　　单位：元

20××年		凭证号	摘要	直接材料	工资及福利费	制造费用	结转	金额
月	日							
11	30		根据分配表（一）	580				
11	30		根据分配表（二）	5 850				
11	30		根据分配表（三）		6 270			
11	30		根据分配表（四）			1 160		
11	30		根据分配表（五）			85		
11	30		待分配费用小计	6 430	6 270	1 245		13 945
11	30		根据分配表（六）				13 945	
11	30		合计	6 430	6 270	1 245	13 945	13 945

表4-21 **辅助生产费用明细账**

部门：机修车间 20××年11月 单位：元

20××年 月	日	凭证号	摘要	直接材料	工资及福利费	制造费用	结转	金额
11	30		根据分配表（一）	420				
11	30		根据分配表（二）	4 550				
11	30		根据分配表（三）		9 234			
11	30		根据分配表（四）			800		
11	30		根据分配表（五）			90		
11	30		待分配费用小计	4 970	9 234	890		15 094
11	30		根据分配表（六）				15 094	
11	30		合计	4 970	9 234	890	15 094	15 094

接着，对汇总反映在辅助生产费用明细账中的辅助生产费用，按一定方法（本例采用直接分配法）在各受益对象之间进行分配（见表4-22），形成对产品成本计算的依据。

表4-22 **辅助生产费用分配表（六）**

20××年11月

项目		基本生产成本 A产品	基本生产成本 B产品	基本生产成本 小计	制造费用	管理费用	合计
供水车间	耗水量（立方米）	17 000	12 000	29 000	1 900	670	31 570
供水车间	分配率（元/立方米）						0.44（13 945÷31 570）
供水车间	金额（元）	7 480	5 280	12 760	836	349	13 945
机修车间	维修量（工时）	1 100	1 100	2 200	685	285	3 170
机修车间	分配率（元/工时）						4.76（15 094÷3 170）
机修车间	金额（元）	5 236	5 236	10 472	3 260.6	1 361.4	15 094
合计		12 716	10 516	23 232	4 096.6	1 710.4	29 039

注：费用分配的尾差计入"管理费用"账户。

（三）基本生产车间制造费用的归集和分配

根据上述分配表归集属于基本生产车间的制造费用（见表4-23）。

表4-23　**制造费用明细表**

部门：基本生产车间　20××年11月　单位：元

20××年		摘要	工资福利费	折旧费	大修理费用	机物料消耗	电力费	其他	结转
月	日								
11	30	根据分配表（一）				1 420			
11	30	根据分配表（二）					1 560		
11	30	根据分配表（三）	3 648						
11	30	根据分配表（四）		1 200	760				
11	30	根据分配表（五）						3 620	
11	30	根据分配表（六）						4 096.6	
11	30	费用小计	3 648	1 200	760	1 420	1 560	7 716.6	
11	30	根据分配表（七）							16 304.6
11	30	合计	3 648	1 200	760	1 420	1 560	7 716.6	16 304.6

对汇总反映在制造费用明细表中的制造费用，还需要再按照一定标准将其在A、B两种产品之间进行分配，本例以基本生产车间的机器工时为标准进行分配，形成产品成本计算的依据（见表4-24）。

表4-24　**基本生产车间制造费用分配表（七）**

项目	生产工时（小时）	分配金额（元，分配率2.9867）
基本生产成本——A产品	2 460	7 347.37
——B产品	2 999	8 957.23
合计	5 459	16 304.6

（四）产品成本的汇总和计算

企业在产品生产过程中发生的各项费用在经过以上的归集和分配之后，已经最终汇总到各产品的名下（见表4-25和表4-26），这些费用还需要在完工产品和月末在产品之间进行分配，以计算当期完工产品的总成本和单位成本，本例采用约当产量法进行分配。

表4-25　**产品成本计算单**

产品名称：A产品　单位：元

20××年		凭证号	摘要	成本项目			合计
月	日			直接材料	直接人工	制造费用	
11	30		月初在产品成本	17 850	8 240	2 500	28 590
11	30		根据分配表（一）	40 600			40 600
11	30		根据分配表（二）	10 400			10 400

续表

20××年		凭证号	摘要	成本项目			合计
月	日			直接材料	直接人工	制造费用	
11	30		根据分配表（三）		48 700		48 700
11	30		根据分配表（六）			12 716	12 716
11	30		根据分配表（七）			7 347.37	7 347.37
11	30		本月生产费用小计	51 000	48 700	20 063.37	119 763.37
11	30		生产费用合计	68 850	56 940	22 563.37	148 353.37
11	30		结转完工产品成本	59 870	52 967	20 989.37	133 826.37
11	30		单位成本	149.67	132.42	52.47	334.56
11	30		月末在产品成本	8 980	3 973	1 574	14 527

注：小数位的尾差计入当期完工产品的成本，部分数据有尾数调整。

表4-26 **产品成本计算单**

产品名称：B产品 单位：元

20××年		凭证号	摘要	成本项目			合计
月	日			直接材料	直接人工	制造费用	
11	30		月初在产品成本	6 922	3 780	628	11 330
11	30		根据分配表（一）	37 000			37 000
11	30		根据分配表（二）	6 500			6 500
11	30		根据分配表（三）		44 095		44 095
11	30		根据分配表（六）			10 516	10 516
11	30		根据分配表（七）			8 957.23	8 957.23
11	30		本月生产费用小计	43 500	44 095	19 473.23	107 068.23
11	30		生产费用合计	50 422	47 875	20 101.23	118 398.23
11	30		结转完工产品成本	50 422	47 875	20 101.23	118 398.23
11	30		单位成本	100.84	95.75	40.20	236.79

注：部分数据有尾数调整。

根据上述产品成本计算单（也称基本生产成本明细账）的结果可知，甲公司本月生产的A产品单位成本为334.56元/件，B产品的单位成本为236.79元/件。

第四节 成本计算的分批法和分步法

一、成本计算的分批法

（一）分批法的适用范围和特点

分批法是按产品生产批别计算产品成本的一种方法。这种方法适用于小批、单件复杂生产的企业或生产车间，如重型机械、精密仪器、专用设备和船舶制造等，也适用于企业新产品试制、实验性生产或自制设备、工具、模具的生产等。

分批法的成本计算对象是产品批别，成本计算期与产品生产周期基本一致而与核算报告期不同，在计算产品成本时一般不存在完工产品和在产品之间的费用分配问题。

（二）分批法的成本计算程序

采用分批法计算产品成本时，如果一张订单中订购的产品不止一种，还必须按批内不同产品划分生产费用计算产品成本；如果在一张订单中只有一种产品，但数量较大，不便于一次投产，或者订购单位要求分批交货，也可以分为数批组织生产，分批计算产品成本；如果是单件生产而且一张订单只订购一件产品，但这种产品属于大型复杂的产品（如大型船舶等），也可以按产品的不同组成部分分批组织生产，计算成本。

单件生产一般不涉及生产费用在完工产品与期末在产品之间的分配问题。小批生产如果存在批内产品跨月连续完工且月末完工产品占比较小的情况，为简化计算工作，完工产品可先按计划单位成本或定额单位成本，或近期相同产品的实际单位成本计算，待该批产品全部完工时，再计算全批产品的实际总成本和单位成本；但如果月末完工产品数量占全批数量的比重较大，则需要按前面讲的适当分配方法计算完工产品和期末在产品成本。

采用分批法计算产品成本，应于产品投产时，根据订单号或生产通知单为每批产品开设明细账户；每月发生的生产费用直接记入各批产品成本明细账的有关项目中；制造费用等间接费用另设明细账归集，月末再按一定标准分配计入各批产品成本。

（三）分批法举例

【例4-13】某企业按购货单位要求小批生产甲、乙、丙三种产品，采用分批法计算各批产品成本。20××年9月份的生产情况如下：

该厂8月2日投产甲产品6件，批号801，9月25日全部完工验收入库；8月23日投产乙产品5件，批号802，9月份尚未完工；9月12日投产丙产品15件，批号901，月末完工7件。丙产品所耗原材料费用在生产开始时一次投入，人工和其他加工费用按约当产量进行分配。丙产品需经过3道工序加工完成，各工序在产品数量及完工率见表4-27。三批产品的成本明细账见表4-28至表4-30。

表4-27 **丙产品月末在产品及完工率情况**

工序	完工率（%）	在产品数量（件）	在产品约当产量（件）
1	20	2	0.4
2	60	2	1.2
3	85	4	3.4
合　计		8	5

表4-28 **产品成本明细账** 投产日期：8月2日

批号：801 购货单位：敦豪公司 完工日期：9月25日 完工6件

产品名称：甲 批量：6件 单位：元

月	日	摘　要	成本项目			成本合计
			直接材料	直接人工	制造费用	
8	31	生产费用累计	36 800	4 500	20 200	61 500
9	30	材料费用分配表	41 002			41 002
9	30	人工费用分配表		6 198		6 198
9	30	制造费用分配表			28 700	28 700
9	30	本月生产费用合计	41 002	6 198	28 700	75 900
9	30	生产费用累计	77 802	10 698	48 900	137 400
9	30	转出完工产品成本	77 802	10 698	48 900	137 400
9	30	完工产品单位成本	12 967	1 783	8 150	22 900

表4-29 **产品成本明细账** 投产日期：8月23日

批号：802 购货单位：思捷公司 完工日期： 完工　件

产品名称：乙 批量：5件 单位：元

月	日	摘要	成本项目			成本合计
			直接材料	直接人工	制造费用	
8	31	生产费用累计	13 200	1 800	8 500	23 500
9	30	材料费用分配表	32 650			32 650
9	30	人工费用分配表		4 685		4 685
9	30	制造费用分配表			23 450	23 450
9	30	本月生产费用合计	32 650	4 685	23 450	60 785
9	30	生产费用累计	45 850	6 485	31 950	84 285

表4-30　　　　　　　　　　　　**产品成本明细账**　　　　　　　　投产日期：9月12日

批号：901　　　　　　　　购货单位：贝格玛特公司　　　　　　完工日期：9月30日　完工7件

产品名称：丙　　　　　　　　　　批量：15件　　　　　　　　　　　　　　　单位：元

月	日	摘要	成本项目			成本合计
			直接材料	直接人工	制造费用	
9	30	材料费用分配表	67 305			67 305
9	30	人工费用分配表		12 504		12 504
9	30	制造费用分配表			42 600	42 600
9	30	本月生产费用合计	67 305	12 504	42 600	122 409
9	30	完工产品成本	31 409	7 294	24 850	63 553
9	30	完工产品单位成本	4 487	1 042	3 550	9 079
9	30	在产品成本	35 896	5 210	17 750	58 856

批号901丙产品有关费用在完工产品与在产品之间的分配计算如下：

直接材料费用的分配率=67 305÷（7+8）=4 487（元/件）

直接人工分配率=12 504÷（7+5）=1 042（元/件）

制造费用分配率=42 600÷（7+5）=3 550（元/件）

完工产品直接材料=4 487×7=31 409（元）

完工产品直接人工=1 042×7=7 294（元）

完工产品制造费用=3 550×7=24 850（元）

二、成本计算的分步法

分步法是按照产品生产步骤计算产品成本的一种方法，主要适用于大量大批的多步骤生产，如纺织、造纸、冶金、大量大批的机械制造企业。

分步法的成本计算对象是各种产品的生产步骤，每月月末为计算完工产品成本，需要将归集在生产成本明细账中的生产费用在完工产品与在产品之间进行分配，每月除按品种计算和结转产品成本外，还需要计算和结转产品的各步骤成本。

实际工作中，根据成本管理对象对各生产步骤成本资料的不同要求和简化核算的原则，各步骤成本的计算和结转可以采用逐步结转和平行结转两种方法。

（一）逐步结转分步法

教学视频 4-4

逐步结转分步法

1.逐步结转分步法的含义和特点

逐步结转分步法是按照产品加工的顺序，逐步计算并结转各步骤的半成品成本，直到最后一个步骤计算出产成品成本的一种方法。冶金企业的生铁、钢锭，纺织企业的棉纱等在国民经济中具有独立的经济意义，并经常作为商品对外销售，为计算外销半成品的成本需单独计算其成本；有些企业所生产的半成品为本企业几种产品所耗用，为分别计算各种产品的成本，也需要计算这些半成品的成本，如造纸企业的纸浆、机械制造企业的铸件等。

逐步结转分步法能提供各个生产步骤的半成品成本资料，为各个生产步骤在产品的实物管理及资金管理提供资料，全面反映各生产步骤的生产耗费水平，更好地满足各步骤成本管理的要求；但成本结转工作量较大，各生产步骤的半成品如果采用综合逐步结转分步法还要进行成本还原，增加核算的工作量。

逐步结转分步法按照成本在下一步骤成本计算单中的反映方式可以分为综合逐步结转和分项逐步结转两种方法。

2.综合逐步结转分步法

综合逐步结转分步法指上一步骤转入下一步骤的半成品成本以“直接材料”或专设的“半成品”项目，综合列入下一步骤成本计算单中的方法。

（1）综合逐步结转分步法的种类。

综合逐步结转可以按照半成品的实际成本或计划成本（或定额成本）结转。采用计划成本（或定额成本）结转时，半成品的日常收发均按照计划单位成本计算，在算出半成品实际成本以后，再计算其成本差异率，调整所耗半成品的成本差异；采用实际成本结转时，各步骤所耗上一步骤的半成品费用应根据所耗半成品的数量乘以半成品的实际单位成本计算，此时由于各月所生产半成品的单位成本不同，所耗半成品的单位成本需要采用先进先出法、加权平均法等方法确定。

（2）综合逐步结转分步法示例。

下面举例说明综合逐步结转分步法的具体应用。

【例4-14】某企业乙产品的生产分两个步骤，分别在两个车间进行。第一车间生产的半成品交半成品库验收，第二车间按所需数量向半成品库领用。第二车间所耗半成品费用按全月一次加权平均单位成本计算。两个车间月末的在产品均按定额成本计价。其成本计算程序及计算过程如下。

第一，根据各种费用分配表、半成品产量月报和第一车间在产品定额成本资料（这些费用的归集和分配与品种法相同），登记乙产品（半成品）第一车间的成本计算单，见表4-31。

表4-31 **乙产品（半成品）成本计算单**

第一车间 20××年9月 金额单位：元

项 目	产量（件）	直接材料	直接人工	制造费用	合 计
月初在产品定额成本		12 040	3 500	4 200	19 740
本月生产费用		41 400	14 720	20 400	76 520
合 计		53 440	18 220	24 600	96 260
完工半成品转出	400	36 240	13 220	18 600	68 060
月末在产品定额成本		17 200	5 000	6 000	28 200

根据第一车间乙产品（半成品）成本计算单和半成品入库单编制的会计分录为：

借：自制半成品——乙产品 68 060

　贷：生产成本——基本生产成本（第一车间——乙产品） 68 060

第二，根据第一车间乙产品（半成品）成本计算单、半成品入库单和第二车间领用半成品的领用单登记半成品明细账，见表4-32。

表4-32　　半成品明细账　　金额单位：元

月份	月初余额		本月增加		合计			本月减少	
	数量（件）	实际成本	数量（件）	实际成本	数量（件）	实际成本	单位成本	数量（件）	实际成本
9	180	28 800	400	68 060	580	96 860	167	400	66 800*
10	180	30 060							

*66 800=167×400

根据半成品明细账所列半成品单位成本资料和第二车间半成品领用单编制的会计分录如下：

借：生产成本——基本生产成本（第二车间——乙产品）　　66 800

　贷：自制半成品——乙产品　　66 800

第三，根据各种费用分配表、产成品产量月报和第二车间在产品定额成本资料（这些费用的归集和分配与品种法相同），登记乙产品（产成品）第二车间的成本计算单，见表4-33。

表4-33　　乙产品（产成品）成本计算单

第二车间　　20××年9月　　金额单位：元

项目	产量（件）	直接材料	直接人工	制造费用	合计
月初在产品定额成本		32 000	7 000	8 000	47 000
本月生产费用		66 800	16 800	17 600	101 200
合计		98 800	23 800	25 600	148 200
产成品转出	500	82 800	20 300	21 600	124 700
单位成本		165.6	40.6	43.2	249.4
月末在产品定额成本		16 000	3 500	4 000	23 500

根据第二车间乙产品（产成品）成本计算单和产成品入库单编制的会计分录如下：

借：库存商品——乙产品　　124 700

　贷：生产成本——基本生产成本（第二车间——乙产品）　　124 700

采用综合逐步结转分步法结转半成品成本，各步骤所耗半成品的成本是以“直接材料”项目综合反映的，这样计算出的产品成本不能提供按原始成本项目反映的成本资料。通过上面第二车间产品成本明细账的资料可以看出，综合逐步结转半成品成本以后，表现在产成品成本中的绝大部分费用是最后一个步骤所耗半成品的费用，直接人工和制造费用只是最后一个步骤发生的费用，在产品成本中所占比重很小，这显然不符合产品成本构成的实际情况，不能据以从整个企业角度分析和考核产品成本的构成和水平。因此，在管理上要求从整个企业角度分析和考核产品成本的构成和水平时，还应将综合逐步结转计算出的产成品成本进行成本还原。

（3）成本还原。

成本还原就是把各步骤所耗半成品的综合成本逐步进行分解还原为“直接材料”、“直接人工”和“制造费用”等项目，以便提供按原始成本项目反映的产品成本资料。成本还原的方法一般是采用逆序法，即从最后一个步骤开始，将各加工步骤完工产品成本中所耗上一加工步骤所产半成品的综合成本按成本还原率逐步分解，还原为直接材料、直接人工和制造费用等成本项目，以求得按原始成本项目反映的产品成本资料。成本还原率的计算公式如下：

$$成本还原率=\frac{本月产成品所耗上一步骤半成品费用}{上一步骤本月所产该种半成品成本合计}$$

以成本还原率分别乘以上一步骤本月所产该种半成品各个成本项目的费用，即可将本月产成品所耗该种半成品的综合费用进行分解、还原；然后将还原前的产成品成本与产成品成本中半成品费用的还原值按照成本项目相加即可，还原后产成品的单位成本等于还原后产成品的总成本除以产品产量。

【例4-15】以例4-14的资料为例，要求对产品成本进行成本还原。

首先计算成本还原率。

$$成本还原率=\frac{82\ 800}{68\ 060}=1.2166$$

产成品所耗半成品费用中的直接材料=36 240×1.2166=44 089.58（元）

产成品所耗半成品费用中的直接人工=13 220×1.2166=16 083.45（元）

产成品所耗半成品费用中的制造费用=82 800−44 089.58−16 083.45=22 626.97（元）

其次，编制成本还原计算表，见表4-34。

表4-34 **成本还原计算表**

产品名称：乙产品　　产量：500件　　金额单位：元

项　目	还原前产品总成本	上一步骤本月完工半成品成本	成本还原率	产成品成本中半成品成本	还原后产成品总成本	还原后产成品单位成本
	①	②	③	④	⑤=①+④	⑥=⑤÷总产量
半成品	82 800		1.2166	−82 800		
直接材料		36 240		44 089.58	44 089.58	88.18
直接人工	20 300	13 220		16 083.45	36 383.45	72.77
制造费用	21 600	18 600		22 626.97*	44 226.97	88.45
合　计	124 700	68 060			124 700	249.40

*产成品所耗半成品费用中的“制造费用”项目按本月产成品所耗上一步骤半成品费用减去还原出的直接材料和直接人工计算求得，是为了避免由于分配率小数位保留不同可能造成的还原项目之和与还原前费用总和之间形成差额。

由表4-34可见，将成本还原后，产成品的成本构成与表4-33中有很大不同，通过成本还原将产成品的成本构成恢复到实际的状况。

3.分项逐步结转分步法

分项逐步结转分步法指将各加工步骤所耗用的上一步骤完工的半成品成本，按照成本项目分项记入相应步骤产品成本明细账所对应的成本项目的方法。如果半成品通过半成品库收发，则自制半成品明细账中登记半成品增减时也应按成本项目分别登记。分项结转可以按照半成品的实际单位成本结转，也可以按照半成品的计划单位成本结转。

（二）平行结转分步法

平行结转分步法是将各加工步骤生产费用中应计入产品成本的份额进行平行结转并汇总计算产成品成本的方法。它主要适用于大量、大批装配式多步骤生产的企业。

1.平行结转分步法的程序

在平行结转分步法下，各生产步骤不计算半成品成本，只计算本步骤所发生的生产费用；各步骤之间也不结转半成品成本，只在最终的产品入库时，才将各步骤费用中应计入产成品成本的“份额”，从各步骤产品成本明细账中转出，从生产成本账户转入库存商品账户；采用这种方法时，为了计算各生产步骤发生的生产费用中应计入产成品的“份额”，必须将每一生产步骤的生产费用在完工产品与月末在产品之间进行分配；然后将各步骤生产费用中应计入产成品成本的“份额”平行结转，汇总计算该种产成品的总成本和单位成本。

平行结转分步法下的完工产品指企业最后完工的产成品，某步骤完工产品的费用是该步骤生产费用中用于产成品成本的份额；在产品指所有尚未最后制成产成品的在产品，是一种广义的在产品概念，包括：尚在本步骤加工中的在产品，本步骤已完工转入半成品库的半成品，已从半成品库转到以后各步骤进一步加工、尚未最后制成的在产品。

采用平行结转分步法的关键是各步骤生产费用中应计入产成品成本份额的确定。实际工作中，对于在产品，企业通常采用定额成本计价法和定额比例法两种方法作为其生产费用的分配标准。

2.平行结转分步法的应用

【例4-16】仍以例4-14和例4-15所示的乙产品成本资料为例。假定企业采用平行结转分步法计算产品成本，采用定额比例法在完工产品与在产品之间分配生产费用，其中：原材料费用按定额原材料费用比例分配，其他各项费用均按定额工时比例分配。产品定额的有关资料见表4-35。

表4-35 **乙产品定额资料** 金额单位：元

车间	月初在产品		本月投入		本月产成品				
	定额原材料费用	定额工时	定额原材料费用	定额工时	单件定额		产量（件）	定额原材料费用	定额工时
					原材料费用	工时			
一车间	12 320	420	35 200	1 200	88	3	500	44 000	1 500
二车间	—	800	—	1 600	—	4	500	—	2 000
合计	12 320	1 220	35 200	2 800	88	7	500	44 000	3 500

首先，根据乙产品的定额资料登记第一、二车间的产品成本明细账，见表4-36和表4-37。

表4-36 **产品成本明细账**

第一车间 乙产品 金额单位：元

摘　要	产品产量（件）	原材料		定额工时	直接人工	制造费用	合　计
		定额	实际				
月初在产品		12 320	12 040	420	3 500	4 200	19 740
本月生产费用		35 200	41 400	1 200	14 720	20 400	76 520
合　计		47 520	53 440	1 620	18 220	24 600	96 260
费用分配率			1.1246		11.247	15.185	
产成品成本中本步所占份额	500	44 000	49 482.4	1 500	16 870.5	22 777.5	89 130.4
月末在产品		3 520	3 957.6	120	1 349.5	1 822.5	7 129.6

表4-37 **产品成本明细账**

第二车间 乙产品 金额单位：元

摘　要	产品产量（件）	原材料		定额工时	直接人工	制造费用	合　计
		定额	实际				
月初在产品				800	7 000	8 000	15 000
本月生产费用				1 600	16 800	17 600	34 400
合　计				2 400	23 800	25 600	49 400
费用分配率					9.917	10.667	
产成品成本中本步所占份额	500			2 000	19 834	21 334	41 168
月末在产品				400	3 966	4 266	8 232

注：表4-36和表4-37中相关分配率的计算见在产品数量确定的“定额比例法”。实际费用栏见表4-31和表4-33。

其次，登记产品成本汇总表。将第一、二车间产品成本明细账中应计入产成品的份额，平行汇总计入乙产品成本汇总表，见表4-38。

表4-38 **乙产品成本汇总表**

20××年9月 金额单位：元

车间	产量（件）	原材料	直接人工	制造费用	合计
第一车间份额	500	49 482.4	16 870.5	22 777.5	89 130.4
第二车间份额	500	—	19 834	21 334	41 168
合　计	500	49 482.4	36 704.5	44 111.5	130 298.4
单位成本	500	98.96	73.41	88.22	260.59

注：部分数据有尾数调整。

三、成本计算的其他方法

在实际工作中，为简化成本计算或加强成本管理，也会采用一些辅助的成本计算方法。在产品品种、规格繁多的企业中，如针织厂、灯泡厂等，为简化成本计算工作常采用分类法进行产品成本计算；在定额管理基础较好的企业中，为配合和加强成本控制，更有效地发挥成本计算的分析和监督作用，常采用一种将符合定额的费用和脱离定额的差异分别计算的定额法。分类法和定额法一般应与基本的成本计算方法相结合而不能单独使用。

知识拓展

管理会计应用指引第 300 号——成本管理

专业素养

1.坚持原则，熟悉企业各项规章制度，确保依法核算成本费用，维护国家利益、社会公众利益和正常经济秩序。

2.节约成本即创造价值。树立节约成本光荣，浪费资源、偷工减料可耻的思想。

3.树立成本无小事的观念，成本的准确性不仅关系利润高低，更关系利益分配。

4.培养分类及管理的科学思维方式。把生活中的支出事项进行分类，记入不同账户。

基本训练

一、单项选择题

1.包装物和低值易耗品计入成本费用的方法有一次转销法和其他转销法，采用其他转销法时不用设置（　　）明细账户。

A.“在库”　　B.“在途”　　C.“在用”　　D.“摊销”

2.下列关于辅助材料归集和分配的描述中，错误的是（　　）。

A.能分清是哪一种产品耗用的，应直接计入该种产品成本中的“直接材料”项目

B.如果辅助材料用量较少、金额较小，可以简化核算，将其全部记入“辅助生产成本”账户

C.如果辅助材料用量较少、金额较小，可以简化核算，将其全部记入“制造费用”账户

D.如果难以分清是哪一种产品耗用的，应采用一定的分配方法，分配之后记入有关产品成本中的“直接材料”项目

3.下列项目中，（　　）不属于辅助生产费用的分配方法。

A.直接分配法　　B.交互分配法　　C.约当产量分配法　　D.代数分配法

4.各辅助生产车间或部门之间相互受益程度有明显顺序时，宜采用（　　）。

A.直接分配法　　B.交互分配法　　C.顺序分配法　　D.代数分配法

5.下列关于交互分配法的描述中，不正确的是（　　）。

A.对辅助生产车间内部相互提供的劳务全部进行了分配，提高了分配的正确性

B.分配结果依然不是十分准确

C.为简化核算的工作量，可用上月的辅助生产单位成本作为本月交互分配的单位成本

D.为简化核算的工作量，可用最近几个月平均的辅助生产单位成本作为本月交互分配的单位成本

6.用工时比例对制造费用进行分配时，（　　）不是可选择的工时标准。

A.实用工时　　B.作业工时　　C.定额工时　　D.机器工时

7.下面关于在产品按固定成本计算法的描述中，错误的是（　　）。

A.各月末在产品数量很少时可以采用

B.各月末在产品数量虽多但各月之间数量变动不大的产品可以采用

C.煤炭等采掘企业可以采用

D.炼铁企业、化工企业可以采用

8.（　　）可以采用在产品按所耗原材料费用计价法计算在产品成本。

A.煤炭等采掘企业　　B.炼铁企业、化工企业

C.纺织、造纸、酿酒行业　　D.汽车装配业

9.下述关于在产品按定额成本计价法的描述中，错误的是（　　）。

A.适用于定额管理基础较好、各项消耗或费用定额比较稳定、准确的企业

B.适用于各月末在产品数量变化不大的产品

C.适用于各月末在产品数量很少的产品

D.计算期末在产品成本时，应根据成本项目分别确定其定额成本

10.品种法的适用范围不包括（　　）。

A.大批大量的单步骤生产的企业，例如发电、采掘等

B.大量大批的多步骤生产，但管理上不要求按照生产步骤计算产品成本的企业

C.辅助生产的供水、供电等

D.新产品试制、实验性生产或自制设备、工具、模具的生产

11.在管理上要求从整个企业角度分析和考核产品成本的构成和水平时，还应将逐步综合结转计算出的产成品成本进行成本还原。（　　）是成本还原的计算公式。

A.$\text{成本还原率}=\dfrac{\text{本月产成品所耗上一步骤半成品费用}}{\text{上一步骤本月所产该种半成品成本合计}}$

B.$\text{成本还原率}=\dfrac{\text{本月产成品所耗本步骤半成品费用}}{\text{上一步骤本月所产该种半成品成本合计}}$

C.$\text{成本还原率}=\dfrac{\text{本月产成品所耗上一步骤半成品费用}}{\text{本步骤本月所产该种半成品成本合计}}$

D.$\text{成本还原率}=\dfrac{\text{本月产成品所耗上一步骤半成品费用}}{\text{上一步骤上月所产该种半成品成本合计}}$

12.大量、大批装配式多步骤生产的企业适宜采用（　　）计算产品成本。

A.品种法　　B.分批法　　C.平行结转分步法　　D.逐步结转分步法

二、多项选择题

1.成本核算是企业进行成本管理的基础，为加强成本管理提供资料。为实现这方面的功能需要做到（　　）。

A.根据相关资料，采用科学方法预测成本水平及其发展趋势

B.拟定各种成本降低方案进行成本决策

C.编制有关成本费用预算

D.控制各项成本费用的开支范围

2.成本核算的基本原则有（　　）。

A.划分收益性支出和资本性支出原则　B.历史成本原则

C.权责发生制原则　D.重要性原则

3.为充分发挥成本管理在企业中的重要作用，使成本核算提供的信息更好地服务于企业经营管理的要求，需要完善各项成本核算的基础工作。这些工作包括（　　）。

A.建立健全各项原始记录　B.正确划分各种费用界限

C.建立健全定额管理制度　D.完善内部结算制度

4.为充分发挥成本管理在企业中的重要作用，使成本核算提供的信息更好地服务于企业经营管理的要求，需要正确划分各种费用的界限，包括（　　）。

A.应否计入产品成本的费用界限　B.各个会计期间的费用界限

C.不同成本对象的费用界限　D.完工产品与在产品的费用界限

5.间接费用的分配标准有（　　）。

A.成果类，如产量、重量等　B.标准类，如标准材料费用、人工费用等

C.消耗类，如人工工时和工资等　D.定额类，如定额消耗量、定额费用等

6.材料费用的归集和分配需要处理好（　　）等问题。

A.正确计算入库材料的实际成本　B.正确计算发出材料的实际成本

C.正确计算生产产品的实际成本　D.合理分配材料费用

7.需要记入“管理费用”及其明细账户的支出项目有（　　）。

A.印花税　B.后勤部门的办公费

C.车船税　D.咨询费

8.制造费用的分配标准有（　　）。

A.生产工人职工薪酬的比例　B.工时比例

C.耗用原材料的数量或成本　D.年度计划分配率

9.对于在产品盘亏或毁损的账务处理，可能涉及的账户有（　　）。

A.“管理费用”　B.“原材料”　C.“其他应收款”　D.“营业外支出”

10.生产费用在完工产品和在产品之间进行分配的方法有（　　）。

A.不计算在产品成本法　B.在产品按所耗原材料费用计价法

C.顺序分配法　D.约当产量法

11.下列关于分批法的描述中，正确的有（　　）。

A.采用分批法计算产品成本时，如果一张订单中订购的产品不止一种，还必须按批内不同产品划分生产费用计算产品成本

B.如果在一张订单中只有一种产品，但数量较大，不便于一次投产，或者订购单位要求分批交货，也可以分为数批组织生产，分批计算产品成本

C.如果是单件生产而且一张订单只订购一件产品，但这种产品属于大型复杂的产品（如大型船舶等），也可以按产品的不同组成部分分批组织生产，计算成本

D.单件生产一般不涉及生产费用在完工产品与期末在产品之间的分配问题

12.平行结转分步法中的在产品包括（　　）。

A.尚在本步骤加工中的在产品

B.本步骤已完工转入半成品库的半成品

C.已从半成品库转到以后各步骤进一步加工、尚未最后制成的在产品

D.前面各步骤已经完工的产品

三、判断题

1.成本核算的一致性原则要求企业各项成本费用归集和分配的程序、步骤和方法应前后各期保持一致，不能变动。 ( )

2.成本核算期是生产费用归集和分配的周期，通常与企业的成本计算期一致，以利于各项成本费用的核算以及财务报表的编制。 ( )

3.在计提当月固定资产折旧时，应根据上月计提的折旧额，加上本月增加固定资产应计提的折旧额，再减去本月减少固定资产应计提的折旧额，计算出本月应计提折旧额。( )

4.计划成本分配法适用于辅助生产单位内部相互提供劳务不多的企业。 ( )

5.用顺序分配法分配辅助生产费用时，受益的多少应按照业务量的多少来衡量。( )

6.采用计划成本分配法时，可将各辅助生产车间的实际成本（包括交互分配转入的费用）与按计划单位成本分配转出的费用之间的差额（辅助生产成本差异）追加分配给辅助生产车间以外的单位或全部计入管理费用。 ( )

7.除季节性生产的企业外，“制造费用”账户一般无余额。 ( )

8.没有建立在产品日常收发核算的车间，每月末都必须清查一次在产品，以便取得在产品的实际盘存资料。 ( )

9.不计算在产品成本法适用于各月末在产品数量很少或数量虽多但各月之间数量变动不大的产品。 ( )

10.实际工作中，根据成本管理对象对各生产步骤成本资料的不同要求和简化核算的原则，各步骤成本的计算和结转可以采用综合结转和分项结转两种方法。 ( )

四、计算题

1.某企业有供水和供电两个辅助生产车间，这两个车间辅助生产成本明细账归集的费用分别是供电车间10 375元、供水车间23 000元，两个辅助生产车间供应产品或劳务的情况见表4-39。

表4-39 **辅助生产车间产品及劳务情况**

受益单位		供电数量（度）	供水数量（立方米）
辅助生产车间	供电车间		560
	供水车间	3 100	
基本生产车间		17 150	4 538
行政管理部门		5 054	652
合 计		25 304	5 750

要求：分别用直接分配法、顺序分配法和交互分配法分配辅助生产车间的生产费用。

2.甲产品由两道工序加工完成，原材料随生产过程陆续投入。第一道工序的原材料消耗定额为300千克、工时定额为8小时；第二道工序原材料消耗定额为200千克，工时定额为12小时。本月完工产品261件，第一道工序在产品50件，第二道工序在产品180件。

月初在产品和本月发生的原材料费用为12 000元，直接人工为7 600元，制造费用为4 800元。试计算本月完工产品和期末在产品的生产成本。

3.企业生产A、B两种产品，原材料在生产开始时一次投入，采用品种法计算产品成本。假定两种产品未单独领用原材料，也未单独耗用直接人工。A、B两种产品共同耗用的材料按定额消耗量比例分配，直接人工和制造费用按实际工时比例分配。其他资料如下：

（1）A产品期初无在产品；B产品期初在产品成本为：直接材料13 200元，直接人工4 600元，制造费用1 200元。

（2）A产品原材料的定额消耗量为2 500千克，B产品为4 000千克，两种产品耗用原材料的实际成本为66 300元；A产品实际工时为16 000小时，B产品实际工时为26 000小时；两种产品耗用的直接人工合计为16 800元，制造费用合计为6 300元。

（3）A产品完工产品1 000件，无期末在产品；B产品除直接材料外的其他费用按约当产量法在完工产品与在产品之间进行分配，本月完工2 100件，期末在产品1 500件（完工程度为60%）。

要求：（1）编制各种费用的分配表；

（2）编制A、B产品的成本计算单，计算完工产品的总成本和单位成本；

（3）编制产品入库的会计分录。

4.甲产品分两个步骤在两个车间进行生产，第一车间为第二车间提供半成品，半成品收发通过半成品库进行，两个车间的期末在产品均按定额成本计价。一车间本月完工入库1 420件，二车间领用1 000件。甲产品的其他资料见表4-40。

表4-40 **甲产品相关资料** 单位：元

摘要	车间	直接材料	直接人工	制造费用	合计
月初在产品成本	一车间	122 000	14 000	10 800	146 800
	二车间	37 400	1 000	1 100	39 500
本期生产费用	一车间	427 000	48 800	42 700	518 500
	二车间	400 000	15 000	15 000	430 000
月末在产品成本	一车间	61 000	7 000	5 400	73 400
	二车间	48 620	1 300	1 430	51 350

月初半成品300件，实际成本119 400元，本月完工970件，月末半成品720件。

要求：（1）用综合逐步结转分步法编制分车间的成本计算单，计算甲产品成本，编制相应会计分录。

（2）进行成本还原。

五、简答题

1.成本计算账户体系应包括哪些主要账户？

2.试述成本计算的一般程序。

3.什么是基本生产和辅助生产？分配辅助生产费用的方法有哪些？

4.常见的生产费用在完工产品和在产品之间分配的方法有哪些？

5.什么是约当产量？如何采用约当产量法计算完工产品和期末在产品的成本？

6.什么是成本计算对象？产品成本计算中一般有哪三种不同的成本计算对象？

7.什么是成本计算的品种法？品种法有哪些特点？

8.什么是成本计算的分批法？分批法有哪些特点？

9.什么是成本计算的分步法？分步法有哪些特点？

10.什么是成本还原？怎样进行成本还原？

11.什么是综合逐步结转分步法和平行结转分步法？它们各有哪些优缺点？

基本训练答案解析

案例分析

A公司产品成本的计算和管理

A公司是大型的白酒生产企业，前身是国营厂，生产上一直处于供不应求的状况。在1998年，公司从国营厂改制为集团有限责任公司。2002年，公司率先完成了从大型国有企业向民营企业的成功转制，现是隶属于A集团公司的全资子公司，负责酒体的生产酿造。

公司设有制曲部、酿造部、储存部、勾兑部和包装中心等部门，以及热电车间、制水车间等辅助生产车间，设有储运部负责运输服务。各部门之间的关系如图4-3所示。

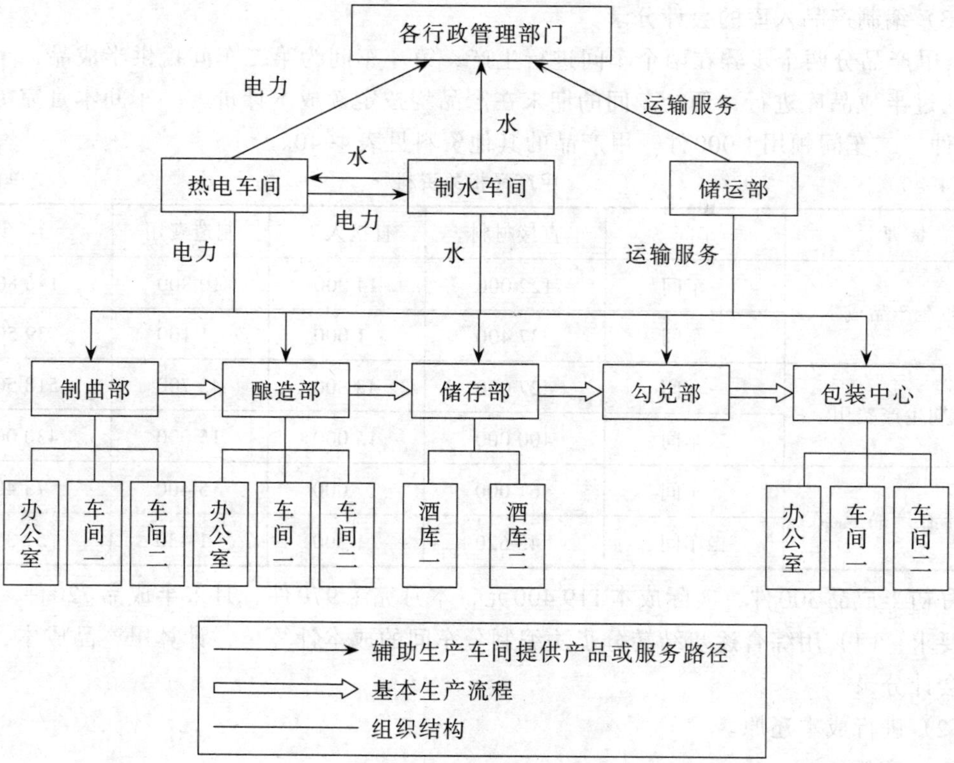

图4-3 A公司各部门关系图

一、A公司的工艺流程及成本形成

A公司的酱酒生产工艺分为制曲、酿造、贮存、勾兑调味、包装五个环节。采用两次投粮、九次蒸煮、八次加曲发酵，七次高温取酒、三年以上天然洞藏储存、传统技艺精心勾兑调味等独特工艺，具有“高温制曲、高温堆积糖化、高温发酵、高温馏酒、长期贮存”四高一长的独特显著特点。发酵周期为1年，储藏时间为3年以上。

第一步：制曲。

这个阶段主要是对采购的小麦进行加工，制作酱酒生产所需的重要原料“曲药”。将小麦破碎后与“曲母”拌和，在端午期间用人工（脚）踩曲成砖形，用谷草包起来，进行“装仓”。堆积发酵一天，然后把曲块进行上下翻转，让每一面都能充分接触微生物。前后一般要进行两至三次翻曲。最后经过降温后，“刮曲”（将曲块上的谷草清除干净）出库。经过物料科检验称重后继续储存备用。高温曲药的生产周期大概3个月，低温曲药的生产周期大概2个月，储存周期大致3个月。这一阶段在制曲车间进行，形成的成本费用主要包括原辅材料（小麦、谷草等）耗费成本、直接人工成本，水电费及其他相关的能源设备和低值易耗品的成本。

第二步：酿造。

该阶段要将第一阶段生产的曲药与高粱经过加工酿造出基酒。高粱经轻微破碎后，首先进行“润粮”，让高粱吸水，然后将高粱上甑蒸煮糊化。蒸煮后散在地上“摊凉”，由人工用脚不停翻动，温度下降到一定程度时加曲拌和（曲药在领用时进行粉碎）。加曲后利用行车将其在晾堂堆积成圆锥状进行糖化，之后，将经专业技师判断达到标准后的酒曲铲入窖坑进行封存——进入“窖期”。窖坑用泥封住保持湿润。1个月后，开窖进行“二次投料”，加入新的高粱，然后上甑蒸煮。摊凉后加入曲药，收堆发酵，然后重新下窖。再过1个月左右的窖期，开始第三次蒸煮，开始第一次蒸馏取酒。之后再对酒糟进行摊凉、加曲、堆积糖化、下窖等流程。连续循环七次取酒，每次一天，最后一次取酒后“丢糟”。这一阶段在酿造车间进行，形成的成本费用主要包括原辅料（高粱、领用的曲药等）的成本耗费、直接人工成本、水电费、蒸汽费以及机器设备折旧等成本。

第三步：储存。

这个阶段主要是对酿造车间生产的半成品酒进行验收后，根据工艺质量要求分等级、分质量，用土陶坛以及不锈钢酒罐装好后，按属性分酒库进行储存形成“基酒”。酱酒的储存周期至少3年。这一阶段在各个酒库进行，由储存部负责。形成的成本费用主要包括仓库、机器设备折旧成本以及直接人工成本、运输费以及酒体损耗等。

第四步：勾兑调味。

储存1年后进行“盘勾”，将同轮次、同香型、同等级的酒进行合并同类项，然后再存放2年。2年后，按照酒体设计方案要求进行“勾兑”，即用几种基酒甚至几十种基酒，按照不同的比例勾兑出一种酒，形成一定的口味、口感和香气效果。整个过程主要依靠传统技术精心勾兑调味，勾酒师凭借自己的味觉进行搭配，结合企业较高的分析技术水平，把不同轮次的酒调在一起，寻找味道之间的平衡与层次感。这一阶段在储存部进行，形成的成本费用主要包括领用的散酒成本、人工成本、低值易耗品以及机器设备折旧等成本。

第五步：包装。

这一阶段在包装中心进行，形成的成本费用主要包括包装材料成本、散酒成本、人工成本、水电费、低值易耗品以及生产线和车间折旧等。这个步骤与前几步很大的不同是机械化程度比较高，都由人工在生产线上流水作业。

由此可以看出，A公司是传统的多步骤、大批量生产，但生产工艺比较复杂，每个步骤的生产周期也不完全相同，比如酿造车间，其生产周期就是每年的10月到来年的10

月，与会计年度不一致，在成本计算上也带来一定的困难。

二、A公司的成本及成本构成

从公司各步骤的成本形成，总结出公司产品成本主要包括：

（1）原辅材料的投入，比如小麦、高粱等粮食原料以及各种包装材料。

（2）人工成本，由于是劳动密集型企业，传统工艺几乎都是靠手工进行操作，所以会耗费巨大的人工成本。

（3）机器设备以及能源，比如厂房、容器、生产线以及生产电和蒸汽的煤等，辅助生产车间之间相互消耗的费用按直接分配法进行核算。

从公司财务系统中得到近三年各种成本费用情况见表4-41。

表4-41 **A公司近三年成本构成表** 金额单位：万元

项目	20×6年	占总成本比例（%）	20×7年	占总成本比例（%）	20×8年	占总成本比例（%）
原辅材料	12 026	33.03	12 691	21.02	16 136	16.58
包装材料	15 930	43.75	34 728	57.53	57 637	59.23
人工成本	5 311	14.59	9 538	15.80	19 715	20.26
设备能源	3 145	8.64	3 408	5.65	3 823	3.93
总计	36 412	100	60 365	100	97 311	100

从表4-4中可以看出，公司近年成本的构成主要是原材料（原辅材料和包装材料），每年都占到总成本的75%左右。人工成本所占比例在逐年上升，而设备能源所占比例却在下降。

三、A公司成本核算现状

1.根据产品生产周期长、由多个车间依次协作完成，企业现有的成本计算基本方法为分步法，成本费用以生产车间进行归集，但勾兑车间只核算了酒体的领用，其他成本费用均在包装车间进行核算。

2.成本核算对象为每个车间的半成品以及最终产品。但产成品的结转按照计划价。包装物、原材料等均按计划价。对于计划价与实际价格之间的差异，在月末并未进行分摊，而在年末或批次末，将总的差异进行结转与分摊。

3.辅助生产车间成本按照管理人员的主观进行分配，没有根据合理的标准。

4.最终产成品按大的系列（比如酱香、浓香、兼香）进行核算，包装材料也直接按包材系列（如酱香、浓香、兼香）入账。

5.在成本费用的归集方面，产品生产费用和期间费用的界限区分不到位。

资料来源：黄丹.白酒企业成本控制研究——以A公司为例［D］.西南财经大学硕士论文.

案例分析参考答案

要求：

（1）根据描述分析A公司成本计算的特点及可能存在的问题；

（2）请基于A公司的成本特点进行产品成本核算体系的优化设计。

第五章 变动成本法和本量利分析

学习目标

知识目标：理解变动成本法和完全成本法在核算上的差异和作用，以及本量利分析的主要方法。

能力目标：掌握混合成本分解的方法，变动成本法和完全成本法的特点，以及本量利分析的基本假设和原理。

素养目标：洞悉变动成本法和完全成本法对未来成本核算的影响，科学进行成本管理。

第一节 变动成本法

一、成本按性态的分类及混合成本分解

成本按照性态可以分为变动成本、固定成本和混合成本。因为混合成本兼具变动成本和固定成本的双重特性，可以按照一定方法将其分解为变动成本和固定成本两个部分。

混合成本分解的方法有很多，常用的有账户分析法、合同认定法、技术测定法和数学分解法四种。

（一）账户分析法

账户分析法是根据各个成本项目及明细项目的账户性质，通过经验判断，把那些与变动成本较为接近的项目划为变动成本，与固定成本性质较为接近的项目划为固定成本，不太容易简单划分的项目则通过一定比例分解的方法。

例如“管理费用”账内大部分项目发生额的大小在正常产量范围内与产量变动没有关系，一般可将其视为固定成本；“制造费用”项内的车间管理部门办公费、直线法计提的

折旧等虽与产量的关系较“管理费用”密切，但基本特征仍属固定，也应被视为固定成本；而“制造费用”项内的燃料动力费、水电费等，虽然不像直接材料等费用那样与产量呈正比例变动，但其发生额的大小与产量变化关系密切，可视为变动成本。

【例5-1】乙公司某车间在20××年11月的成本数据见表5-1，运用账户分析法进行混合成本的分解。

表5-1　　成本数据表　　单位：元

账户	总成本
生产成本——材料	168 000
——工资及福利费	92 000
制造费用——燃料动力费	32 000
——修理费	7 000
——工资及福利费	22 000
——折旧费	35 000
——办公费	8 700
合计	364 700

一般情况下直接材料和直接人工（即“生产成本”账户项目）通常为变动成本；燃料动力费、修理费、间接人工费用虽然不与产量呈正比例变动，但有明显的变动关系，一般也确定为变动成本；折旧费和办公费与产量变动没有明显关系，一般确定为固定成本。但如果折旧费按照工作量法进行计算，则可以看作变动成本。

通过账户分析，该车间的成本分解见表5-2。

表5-2　　成本数据表　　单位：元

账户	总成本	固定成本	变动成本
生产成本——材料	168 000		168 000
——工资及福利费	92 000		92 000
制造费用——燃料动力费	32 000		32 000
——修理费	7 000		7 000
——工资及福利费	22 000		22 000
——折旧费	35 000	35 000	
——办公费	8 700	8 700	
合计	364 700	43 700	321 000

根据表5-2，该车间的总成本被分解为固定成本和变动成本两部分，其中：

a=43 700元

假设该车间当月产量为1 500件，则：

$$b = \frac{321\,000}{1\,500} = 214 \text{（元/件）}$$

用数学模型来描述该车间的总成本为：

Y=43 700+214x

账户分析法是混合成本分解的一种简单方法，也是决策分析中应用较广泛的方法，通常用于特定期间总成本的分解，对成本性态的确认也只限于成本性态相对比较典型的成本项目；由于其分析结果的可靠性在很大程度上取决于分析人员的判断，不可避免地会带有一定的局限性。

（二）合同认定法

合同认定法是根据企业与供应单位签订合同所规定的计价方法，以及企业内部既定的各种管理和核算制度中所明确规定的计费方法，来确认有关成本习性的方法。这种方法特别适合于有明确计算方法的各种公用事业费，如电费、水费、煤气费、电话费等，其账单上的基数即为固定成本，按耗用量计价的部分属于变动成本。

（三）技术测定法

技术测定法又称工程分析法，是通过测定在一定生产技术和管理水平条件下，正常生产过程中投入与产出的规律性关系，计算每单位产出量所需投入量，从而确定固定成本和变动成本的方法。

技术测定法测定的结果比较准确，但工作量很大，适用于没有历史数据可供参考的企业，或已经建立了标准成本制度，有现成消耗定额资料作为测定依据的企业。

（四）数学分解法

数学分解法是根据混合成本在过去一定期间内成本与业务量关系的历史数据，采用适当的数学方法加以分解，来确定其中固定成本和单位变动成本的方法。在实际工作中常用的数学分解法包括高低点法、散布图法和回归直线法。

1.高低点法

高低点法指通过观察一定相关范围内的各期业务量与相关成本所构成的所有坐标点，从中选出业务量最高点和最低点两点的坐标，并据此来推断固定成本总额和单位变动成本的方法。

其计算步骤为：

首先，在已知的资料中找出最高业务量及其对应的成本（x_1，y_1）和最低业务量及其对应的成本（x_2，y_2），构造成本函数：

$$\begin{cases} y_1 = a + bx_1 \\ y_2 = a + bx_2 \end{cases}$$

其次，计算单位变动成本：

$$b = \frac{y_1 - y_2}{x_1 - x_2}$$

接着，计算固定成本总额：

$a=y_1-bx_1$或者$a=y_2-bx_2$

最后，写出成本性态模型：

$y=a+bx$

高低点法的优点是简便易行，便于理解。但由于其只选择了两组数据作为计算依据，可能使得建立起来的模型不具有代表性。这种方法只适用于成本变化趋势比较稳定的企业。

【例 5-2】丙公司20××年上半年各月的燃料动力费与实际机器小时的数据资料见表5-3。

要求：用高低点法将混合成本（燃料动力费）分解为变动成本和固定成本。

表5-3 **丙公司20××年上半年燃料动力费**

项目＼月份	1月	2月	3月	4月	5月	6月
业务量（千机器小时）	90	105	60	135	120	75
燃料动力费（元）	9 150	9 750	8 700	10 200	10 050	8 850

解：根据表5-3的资料，得到最高点和最低点的坐标分别为（135，10 200）和（60，8 700），于是：

$$b=\frac{y_1-y_2}{x_1-x_2}=\frac{10\,200-8\,700}{135-60}=20\text{（元/千机器小时）}$$

$$a=y-bx=10\,200-20\times135=7\,500\text{（元）}$$

所以，燃料动力费的线性方程为：

$$y=7\,500+20x$$

需要注意的是：在运用高低点法进行混合成本分解时，应以自变量的高低为标准选择最高点和最低点坐标。

2.散布图法

散布图法指用横坐标表示业务量，纵坐标表示混合成本，将若干期业务量和成本的历史数据标注在平面直角坐标系上，通过目测画出一条尽可能接近所有坐标点的直线，并据此来推算固定成本和单位变动成本的方法。

散布图法以图示反映成本习性，更直观，易于理解，且考虑了所有已知的历史数据，计算结果比高低点法精确。但是由于需要目测画线，其结果往往因人而异，一般很难准确。

【例5-3】依例5-2。

要求：用散布图法将混合成本（燃料动力费）分解为变动成本和固定成本。

解：根据表5-3的资料，以横轴代表业务量（千机器小时），纵轴代表燃料动力费（元），于是丙公司20××年上半年各月的燃料动力费与实际机器小时的数据就形成若干点散布于坐标系中。用目测画出一条反映燃料动力费平均变动趋势的直线就行，如图5-1所示。

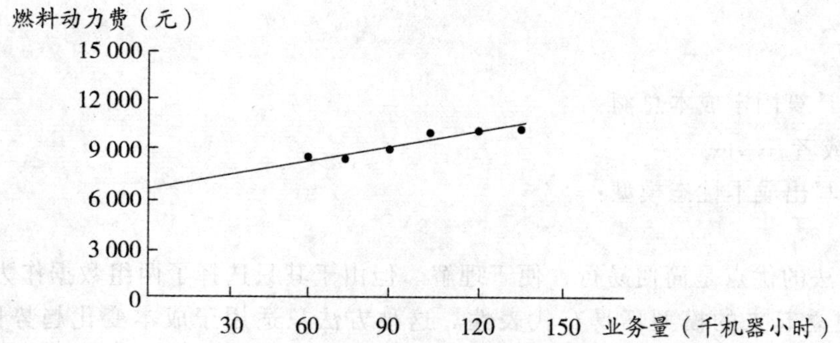

图5-1 混合成本分解的散布图

从图5-1中，目测所画直线与纵轴的交点为7 200元，即固定成本a。

选择相关范围内任一产量，代入成本性态方程式，即可求出单位变动成本b。若选产量120，燃料动力费为10 050元，于是：

$$b=\frac{y-a}{x}=\frac{10\,050-7\,200}{120}=23.75\ （元/千机器小时）$$

则按照散布图法得出的燃料动力费的成本性态模型为：

$y=7\,200+23.75x$

3. 回归直线法

回归直线法是根据业务量与混合成本的历史观测值，应用最小二乘法原理，确定一条与全部观测值误差平方和最小的直线，以估计固定成本和单位变动成本的方法。

回归直线法的基本步骤为：

首先，根据混合成本和业务量的各个观测值，建立回归直线方程：

$$y_i=a+bx_i \qquad ①$$

通过对联立方程组求和，得：

$$\sum y_i=na+b\sum x_i \qquad ②$$

用（1）式乘以业务量x_i，再求和，得：

$$\sum x_i y_i=a\sum x_i+b\sum x_i^2 \qquad ③$$

解②和③组成的联立方程组，得出回归系数a和b的计算公式，如下：

$$\begin{cases} a=\dfrac{\sum y_i-b\sum x_i}{n} \\ b=\dfrac{n\sum x_i y_i-\sum x_i\sum y_i}{n\sum x^2-(\sum x_i)^2} \end{cases}$$

最后得到成本性态方程：

$y=a+bx$

回归直线法计算的结果最为准确，但较为麻烦。

【例5-4】依例5-2。要求：用回归直线法将混合成本（燃料动力费用）分解为变动成本和固定成本。

解：根据表5-3提供的资料，编制表5-4。

表5-4　**用回归直线法计算的中间过程**

月份	业务量x（千机器小时）	燃料动力费y（元）	xy	x^2
1	90	9 150	823 500	8 100
2	105	9 750	1 023 750	11 025
3	60	8 700	522 000	3 600
4	135	10 200	1 377 000	18 225
5	120	10 050	1 206 000	14 400
6	75	8 850	663 750	5 625
n=6	$\sum x=585$	$\sum y=56\,700$	$\sum xy=5\,616\,000$	$\sum x^2=60\,975$

将表5-4中最后一行数据分别代入公式，得：

$$b=\frac{n\sum x_iy_i-\sum x_i\sum y_i}{n\sum x^2-(\sum x_i)^2}=\frac{6\times 5\ 616\ 000-585\times 56\ 700}{6\times 60\ 975-585\times 585}=\frac{526\ 500}{23\ 625}=22.29$$

$$a=\frac{\sum y_i-b\sum x_i}{n}=\frac{56\ 700-22.29\times 585}{6}=7\ 276.73$$

所以，用回归直线法可以获得成本性态模型为：

$y=7\ 276.73+22.29x$

混合成本的分解，应该根据不同的分解对象所需的精确程度和所能承担的成本支出来选择适当的方法。分解结果出来后，还应当尽可能采用其他方法进行印证，以期获得比较准确的成本性态数据。

二、变动成本法的概念和理论依据

变动成本法指在计算产品成本时，产品成本只包括在生产过程中所消耗的直接材料、直接人工和变动性制造费用，而不包括固定性制造费用，固定性制造费用作为期间成本在发生的当期全部从收入中扣除的成本计算方法。

变动成本法的理论依据是：固定性制造费用是为企业提供一定的生产经营条件，以保持生产能力并使其处于准备状态而发生的费用，它的发生是与企业维持一定的生产能力联系在一起的，其多少与业务量的多少并没有直接的联系。因此，固定性制造费用实际上是与会计期间相联系的支出，应将其视为期间费用更加合理。

三、变动成本法与完全成本法的比较

变动成本法与传统的成本计算方法（完全成本法）对固定性制造费用的不同处理方式导致了两种方法的一系列差异，主要表现在产品成本的构成内容、存货成本的构成内容以及各期损益三个方面。

（一）产品成本的构成内容不同

变动成本法与完全成本法划分成本的标准、类别以及产品成本包含的内容不同。变动成本法根据成本性态将企业全部成本分为变动成本和固定成本两大类。其产品成本只包括生产领域发生的直接材料、直接人工和变动性制造费用3个变动项目，固定性制造费用作为期间成本全额一次性从当期收入中扣除。非生产领域的销售费用、财务费用和管理费用也要分解为变动和固定两部分，在利润表中分别列示。

完全成本法根据成本的经济用途或职能把企业的全部成本分为生产成本和期间费用。生产成本指为生产产品或提供劳务而发生的支出，期间费用是企业为进行推销活动、组织和管理生产经营活动而发生的支出。生产成本按照经济用途可进一步划分为直接材料、直接人工和制造费用3个项目，这3个项目全部计入产品成本。期间费用则包括销售费用、财务费用和管理费用，全部计入当期损益。

变动成本法和完全成本法在成本分类及计算方面的区别见表5-5。

表5-5　**变动成本法和完全成本法在成本分类及计算方面的区别**

成本计算方法	完全成本法	变动成本法
成本划分标准	经济用途	成本性态
成本划分的类别	生产成本 期间费用	变动成本 固定成本
产品成本包含的内容	直接材料 直接人工 全部制造费用	直接材料 直接人工 变动性制造费用

（二）存货成本的构成内容不同

采用变动成本法，无论是在产品、库存产品还是已经出售的产品，其成本只包含变动性生产成本，而不包括固定性制造费用。在采用完全成本法时，库存产品的成本包含了全部生产成本。显然，变动成本法下的期末存货计价比完全成本法下的期末存货计价小，少了固定性制造费用的内容。

（三）计算盈亏的公式不同

按完全成本法计算税前利润的过程中，首先用销售收入补偿本期已销售产品的销售成本，确定销售毛利，然后再用销售毛利补偿期间费用确定税前利润。其计算公式如下：

税前利润=销售毛利-期间费用

=（销售收入-已销产品的销售成本）-期间费用

=［销售量×单价-（期初存货量×上期单位产品成本+本期产量×本期单位产品成本-期末存货量×本期单位产品成本）］-期间费用

按变动成本法计算税前利润的过程中，首先用销售收入补偿本期已销售产品的变动成本（包括变动性制造费用和其他变动性费用）确定边际贡献，然后用边际贡献补偿固定费用（包括固定性制造费用和其他固定性费用）来确定税前利润。其计算公式如下：

税前利润=边际贡献-固定成本总额

=（销售收入-变动成本总额）-固定成本总额

=（单价-单位变动成本）×销售量-固定成本总额

【例5-5】京海公司只生产乙产品，其20×7年、20×8年和20×9年连续三年的产销量及成本费用水平见表5-6，乙产品的销售单价为4 300元/台。

表5-6　**京海公司20×7—20×9年乙产品产量、销售量和单位生产成本资料**

项　目	20×7年	20×8年	20×9年
期初存货（台）	0	0	100
本期生产（台）	500	600	400
本期销售（台）	500	500	500
期末存货（台）	0	100	0
单位变动生产成本（万元/台）	0.26	0.26	0.26
固定性制造费用（万元）	8.4	8.4	8.4

续表

项　目	20×7年	20×8年	20×9年
本期生产单位完全生产成本（万元/台）	0.2768	0.274	0.281
变动性销售费用（万元）	10	10	10
固定性销售费用（万元）	25	25	25
变动性管理费用（万元）	6	6	6
固定性管理费用（万元）	15	15	15

要求：分别用变动成本法和完全成本法编制利润表，并进行比较。

解：由表5-6可知，京海公司连续3年的销售量不变，而各年生产量不同。

在变动成本法下，产品的单位生产成本不变，都是0.26万元/台；在完全成本法下，每年的单位生产成本计算如下：

20×7年单位完全生产成本=0.26+8.4÷500=0.2768（万元/台）

20×8年单位完全生产成本=0.26+8.4÷600=0.274（万元/台）

20×9年单位完全生产成本=0.26+8.4÷400=0.281（万元/台）

用变动成本法和完全成本法编制的利润表分别见表5-7和表5-8。

表5-7　京海公司20×7—20×9年按变动成本法编制的利润表　单位：万元

项　目	20×7年	20×8年	20×9年	3年合计
销售收入	215	215	215	645
减：变动成本				
变动生产成本	130	130	130	390
变动性销售费用	10	10	10	30
变动性管理费用	6	6	6	18
变动成本合计	146	146	146	438
边际贡献	69	69	69	207
减：固定成本				
固定性制造费用	8.4	8.4	8.4	25.2
固定性销售费用	25	25	25	75
固定性管理费用	15	15	15	45
固定成本合计	48.4	48.4	48.4	145.2
税前利润	20.6	20.6	20.6	61.8

表5-8　**京海公司20×7—20×9年按完全成本法编制的利润表**　单位：万元

项　目	20×7年	20×8年	20×9年	3年合计
销售收入	215	215	215	645
减：销售成本				
期初存货成本	0	0	27.4	27.4
本期生产成本①	138.4	164.4	112.4	415.2
可供销售的产品成本	138.4	164.4	139.8	442.6
减：期末存货成本	0	27.4	0	27.4
销售成本合计	138.4	137	139.8	415.2
销售毛利	76.6	78	75.2	229.8
减：期间费用				
销售费用	35	35	35	105
管理费用	21	21	21	63
期间费用合计	56	56	56	168
税前利润	20.6	22	19.2	61.8

从上述单位生产成本的计算以及分别用变动成本法和完全成本法编制的利润表可知：

（1）当每期产量发生波动时，完全成本法下单位产品的成本和期末存货成本也会随之波动。这是由于不同的产量分摊相同的固定性制造费用造成的，产量越大，单位产品完全生产成本就越低。

（2）只要每期的销售量相同，按变动成本法计算的税前利润就相等。这是因为按变动成本法所计算的税前利润只与销售量有关，而与产量无关。

（3）当本期生产量=本期销售量时，按两种方法所计算的税前利润相等（如20×7年期初和期末存货均为0，否则由于存货发出方法的不同，二者计算的结果也可能会稍有差异）；当本期产量>本期销售量时，按完全成本法计算的税前利润大于按变动成本法计算的税前利润（如20×8年，由于期末存货吸收了1.4万元（8.4÷600×100）的固定性制造费用，用完全成本法计算的税前利润比按变动成本法计算的税前利润正好高1.4万元）；当本期产量<本期销售量时，按完全成本法计算的税前利润小于按变动成本法计算的税前利润（如20×9年，由于当期销售的产品中包含了期初存货中释放的1.4万元固定性制造费用，所以20×9年按完全成本法计算的税前利润比按变动成本法计算的税前利润少了1.4万元）。

①　本期生产成本=本期产量×单位变动生产成本+固定性制造费用
或：本期生产成本=本期产量×单位完全生产成本

（4）在销售量保持不变的情况下，按完全成本法计算的税前利润随产量的下降而下降，按变动成本法计算的税前利润则保持相对稳定。

（5）无论采用什么样的成本计算方法，各种成本最终都要由企业的收入来补偿，所以，从一段较长的时间来看，两种成本计算方法计算的利润总额相同（见表5-7和表5-8的最后一栏）。

四、对完全成本法的评价

目前，完全成本法之所以仍然得到认可并在实际工作中广泛应用，主要在于其强调成本补偿一致性的观点仍然得到较多支持：变动生产成本和固定性制造费用都是产品生产过程中所必须支付的费用，所以，两种成本就都应该计入产品成本中去，从产品的销售收入中得到补偿。除此之外，完全成本法还具有以下优点：

第一，可以大大刺激企业加速发展生产的积极性。采用完全成本法时，产品产量越大，单位产品分摊的固定性制造费用就越低，单位产品的生产成本就会随之下降，单位产品的利润上升，从而使企业更加重视生产，从客观上刺激了生产的发展。

第二，完全成本法是企业会计准则要求采用的成本计算方法。完全成本法是一种传统的成本计算方法，已经得到会计界的公认，是现行企业会计准则要求企业编制报表时必须采用的方法。

但是，完全成本法也有其固有的缺点，表现为如下几点：

第一，完全成本法所确定的利润与销售量不相关。在销售单价、单位变动生产成本和固定成本不变的情况下，利润的增减理应和销售量的增减一致，多销售产品应该多得利润。但是，按照完全成本法计算的利润和销售量的多少不相关（见例5-5，在3年销售量相同的情况下，各年利润却不同，反而是产量高的年份利润高），这往往使管理人员不易理解，甚至片面追求高产量，造成盲目生产的现象。

第二，采用完全成本法计算的单位生产成本往往不能反映生产部门的真实业绩。根据例5-5的资料分析，如果京海公司进行技术革新，努力使单位变动生产成本降低20%，则产量为140台时，单位产品成本为0.268万元（0.26×（1-20%）+8.4÷140）；但产量如果为1 400台，则企业不用技术改造也会使产品的生产成本低于0.268万元，变为0.266万元（0.26+8.4÷1 400）。这说明，完全成本法计算的单位产品成本往往不能反映生产部门的真实业绩，反而会促使其不顾市场的销售情况尽可能多地生产产品。

第三，完全成本法不便于规划和控制企业的经营活动。完全成本法下，对于固定性制造费用往往需要通过很繁重的分配手续，将其计入产品成本，导致产品成本随产量而变化；另外，固定性制造费用的分配会受到分配标准选择的影响，难以保证其客观性，从而使完全成本法不便于进行预测和决策，不利于规划和控制企业的经营活动。

五、对变动成本法的评价

变动成本法由于满足了管理当局加强预测分析、决策分析、预算控制等的要求，被广泛应用在企业内部控制方面。其优点表现为：

第一，有利于进行预测和短期决策。变动成本法所提供的信息能够揭示成本、业务量和利润之间的依存关系，找出生产、成本、销售和利润变动的内在规律，有利于管理当局深入进行本量利分析和边际贡献分析，以进行正确的预测和决策。

第二，能够使管理当局更加重视销售，防止盲目生产。变动成本法下的利润随销售量同向变动，不受产量的影响，会促使管理当局努力开拓销售渠道，重视产品销售，防止盲目生产。

第三，便于分清各部门的经营管理责任，有利于进行成本控制和业绩评价。变动成本法按成本习性对成本进行分类，变动生产成本一般由生产和供应部门负责，通过事先制定标准成本和建立弹性预算进行日常控制；固定成本一般由管理部门负责，通过制定费用预算进行控制，这样可以分清各部门的经营管理责任。

另外，变动成本法所提供的信息还能把由于产量变动所引起的成本升降，与由于成本控制工作好坏而造成的成本升降清楚地区分开来，这不仅有利于企业进行科学分析，采用正确的方法进行成本控制，还能对各有关单位履行经营管理责任的工作业绩做出恰当的评价。

第四，简化产品成本的核算工作。采用变动成本法，把固定性制造费用列作期间成本，从边际贡献中减除，可以减少费用的分摊手续，这不仅大大简化了产品成本的计算过程，而且还可以避免间接费用分摊过程中的主观随意性。

变动成本法尽管有很多优点，但也有其不足的地方，表现在：

第一，不符合传统成本概念的要求。按照传统的成本概念，产品成本应该包括生产领域发生的全部成本，但变动成本法中产品成本只包括变动成本的特性无法满足这一要求，而且变动成本和固定成本的划分本身就存在局限性，在一定程度上是假设的结果。

第二，不能适应长期决策的需要。从长期来看，单位变动成本和固定成本总额都无法固定不变，因此成本性态的假设影响了变动成本法在长期决策中的应用。

第二节　本量利分析

本量利分析是“成本-业务量-利润分析”的简称，也称CVP（cost-volume-profit）分析。它是在成本性态分析的基础上进一步展开的一种分析方法，着重研究成本、业务量和利润三者之间的相互依存关系。这里介绍本量利分析的基本公式和应用，以及边际贡献的相关知识。

教学视频 5-1

本量利分析

一、本量利分析的基本假设

本量利分析基于动态环境进行分析，需要在理论上做出一系列基本假设。其主要假设如下。

（一）相关范围假设

相关范围确切地说是指“在一定期间和一定业务量范围内”，包含期间假设和业务量假设两层意思：

1.期间假设

固定成本总额的固定性和单位变动成本的不变性均体现在特定的期间内。随着时间的推移，固定成本的总额及其内容会发生变化，单位变动成本的数量及其内容也会发生变化。所以，本量利分析是基于特定期间展开的。

2.业务量假设

对成本按照性态的分类是在一定的业务量范围内分析和计量的结果，当业务量发生较大变动时，成本性态是有可能变化的，所以，本量利分析是基于一定业务量范围展开的。

（二）模型线性假设

本量利分析是在成本按性态划分的基础上发展起来的，混合成本的分解更多依赖回归直线法等分析技术，所以，本量利分析要以一系列与线性有关的假设来限定分析的范畴。

1.固定成本不变假设

固定成本不变假设用模型表示就是a=a′（a为固定成本，a′为常数）。即在企业经营能力的相关范围内固定成本总额保持不变，表现为一条水平线。

2.单位变动成本不变假设

单位变动成本和业务量之间的完全线性关系用模型表示就是b=b′x（b为变动成本总额，b′为单位变动成本，x为业务量）。变动成本线表现为从原点出发的直线，该直线的斜率就是单位变动成本。

3.销售单价不变假设

本量利分析中通常假设销售价格为一个常数，这样销售收入和销售数量之间就呈现一种完全线性关系，用数学模型表示就是I=I′x（I为销售收入，I′为销售单价，x为销售数量）。销售收入线也是一条过原点的直线，其斜率是销售单价。

（三）产销平衡假设

本量利分析的核心是分析业务量作为驱动因素如何影响成本和利润的变化，进行业务量分析时会对应着产量和销量两种指标，产销不平衡以及由此引起的存货问题会使分析过于复杂，因此，基本的本量利分析假定产销平衡。现实生活中产销不平衡的问题可基于本量利分析的原理予以扩展。

（四）品种结构不变假设

在一个多品种生产和销售的企业中，各种产品的销售收入在总收入中所占的比重不变，避免由于品种结构发生较大变动导致预计利润与实际利润出现较大“非预计性”的出入。

以上的假设中，相关范围假设是最基本的假设，是本量利分析的出发点；模型线性假设是相关范围假设的延伸；产销平衡假设和品种结构不变假设是对模型线性假设的进一步补充；品种结构不变假设又是多品种条件下产销平衡假设的前提条件。所有这些假设又都是以成本性态分析为基础的。

二、本量利分析的公式及其变换形式

（一）本量利分析的基本公式

把成本、业务量和利润之间的依存关系用等式来表达，即构成本量利分析的基本公式：

利润=销售收入-变动成本-固定成本

=单价×销售量-单位变动成本×销售量-固定成本

=（单价-单位变动成本）×销售量-固定成本

若单价为p，销售量为x，单位变动成本为b，固定成本为a，利润为P，则这些变量之间的关系可用下式表达：

$P=px-bx-a=(p-b)x-a$

式中的利润在中国主要指营业利润，而在西方财务会计中主要指“息税前利润”（earnings before interest and tax，EBIT）。

【例5-6】某企业生产和销售单一产品A产品，该产品的单位售价为100元，单位变动成本为50元，销售量为500件，固定成本总额为20 000元。

要求：计算企业的利润额。

解：将相关条件代入公式，可直接解得企业的利润为：

$P=(p-b)x-a=(100-50)\times 500-20\,000=5\,000$（元）

（二）本量利分析公式的变换形式

上述本量利分析的基本公式是将利润放在公式左边，便于在其他四个变量已知的情况下预测企业利润。如果待求的是其他变量，则可以将基本公式进行恒等变换，得出以下几个变化后的公式：

1.计算预计销售量的公式

$$销售量=\frac{固定成本+利润}{单价-单位变动成本}$$

当利润为0时计算的销售量为保本点的销售量，即保证企业不亏损的销售量，也叫盈亏临界点销售量。其计算公式为：

$$盈亏临界点销售量=\frac{固定成本}{单价-单位变动成本}$$

$$盈亏临界点销售额=\frac{固定成本}{(单价-单位变动成本)/单价}=\frac{固定成本}{贡献毛益率}$$

当利润>0时计算的销售量为保利点的销售量，即保证企业实现既定利润的销售量。

2.计算预计单价的公式

$$单价=\frac{固定成本+利润}{销售量}+单位变动成本$$

3.计算目标单位变动成本的公式

$$单位变动成本=单价-\frac{固定成本+利润}{销售量}$$

4.计算目标固定成本的公式

固定成本=单价×销售量-单位变动成本×销售量-利润

=（单价-单位变动成本）×销售量-利润

5.计算税后利润的本量利公式

如果存在所得税，则：

税后利润=（单价×销售量-单位变动成本×销售量-固定成本）×（1-所得税税率）

利用税后利润的本量利公式的变换形式可以计算实现目标利润所需要的目标销售量：

$$销售量=\frac{固定成本+\dfrac{税后利润}{1-所得税税率}}{单价-单位变动成本}$$

【例5-7】依例5-6，假设企业的所得税税率为25%。

请就以下不相关情况进行计算：

1.计算企业盈亏平衡点的销售量和销售额。

2.计算企业利润总额和税后利润分别为2 000元时应该达到的销售量。

3.若利润总额为2 000元，其他条件不变，计算相应的单位变动成本。

4.计算其他条件不变、利润总额为2 000元时对应的固定成本总额。

解：

$$1.盈亏临界点销售量=\frac{20\,000}{100-50}=400（件）$$

$$盈亏临界点销售额=\frac{20\,000}{(100-50)/100}=40\,000（元）$$

2.利润总额为2 000元的销售量为：

$$销售量=\frac{20\,000+2\,000}{100-50}=440（件）$$

税后利润为2 000元的销售量为：

$$销售量=\frac{20\,000+\dfrac{2\,000}{1-25\%}}{100-50}=\frac{22\,666.7}{50}\approx 454（件）$$

3.利润总额为2 000元时的单位变动成本为：

$$单位变动成本=100-\frac{20\,000+2\,000}{500}=100-44=56(元)$$

4.利润总额为2 000元时的固定成本总额为：

固定成本总额=（100-50）×500-2 000=25 000-2 000=23 000（元）

（三）安全边际及安全边际率

安全边际（margin of safety）指正常销售量或预计销售量（或销售额，下同）超过保本点销售量的差额，它表明销售量下降多少仍不至于亏损，体现企业经营的安全程度。安全边际的计算公式如下：

安全边际=正常销售量或预计销售量-保本点销售量

安全边际率指安全边际与正常销售量或预计销售量的比值，计算公式为：

$$安全边际率=\frac{安全边际}{正常销售量或预计销售量}\times 100\%$$

安全边际或安全边际率的数值越大，企业发生亏损的可能性就越小，企业的经营就越安全。

由于保本点销售量扣除变动成本后只能为企业收回固定成本，因此，只有安全边际的销售量才能为企业提供利润。安全边际部分的销售收入减去其自身的变动成本后成为企业的利润。由此，企业的销售利润率可以通过安全边际率乘以边际贡献率求得。

销售利润率=安全边际率×边际贡献率

【例5-8】依例5-6，计算企业的安全边际。

解：

由例5-7可知，企业保本点的销售量为400件，正常的销售量为500件，所以：

安全边际的销售量=500-400=100（件）

安全边际的销售额=100×100=10 000（元）

安全边际率=100÷500×100%=20%

（四）保本点的含义及计算

保本点是企业的损益平衡点，指企业不盈不亏、利润为零的销售量（或销售额）。保本点有两种形式：一种以实物量表现，称为保本点销售量；一种以货币金额表现，称为保本点销售额。

单一产品保本点的计算如下：

$$销售量 = \frac{固定成本}{单价 - 单位变动成本}$$

有多种产品时，保本点可采用加权平均法计算。此时需以各种产品的销售收入比重为权数，对其边际贡献率进行加权，计算产品加权平均的边际贡献率。

$$加权平均边际贡献率 = \sum(各种产品的销售比重 \times 各种产品的边际贡献率)$$

于是，加权平均的保本销售额为：

$$加权平均保本点销售额 = \frac{固定成本}{加权平均边际贡献率}$$

各种产品的保本销售额=加权平均保本点销售额×该产品的销售比重

三、边际贡献

（一）边际贡献及边际贡献率

1.边际贡献

边际贡献（marginal contribution，cm或Tcm），又称贡献边际或贡献毛益，指销售收入减去变动成本后的余额。即：

边际贡献（Tcm）=销售收入-变动成本

或：

单位边际贡献（cm）=单价-单位变动成本

边际贡献是产品的销售收入扣除自身变动成本后为企业所做的贡献，它首先用于弥补企业的固定成本，如果还有剩余则成为企业的利润。

2.边际贡献率指边际贡献在销售收入中所占的百分比。其计算公式为：

$$边际贡献率 = \frac{边际贡献}{销售收入} \times 100\% = \frac{单位边际贡献}{单价} \times 100\%$$

边际贡献率可以理解为每1元销售收入中边际贡献所占的比重，反映产品为企业作出贡献的能力。

（二）变动成本率

与边际贡献率相对应的概念是变动成本率，即变动成本在销售收入中所占的比重。其计算公式为：

$$变动成本率 = \frac{变动成本}{销售收入} \times 100\% = \frac{单位变动成本}{单价} \times 100\%$$

很明显，边际贡献率与变动成本率之和等于1，即：

边际贡献率+变动成本率=1

【例5-9】依例5-6，计算企业的边际贡献率和变动成本率。

解：$边际贡献率=\frac{单价-单位变动成本}{单价}\times100\%=\frac{100-50}{100}\times100\%=50\%$

$变动成本率=\frac{单位变动成本}{单价}\times100\%=\frac{50}{100}\times100\%=50\%$

由此可见：

边际贡献率+变动成本率=50%+50%=1

四、本量利图

将成本、业务量和利润三者之间的关系在直角坐标系中表示出来的图形就是本量利图。

（一）本量利图的绘制步骤

本量利图的绘制步骤如下：

1.绘制直角坐标系，以横轴表示销售量，纵轴表示销售成本和销售收入金额；

2.绘制与横轴平行的固定成本线a，固定成本线在纵轴上的截距为固定成本的数值；

3.以固定成本在纵轴上的截距为起点，以单位变动成本为斜率，绘制总成本线C；

4.以坐标原点为起点，以单价为斜率，绘制销售收入线S。

（二）基本的本量利图

基本的本量利图如图5-2所示。

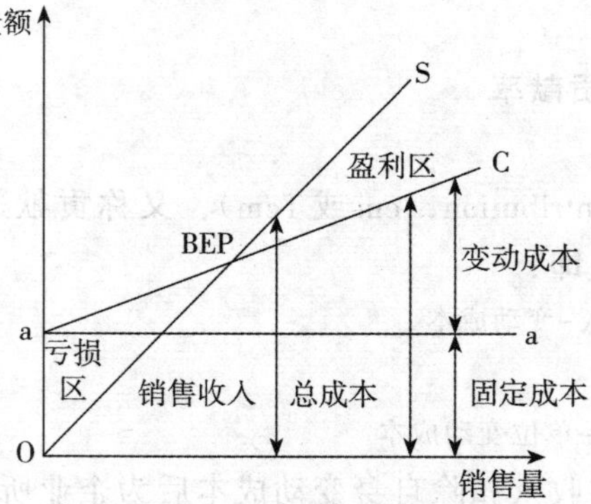

图5-2 基本的本量利图

由图5-2可以看出：

1.销售收入线S上任一点到横轴的距离即为相应的销售收入；同理，总成本线C上任一点到横轴的距离为相应的总成本，固定成本线a上任一点到横轴的距离为相应的固定成本。

2.总成本线C上任一点到固定成本线a的距离为相应的变动成本。

3.销售收入线和总成本线的交点BEP（Break Even Point）点为企业的盈亏平衡点。在该点上，企业的销售收入等于总成本，企业不盈不亏。

4.在BEP点左下侧的区域，企业的销售收入低于总成本，发生亏损，因此，BEP点左下侧的区域为企业的亏损区；同理，在BEP点右上侧的区域，销售收入高于总成本，为企业的盈利区。

5.在企业成本水平不变的情况下，销售收入越高，企业的盈利就越多。

【例5-10】江海公司只生产一种产品——甲产品，产品的单位变动成本为25元，固定成本总额为36 000元，每件产品的售价为40元。要求：计算以下不相关情况的数值。

（1）计算产品的单位边际贡献、边际贡献率、变动成本率和保本点业务量。

（2）若企业的预计销售量为4 500件，计算企业的税前利润、安全边际和安全边际率。

（3）如果企业的所得税税率为25%，企业要实现18 000元的税后利润，需销售多少甲产品？

（4）企业欲实现25 500元的税前利润，在其他因素不变的情况下，计算企业的目标销售量。

（5）若甲产品的销量只能达到3 075件，在成本水平不变的情况下，计算要实现25 500元的税前利润，产品的单价应定在什么价位？

（6）若甲产品的单价只能到42元，销售量同（5），固定成本水平不变，计算要实现25 500元的税前利润，甲产品的单位变动成本必须降到什么水平？

（7）若甲产品的单价只能到42元，销售量同（5），变动成本水平不变，计算要实现25 500元的税前利润，企业的固定成本总额必须降到什么水平？

解：

（1）单位边际贡献=40−25=15（元）

边际贡献率=15÷40×100%=37.5%

变动成本率=25÷40×100%=62.5%

保本点业务量=36 000÷（40−25）=2 400（件）

（2）税前利润=单位边际贡献×销售量−固定成本总额=15×4 500−36 000=31 500（元）

安全边际=4 500−2 400=2 100（件）

安全边际率=2 100÷4 500×100%=46.67%

（3）$\text{甲产品销售量}=\dfrac{\text{固定成本}+\dfrac{\text{税后利润}}{1-\text{所得税税率}}}{\text{单价}-\text{单位变动成本}}=\dfrac{36\,000+\dfrac{18\,000}{1-25\%}}{40-25}=4\,000$（件）

（4）目标销售量=（固定成本+税前利润）÷单位边际贡献

=（36 000+25 500）÷15

=4 100（件）

（5）$\text{单价}=\dfrac{\text{固定成本}+\text{利润}}{\text{销售量}}+\text{单位变动成本}=\dfrac{36\,000+25\,500}{3\,075}+25=45$（元）

（6）$\text{单位变动成本}=\text{单价}-\dfrac{\text{固定成本}+\text{利润}}{\text{销售量}}=42-\dfrac{36\,000+25\,500}{3\,075}=22$（元）

（7）固定成本=单位边际贡献×销售量−利润=（42−25）×3 075−25 500=26 775（元）

知识拓展

管理会计应用指引第303号
——变动成本法

管理会计应用指引第401号
——本量利分析

专业素养

1.产品只有销售出去才能为客户带来价值，要能够站在以终为始的角度看待成本，形成重视营销的经营理念。

2.分类即管理。形成多视角认识同一事物的习惯，培养触类旁通的能力。通过不同的成本计算，实现不同层次的成本管理。

3.有因才有果，有付出才会有收获。日常生活中应努力降低成本，增加业务，提高效益。

4.先回本才安全。要学会进行盈亏平衡分析，管理风险，增加投资价值。

基本训练

一、单项选择题

1.混合成本分解的数学分解法不包括（　　）。

A.高低点法　　B.散布图法　　C.技术测定法　　D.回归直线法

2.（　　）是分解混合成本诸多方法中最为简单的一种，同时也是相关决策分析中应用比较广泛的一种。

A.高低点法　　B.散布图法　　C.账户分析法　　D.工程分析法

3.造成“某期按变动成本法与按完全成本法确定的营业净利润不相等”的根本原因是（　　）。

A.两种方法对固定性制造费用的处理方式不同

B.两种方式计入当期损益的固定生产成本的水平不同

C.两种方法计算销售收入的方法不同

D.两种方法将期间费用计入当期损益的方式不同

4.（　　）是本量利分析最基本的假设，是本量利分析的出发点。

A.相关范围假设　　B.模型线性假设　　C.产销平衡假设　　D.品种结构不变假设

5.某企业只生产一种产品，单位变动成本为40元，固定成本总额6 000元，产品单价70元，要使安全边际率达到50%，该企业的销量应该达到（　　）件。

A.200　　B.400　　C.225　　D.120

6.销售收入为40万元，贡献边际率为40%，其变动成本总额为（　　）万元。

A.16　　B.24　　C.12　　D.8

7.某产品保本点为10 000件，实际销售15 000件，每件的单位边际贡献为20元，其利润为（　　）万元。

A.30　　B.10　　C.20　　D.12

8.某企业只生产一种产品，单价16元，单位变动生产成本10元，单位变动销售和管理费用2元，销售量1 000台，产品的贡献边际等于（　　）元。

A.4 000　　B.1 600　　C.1 000　　D.6 000

二、多项选择题

1.混合成本分解的方法有（　　）。

A.账户分析法　　B.合同认定法　　C.技术测定法　　D.数学分解法

2.采用高低点法分解混合成本时，应当选择（　　）作为最低点和最高点。

A.（60，200）　　B.（80，300）　　C.（50，210）　　D.（70，280）

3.变动成本法下，产品成本包括（　　）。

A.直接材料　　B.直接人工　　C.变动性制造费用　　D.固定性制造费用

4.下列各项中，体现变动成本法局限性的有（　　）。

A.按变动成本法计算的产品成本至少目前不符合税法的有关要求

B.按成本性态将成本划分为固定成本与变动成本往往基于某种假设

C.当面临长期决策的时候，变动成本法的作用会随着决策期的延长而降低

D.变动成本法使成本计算工作更加繁琐

5.本量利分析的基本假设有（　　）。

A.相关范围假设　　B.模型线性假设　　C.产销平衡假设　　D.品种结构不变假设

6.在本量利图中，盈亏平衡点的位置取决于（　　）。

A.固定成本　　B.单位变动成本　　C.销售量　　D.单价

7.下列各等式中成立的有（　　）。

A.变动成本率+安全边际率=1　　B.变动成本率+边际贡献率=1

C.安全边际率+边际贡献率=1　　D.安全边际率+保本点作业率=1

8.利润=（实际销售量-保本销售量）×（　　）。

A.贡献边际率　　B.单位售价　　C.单位边际贡献　　D.单价-单位变动成本

三、判断题

1.当期初存货小于期末存货时，变动成本法下的期末存货计价小于完全成本法下的期末存货计价；当期初存货大于期末存货时，变动成本法下的期末存货计价大于完全成本法下的期末存货计价。（　）

2.回归直线法可以使各观测点的数据与直线相应各点的误差的平方和实现最小化。（　）

3.用贡献毛益减去固定性制造费用就是利润。（　）

4.客观上，变动成本法有刺激销售的作用，因此，在一定意义上，变动成本法强调了固定性制造费用对企业利润的影响。（　）

5.完全成本法对固定成本的补偿由当期销售的产品承担，期末未销售的产品与当期已销售的产品承担着不同的份额。（　）

6.产销不平衡是导致变动成本法与完全成本法存在诸多差异的最直接、最根本的原因。（　）

7.从本量利分析的立场上，由于利润只是收入与支出的一个差量，所以模型线性假设只涉及成本与业务量两个方面，业务量在此可以是生产数量，也可以是销售数量。（　）

8.成本按性态划分的基本假设同时也是本量利分析的基本假设。（　）

9.盈亏临界点的贡献边际刚好等于总成本，超过盈亏临界点的贡献边际大于总成本，也就是实现了利润。（　）

10.单一品种情况下，盈亏临界点的销售量随着贡献边际率的上升而上升。（　）

四、计算题

1.甲公司为生产单一产品的公司，20×3年各月的水费支出与产量的有关数据见表5-9。

表5-9　水费支出与产量表

月份	产量（吨）	水费（元）
1	120	500
2	90	425
3	135	565
4	150	570

续表

月份	产量（吨）	水费（元）
5	120	530
6	165	680
7	150	610
8	150	630
9	135	580
10	105	490
11	180	720
12	185	730

要求：采用高低点法和回归直线法进行混合成本分解。

2.乙公司生产一种产品，20×1年和20×2年的有关资料见表5-10。

表5-10 **产品数据表**

项目	20×1年	20×2年
销售收入（元）	100 000	150 000
产量（件）	3 000	2 000
年初产成品存货数量（件）	0	1 000
年末产成品存货数量（件）	1 000	0
固定生产成本（元）	60 000	60 000
销售和管理费用（全部固定）（元）	15 000	15 000
单位变动生产成本（元）	18	18

要求：

（1）用完全成本法为该公司编制这两年的利润表，并说明为什么销售收入增加了，但税前利润反而大为减少；

（2）用变动成本法为该公司编制这两年的利润表，并将它同（1）比较，指出哪种成本法比较重视生产，哪一种比较重视销售。

3.丙公司只生产和销售B产品，20×3年该产品的单位变动成本为10元，变动成本率为40%，变动成本总额为120 000元，该年实现的税前利润为50 000元。若丙公司计划20×4年维持销售单价和成本水平不变。

要求：

（1）计算丙公司20×4年的保本销售量。

（2）若20×4年的计划销售量比20×3年增加10%，计算20×4年预计可获得的税前利润。

4.以下分别是三家企业在过去一年中的生产和销售情况，假定每个工厂的产品都在一种以上，相关数据见表5-11。

表5-11　**相关数据**

企业	销售收入（元）	变动成本总额（元）	贡献边际率（%）	固定成本总额（元）	税前利润（元）
甲	360 000		40		24 000
乙	150 000	82 500		60 000	
丙			30	65 000	−5 000

要求：根据本量利分析的基本原理，计算填写空白栏中的数据。

五、简答题

1.混合成本分解的方法有几种？相互之间的区别和各自的优缺点是什么？

2.请阐述变动成本法和完全成本法的内涵、适用范围和对企业的影响。

3.变动成本法和完全成本法各有哪些优缺点？

4.本量利分析的基本假设有哪些？说明它们的具体含义。

5.盈亏平衡分析在企业经营决策中有什么作用？试结合具体案例进行说明。

基本训练答案解析

案例分析

利凯工艺制品有限公司成本分析

利凯工艺制品有限公司20×1年3月公布业绩考核报告后，二车间负责人李杰情绪低落。原来，二车间负责人李杰自任职以来，积极开展成本管理活动，严格监控成本支出，努力降低车间成本。在考核中李杰没有完成责任任务，严重挫伤了其工作积极性。财务负责人了解情况后，就召集有关成本核算人员分析原因。

利凯工艺制品有限公司自1997年成立并从事工艺品加工销售以来，一向以“重质量、守信用”为宗旨，在同行中经营效果及管理成效较好。近期，公司决定实行全员责任制，寻求更好的成本管理方法提升企业效益。

利凯公司的成本费用资料如下：

材料消耗实行定额管理，产品耗用优质木材，单件定额6元；工人工资实行计件工资，计件单价3元；在制作过程中需用专用工具刻刀，每件工艺品限领1把，单价1.3元；劳保手套每生产10件工艺品领用1副，单价1元。

3月份固定资产的折旧费8 200元，办公费800元、保险费500元，租赁仓库费500元，当期计划产量5 000件。

车间实际组织生产时，根据3月份的订单组织生产了2 500件产品，车间负责人李杰充分调动生产人员工作积极性，改进加工工艺，严把质量关，杜绝了废品，最终使材料消耗由定额的每件6元，降低到每件4.5元；领用专用工具刻刀2 400把。

公司对于车间发生的成本费用采用定额成本进行核算和考核，3月份的考核资料如下：

（1）定额成本（单位：元）：

直接材料费用：30 000（6×5 000）

直接人工费用：15 000（3×5 000）

制造费用：17 000

其中：工具：6 500（1.3×5 000）

劳保用品：500（1×5 000÷10）

折旧费用：8 200

办公费用：800

保险费用：500

租赁费用：500

定额总成本：62 000

定额单位成本：12.4

按实际产量2 500件计算定额成本为31 000元（12.4×2 500）。

（2）实际成本（单位：元）：

直接材料费用：11 250（4.5×2 500）

直接人工费用：7 500（3×2 500）

制造费用：13 370

其中：工具：3 120（1.3×2 400）

劳保用品：250（1×2 500÷10）

折旧费用：8 200

办公费用：800

保险费用：500

租赁费用：500

实际总成本：32 120

实际单位成本：12.848

从上面的计算结果可以看出，3月份二车间的实际总成本为32 120元，大于定额成本31 000元，由此得出结论：二车间本期没有完成责任成本。

资料来源：佚名．利凯工艺制品有限公司业绩考核案例分析［EB/OL］．［2021-07-23］．https：//www.docin.com/p-1402939785.html.

案例分析参考答案

要求：

（1）分析二车间在此次考核中未完成责任指标的原因。

（2）如果你参加本次成本分析会议，你会提出什么建议？

第六章

产品生产决策

学习目标

知识目标：掌握产品生产决策的方法。

能力目标：运用产品生产决策方法进行计算、分析，提供决策方案。

素养目标：科学地进行产品品种和生产组织决策。

第一节　产品生产决策方法

教学视频 6-1

产品生产决策的方法

企业在产品生产决策中会遇到不同的经营决策问题，决策所采用的方法也各异。从实际工作中看，经常采用的决策方法有边际贡献分析法、差量分析法和成本无差别点法等。

一、边际贡献分析法

边际贡献分析法是在成本按性态进行分类的基础上，通过比较各备选方案边际贡献的大小来确定最优方案的分析方法。边际贡献指产品销售收入超过变动成本的金额，通常有两种表现形式：一是单位边际贡献（以cm表示），等于产品单价减去单位变动成本；二是边际贡献总额（以Tcm表示），等于产品的销售收入总额减去产品的变动成本总额。因为固定成本总额在相关范围内保持不变，边际贡献越大，减去不变的固定成本后的余额也就越大，对企业目标利润的贡献也就越大。所以，边际贡献的大小反映了备选方案对企业目标利润贡献的大小。

在运用边际贡献分析法进行备选方案的择优决策时应注意以下几点：

（1）在不存在专属成本的情况下，通过比较不同备选方案的边际贡献总额能够正确地进行择优决策。

（2）在存在专属成本的情况下，应计算备选方案的剩余边际贡献（边际贡献总额减去专属成本后的余额），通过比较不同备选方案剩余边际贡献总额的大小进行择优决策。

（3）在企业的某项资源（如原材料、工时等）受到限制的情况下，应通过计算、比较各备选方案单位资源边际贡献的方法来进行择优决策。

（4）由于边际贡献总额的大小既取决于单位产品边际贡献的大小，也受该产品产销量的影响，所以在进行决策时应尽可能选择边际贡献总额大的方案。

边际贡献分析法适用于收入成本型（收益型）方案的择优决策，尤其适用于多个方案的择优决策。

二、差量分析法

企业在不同备选方案之间进行比较和选择的过程实际上是选择最大收益方案的过程，最大收益是在各个备选方案的收入、成本的比较中产生的。差量分析法是当两个或两个以上的备选方案具有不同的预期收入和预期成本时，根据不同备选方案间的差量收入、差量成本计算的差量损益进行最优方案选择的方法。

运用差量分析法时应明确几个概念：

（1）差量是指两个或两个以上备选方案同类指标之间的数量差异。

（2）差量收入是指两个或两个以上备选方案预期收入之间的数量差异。

（3）差量成本是指两个或两个以上备选方案预期成本之间的数量差异。

（4）差量损益是指差量收入与差量成本之间的数量差异。当差量收入大于差量成本时，其数量差异为差量收益；当差量收入小于差量成本时，其数量差异为差量损失。差量损益实际上是两个或两个以上备选方案预期收益之间的数量差异。如果差量损益为正，则比较方案可取；否则说明比较方案不可取。

差量分析法的决策过程见表6-1。

表6-1 **差量分析法决策过程**

A方案	B方案	差量
预期收入	预期收入	差量收入
预期成本	预期成本	差量成本
预期损益	预期损益	差量损益

当差量损益>0时，A方案可取；

当差量损益<0时，B方案可取。

如果是在两个以上的备选方案中选优，可用此法两两进行比较，选出最优方案。

差量分析法可以应用于企业各项产品的生产决策，如半成品是出售还是深加工的决策、亏损产品是否继续生产的决策、不需用的机器设备是出售还是出租的决策等。

三、成本无差别点法

成本无差别点又称成本分界点，是指两个备选方案相关成本总额相等时的业务量。成本无差别点法指通过建立备选方案成本与产量之间的关系，计算出每两个备选方案之间的成本无差别点业务量，然后以成本无差别点业务量作为最终评价指标，根据成本无差别点所确定的业务量范围来决定方案取舍的一种决策方法。

成本无差别点法决策的基本步骤如下：

首先，建立各个备选方案中成本与业务量之间的函数关系。

在成本性态分类和混合成本分解的基础上，任何方案的总成本都可以用 $y=a+bx$ 表示。假定 x 表示成本无差别点业务量，a_1、a_2 分别表示方案Ⅰ和方案Ⅱ的固定成本总额，b_1、b_2 分别表示方案Ⅰ和方案Ⅱ的单位变动成本，y_1、y_2 分别表示方案Ⅰ和方案Ⅱ的成本总额，则两个方案成本与业务量的关系可表示如下：

$$y_1=a_1+b_1x$$

$$y_2=a_2+b_2x$$

其次，将上述方程联立方程组，并对其求解，所得业务量即为成本无差别点。

根据成本无差别点的定义，$y_1=y_2$，则：

$$a_1+b_1x=a_2+b_2x$$

通过计算，解得：

$$x=\frac{a_1-a_2}{b_2-b_1}$$

这时，整个业务量被分割为两个区域：$0\sim x$ 及 $x\sim+\infty$，其中 x 为成本无差别点。

再次，在同一坐标中绘出成本业务量线，如图6-1所示。

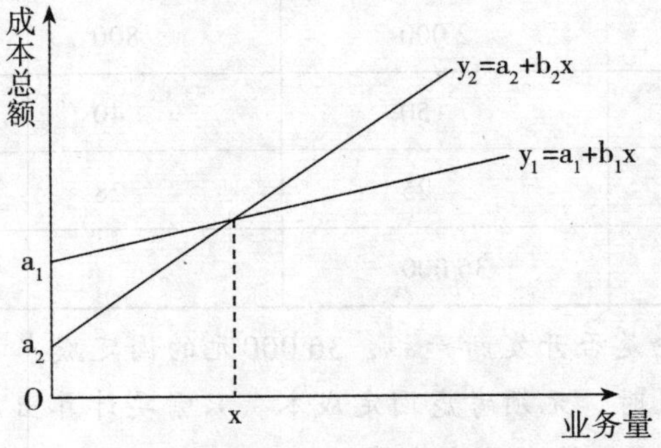

图6-1　成本无差别点业务量

最后，根据企业拟生产的产品数量选择成本最低的方案。

若企业拟生产的产品数量大于 x，应选择方案Ⅰ；相反，则应选择方案Ⅱ。

成本无差别点法适用于备选方案之间不涉及收入，只涉及成本，且业务量未知的方案决策。应用此法值得注意的是，如果备选方案超过两个时，应两两计算成本无差别点，然后通过不同方案之间的比较进行评价。比较时先根据已知资料作图较为直观，更容易界定不同方案的成本无差别点，以便较快地做出决策。

第二节　产品品种决策

产品生产决策是在企业总体经营目标的制约下，依据现有生产能力和其他资源条件，为充分利用现有资源，提高经济效益而对产品品种、数量、零部件取得方式、亏损产品处理、产品加工程度等生产领域中出现的各种待解决问题进行的决策，产品生产决策主要解决生产什么的问题。在进行产品生产决策时，应充分运用成本的概念，正确区分相关成本和无关成本，以相关成本或产品的边际贡献、差量损益等作为判断标准，选择合理的决策方法。

一、新产品品种抉择管理

企业所生产的产品能否及时满足市场需求，是决定其兴衰成败的关键。所以，企业必须不断根据顾客需求和自身经营能力状况研发适销对路的新产品，及时改造或淘汰不能适应市场需要的老产品，通过正确的产品品种决策维持和扩大市场占有率，取得竞争优势。

在进行新产品开发时，如果企业有剩余生产能力或停产老产品空出的生产能力可供利用，而且几种新产品均不需要增加专属固定成本时，应选择提供边际贡献总额最多的方案。

【例6-1】某企业原来只生产甲产品，现准备开发乙产品或丙产品，有关资料见表6-2。预计乙产品和丙产品的市场销路不成问题，但由于企业生产能力有限，只能投产其中一种产品。请做出应开发何种新产品的决策。

表6-2 甲、乙、丙产品相关资料表 金额单位：元

项　目	甲产品	乙产品	丙产品
产销量（件）	2 000	800	1 200
单价	50	40	32
单位变动成本	25	28	22
固定成本总额	36 000		

对于企业来说，无论是否开发新产品，36 000元的固定成本肯定会发生，所以，在进行开发哪种新产品的决策时，无须考虑固定成本。只需要计算出乙产品和丙产品的边际贡献额（见表6-3）加以对比，便可做出决策。

表6-3 乙产品和丙产品的边际贡献额 金额单位：元

项　目	乙产品	丙产品
预计销售量（件）	800	1 200
单价	40	32
单位变动成本	28	22
单位边际贡献	12	10
边际贡献总额	9 600	12 000

通过以上计算可以发现，丙产品的边际贡献额大于乙产品的边际贡献额，所以，应选择开发丙产品。

此项决策还可以通过计算不同产品能够给企业带来的利润额进行分析，详细过程见表

6-4，分析结论与直接通过边际贡献额进行比较的结果相同。

表6-4　**企业利润计算表**　单位：元

项　目	甲产品	乙产品	丙产品	甲、乙合计	甲、丙合计
销售收入	100 000	32 000	38 400	132 000	138 400
变动成本	50 000	22 400	26 400	72 400	76 400
边际贡献总额	50 000	9 600	12 000	59 600	62 000
固定成本	36 000	—	—	36 000	36 000
利润	14 000	—	—	23 600	26 000

如果新产品投产将发生不同的专属成本，则需计算各种产品的剩余边际贡献或者计算两个方案的差量损益进行比较。

【例6-2】依例6-1，假定开发乙产品和丙产品均需追加不同的专属成本，开发乙产品的专属成本为4 200元，开发丙产品的专属成本为6 000元。试进行产品开发决策。

因为专属成本属相关成本，在进行决策时必须考虑。

（1）两种产品的剩余边际贡献计算见表6-5。

表6-5　**剩余边际贡献计算表**　单位：元

项　目	乙产品	丙产品
边际贡献总额	9 600	12 000
专属成本	4 200	6 000
剩余边际贡献	5 400	6 000

由此可见，乙产品的剩余边际贡献小于丙产品600元，所以应投资开发丙产品。

（2）可利用差量分析法进行决策分析。两个方案的差量损益计算见表6-6。

表6-6　**差量损益计算表**　单位：元

项　目	开发乙产品	开发丙产品	差异额
相关收入	32 000	38 400	-6 400
相关成本	26 600	32 400	-5 800
其中：变动成本	22 400	26 400	
专属成本	4 200	6 000	
差量损益			-600

在考虑专属成本的情况下，乙产品和丙产品之间的差量损益为-600元，所以应投资开发丙产品。

二、亏损产品生产管理

在企业生产经营过程中，某种产品或某些产品亏损是很正常的现象，对于亏损产品是否应停产的问题，绝不能简单地根据财务会计提供的成本信息资料予以决策，而应该综合分析产品成本的构成情况、企业的经营状况、生产能力的利用情况以及其他有关因素，根据具体情况做出科学的决策。

【例6-3】某企业现生产A、B、C三种产品，其中B产品是亏损产品，有关产品资料见表6-7。

表6-7 **全部产品相关资料表** 金额单位：元

项　目	A产品	B产品	C产品	合　计
销售收入	208 000	72 000	80 000	360 000
变动成本	112 000	60 000	52 500	224 500
产量（件）	800	400	250	1 450
边际贡献	96 000	12 000	27 500	135 500
固定成本				
其中：可避免固定成本	18 900	10 000	13 800	42 700
不可避免固定成本	9 800	3 300	3 600	16 700
合　计	28 700	13 300	17 400	59 400
利润	67 300	-1 300	10 100	76 100

试做出亏损产品是否停产的决策。

该决策的备选方案有两个：一是维持现状，继续生产B产品；二是停止生产B产品。由此可以使用差量分析法分析这两个备选方案的差量收入、差量成本和差量损益并据以进行决策。因为不可避免固定成本是无关成本，在进行决策分析时不予考虑。备选方案差量损益的计算过程见表6-8。

表6-8 **差量分析表** 单位：元

项　目	继续生产B产品	停产B产品	差　量
销售收入	360 000	288 000	72 000
变动成本	224 500	164 500	60 000
边际贡献	135 500	123 500	12 000
固定成本	42 700	32 700	10 000
剩余边际贡献	92 800	90 800	2 000

由表6-8可以看出，企业的B产品尽管亏损1 300元，但停产后却使整个企业的剩余边际贡献减少了2 000元。其原因是，停止生产B产品，其变动成本和可避免固定成本虽然可以停止发生，但是不可避免成本却不会因此而减少，在B产品能够提供12 000元边际贡献的情况下，停止生产会减少可用于弥补固定成本的边际贡献总额，从而使企业的剩余边际贡献降低，企业的利润水平相应下降。所以，在对亏损产品是否停产进行决策时，应

分别情况予以对待。

亏损产品的决策一般应注意以下几点：

（1）如果亏损产品能够提供边际贡献额，弥补一部分固定成本，除特殊情况外（如存在更加有利可图的机会），一般不应停产；如果亏损产品不能够提供边际贡献额，通常应当考虑停产。

（2）亏损产品能够提供边际贡献额，并不意味着该亏损产品一定要继续生产，而是要和其可能存在的机会成本进行比较（如用于出租的租金或转产其他产品的边际贡献等），选择能够使企业获得更多边际贡献的项目。

【例6-4】依例6-3，假定B产品停产后，空出的生产能力可用于扩大A产品的生产，每年可增产A产品100件，不需追加新的生产设备，A产品的市场销售没有问题，增加A产品的生产和销售数量不会降低其市场售价。试做出B产品是否停产的决策。

在转产决策中，只要转产的A产品的边际贡献总额大于亏损产品能够提供的边际贡献总额，就应该做出转产的决策。该决策的备选方案有两个：一是维持现状，继续生产B产品；二是停止生产B产品转而生产A产品。由此可以使用差量分析法分析这两个备选方案的差量收入、差量成本和差量损益并据以进行决策。计算过程见表6-9。

表6-9　**差量分析表**　单位：元

项　目	继续生产B产品	转产A产品	差　量
销售收入	72 000	26 000	46 000
变动成本	60 000	14 000	46 000
边际贡献	12 000	12 000	0
固定成本	10 000	0	10 000
剩余边际贡献	2 000	12 000	-10 000

由表6-9的计算可以看出，停产B产品转产A产品后，B产品专属的固定成本10 000元可以避免，这样在两种产品提供的边际贡献相同的情况下，由于转产A产品不用追加新的固定成本，从而使企业的剩余边际贡献增加10 000元。

在实际工作中，两种产品的边际贡献不一定正好相同，停产B产品也不一定正好转产A产品，此时决策的依据是：

（1）如果转产产品能够提供的边际贡献总额（有专属成本时为剩余边际贡献）大于亏损产品能够提供的边际贡献总额（或剩余边际贡献）则应该转产。

（2）如果亏损产品停产后，闲置的厂房或设备可用于出租，则只要出租的净收入（租金收入减去按合同规定应由出租者负担的某些费用后的余额）大于亏损产品能够提供的边际贡献总额（或剩余边际贡献），也应考虑停产亏损产品转而采用出租的方案。

（3）在生产、销售条件允许的情况下，大力发展能够提供边际贡献的亏损产品，也可能会使产品扭亏为盈，并使企业的利润增加。

【例6-5】依例6-3，若企业生产能力仍有剩余，而且B产品的市场需求有进一步扩大的空间。剩余生产能力尚可生产200件B产品，B产品的增产不会增加专属固定成本且不会影响其市场售价。试做出B产品是否停产的决策。

不论剩余生产能力是否增产B产品，其不可避免成本不会发生变化，所以仍为无关成本，在进行决策分析时不予考虑。剩余生产能力用于增产B产品后，企业损益的变化情况见表6-10。

表6-10 企业利润计算表 单位：元

项　目	A产品	B产品	C产品	合　计
销售收入	208 000	108 000	80 000	396 000
变动成本	112 000	90 000	52 500	254 500
边际贡献	96 000	18 000	27 500	141 500
固定成本	18 900	10 000	13 800	42 700
剩余边际贡献	77 100	8 000	13 700	98 800

由表6-10的计算可知，当继续扩大B产品的生产时，企业的剩余边际贡献增加了6 000元（98 800-92 800）。所以，企业应该利用其剩余生产能力增产B产品，从而增加企业的边际贡献总额，提高企业利润。

（4）对不提供边际贡献的亏损产品，也不能不加区别地予以停产，而应该首先在降低成本上做文章，以期能够扭亏为盈；其次，应在市场允许的范围内通过适当提高售价来实现扭亏为盈的目标；最后，还应该考虑企业的产品结构和社会效益的需要等。

总之，亏损产品决策涉及的因素很多，需要从不同角度设计方案并采用恰当的方法予以决策，在不降低企业市场竞争力和不影响企业总体目标实现的情况下选择最优方案。

三、零配件自制和外购管理

对于那些具有一定机械加工能力的企业而言，常常面临所需零配件是自制还是外购的决策。有些零部件，虽然自制不增加固定成本，但在市场上可以买到，而且价格合理、质量有保证；有些零部件虽然可以在市场上买到，但如果由自制改为外购，就会使剩余生产能力不能被充分利用，而且固定成本并不会因零件外购而减少；有些零部件在产量超过一定限额时自制较好，低于该限额时外购为宜；还有的零部件外购时其剩余生产能力可以出租获得一定的租金收入等。这时，就需要管理者充分考虑各种相关成本，就自制或外购做出科学决策。

零部件自制或外购决策的特征是：假设自制或外购所取得的零部件不存在功能差异，在决策中不涉及差别收入。因此，只需比较不同方案的相关成本，以成本低的方案为优。

1.外购不减少固定成本

如果企业可以从市场上买到现在由企业自己生产的某种零部件，而且质量相当、供货及时、价格低廉，这时一般会考虑是否停产外购。在由自制转为外购且剩余生产能力不能利用（固定成本不因停产而减少）时，正确的分析方法是：将外购零部件的单位增量成本（包括买价，单位零部件应负担的订购、运输、装卸、检验等费用）与自制时的单位增量成本相比较，单位增量成本低的方案为优。由于固定成本不因零部件停产而减少，故固定成本为无关成本，自制时的单位增量成本就是单位变动成本。所以，当外购的单价低于单位变动成本时应该外购；反之则应该自制。

【例 6-6】企业生产A产品每年需用甲零件46 000个，自制时每个零件的成本为65元，其中：单位变动成本48元，单位固定成本17元。现在市场上可以以每个55元的价格购入甲零件，且质量较好，可以按时送货。生产甲零件的生产能力不能转为他用。试做出甲零件是自制还是外购的决策。

如果运用财务会计的观点，外购甲零件的价格55元低于自制成本65元，外购的单位成本比自制低10元，甲零件应该外购。其实不然，因为生产甲零件的生产能力不能转为他用，所以其固定成本为无关成本。此决策只需将甲零件的购入价格和单位变动成本进行比较即可。

由于外购价格55元大于自制的单位变动成本48元，所以，应该选择自制甲零件，每年可为企业节约成本322 000元（（55-48）×46 000）。

2.外购时有租金收入或转产其他产品的边际贡献额

如果零部件外购空出的剩余生产能力可以转移（如出租或转产其他产品），由于出租剩余生产能力能获得租金收入，转产其他产品能提供边际贡献额，因此，在进行决策时，必须将租金收入或转产产品的边际贡献额作为自制方案的一项机会成本，构成自制方案增量成本的组成部分，然后将自制方案总的增量成本与外购成本相比，择其低者。

【例 6-7】依例 6-6，假定甲零件由自制改为外购后，其空出的剩余生产能力可以对外出租，每年的租金收入为350 000元。试做出甲零件是自制还是外购的决策。

在计算、比较甲零件是自制还是外购这两个方案的增量成本时，应将剩余生产能力的租金收入作为一项机会成本予以考虑，计算过程见表6-11。由于自制甲零件的成本总额高于外购28 000元（2 558 000-2 530 000），所以，此时应选择外购甲零件，可以为企业节约成本、增加利润。

表6-11　**自制或外购的相关成本**　单位：元

项　目	自制甲零件	外购甲零件
单位变动成本	48	55
固定成本（机会成本）	350 000	
总成本	2 558 000	2 530 000

3.自制增加固定成本

在企业所需零部件由外购转为自制时，如果需要增加一定的专属成本（如购置专用设备的支出），或由自制转为外购时可以减少一定的专属固定成本时，自制方案的单位增量成本不仅应包括单位变动成本，而且应包括单位专属固定成本。由于单位专属固定成本随产量的增加而减少，因此自制方案单位增量成本与外购方案单位增量成本将在某个产量点上产生优劣互换的现象，即需求量超过某一数量时自制有利，低于某一限度时外购有利。此时方案的决策可采用成本无差别点法。

【例 6-8】企业每年需用乙零件5 000个，以前一直外购，购买价为12元/个。现该企业有无法移作他用的多余生产能力可以用来生产乙零件，但每年将增加专属固定成本23 000元，自制时单位变动成本为8元/个。试做出乙零件是自制还是外购的决策。

首先，计算自制和外购方案的成本无差别点业务量x。

23 000+8x=12x

解得：x=5 750

其次，进行决策。

因为乙零件全年需用量为5 000个，小于成本无差别点业务量，所以，应该采用外购方案，每年可为企业节约成本3 000元（（23 000+5 000×8）-60 000）。

为使决策过程更加形象，可以将两个方案的成本状况在直角坐标系中表示，如图6-2所示。

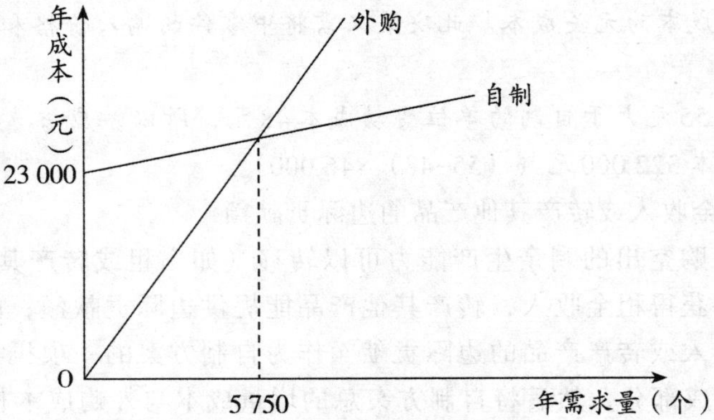

图6-2 零件自制与外购成本无差别点（1）

由图6-2可知，如果乙零件的年需求量大于5 750个，应该选择自制；年需求量小于5 750个，则应该外购。

实际工作中为扩大销售，供应商经常采用商业折扣的方式，根据企业采购的零部件数量制定不同的价格水平，这时外购方案应考虑购买价格的变动情况，以做出正确决策。

【例6-9】依例6-8，若外购价格为：购买量在6 000个以上时单价10元，6 000个以下时单价12元，乙零件全年的需求量随使用该零件的产品产量而定。试做出乙零件是自制还是外购的决策。

根据以上资料可以计算两个成本无差别点业务量：

23 000+8x=12x

解得：x=5 750

23 000+8x=10x

解得：x=11 500

为便于了解各种方案的产量取舍范围，可将其绘入直角坐标系中，如图6-3所示。

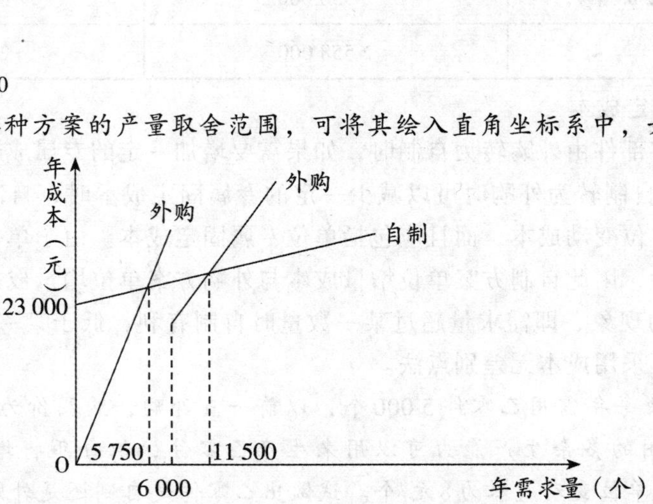

图6-3 零件自制与外购成本无差别点（2）

图6-3形象地说明，当乙零件需求量在5 750个以下或6 000个以上11 500个以下时外购成本较低，外购比较有利；当乙零件需求量在5 750个以上6 000个以下或11 500个以上时，自制的成本较低，自制有利。

以上零部件自制或外购决策属于定量分析，但有时定性分析更为重要。一些企业总是自己生产零部件，因为他们要控制质量；一些企业因为拥有专利技术，生产中需要技术工人或特定的原材料而自己生产零部件；另一些企业为保持和供应商的长期互利关系一直购买零部件等。所以，零部件是自制还是外购的决策绝不仅仅限于经济上简单的分析，而是要将定量分析的结果和企业的战略相结合，既考虑企业成本管理的要求，又有利于企业的长远发展。

四、半成品（或联产品）是否进一步加工的管理

联产品指使用同种原料，经过同一加工过程同时生产出来的两种或两种以上的主要产品。它们虽然在性质和用途上不同，但都是企业的主要产品。如炼油厂的原油经过催化同时生产的汽油、轻柴油、重柴油等产品，奶制品厂同时生产的奶油、牛奶等产品，均属于联产品。一些企业的联产品或半成品可以立即出售，也可进一步加工后再出售，因此，这些企业面临着半成品或联产品是否应进一步加工的问题。在这类决策中，联产品或半成品在进一步加工前所发生的成本叫联合成本；联产品或半成品在进一步加工阶段中所需追加的变动成本或固定成本叫可分成本。联合成本对于是否深加工的决策而言属于无关成本，只有为了继续加工而发生的成本才是与决策相关的成本。这类问题的分析方法是，通过比较立即出售和加工后出售两种方案的差别损益来进行决策。

【例6-10】某企业现有生产能力可以生产丙半成品6 000件，如果将这些半成品直接出售，单价为50元，丙半成品的单位变动成本为36元，单位固定成本为6元。现在该企业还可以利用剩余生产能力对丙半成品进行深加工后再出售，深加工需发生的单位变动成本为2元，单位固定成本为1元，单位售价可提高到53元。剩余生产能力没有其他用途。试就以下不相关的各种情况做出决策。

（1）若该企业的剩余生产能力足以将全部丙半成品加工为产成品，是否继续加工？

（2）若该企业的剩余生产能力只能够将丙半成品的60%加工为产成品，是否继续加工？

（3）若该企业将丙半成品加工为产成品需租入一台专用设备，设备年租金8 000元，是否继续加工？

（4）若丙半成品与产成品的投入产出比例为1.5：1，即1.5件丙半成品能够加工成1件产成品，是否继续加工？

在进行类似决策时，首先要分清哪些成本是相关成本，哪些是无关成本。在本案例中，丙半成品继续加工前的成本，无论是变动成本还是固定成本均与决策无关，不予考虑；因为深加工利用的是企业的剩余生产能力（没有其他用途），深加工过程中发生的单位固定成本也应视为沉没成本，只有深加工过程中发生的单位变动成本以及专门租入的设备的租金等才是相关成本。四种不相关情况均可以通过差量分析法进行决策。

（1）丙半成品直接出售和深加工的差量损益计算见表6-12。

由表6-12可以看出，企业应利用剩余生产能力继续加工丙半成品，由此可以多获利6 000元。

表6-12 **差量损益分析表（1）** 单位：元

项 目	继续加工	直接出售	差异额
相关收入	6 000×53=318 000	6 000×50=300 000	18 000
相关成本	6 000×2=12 000	0	12 000
差量损益			6 000

（2）企业只有60%的深加工能力，只能将3 600件丙半成品深加工为产成品，据此计算的差量损益见表6-13。

表6-13 **差量损益分析表（2）** 单位：元

项 目	继续加工	直接出售	差异额
相关收入	6 000×60%×53=190 800	6 000×60%×50=180 000	10 800
相关成本	6 000×60%×2=7 200	0	7 200
差量损益			3 600

由以上计算可知，企业应充分利用其剩余生产能力，将丙半成品的60%深加工为产成品，多获利润3 600元。

（3）在深加工中租入设备的租金属于深加工方案的相关成本，据此计算的方案的差量损益见表6-14。

表6-14 **差量损益分析表（3）** 单位：元

项 目	继续加工	直接出售	差异额
相关收入	6 000×53=318 000	6 000×50=300 000	18 000
相关成本			
其中：变动成本	6 000×2=12 000	0	12 000
固定成本	8 000	0	8 000
差量损益			−2 000

可见，应将丙半成品直接出售，从而多获利2 000元。

（4）依据所给条件，6 000件丙半成品只能加工4 000件产成品，据此进行的计算见表6-15。

表6-15 **差量损益分析表（4）** 单位：元

项 目	继续加工	直接出售	差异额
相关收入	6 000÷1.5×53=212 000	6 000×50=300 000	−88 000
相关成本	6 000÷1.5×2=8 000	0	8 000
差量损益			−96 000

可见，企业应直接出售丙半成品以多获利96 000元。

【例6-11】企业生产的甲产品在继续加工过程中可分离出A、B两种联产品，联产品的产量分别是200千克和400千克，发生的联合成本为66 000元，按产量比例分配给A、B产品。A产品可以直接出售，也可以继续加工为C产品再出售。A、B、C产品的售价分别为350元、260元和450元，继续加工A产品的单位变动成本为20元。试就以下不相关情况进行决策：

（1）A产品与C产品的加工比例为1：0.8，是否继续加工A产品？

（2）A产品与C产品的加工比例为1：1，但深加工需购置一套工具，价值1 600元，是否继续加工A产品？

（3）A产品与C产品的加工比例为1：1，但若A产品直接出售，闲置的生产能力可以用来承揽其他产品的加工业务，预计可获边际贡献12 200元，是否继续加工A产品？

联合成本不论是否分配给A、B产品均属于与决策无关的成本，在进行决策时不予考虑。A产品与C产品的加工比例为1：0.8，意味着200千克A产品可以加工成160千克C产品；在后两个方案中，A产品深加工后可以形成200千克C产品，而且在深加工过程中发生的工具购置费用以及若直接出售形成的闲置生产能力可能产生的边际贡献则属于相关成本，在决策时必须予以考虑。三种情况下的差量损益计算分别见表6-16至表6-18。

表6-16 差量损益分析表（5） 单位：元

项　目	直接出售A产品	深加工为C产品	差异额
相关收入	350×200=70 000	450×200×0.8=72 000	−2 000
相关成本	0	200×0.8×20=3 200	−3 200
差量损益			1 200

表6-17 差量损益分析表（6） 单位：元

项　目	直接出售A产品	深加工为C产品	差异额
相关收入	350×200=70 000	450×200=90 000	−20 000
相关成本			
其中：变动成本	0	200×20=4 000	−4 000
专属成本		1 600	−1 600
差量损益			−14 400

表6-18 差量损益分析表（7） 单位：元

项　目	直接出售A产品	深加工为C产品	差异额
相关收入	350×200=70 000	450×200=90 000	−20 000
相关成本			
其中：变动成本	0	200×20=4 000	−4 000
机会成本	0	12 200	−12 200
差量损益			−3 800

通过表6-16至表6-18的计算可知，在情况1下应直接出售A产品，使企业多获利1 200元；后两种情况下均应将A产品继续加工为C产品，可分别使企业多获利14 400元和3 800元。

第三节 产品生产组织决策

产品生产决策主要解决生产什么和如何生产等问题。上一节通过不同的产品生产决策解决了企业应该生产什么的问题，本节阐述企业应如何合理地安排生产。生产组织决策中的成本管理主要包括如何在不同工艺之间进行选择、生产任务的合理分配、是否需要赶工等，旨在通过生产组织的合理安排，提高组织工作的效率、降低组织成本，使企业的产品生产决策更加科学。

一、生产工艺选择管理

生产工艺指加工制造产品或零件所使用的机器、设备和加工方法的总称。企业在其生产经营过程中，往往可以采用不同的设备加工某种产品或零部件。采用先进的工艺方案，产量和质量会大大提高，但需要使用高精尖的专用设备，固定成本较高，而单位变动成本可能会较低；相反，对于落后的工艺方案，往往只需要使用普通的设备，固定成本较低，但其单位变动成本可能很高。在固定成本和单位变动成本的消长变动组合中，产量成为最佳的判断标准，可用成本无差别点法进行决策。只要能确定不同生产工艺的成本无差别点（不同工艺总成本相等时的业务量），就可以根据产量确定选择何种生产工艺最为有利。

【例6-12】企业生产某种产品，共有甲和乙两种工艺可供选择，其相关的成本资料见表6-19。

表6-19 不同工艺成本资料 单位：元

项目	专属固定成本	单位变动成本
甲工艺	1 200	26
乙工艺	3 600	14

首先，计算两种工艺的成本无差别点业务量，设其为x，则：

$1\ 200+26x=3\ 600+14x$

解得，$x=200$

其次，根据计算结果进行决策。

当企业产品的产销量大于200台时，应该选择乙工艺，否则应选用甲工艺。

二、生产任务分配管理

当一种零部件或产品可以由多种设备加工或由多个车间生产时，就存在由哪种设备或哪个车间加工最有利的问题。在面临多种选择时，根据相对成本或单位变动成本分配生产任务，往往可以降低生产费用。

（一）根据相对成本分配生产任务

在实际工作中，有些零部件可以在不同类型、不同精密度的设备上生产，于是在更换产品品种或生产计划变更的情况下，常常会用比较先进、大型或精密的设备去加工技术要求较低或较小的零部件，使相同零部件在不同车间或设备上有着不同的单位成本。为保证企业在完成任务的同时尽可能降低产品成本，可以运用相对成本分析法将各种零部件的生产任务分配给各个车间或各种设备，以降低各种零部件的总成本。

相对成本指在一种设备上可以加工几种零部件时，以某一种零部件的单位成本为基数（一般为1），将其他各种零部件的单位成本逐一与之进行比较而得到的系数（倍数）。由于同一种零部件对于不同设备会有不同的相对成本，于是企业在分配生产任务时应该将零部件交由相对成本较低的设备或部门去完成。

【例6-13】企业有甲、乙、丙三种零件，本来全部由一车间负责生产，生产成本较低。现在由于市场需求扩张，使这三种零件的需求量都有较大幅度增长，一车间的产能已无法完全满足零件的市场需求，因此不得不将一部分零件的生产交由二车间负责。一车间的生产能力为30 000工时，二车间的生产能力为28 000工时。其他资料见表6-20。

表6-20　**企业目前产品及产能状况**

零件种类	单位成本（元）		计划产量（件）	所需工时（小时）	
	一车间	二车间		单位零件	总计
甲	250	260	3 000	6	18 000
乙	282	298	4 800	2	9 600
丙	184	190	5 000	4	20 000
合计					47 600

决策时首先根据上述资料计算各零件在不同车间的相对成本，见表6-21。

表6-21　**相对成本计算表**

零件种类	以甲零件的单位成本为基数		以乙零件的单位成本为基数		以丙零件的单位成本为基数		适宜的生产部门
	一车间①	二车间②	一车间③	二车间④	一车间⑤	二车间⑥	
甲	1	1	0.887	0.872	1.359	1.368	一、二车间
乙	1.128	1.146	1	1	1.533	1.568	一车间
丙	0.736	0.731	0.652	0.638	1	1	二车间

相对成本的计算可以通过表6-21中的第②、③栏进行说明。

②栏中相对成本的计算如下：

甲：260÷260=1　　乙：298÷260=1.146　　丙：190÷260=0.731

③栏中相对成本的计算如下：

甲：250÷282=0.887　　乙：282÷282=1　　丙：184÷282=0.652

就第②栏的相对成本而言，表示在二车间1件乙零件的成本相当于1.146件甲零件的成本；1件丙零件的成本则相当于0.731件甲产品的成本。

其次，在对相对成本计算表进行观察的基础上确定将各种零件的生产任务分配给哪个(或哪些）车间最好。

(1）在第一行甲零件的相对成本中，一车间的0.887大于二车间的0.872，一车间的1.359小于二车间的1.368，说明甲零件交给一、二车间生产均可。由于一车间的单位成本小于二车间，所以，应尽量将甲零件交给一车间进行生产。

(2）在第二行乙零件的相对成本中，一车间的1.128小于二车间的1.146，一车间的1.533小于二车间的1.568，所以，乙零件应交由一车间负责生产。

(3）在第三行丙零件的相对成本中，一车间的0.736大于二车间的0.731，一车间的0.652大于二车间的0.638，所以丙零件应交由二车间负责生产。但由于一车间的绝对成本低于二车间，所以，如果一车间有剩余产能的话，应尽量安排在一车间进行生产。

根据以上分析，可将生产任务进行具体分配，见表6-22。在生产任务分配表基础上编制的成本计算表则见表6-23。

表6-22 **生产任务分配表** 金额单位：元

零件种类	一车间			二车间			合计		
	产量（件）	单位工时（小时）	需用工时（小时）	产量（件）	单位工时（小时）	需用工时（小时）	产量（件）	单位工时（小时）	需用工时（小时）
甲	3 000	6	18 000				3 000	6	18 000
乙	4 800	2	9 600				4 800	2	9 600
丙	600	4	2 400	4 400	4	17 600	5 000	4	20 000
合计			30 000	合计		17 600	合计		47 600
生产能力			30 000	生产能力		28 000	生产能力		58 000
剩余生产能力			0	剩余生产能力		10 400	剩余生产能力		10 400

表6-23 **成本计算表** 金额单位：元

零件种类	一车间			二车间			合计
	产量（件）	单位成本	总成本	产量（件）	单位成本	总成本	
甲	3 000	250	750 000				750 000
乙	4 800	282	1 353 600				1 353 600
丙	600	184	110 400	4 400	190	836 000	946 400
合计			2 214 000	合计		836 000	3 050 000

表6-23中的3 050 000元是生产甲、乙、丙三种零件在分配生产任务的各种方案中可能达到的最低总成本。

上例中只有两个生产车间和三种零部件，是一种比较简单的情况，不通过相对成本的比较一般也能做出最优的生产任务分配决策。但在企业生产部门较多、涉及的零部件种类较多的情况下，采用相对成本分析能够更简捷地制订出最优生产任务分配方案。

（二）根据单位变动成本分配增产任务

在实际工作中，生产同一种产品的各个车间的成本水平往往不完全相同，而是存在一些差异的，这时当企业生产任务增加而各车间均有一定的剩余生产能力时，就存在着如何将增产任务分配给各车间的决策问题。由于增产产量运用的是各车间的剩余生产能力，所以，生产产品的单位固定成本就是增产任务分配方案的无关成本，在进行决策时不应考虑，而只用将各车间生产的同种产品的单位变动成本作为比较标准，将增产任务分配给单位变动生产成本低的车间，以降低企业总成本。

【例6-14】企业有甲、乙两个车间生产同一种产品C产品，上一年度各生产该产品2 400台。今年由于生产需求扩大，拟增产800台，甲、乙两个车间均有剩余生产能力可以承担该增产任务。两车间的有关资料见表6-24。

表6-24 **甲、乙车间相关资料表** 金额单位：元

项目	甲车间	乙车间	合计
产量（台）	2 400	2 400	4 800
单位变动成本	8	7	—
变动成本总额	19 200	16 800	36 000
固定成本	19 200	22 080	41 280
总成本	38 400	38 880	77 280
单位成本	16	16.2	16.1

从表6-24可以看出，如果按单位成本分配增产任务，则应该分配给甲车间，因为甲车间的单位成本16元低于乙车间的16.2元。但是，因为单位成本中包含了与决策不相关的单位产品分摊的固定成本的金额，以单位成本做决策会导致错误的结论。将增产任务分别分配给甲车间、乙车间的成本情况见表6-25和表6-26。

表6-25 **增产任务分配给甲车间的成本情况** 金额单位：元

项目	增产前	增产后	差额
产量（台）	2 400	3 200	800
单位变动成本	8	8	—
变动成本总额	19 200	25 600	6 400
固定成本	19 200	19 200	—
总成本	38 400	44 800	6 400

表6-26 增产任务分配给乙车间的成本情况 金额单位：元

项目	增产前	增产后	差额
产量（台）	2 400	3 200	800
单位变动成本	7	7	—
变动成本总额	16 800	22 400	5 600
固定成本	22 080	22 080	—
总成本	38 880	44 480	5 600

通过表6-25和表6-26的比较可以发现，将增产任务分配给单位成本低但单位变动成本高的甲车间使总成本增加了6 400元，而将增产任务分配给单位成本高但单位变动成本低的乙车间使总成本增加了5 600元，分配给乙车间比分配给甲车间可节约成本800元。

因此，在可以生产同种产品的不同车间有剩余生产能力可供使用时，增产任务的分配应该以单位变动成本的高低作为判断标准。

三、最优生产批量管理

就企业的产品生产而言，并不是生产批量越大越好。在全年产量既定的情况下，生产批量与批次成反比，生产批量越大，生产批次就越少；生产批量越小，生产批次就越多。生产批量和生产批次与产品生产的准备成本、储存成本相关，最优的生产批量应该能够使生产准备成本与储存成本的总和最低。

生产准备成本指每批产品生产开始前因进行准备工作而发生的成本，如调整机器设备、准备工具模具、布置生产线、清理现场等发生的相关费用。在正常情况下，每次变更产品生产所发生的生产准备成本基本相等，因此，年准备成本总额与生产批次成正比，与生产批量成反比。生产批次越多，年准备成本就越高；反之，则越低。

储存成本指为储存零部件及产品而发生的仓库及其设备的折旧费、保险费、维修费、保管人员薪酬等费用的总和。储存成本与生产批量成正比，与生产批次成反比。

由生产准备成本和储存成本的特征可知，减少生产批量会增加生产批次，从而使生产准备成本增加，储存成本减少；增加生产批量会减少生产批次，从而使生产准备成本减少，储存成本增加。生产准备成本与储存成本随生产批量变化的此消彼长关系，使得在合理的生产批量下二者之和会达到最低，由此最优生产批量管理便成为企业生产组织决策的一个重要部分。

（一）单一零部件分批生产的最优生产批量决策

最优生产批量决策就是在决策分析过程中确定一个适当的生产批量，使其全年的生产准备成本与全年的平均储存成本之和达到最低，所以，最优生产批量也被称为经济生产批量。最优生产批量的确定有三种方法可供选择：逐次列表测试法、图示法和公式法。

1.逐次列表测试法

逐次列表测试法是将各种可能的生产批量及其相应的成本列示在一个表格中，从中选择能够使总成本最低的生产批量。逐次列表测试法需分别计算不同生产批量的年生产准备成本和储存成本，并计算出年总成本。假定：

A——全年产量；

Q——生产批量；

A/Q——生产批次；

S——每批生产准备成本；

X——每日产量；

Y——每日耗用量；

C——每单位零部件或产品的年储存成本；

T——年储存成本与生产准备成本之和（简称年总成本）。

根据以上符号，年总成本可计算如下：

$$\text{每批生产终了时的最高储存量} = \text{生产批量} - \text{每批生产日数} \times \text{每日耗用量或销售量}$$

$$= Q - \frac{Q}{X}Y$$

$$= Q(1 - \frac{Y}{X})$$

$$\text{年平均储存量} = \frac{1}{2}Q(1 - \frac{Y}{X})$$

$$\text{年储存成本} = \frac{1}{2}Q(1 - \frac{Y}{X})C$$

$$\text{年准备成本} = \frac{A}{Q}S$$

$$\text{年总成本}T = \frac{1}{2}Q(1 - \frac{Y}{X})C + \frac{AS}{Q}$$

2.图示法

图示法是通过图示的形式，将不同生产批量及其相应成本画在平面直角坐标系中，通过目测的方法确定使总成本最低的业务量的方法。

3.公式法

公式法指利用年总成本T与生产批量Q的函数关系，用微分法求T为最小值时的Q值，直接用数学模型求解最优生产批量的方法。

由于年总成本为：

$$T = \frac{1}{2}Q(1 - \frac{Y}{X})C + \frac{AS}{Q} \tag{6.1}$$

对T求一阶导数，得：

$$T' = \frac{1}{2}(1 - \frac{Y}{X})C - \frac{AS}{Q^2}$$

令T′=0，通过整理计算，可得最优生产批量：

$$Q^* = \sqrt{\frac{2AS}{C(1 - \frac{Y}{X})}} \tag{6.2}$$

最优生产批次可以根据年产量A及经济批量Q^*计算：

$$最优批次=\frac{A}{Q^*}=\frac{A}{\sqrt{\frac{2AS}{C(1-\frac{Y}{X})}}}$$

$$=\sqrt{\frac{AC(1-\frac{Y}{X})}{2S}} \tag{6.3}$$

将（6.2）式代入（6.1）式，可以得到最低年总成本T^*的计算公式：

$$T^*=\frac{1}{2}\sqrt{\frac{2AS}{C(1-\frac{Y}{X})}}\times(1-\frac{Y}{X})C+\frac{AS}{\sqrt{\frac{2AS}{C(1-\frac{Y}{X})}}} \tag{6.4}$$

$$=\sqrt{2ASC(1-\frac{Y}{X})}$$

【例6-15】企业每年需用甲零部件10 800件，专门生产甲零部件的设备每天只能生产120件，每天的耗用量一般为60件。每批的生产准备成本为300元，单位零部件的储存成本为9元。与企业不同生产能力相对应的生产批量分别为：900件、1 080件、1 200件、1 350件、1 800件和2 160件。

要求：计算企业甲零部件的最优生产批量。

第一，采用逐次列表测试法进行决策的过程如下：

甲零部件最低成本逐次测试表见表6-27。

表6-27 甲零部件最低成本逐次测试表 金额单位：元

生产批量（件）	900	1 080	1 200	1 350	1 800	2 160
生产批次	12	10	9	8	6	5
平均储存量（件）	225	270	300	337.5	450	540
年准备成本	3 600	3 000	2 700	2 400	1 800	1 500
年储存成本	2 025	2 430	2 700	3 037.5	4 050	4 860
年总成本	5 625	5 430	5 400	5 437.5	5 850	6 360

由表6-27可以看出，当每次生产的数量为1 200件时，企业的年总成本最低，为5 400元。

第二，可以将表6-27中的数据以图示的方式表示，如图6-4所示。

从图6-4可以看出，年总成本线为一条凹形曲线，当其变动率（一阶导数）为零时达到最低值。从该点向下的延长线与横轴的交点即为最优生产批量；该点向左的延伸线与纵轴的交点即为最低的年总成本；年准备成本与年储存成本相等时的生产批量为最优生产批量。经济生产批量图告诉我们，当每批的产量为1 200件时，企业的年总成本最低，为5 400元。

第三，可以用公式法求解。

利用公式（6.2）、（6.3）、（6.4）可以更简捷地确定经济生产批量、最优生产批次以及最低的年总成本。

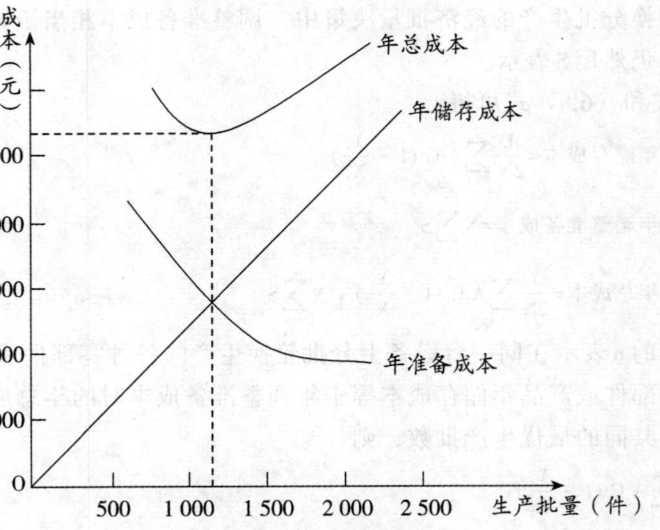

图6-4　经济生产批量图

经济生产批量 $Q^*=\sqrt{\dfrac{2\times 10\,800\times 300}{9\times(1-\dfrac{60}{120})}}=1\,200$（件）

最优批次 $=\dfrac{A}{Q^*}=\dfrac{10\,800}{1\,200}=9$（次）

最低年总成本 $T^*=\sqrt{2\times 10\,800\times 300\times 9\times(1-\dfrac{60}{120})}=5\,400$（元）

（二）多种零部件轮换分批生产的经济批量决策

若企业在同一设备上分批轮换生产几种零部件或产品，由于它们的最优批数各不相同，就不能再简单地运用上述公式进行计算。而是要先根据各种零部件或产品全年生产准备成本与年储存成本相等时年总成本最低的特性，计算确定各种零部件或产品的“共同最优生产批数”；然后，用各种零部件或产品的全年需求量或生产量除以最优生产批数计算其各自的经济生产批量。共同最优生产批次的计算公式可推导如下：

$$N=\frac{A}{Q} \tag{6.5}$$

$$Q=\frac{A}{N} \tag{6.6}$$

式中：N——共同生产批次。

将（6.6）式代入年储存成本公式 $\dfrac{1}{2}Q(1-\dfrac{Y}{X})C$，得：

$$\text{一种零部件年储存成本}=\frac{1}{2}\times\frac{A}{N}\times C\times(1-\frac{Y}{X})$$

$$=\frac{1}{2N}\times AC\times(1-\frac{Y}{X}) \tag{6.7}$$

将（6.5）式代入年准备成本公式 $\dfrac{A}{Q}\times S$，得：

$$\text{一种零部件年调整准备成本}=NS \tag{6.8}$$

调整准备成本指一台设备由生产一种零部件或产品转为生产另一种零部件或产品而发生的相关费用，如撤换工卡模具、调整设备状态、领退原材料、重新布置生产线等费用。

在多种零部件轮换分批生产的经济批量决策中，调整准备成本相当于单一零部件分批生产时的准备成本，仍然用S表示。

由（6.7）式和（6.8）式可得：

$$各种零部件的年储存成本=\frac{1}{2N}\sum_{i=1}^{n}A_iC_i(1-\frac{Y_i}{X_i})$$

$$各种零部件的年调整准备成本=N\sum_{i=1}^{n}S_i$$

$$各种零部件的年总成本=\frac{1}{2N}\sum_{i=1}^{n}A_iC_i(1-\frac{Y_i}{X_i})+N\sum_{i=1}^{n}S_i$$

上述公式中的n表示在同一台设备上分批轮换生产的各种零部件或产品的种数。

由于各种零部件或产品年储存成本等于年调整准备成本时的年总成本最低，所以，令二者相等，计算共同的最优生产批数，则：

$$N\sum_{i=1}^{n}S_i=\frac{1}{2N}\sum_{i=1}^{n}A_iC_i(1-\frac{Y_i}{X_i})$$

对上式进行转换可求解共同最优生产批次：

$$共同最优生产批次N^*=\sqrt{\frac{\sum_{i=1}^{n}A_iC_i(1-\frac{Y_i}{X_i})}{2\sum_{i=1}^{n}S_i}}$$

某种零部件或产品的最优生产批量可以计算为：

$$某种零部件或产品的最优生产批量=\frac{该零部件全年产量}{共同最优生产批次}=\frac{A_i}{N^*}$$

【例6-16】乙公司用同一设备轮换生产A、B两种零部件，有关资料见表6-28。

表6-28 A、B零部件相关资料表 金额单位：元

项目	A零部件	B零部件
全年产量（件）	4 800	9 800
每次调整准备成本	300	440
单位零部件年储存成本	5	8
每日产量（件）	30	50
每日耗用量（件）	20	40

要求：

（1）计算A、B零部件的共同最优生产批次。

（2）计算A、B零部件各自的最优生产批量。

首先，计算A、B两种零部件的共同最优生产批次。

$$共同最优生产批次=\sqrt{\frac{4\,800\times5\times(1-\frac{20}{30})+9\,800\times8\times(1-\frac{40}{50})}{2\times(300+440)}}=4（次）$$

其次，分别计算A、B零部件的最优生产批量。

$$A零部件的最优生产批量=\frac{4\,800}{4}=1\,200（件）$$

B零部件的最优生产批量$=\frac{9\,800}{4}=2\,450$（件）

知识拓展

管理会计应用指引第403号——边际分析

专业素养

1.形成边际分析的思维习惯，努力使自己创造的价值大于消耗的成本，为社会创造正的边际贡献，做一个对社会有用的人。

2.差量的才是相关的。日常决策中应该只关注差量贡献，不被无关信息拖累。

3.正确分配标准是准确计算成本的依据，应该尽量将间接分配的费用变为直接支出，进行科学经营决策，让单位资源产生最多的收益。

4.善于借助先进管理工具做出短期经营决策，从企业长远发展的角度出发进行科学管理，尽量满足客户需求，维护客户关系。

基本训练

一、单项选择题

1.差量分析法可以应用于企业的多项生产决策，而（　　）不适宜采用差量分析法。

A.半成品是出售还是深加工的决策　　B.是否赶工的决策

C.亏损产品是否继续生产的决策　　D.不需用机器设备出售还是出租的决策

2.（　　）不是最优生产批量的确定方法。

A.逐次列表法　　B.回归分析法　　C.图示法　　D.公式法

3.当企业的剩余生产能力无法转移时，应不继续生产某亏损产品的条件之一是（　　）。

A.该产品的单价等于单位变动成本　　B.该产品的单价小于单位变动成本

C.该产品的单位贡献边际大于零　　D.该产品的变动成本率小于100%

4.设某企业生产某种半成品1 000件，完成一定加工工序后，可以立即出售，也可以进一步深加工之后再出售。如果立即出售，每件售价10元，若深加工后出售，每件售价为20元，但要多付加工费5 000元，则继续进行深加工的机会成本为（　　）元。

A.5 000　　B.10 000　　C.15 000　　D.25 000

5.有一批可修复废品，存在两种处置方案：一个是降价后直接出售，一个是修复后按正常价格出售。修复成本为1 000元，降价后出售收入为5 000元，修复后出售收入为9 000元，那么差量损益为（　　）元。

A.1 000　　B.4 000　　C.8 000　　D.3 000

6.某企业2020年生产某亏损产品的边际贡献总额为1 000元，固定成本是600元，假定2021年其他条件不变，但生产该产品的设备可对外出租，一年的增加收入为（　　）元时，应停产该种产品。

A.401　　B.1 000　　C.399　　D.390

7.当利润实现最大化时，边际成本与边际收入的关系是（　　）。

A.边际收入大于边际成本　　B.边际收入小于边际成本

C.边际收入等于边际成本　　D.边际收入与边际成本无关

8.设某厂需要甲零件，其外购单价为10元。若自行生产，单位变动成本为8元，且需要为此每年追加4 000元的固定成本。则通过计算可知，当该零件的年需要量为（　　）件时，两种方案等效。

A.2 000　　B.400　　C.500　　D.222

二、多项选择题

1.边际贡献分析法是在成本按性态分类的基础上，通过比较各备选方案边际贡献的大小来确定最优方案的分析方法。其中的边际贡献可以是（　　）。

A.边际贡献总额　　B.剩余边际贡献

C.单位边际贡献　　D.差量边际贡献

2.在相关范围内固定不变的有（　　）。

A.固定成本　　B.单位产品固定成本

C.变动成本　　D.单位变动成本

3.联合成本包括（　　）。

A.专门生产某种产品的专用设备的折旧费

B.专门生产某种产品的专用设备的保险费

C.几种产品共同使用的设备折旧费

D.辅助车间成本

4.差量成本这一概念经常用于（　　）的决策。

A.接受追加订货　　B.零部件自制还是外购

C.不同生产能力利用率下成本　　D.半成品直接出售还是深加工

5.下列各项中，属于生产经营决策的有（　　）。

A.调价的决策　　B.深加工的决策　　C.最优售价决策　　D.亏损产品决策

6.在半成品进一步深加工决策中，差量成本的构成项目有（　　）。

A.原有生产能力的维持成本　　B.新增专属固定成本

C.继续深加工的变动成本　　D.半成品自制成本

7.在企业的某项资源受到限制的情况下，（　　）不是用来进行择优决策的指标。

A.贡献毛益总额　　B.剩余贡献毛益总额

C.单位产品贡献毛益　　D.单位资源贡献毛益

8.贡献边际法适用于（　　）。

A.收入成本型方案的择优决策　　B.不需用设备是否出租的决策

C.半成品直接出售还是深加工的决策　　D.收益方案的择优决策

三、判断题

1.利用成本无差别点作生产经营决策时，如果业务量大于成本无差别点时，则应选择固定成本较高的方案。（　　）

2.差量分析法要求严格区分两个备选方案中哪个是比较方案，哪个是被比较方案。（　　）

3.只要亏损产品能够提供贡献毛益额，就一定要继续生产；凡不能提供贡献毛益额的

亏损产品，都应予以停产。（　）

4.当一种零部件可以由多种设备加工时，一般而言，零部件应该交由相对成本较低的设备去加工。（　）

5.成本计划评审法运用过程中，既要控制时间又要控制成本。（　）

6.对于亏损产品来说，不存在是否应增产的问题。（　）

7.根据单位贡献边际大小即可进行最优决策。（　）

8.差量损益既是差量收入与差量成本的数量差异，又是两个备选方案的预期收益之间的数量差异。（　）

四、计算题

1.甲公司设计了A和B两种产品，预计市场前景均不错。由于目前公司的生产能力有限，因此只能在A、B两种产品中选择一种作为新产品投产，有关资料见表6-29。

表6-29　**甲公司生产经营资料**　金额单位：元

项目	A产品	B产品
企业可利用生产能力	26 000工时	
产品单位售价	88	75
单位产品消耗工时	20工时	16工时
单位变动成本	65	60
固定成本总额	86 000	86 000

要求：试做出生产哪种新产品的决策。

2.企业原生产甲、乙、丙三种产品，有关资料见表6-30。不可避免固定成本为整个企业的生产能力成本，并按产品销售收入进行分配。由于甲产品为亏损产品，因此企业经理认为应当将其停产。

表6-30　**企业产品相关资料**　单位：元

项目	甲产品	乙产品	丙产品	合计
销售收入	18 000	27 000	45 000	90 000
变动成本	12 000	11 000	22 000	45 000
边际贡献	6 000	16 000	23 000	45 000
固定成本				
其中：可避免固定成本	2 000	6 000	3 000	11 000
不可避免固定成本	6 000	9 000	15 000	30 000
合计	8 000	15 000	18 000	41 000
利润	−2 000	1 000	5 000	4 000

要求：就以下不相关情况做出甲产品是否停产的决策。

（1）甲产品停产后剩余生产能力无法转作他用。

（2）如果甲产品停产后剩余生产能力可用于对外出租，每年可获得5 000元的租金收入。

3.乙企业在产品生产过程中每年需用C零部件18 000个，若企业自行生产，每个零部件的生产成本为125元，包括：直接材料45元，直接人工20元，变动性制造费用13元，固定性制造费用47元。C零部件也可以从市场上购买，每个零部件的买价为90元，外购零部件的质量与自行生产的相似而且能保证及时送货上门。外购形成的闲置生产能力可用于承揽加工业务，每年可获得9 000元的收入。

要求：

从相关成本的角度做出C零部件是自制还是外购的决策。

4.甲公司全年需用A零部件3 600个，专门生产A零部件的设备每天能生产100个，每天A零部件的耗用量为80个。每批生产准备成本为200元，单位零部件的年储存成本为3.2元。

要求：

（1）计算A零部件的最优生产批量。

（2）计算A零部件最低的年总成本。

5.敦豪公司生产甲产品，年设计生产能力为120 000台，单位售价1 200元，产品正常的单位成本见表6-31。

表6-31 **甲产品单位成本构成** 单位：元

项目	单位成本
直接材料	260
直接人工	200
制造费用	
其中：变动性制造费用	150
固定性制造费用	230
合计	840

根据目前的生产状况，企业尚有50%的生产能力未被充分利用，可以继续接受订货。现有一客户要求再订购一批甲产品，每台出价650元。

要求：

就以下不相关情况进行决策：

（1）客户要求订购甲产品60 000台，且对这批订货有某些特殊要求，需另行购置一台1 000 000元的专用设备，是否接受该批订货？

（2）如果不接受该60 000台的订货，剩余生产能力可用于为其他企业代加工某产品，可获得加工收入2 000 000元，是否接受该批订货？

（3）如果该批订货的数量是65 000台，接受订货不需要增加专属设备，剩余生产能力也不能转作他用，是否接受该批订货？

五、简答题

1.边际贡献分析法的含义是什么？主要适用于哪些方面的决策？

2.什么是差量分析法？其决策的依据是什么？

3.什么叫成本无差别点法？它适用于哪些方面的决策？

4.什么叫成本计划评审法？应如何运用成本计划评审法进行赶工决策？

基本训练答案解析

案例分析

B公司的经营决策

B公司经过大量研究，其轮滑鞋生产线终于开发成功。由于公司管理层比较保守，总经理决定今冬只生产一类新型轮滑鞋。如果产品经营比较成功，那么再开始实施其他扩张计划。

被选中的是一款大众化的有特殊滑轮的轮滑鞋，批发价为每双80元。由于现有剩余生产能力可以利用，生产轮滑鞋无须发生额外的固定费用。生产轮滑鞋的总固定费用为125 000元，其中很大一部分将分配给新产品。

用估计销售数量10 000双作为预期产量，会计部门制定的每双轮滑鞋的成本数据见表6-32。

表6-32　**每双轮滑鞋的成本数据**　单位：元

项目	金额
直接人工	35
直接材料	30
间接费用总额	15
合计	80

B公司与一家分包商联系，商讨从该分包商购买滑轮的事宜。从分包商处购买，每排滑轮的价格为5.25元，即每副10.50元。如果B公司接受这个购买建议，那么估计直接人工和变动间接费用将减少10%，直接材料成本将减少20%。

资料来源：亨格瑞，森登，斯特尔顿，等．管理会计［M］．潘飞，沈红波，译．14版．北京：北京大学出版社，2011.

要求：

通过对上述资料的分析，回答如下问题：

（1）B公司应当自制还是外购滑轮？

（2）B公司对每副滑轮可承受的最高购买价格是多少？对该价格给出适当解释。

（3）调整后的销量增加到12 500双。在新的产量水平上，为生产所需的滑轮，必须以10 000元的租金租用额外设备。即便销量上升至30 000双（这是第三年的生产目标），上述增量成本也是唯一的新增固定成本。在这种情况下，B公司应当自制还是外购滑轮？

（4）何种非定量因素会影响B公司对自制或外购滑轮的选择？

案例分析参考答案

第七章 生产组织决策

学习目标

知识目标：了解影响定价决策的基本因素，不同的定价基础及其相应的定价方法。

能力目标：熟悉以成本为基础的定价决策，掌握存货的功能和成本计算。

素养目标：树立零存货管理的理念，应用经济订货批量及其扩展模型进行存货决策。

企业的日常生产经营活动包括“供、产、销”三个方面。在预计市场销售量的基础上安排生产并据以进行采购决策，是现代制造类企业最基本、最主要的工作。无论是产品生产，还是价格制定，乃至材料采购的管理，均应该以成本管理为基础，在对相关成本进行分析的基础上，通过科学决策，不断提高经济效益。企业生产组织的成本管理包括产品的定价管理、最优采购批量管理和零存货管理等内容。

第一节 产品定价管理

一、影响定价决策的基本因素

一般来说，影响产品价格的因素主要有产品成本、市场需求、市场竞争、科学技术周期和产品的市场生命周期，以及相关产品的销售状况等。

（一）成本因素

成本是影响定价的最主要因素。从长期来看，产品价格应等于总成本加上合理的利润，否则企业会因无利可图而停止产品生产；从短期来看，企业应根据成本结构确定产品价格，即产品价格必须高于平均变动成本，以获得边际贡献，减少经营风险。

（二）需求因素

市场需求与价格的关系可以简单地用市场需求潜力与价格弹性来反映。市场需求潜力指在一定价格水平下市场需求可能达到的最高水平。需求价格弹性往往简称为弹性系数，指在其他条件不变的情况下，某种商品的需求量随其价格的升降而呈反比例变动的程度，用需求变化率与价格变化率的比值表示。如果弹性系数大于1，说明这种产品富有弹性，降价可以大幅度增加销售量；弹性系数等于或接近1，说明降低或提高价格会增加或减少销售量，但影响程度不大；弹性系数小于1，说明这种商品缺乏弹性，其价格的制定或调整对市场需求影响较小。

（三）竞争因素

市场竞争越激烈，对价格的影响就越大。在完全竞争的市场，企业几乎没有定价的主动权；在不完全竞争的市场，竞争的强度主要取决于产品制作的难易程度和供求形式，企业可以根据竞争对象的价格策略，以及本企业定价策略对竞争态势的影响来决定产品价格。

（四）周期因素

周期因素包括科学技术的周期以及产品的市场生命周期。科学发展和技术进步在生产中的推广和应用必将导致新产品、新工艺和新材料等的出现，从而形成新的产业结构、消费结构和竞争结构，这些都会在一定程度上影响产品的定价。另外，产品在市场生命周期中的阶段不同，其定价策略也会不同。投入期的价格应该既能补偿成本又能为市场所接受，成长和成熟期需要价格稳定以不断扩充市场，衰退期则一般应采取降价措施充分发掘老产品的经济效益。

（五）相关产品销售状况

某些产品的销售往往取决于其他相关产品的销售，如纺织业与服装业、轮胎业与汽车业、玻璃业与建筑业等，而且基本上是后者决定前者，因此，前者销售价格的制定可以根据后者的预测资料进行。

二、以成本为基础的定价决策

成本是企业生产和销售产品所发生的各项费用的总和，是构成产品价格的基本因素，也是价格的最低经济界限。以成本为基础制定产品价格，不仅能保证生产中的耗费得到补偿，而且能保证企业必要利润的实现。

（一）成本加成定价法

成本加成定价法是在单位成本的基础上加上一定的预期报酬和销售税金作为产品预计销售价格的方法。由于预期报酬和销售税金的多少是成一定比例的，习惯上称这种比例为“加成”。成本加成定价法多适用于标准产品的定价决策。

成本加成定价法需要事先准确地核算产品或劳务的成本，可以是产品的平均成本，也可以是计划成本或目标成本，然后在成本的基础上，充分考虑产品的市场需求弹性等因素，确定恰当的加成百分比。成本加成定价法的计算公式为：

单位产品价格=单位产品成本×（1+加成率）

成本加成定价法又可以根据单位产品成本的构成项目不同，分为变动成本加成定价法、制造成本加成定价法和完全成本加成定价法。

1.变动成本加成定价法

变动成本加成定价法是在单位变动成本的基础上，加上一定数额的固定成本、期间费用、利润和销售税金确定产品销售价格的方法。

单位变动成本是按照变动成本法计算的产品单位变动生产成本，等于单位直接材料成本加上单位直接人工成本和单位变动性制造费用。

在企业之间竞争十分激烈或者企业生产能力过剩，只能降低售价销售时，采用变动成本加成定价法较为合适；在企业经营不景气、销售困难时，企业的生存比获利更重要，这时也可采用变动成本加成定价法。变动成本加成定价法的基本原则是：产品单价高于单位变动成本时可以接受该价格。因为不论企业是否生产、生产多少，在一定时期内固定成本会保持不变，只要产品单价高于单位变动成本，就可以为企业提供边际贡献，用来弥补一部分固定成本支出，减少企业亏损。

2.制造成本加成定价法

制造成本加成定价法是以产品的单位制造成本为基础，加上一定数额的期间费用、利润和销售税金确定产品销售价格的方法。

制造成本是按照完全成本法计算的产品的单位成本，等于单位变动成本加上单位固定性制造费用。

由于制造成本法是企业会计准则要求采用的成本计算方法，所以，制造成本加成定价法更符合企业管理者的思考习惯，有利于预计会计报表的编制。

3.完全成本加成定价法

完全成本加成定价法是以预计的单位总成本（或目标总成本）为基础，加上一定数额的利润和销售税金确定产品销售价格的方法。

预计的单位总成本=单位制造成本+单位期间费用

完全成本加成定价法不但可以使产品的全部成本得到弥补，而且能够给企业带来一定的利润。

在完全成本加成定价法下，加成率主要是企业的预期利润和相应的销售税金；在制造成本加成定价法下，加成的内容还包括了期间费用；而在变动成本加成定价法下，加成的内容还应包括固定性制造费用。上述的三种定价方法为大多数制造企业所采用。

对于商业企业来说，一般采用销售利润率定价法。

销售利润率定价法是根据产品的单位进价加上一定数额的目标利润和销售税金确定预计产品售价的方法。计算公式为：

产品价格=单位产品成本÷（1-销售利润率）

其中：

销售利润率=该产品预测利润总额÷该产品预测销售收入×100%

【例7-1】甲公司正在研究B产品的定价策略。在对市场行情进行调查研究的基础上，该企业认为B产品的价格采用成本加成定价法可行。B产品成本的相关预测资料见表7-1。

表7-1 **B产品成本预测表** 单位：元

项　目	单位成本	总成本
直接材料	25	50 000
直接人工	30	60 000
变动性制造成本	8	16 000
固定性制造成本	28	56 000
变动性销售及管理费用	10	20 000
固定性销售及管理费用	15	30 000
合　计	116	232 000

要求：

（1）在单位变动成本的基础上加成120%作为B产品的目标售价。

（2）在单位制造成本的基础上加成50%作为B产品的目标售价。

（3）在单位完全成本的基础上加成20%作为B产品的目标售价。

首先，计算B产品的单位变动成本、单位制造成本和单位完全成本，见表7-2。

表7-2 **B产品单位成本计算表** 单位：元

项 目	直接材料	直接人工	变动性制造成本	固定性制造成本	变动性销售及管理费用	固定性销售及管理费用	合计
单位成本	25	30	8	28	10	15	116
单位变动成本	25	30	8				63
单位制造成本	25	30	8	28			91
单位完全成本	25	30	8	28	10	15	116

其次，制定B产品的目标售价。

按单位变动成本加成定价=63×（1+120%）=138.6（元）

按单位制造成本加成定价=91×（1+50%）=136.5（元）

按单位完全成本加成定价=116×（1+20%）=139.2（元）

成本加成定价法的关键是如何确定合理的加成率。成本加成率一般根据企业生产该产品所希望得到的目标利润率来确定，如上所述，目标利润率又可以根据该部门、该生产线或该产品的成本利润率或销售利润率、投资利润率等确定；而且企业还需要根据市场上对各种产品需求的不同情况，以及各地区、各行业的惯例，分产品确定加成率。

成本加成定价法的优点是计算简单且方便易行，鉴于预测企业成本比预测市场更有把握，因此可以减少因需求变化对价格的调整次数，由于同行业各企业的成本和目标利润差不多，如果同行业的各企业都采用这种定价方法，制定出的价格也相差不大，能够避免出现过度的价格竞争。但这种方法忽视了市场竞争和供求状况对产品定价的影响，缺乏灵活性，难以适应市场竞争形势的变化。

（二）边际成本定价法

边际成本定价法的经济学原理是：当边际收入等于边际成本，或边际利润为零时，企业的利润最大，此时的价格和销量即为最优价格与最优销量，并以此确定产品的销售价格。

【例 7-2】某企业与甲产品相关的成本、销售和利润情况见表 7-3。

表7-3　　甲产品有关资料　　金额单位：万元

单价（元）	销量（万件）	销售收入	边际收入	成本			边际成本	边际利润	利润总额
				固定成本	变动成本	合计			
23	4	92	—	48	32	80	—	—	12
22	5	110	18	48	40	88	8	10	22
21	6	126	16	48	48	96	8	8	30
20	7	140	14	48	56	104	8	6	36
19	8	152	12	48	64	112	8	4	40
18	9	162	10	48	72	120	8	2	42
17	10	170	8	48	80	128	8	0	42
16	11	176	6	60	88	148	20	-14	28
15	12	180	4	60	96	156	8	-4	24
14	13	182	2	60	104	164	8	-6	18
13	14	182	0	60	112	172	8	-8	10

要求：确定甲产品的最优售价。

由表 7-3 可以看出，当边际收入等于边际成本，即边际利润为零时，企业获得最大利润42万元；而当单价为18元，即边际收入略高于边际成本时，企业也获得最大利润42万元。边际成本定价法是基于连续可微函数的，但甲产品的产销量只能是离散函数，且此处以1万件为单位。但是，边际成本定价法依然是进行定价决策时一个较不错的方法。就本例而言，单价18元和17元均是最优售价，但从实际工作来看，应该定为18元，这样销售较少量的甲产品（9万件）依然可获得最高利润42万元。

（三）特殊情况下的定价决策

特殊情况下的定价决策探讨企业在拥有剩余生产能力，或市场需求发生特殊变化，或参加订货会及投标活动过程中遇到强劲的竞争对手时的定价决策问题。

1.特殊订单决策

企业在生产经营过程中可能存在着部分生产能力未得到充分利用的情况，此时企业可以利用该部分剩余生产能力开发新产品或接受客户的追加订货。对于追加订货的决策，可采用边际贡献分析法或者差量分析法。原则上只要客户的开价略高于单位变动成本，并能补偿专属固定成本，或者接受订货的边际贡献高于该部分剩余生产能力可能产生的机会成本，即可接受该笔订货。

【例7-3】企业生产乙产品，年设计生产能力为12 000件，单位售价85元，其正常的单位成本资料见表7-4。

表7-4 乙产品单位成本构成 单位：元

项 目	单位成本
直接材料	25
直接人工	15
制造费用 其中：变动性制造费用 固定性制造费用	 11 14
合 计	65

根据目前的生产状况，企业尚有25%的剩余生产能力未被充分利用，可以继续接受订货。现有一客户要求再订购一批乙产品，每件出价58元。试就以下不相关情况进行决策：

（1）客户要求订购的乙产品为3 000件，且对这批订货有某些特殊要求，需另行购置一台15 000元的专用设备，是否接受该批订货？

（2）如果不接受该3 000件的订货，剩余生产能力可用于为其他企业代加工某零件，可获得加工收入22 000元，是否接受该批订货？

（3）如果该批订货的数量是3 500件，接受订货不需增加专属设备，剩余的生产能力也不可转作他用。但接受该批订货会使企业的正常生产和销售减少500件，是否接受该批订货？

按照传统会计的观点，接受该批订货是不合算的。客户出价58元低于产品的生产成本65元，接受订货每件亏损7元。但从相关成本的角度考虑，可以发现，接受该订货是在企业的剩余生产能力范围之内，产品成本构成中的单位固定性制造费用为无关成本，在决策时不应考虑，产品的单位变动生产成本为51元（25+15+11）。因此，只要该订货的出价高于单位变动成本，并能够弥补专属固定成本或大于相应的机会成本就应该接受；如果特殊订货对正常生产造成一定冲击，只要接受特殊订货不影响企业正常订单的履行，不会给企业信誉带来损害，而且特殊订货的边际贡献高于冲击的正常生产部分带来的边际贡献，就应该接受该订货。

（1）接受该订单的最低价格为乙产品的变动生产成本51元。只要特殊订单的价格大于51元，且能够弥补专用设备的支出，就应该接受，可为企业带来更多的边际贡献。

接受该批订货的边际贡献=（58−51）×3 000−15 000=6 000（元）

（2）接受该订单的最低价格为乙产品的单位变动生产成本51元，加上单位订单产品分摊的机会成本7.33元（22 000÷3 000），只要订单价格高于58.33元（51+7.33）就可以接受。

该情况下接受订货的边际贡献=（58−51）×3 000−22 000=−1 000（元）

（3）接受该订单的最低价格为乙产品的单位变动生产成本51元，加上单位订单产品分摊的被冲击的正常生产的边际贡献4.86元（（85−51）×500÷3 500），即只要订单价格高于55.86元即可接受。

接受该订单的边际贡献=（58-51）×3 500-（85-51）×500=7 500（元）

由计算可知，尽管在以上三种情况下，产品的价格均低于其完全生产成本65元，但由于高于产品的单位变动生产成本，在企业的剩余生产能力无法转作他用，或者转移收入低于特殊订单可能带来的边际贡献时，均应该接受该价格的订货；在特殊订货冲击正常生产时，只要特殊订货带来的边际贡献大于正常生产能够带来的边际贡献，也应该接受该订货。本例在情况（1）时接受该订货使企业多获利6 000元；而在情况（2）下由于转移收入高于订单的边际贡献，应拒绝该订货，通过代加工使企业利润增加1 000元；在情况（3）时，由于特殊订货的边际贡献比冲击的500件正常生产的产品的边际贡献要高7 500元，所以应该接受订货，使企业多获利。

2.保本定价法

保本定价法是根据保本分析的原理而建立的一种以保本为目的的定价方法。这种方法主要是为了方便企业在参加国内外订货会、贸易洽谈会或投标活动时，能迅速报价而提供的一系列在不同销量情况下的产品的"保本价格"。

"保本价格"的计算公式推导如下：

因为保本价格就是使销售收入等于企业总成本时的价格，假定产品的销售单价为p，则px是企业的销售收入，a+bx是企业的总成本，于是在保本价格上有如下关系：

$$px=a+bx$$

解得：

$$p=\frac{a+bx}{x}=\frac{a}{x}+b$$

【例7-4】甲公司生产A产品的单位变动成本为22元，固定成本总额为100 000元。现企业拟参加春季广交会，销售部经理希望企业会计人员能够提供10 000～20 000件，以2 000件为间隔的一系列保本价格，作为贸易洽谈时的重要依据。

根据给定的资料，代入上述公式进行计算，并编制A产品的报价单，见表7-5。

表7-5 A产品报价单（1）

销售量（x）（件）	10 000	12 000	14 000	16 000	18 000	20 000
保本价格（p）（元）	32	30.33	29.14	28.25	27.56	27

3.保利定价法

保利定价法是根据保利分析的原理而建立的一种保证目标利润实现的定价方法。它与保本定价法一样，是为了方便企业在参加国内外订货会、贸易洽谈会或投标活动时，能迅速报价的一系列在不同销量情况下的"保利价格"。

"保利价格"的计算公式推导如下：

因为保利价格就是使销售收入等于企业总成本加上目标利润时的价格，假定产品的目标利润为TP，于是在保利价格上有如下关系：

$$px=a+bx+TP$$

解得：

$$p=\frac{a+TP}{x}+b$$

【例 7-5】依例 7-4，假定甲公司的目标利润为 50 000 元，请提供 10 000～20 000 件、以 2 000 件为间隔的一系列保利价格，作为贸易洽谈时的重要依据。

根据给定的资料，代入上述公式进行计算，并编制 A 产品的报价单，见表 7-6。

表 7-6　A 产品报价单（2）

销售量（x）（件）	10 000	12 000	14 000	16 000	18 000	20 000
保利价格（p）（元）	37	34.5	32.71	31.375	30.33	29.5

（四）非标准产品定价

以上介绍的均是标准产品的定价问题，但是，企业也会根据客户的需要生产一些非标准产品。这些产品在双方签订合同时，并无市场价可供参考，因而只能以估计成本为基础协商定价，并据以签订合同。按合同类型的不同，非标准产品有以下四种定价方法：

1. 固定价格合同

在固定价格合同中，产品的价格固定不变，不论产品的成本如何，完工后都按合同规定的固定价格进行结算，因此，按照这种方法定价，恰当的成本估算对买卖双方来说均显得非常重要。无论哪一方，如果不能够精确地估算成本将会冒很大的风险，使自己遭受损失，因此，采用这种合同定价的条件是双方对产品成本的估计均有把握。

2. 成本加成合同

成本加成合同规定，卖方的成本在合理和允许的范围内可以实报实销，而且买方会根据实际和合理的成本利润率给予卖方应得的利润。按这种合同定价，风险基本上由买方承担，在一定范围内实际成本越高，卖方的利润就越多，由此可能刺激卖方故意提高成本，使买方遭受损失。因此，这种方法在实际中较少被采用。

3. 成本加固定费用合同

成本加固定费用合同中，价格由实际成本和固定费用两部分组成。成本实报实销，固定费用由合同明确规定数额，与成本无关。如果该合同中的成本只包括生产成本，则固定费用相当于毛利；如果成本包括生产成本和非生产成本，则固定费用相当于营业利润。这种定价方法能够保证卖方取得一定的利润，而且可以克服卖方提高成本的欲望，但它不能使卖方努力降低成本。

4. 奖励合同

这种合同明确规定了预算成本和固定费用的数额，而且规定在实际成本超过预算成本时可以实报实销，如果实际成本小于预算成本，则成本节约部分按照合同规定的比例由双方分享。这种定价方法可以鼓励卖方尽量降低成本。

【例 7-6】假定对于甲产品（非标准产品）买卖双方规定的产品定价合同有如下两种不相关的情况：

（1）合同规定的成本利润率为 8%，完工后的实际成本为 8 000 元，按成本加成方法定价。

（2）预算成本 7 000 元，固定费用 800 元。如果实际成本超过预算可以实报实销；如果实际成本小于预算，则节约部分的 80% 作为卖方的额外利润。假定实际成本分别为 8 000 元和 6 000 元。

要求：分别计算确定产品的价格。

解：（1）在成本加成合同下，甲产品价格为：

8 000×（1+8%）=8 640（元）

（2）在奖励合同下，甲产品价格分别计算如下：

①实际成本为8 000元时，甲产品的价格为：

8 000+800=8 800（元）

②实际成本为6 000元时，甲产品的价格为：

6 000+（7 000−6 000）×80%+800=7 600（元）

三、其他定价决策

以成本为基础的定价方法使企业可以收回成本并获取一定的利润，但由于其忽略了市场竞争、顾客需求以及产品生命周期等因素，所制定的产品价格不一定是最优价格。企业在产品定价时，往往还需同时考虑其他影响产品价格的因素。

（一）以需求为基础的定价决策

企业在定价时，不仅要考虑成本，而且要注意消费需求的变化及消费者的心理价格，根据市场和用户能接受的价格定价。

1.基于需求价格弹性的定价方法

市场上的商品都存在着价格对需求的影响，但不同产品的价格受需求的影响程度不同，即需求的价格弹性不同。需求价格弹性的大小取决于产品的需求程度、可替代性和费用占消费者收入的比重等。必需品的弹性一般小于奢侈品，低档品的弹性一般小于高档品，无替代物的产品弹性一般小于有替代物的产品。需求价格弹性的计算公式如下：

$$E_p = \frac{\Delta Q/Q}{\Delta P/P}$$

式中：E_p为需求价格弹性系数；Q为基期需求量；ΔQ为需求变动量；P为基期单位产品价格；ΔP为单位产品价格变动量。

当企业掌握了某种产品的需求价格弹性后，就可以利用弹性来预测价格变动的最优方向和幅度。

【例7-7】某企业某年计划销售甲产品300 000件，上年每件产品的销售价格为680元，销售量为220 000件，该产品的需求价格弹性在−2.27左右。求对企业最为有利的计划期产品单位价格。

假定Q和Q_1分别表示基期和预测期的需求量，P和P_1分别表示基期和预测期的价格，则需求价格弹性的计算公式可变形为：

$$P_1 = P \times (1 + \frac{Q_1 - Q}{Q \times E_P})$$

于是，对企业最为有利的计划期产品单位价格可计算如下：

$$P_1 = 680 \times [1 + \frac{300\,000 - 220\,000}{220\,000 \times (-2.27)}] = 571 \text{（元）}$$

2.需求心理定价方法

需求心理定价方法指运用心理学原理，根据消费者的需求心理确定产品价格的方法，具体包括尾数定价法、整数定价法、习惯性定价法、声望定价法和促销定价法等。

尾数定价法指企业针对消费者求廉的心理，在商品定价时有意采用非整数的定价形式，以达到引起消费者购买欲望、增加销量的目的。以这种方法制定的价格，其尾数以8和9居多，这样既能给消费者一个价格较低的印象，又能使消费者认为企业定价认真准确，从而产生一种信任感。但该方法一般仅适用于价值较小、销售量大、购买次数较多的商品。

整数定价法与尾数定价法相反，是以整数作为商品定价的一种方法。高档商品或耐用消费品在定价时宜采用本方法，给消费者一种商品质量好、可靠性强的印象，从而刺激其购买欲望。

习惯性定价法是商品进入寿命成熟期时的一种心理定价方法。对于某些销售已久、需要经常重复购买的商品，其价格水平在消费者心里基本已经定格，成为一种习惯性的价格，如牙膏、肥皂等。对于这些商品，任何生产者要进入市场，如果不具备特殊优势的话，一般应依照习惯确定产品价格。

声望定价法是以商店或商品的声望为基础为商品定价的方法。这种定价方法根据消费者对某些产品的信任，以及消费者对名牌、高端产品的“价高必质优”的心理，把某些实际上价值不大的产品的价格定得很高，以满足消费者的心理需求。

促销定价法是利用消费者的求廉心理，有意将某一种或某些商品的价格定得很低，甚至以接近于或低于成本的价格销售，以扩大商品销售的方法。

3.差别定价法

差别定价法是企业按照两种或两种以上不反映成本费用比例差异的价格销售某种产品或劳务的定价方法，具体可分为顾客差别定价法、产品形式差别定价法、产品部位差别定价法、销售时间差别定价法等。

顾客差别定价法是企业根据顾客需求强度和对商品认识的不同，按照不同价格将同一种商品或劳务销售给不同顾客的方法。

产品形式差别定价法是企业针对不同型号或款式的产品分别制定不同价格，不同型号或款式的产品价格之间的差额和成本费用之间的差额并不成比例的定价方法。

产品部位差别定价法指企业对处于不同位置的产品或服务分别制定不同价格，即使这些产品或服务的成本费用没有任何差异的一种定价方法。

销售时间差别定价法是企业对于不同季节、不同时期甚至不同钟点的产品或服务分别制定不同价格的方法。

（二）以竞争为基础的定价决策

在为产品或服务定价时，除考虑其生产成本和消费者需求外，还需要根据市场的竞争状况来确定具体的价格水平。以竞争为基础的定价策略以同类产品和服务的市场供应、竞争状态为依据，以竞争对手的价格为基础，根据竞争对手的实力和自身产品或服务的质量，以及发展战略等因素的要求来确定价格水平。

（三）产品寿命周期与定价策略

产品价格往往与其所处的寿命周期阶段有着密切的联系，在不同的寿命周期阶段，其定价策略和价格水平一般会存在差异。

产品寿命周期指某种产品从投入市场开始直到退出市场为止的整个过程，一般分为投入期、成长期、成熟期和衰退期。不同的寿命周期阶段，产品的质量、成本、产销量、竞争状况及需求者的评价等存在着差异，从而对产品价格的确定产生不同的影响，应采用不同的定价策略，使价格能够反映产品价值和供求关系，并增强产品的竞争力，使企业获得最佳效益。

一般来说，在投入期由于产品结构和工艺尚未定型，质量不太稳定，未形成大批量生产的生产能力，以及消费者对新产品缺乏了解和信任等，产品的销路有待打开，开发是否成功尚无把握。这时可采用两种不同的定价策略：撇脂策略和渗透策略。撇脂策略是以高价将产品投入市场，在初期获得高额利润，以后随产品销路扩大逐渐降价的策略。这种策略适用于市场上没有类似替代物，或其质量或功能不宜量化的产品。渗透策略是以低价将产品投入市场，尽快打开销路，夺取更大的市场份额，以后再逐渐提高价格的策略。在产品市场规模大、竞争激烈、价格弹性大的情况下，采用渗透策略，可以达到以廉取胜、薄利多销的目的。

成长期产品的生产技术日趋成熟，质量基本稳定，逐渐为消费者所熟悉，并在竞争中占有优势。这时可采用目标价格策略来确定最优价格，使该阶段的目标利润率高于整个寿命周期的平均利润率。

成熟期，市场需求接近饱和，销售增长逐渐下降，竞争日益激烈。这时可采用以竞争为基础的定价策略。对于竞争条件（如成本、质量、性能等）弱的对手，采用低价倾销的方法，在价格政策允许的范围内挤走竞争者或扩大市场占有率；对于竞争条件强的竞争对手，则宜采用跟随策略（如“你提我也提，你降我也降”的方法），努力维持原来的市场占有率；对于竞争条件相当的竞争对手，可采用非价格竞争的方法，在维修、供应备品备件、代培人员等方面提供更优越的条件，以维持市场占有率。

教学视频 7-1

经济采购批量管理

衰退期，消费者的购买转向新产品，导致原有的产品销售下降，市场需求缩小。这时企业可采用维持价格策略和变动成本策略等方法。维持价格策略即不对产品做大幅度削价而维持原有的价格水平，以维持产品在消费者心目中的地位，同时辅以数量折扣、金额折扣或馈赠礼品等方式，尽量延长产品寿命；变动成本策略即以单位变动成本作为最低价格，以防止销量减少，从而以该产品边际贡献来弥补固定成本，为整个企业盈利做贡献的方法。

第二节　最优存货批量管理

一、存货的功能与成本

企业的存货占流动资产的比例较高，存货利用程度的好坏对企业财务状况影响极大。加强对存货的规划和控制，使存货数量保持在最优水平上，是企业财务成本管理的重要内容。

（一）存货的功能

适量的存货便于均衡组织生产，保证企业生产经营的正常进行，还有利于扩大销售，防止意外事件造成的损失。

1.适量存货便于均衡组织生产，保证生产经营活动的正常进行

生产过程中所需要的原材料和在产品是生产中必需的物质材料，为保证生产经营活动

的正常进行，需要适当储备；企业为充分利用生产能力，均衡生产，降低生产成本，也要适当储备产成品存货，以应对季节性需求或市场需求剧烈变动引起的生产能力闲置或超负荷生产带来的成本提高。

2.必要的存货有利于销售，并防止意外事件造成的损失

一般来说，顾客为节约采购成本和其他费用，往往进行成批采购；企业为达到运输上所需要的最低批量也需要组织成批发运，这就要求企业必须有适当的存货。另外，为防止采购、运输、生产或销售过程中可能发生的意外事故，企业也应该保持必要的保险储备，以避免和减少损失。

（二）存货的成本

存货成本主要表现为采购成本、订货成本、储存成本和缺货成本等。

1.采购成本

采购成本指由于购买存货而发生的买价和运杂费等价外费用构成的成本。其总额取决于采购数量和单位采购成本。一般来讲，单位采购成本在相关范围内不随采购数量的变动而变动，因此，采购成本与采购数量呈正比例变化。

2.订货成本

订货成本指为订购货物而发生的各种成本，包括采购人员的工资、采购部门的一般性费用（如办公费、水电费、折旧费、取暖费等）和采购业务费（如差旅费、邮电费、检验费等）。订货成本可分为两大部分：为维持一定的采购能力而发生的、各期金额比较稳定的固定订货成本（如折旧费、水电费、办公费等）；随订货次数的变动而呈正比例变动的变动订货成本（如差旅费、检验费等）。

3.储存成本

储存成本指为储存存货而发生的各种费用。储存成本通常也包括两大类：一类是总额稳定、与储存数量的多少及储存时间长短无关的固定储存成本（如支付给储运公司的仓储费或自设仓库发生的所有费用）；另一类是随存货数量的变动而呈正比例变动的变动储存成本（如搬运费、保险费、存货占用资金相应的利息等）。

4.缺货成本

缺货成本指由于存货数量不能及时满足生产和销售需要给企业带来的损失，如因停工待料发生的损失、由于商品不足失去的创利额、因采取应急措施补足存货发生的超额费用等。缺货成本大多属于机会成本，由于单位缺货成本往往大于单位储存成本，因此，尽管其计算比较困难，也应采取一定方法来估算，以供决策之用。

二、经济采购批量管理

采购批量指每次订购货物（材料、商品等）的数量。降低采购批量会增加采购次数，使订货成本上升，同时采购批量的降低会导致存储成本随之降低；相反，提高采购批量会使储存成本上升，但会由于采购次数的减少而使订货成本下降。可见，通过选择合适的采购批量可以控制存货的总成本。经济采购批量就是使上述存货总成本最小的采购批量。

如果不考虑存货的缺货成本，存货的相关总成本为：

$$T=(Q/2)\times C+(A/Q)\times P$$

式中：T为存货的年总成本；

Q为采购批量；

Q/2为平均库存数量；

C为单位存货年储存成本；

A/Q为采购批次；

P为每批订货成本；

A为存货的全年需求量。

年订货成本、年储存成本及年总成本的曲线如图7-1所示。

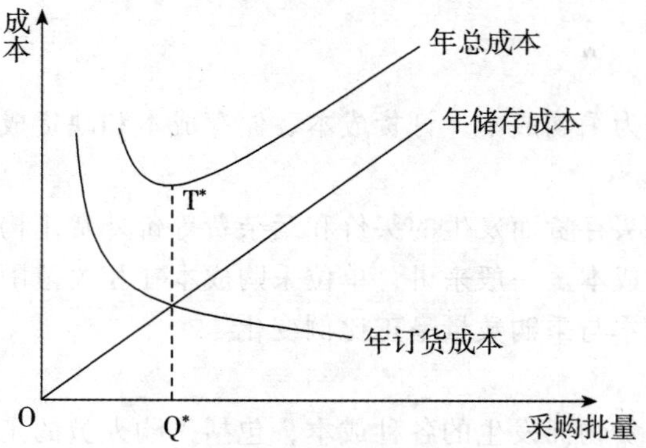

图7-1 经济采购批量模型图

从图7-1可以看出，T（年总成本）是一条凹形曲线，当其一阶导数为零时，其值最低。以Q为自变量，求函数T的一阶导数并令其为零，可解得：

经济采购批量$Q^* = \sqrt{\frac{2AP}{C}}$

年最低总成本$T^* = \sqrt{2APC}$

经济采购批量模型的基本假设包括：

(1) 存货的市场供应充足，企业能随时补充存货；

(2) 每次采购的存货集中到达，存货均匀耗用；

(3) 不存在缺货的情况；

(4) 存货的采购单价不变且没有商业折扣；

(5) 存货的全年需求稳定且能够预测。

在第1和第2个假设之下，企业可以在存货耗用殆尽时进行采购，即存货库存降至零时才进行采购，因此存货的最高库存量为经济采购批量，最低库存量为零，平均存货即为Q/2。其库存情况如图7-2所示。

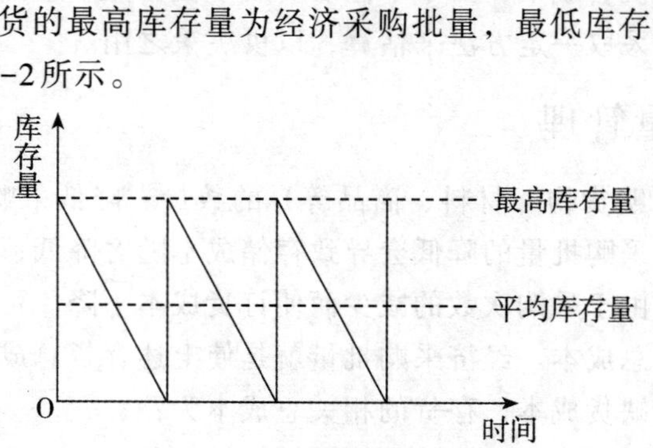

图7-2 存货库存量情况图

在其他假设下，由于年需求量稳定可以预测，又不存在商业折扣，所以存货的采购成本为无关成本，模型中不予考虑；不存在缺货的情况，缺货成本也不予考虑。

【例 7-8】某公司每年使用甲材料10 000千克，单位采购成本50元，单位变动储存成本为2元，每一次的订货成本为400元。求甲材料的经济采购批量及相应的年总成本。

将以上资料代入经济采购批量和年最低总成本的计算公式，可得：

$$经济采购批量Q^* = \sqrt{\frac{2 \times 10\,000 \times 400}{2}} = 2\,000(千克)$$

$$年最低总成本T^* = \sqrt{2 \times 10\,000 \times 400 \times 2} = 4\,000(元)$$

三、存货管理基本模型的扩展

在实际工作中，由于各种因素的影响，需要对前述基本数学模型进行扩展，以确定不同情况下的经济采购批量，降低存货成本。

（一）再订货点

如果存货的市场供应不是很充足，企业就难以在库存耗竭时及时补充所需存货，况且，一般情况下企业从发出订单到收到存货往往需要一定的时间。所以，企业在按照既定的经济批量进行采购时，往往并不是等到库存为零时再发出订单，而是当库存下降到一定数量时就发出订单进行存货的采购。订购下一批存货时本批存货的库存量就是再订货点。

再订货点需要根据平均每天的正常耗用量以及预计提前时间来计算，若用R表示再订货点，Y表示每日的正常耗用量，L表示预计提前时间（订货提前期），则：

$$R=Y \times L$$

其中：L取决于从制作订单到对方收到订单所需要的时间，对方的供应间隔时间，存货的在途、验收和整理准备时间等。

【例 7-9】兴发公司每天正常耗用乙零件20件，订货提前期为15天，求其再订货点。

再订货点=20×15=300（件）

值得注意的是，企业每次采购的数量依然是经济采购批量，只是在库存量下降到再订货点时发出订单而已。

若企业的经济采购批量为900件，则再订货点和库存量的变化情况如图7-3所示。

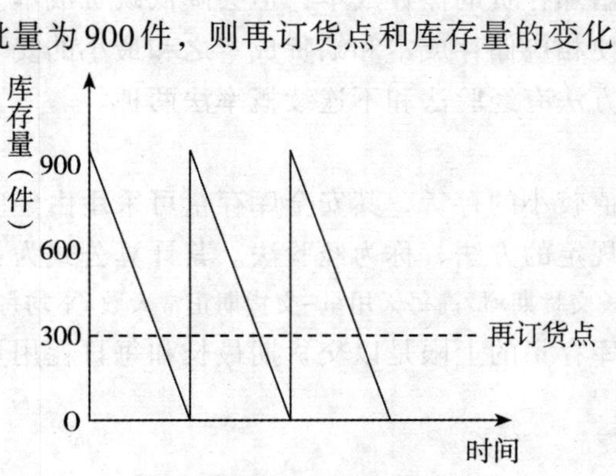

图7-3　再订货点图示

（二）一次订货、边进边出情况下的经济采购批量

若企业采购的存货不是一次到货，而是陆续到达入库、陆续领用的情况，则存货的平均储存量就不再是Q/2，而是$\frac{1}{2}Q(1-\frac{Y}{X})$。

其中：X为每日送达存货的数量；Y为每日耗用存货的数量。

于是，存货的年总成本变为：

$$T=\frac{1}{2}Q(1-\frac{Y}{X})C+\frac{A}{Q}P$$

求其一阶导数并令其为零，可解得经济采购批量及相应的年总成本为：

$$\text{经济采购批量}Q^*=\sqrt{\frac{2AP}{C(1-\frac{Y}{X})}}$$

$$\text{年最低总成本}T^*=\sqrt{2APC(1-\frac{Y}{X})}$$

【例7-10】某零件年需要量为5 400个，每日送货量为40个，每日耗用量为15个，单价为每个8元，一次订货成本为60元，单位储存变动成本为2元。求该零件的经济采购批量及年最低总成本。

将以上数据代入公式可得：

$$\text{经济采购批量}Q^*=\sqrt{\frac{2\times5\,400\times60}{2\times\left(1-\frac{15}{40}\right)}}=720\text{（个）}$$

$$\text{年最低总成本}T^*=\sqrt{2\times5\,400\times60\times2\times\left(1-\frac{15}{40}\right)}=900\text{（元）}$$

（三）考虑保险储备时采购批量的确定

如果存货的耗用量因不可预见的情况发生变化，或采购间隔期由于客观事件而有所变化时，按照以上方法计算的再订货点可能不再适用。假定某项存货的耗用比预计快，或采购间隔期比预期长，则按照上述方法计算的再订货点进行采购就可能会引起缺货的情况发生。缺货往往给企业带来不利的影响，企业可能不得不专程派人采购，或停产等待新材料的运达，或失去顾客。因此，为避免上述不利影响的发生，企业应建立保险储备并确定一个最佳的安全储存量，将可能发生的额外成本降到最低。

建立安全库存量会增加存货的储存成本，但会降低缺货成本。所以，最佳安全库存量的确定就是要选择一个使相应储存成本和缺货成本之和最小的安全库存量。

安全库存量的确定方法有经验法和不连续概率法两种。

1.经验法

对于品种繁多、价值较小的存货，其安全库存量可采用由经验丰富的经理人员在安全库存量上限范围内加以规定的方法，称为经验法。其计算公式为：

安全库存量的上限=最长交货期×最高每天用量-交货期正常天数×平均每天用量

由上式可见，安全库存量的上限是以交货期最长和每日耗用量最大这两种不正常现象同时发生为基础计算的。

2.不连续概率法

在这种方法下，要准确估计可能发生的缺货成本，需要根据历史资料统计某种存货每

天可能的耗用量及其概率，然后分别计算不同安全库存量对应的总成本，并据以做出决策。

【例7-11】长城公司每年需外购零件6 250个，该零件单位储存成本30元，一次订货成本37.5元，单位缺货成本100元。在订货间隔期内的需要量及其概率见表7-7。

表7-7　**订货间隔期内的需要量及其概率**

需要量（个）	90	100	110	120	140
概率	0.1	0.3	0.3	0.2	0.1

要求：计算包括安全库存量的再订货点。

首先，计算经济采购批量和年订货次数。

$$经济采购批量Q^*=\sqrt{\frac{2\times 6\,250\times 37.5}{30}}=125(个)$$

年订货次数=6 250÷125=50（次）

其次，计算交货期内的平均需求。

交货期内的平均需求=90×0.1+100×0.3+110×0.3+120×0.2+140×0.1

=110（个）

再次，计算不同安全库存量下的总成本。

（1）不设安全库存量，以110个为再订货点，则实际需求在110个以下时不存在缺货的情况，需求量在110个以上时：

预计缺货的概率=（120-110）×0.2+（140-110）×0.1=5（个）

总成本=5×100×50+30×0=25 000（元）

（2）安全库存量为10个时：

预计缺货的概率=（140-120）×0.1=2（个）

总成本=2×100×50+30×10=10 300（元）

（3）安全库存量为20个时：

预计缺货的概率=（140-130）×0.1=1（个）

总成本=1×100×50+30×20=5 600（元）

（4）安全库存量为30个时，则不会发生缺货：

总成本=0×100×50+30×30=900（元）

最后，进行决策。

由以上计算可知，当安全库存量为30个时，相应的总成本最低，仅为900元，所以企业的安全库存量为30个，即将140个（110+30）作为再订货点。

保险储备只影响再订货点，而不影响经济采购批量。

（四）有数量折扣时的决策

在商业活动中，供应商往往会为大批量购买者提供一定的商业折扣，此时，企业可以利用数量折扣价降低采购成本和订货成本，但可能会由于较大批量的采购导致储存成本上升。在存在数量折扣的情况下，决策的相关成本就包括采购成本、订货成本和储存成本三种，而使年总成本最小的采购量就是经济采购批量。

存在数量折扣时，企业的决策可以分三步进行：

（1）计算没有数量折扣时的经济采购批量。

（2）计算不考虑数量折扣时的年总成本。

（3）计算考虑数量折扣时的年总成本，并据以进行决策。

【例 7-12】某公司每年需要某零件 2 400 个，每次订货成本 400 元，单位储存成本为 3 元，该零件单价 10 元，若订货量达到 1 000 个时，可享受 2% 的价格折扣，求采用何种批量进行采购。

首先，计算没有数量折扣时的经济采购批量：

$$Q^*=\sqrt{\frac{2\times 2\,400\times 400}{3}}=800\text{（个）}$$

其次，计算不考虑数量折扣时的年总成本：

采购成本=2 400×10=24 000（元）

订货成本=2 400÷800×400=1 200（元）

储存成本=800÷2×3=1 200（元）

年总成本=24 000+1 200+1 200=26 400（元）

最后，计算考虑数量折扣时的总成本：

采购成本=2 400×10×（1-2%）=23 520（元）

订货成本=2 400÷1 000×400=960（元）

储存成本=1 000÷2×3=1 500（元）

年总成本=23 520+960+1 500=25 980（元）

由以上计算可知，订货 1 000 个比经济订货量 800 个可节约成本 420 元（26 400-25 980），所以每批应订 1 000 个。

第三节　零存货管理

一、适时制生产系统对存货的看法

适时制（just-in-time，JIT）生产系统是指企业在生产自动化、电算化的情况下，合理规划并简化生产和销售过程，使从原材料进厂到产成品出厂进入市场的每个环节都能够紧密衔接，完全消除“停工待料”和“有料待工”等浪费现象，尽最大努力减少产品制造过程中不增加产品价值的任何作业，以避免浪费、降低成本，使企业最终实现无库存生产系统或使库存达到最小的生产系统。适时制生产系统和传统生产系统对存货持有不同的观点。传统生产系统承认存货存在的合理性，认为适量存货便于均衡生产并有利于销售，企业需要按模型寻求能够使总成本最低的存货水平；而适时制生产系统却要求企业按照需求而不是各种模型制订的计划引入存货。在适时制下，企业为降低成本．应努力减少存货的数量并最终达到消灭存货的目的。

在适时制下，存货被认为对企业的生产经营具有负面影响。具体表现在：

1.企业持有存货会占压流动资金

企业持有大量存货时，相应数额的资金会沉淀下来，直到产成品销售出去才能重新参加周转。如果企业存货积压严重，企业为获得流动资金可能有时会被迫举债，支付额外的利息；反之，如果减少存货，甚至是零存货，则可将相应资金用于其他方面，如投资于证券取得投资收益。可见，持有存货会增加企业的机会成本。

2.持有存货会发生仓储和管理成本

大量存货必然要占用仓储空间，耗费人工进行管理，而且企业在存储过程中也可能发生损耗。仓储和管理成本的发生会使企业的成本水平上升。

3.持有存货可能掩盖生产质量问题

持有存货可能会掩盖企业的生产质量问题或生产的低效率，增加企业信息系统的复杂性。如企业在后一道工序加工的过程中，如果发现从在制品库中领取的在制品有残次品，就可以通过再从在制品库中取用合格品而解决，此时，次品的出现不会导致严重后果，不会立即引起管理人员的重视，不利于企业及时寻找次品出现的原因并不断提高产品质量。

在适时制下，企业应通过缩减生产准备时间或与供货商签订长期合同来尽可能降低生产准备成本或订货成本，并通过减少存货的数量大幅降低储存成本，从而使存货的相关成本降到最低。

二、适时制的应用策略

要顺利实现适时制，达到适时制管理的理想效果，企业需采用拉动式生产系统，改变材料的采购策略，建立无库存的制造单元，缩短生产周期，快速满足客户需求，并实施全面质量管理。

（一）采用拉动式生产系统

在装配式生产方式下，企业的产品由许多零件构成，每个零件要经过多道工序加工而成。要组织好生产，企业可以采用两种不同的发送生产指令的方式：推动式生产系统和拉动式生产系统。

1.推动式生产系统

在推动式生产系统下，首先由计划部门计算出零件的需要量和各个生产阶段的生产提前期，确定每个零件的投入产出计划，并按计划发出生产和订货指令；接着，每一车间或每一工序按计划制造零件，将实际完成情况反馈到计划部门，并将加工完的零件送到后续生产车间和后一道工序，而不管后续车间或工序是否需要。

推动式生产系统下的生产控制就是要保证按生产作业计划的要求按时完成任务。但在实际上很难做到每道工序都按时完成，这就需要取得实际进度与计划进度偏离程度的信息，并采取纠正措施。一般难以准确预测推动式生产系统的生产提前期，因此会有很大误差，即使是物料资源计划（MRP）这样比较完善的推动式生产系统也难以做到准时生产。

在传统的推动式生产系统中，每一个工序的员工均从在制品库中取得原料，在完成该工序的加工后将其置于另一个在制品库中，转移给下一个工序，因此，员工关注的是自己所在工序的生产效率，减少所在工序的存货堆积；但各个工序之间相互独立，在制品存货量较大，足够适应于不同的生产效率，如果某种材料或半成品出现次品或废品，则可弃置一旁而不会因此打断生产或引起停工待料。传统企业一般均采用推动式生产系统。

2.拉动式生产系统

拉动式生产系统从产品装配出发，每道工序和每个车间按装配的需要向前一道工序和车间提出要求，发出工作指令，前面的工序和车间则完全按照这些指令进行生产。

在拉动式生产系统下，每一个工序的员工致力于补充后续工序员工耗用掉的存货，绝对禁止生产超量的存货。当存货量达到规定的上限时该工序需停止工作，直到后续工序从在制品库中取走在制品为止。可见，该方法下的存货水平较低，为避免停工，企业须保持均衡的加工速度和良好的设备工作状态，并且要能及时发现和解决可能出现的质量问题。

拉动式生产系统需要管理者周密的计划、员工积极的参与以及由注重每个工序的绩效到注重整个过程绩效的转变。该系统还要求管理者接受这样的观念：宁可让员工闲着也不要他们生产出超限额的存货，可以让员工在生产间歇对操作设备进行保养，以防止在生产进程中出现由于机器故障停产的现象。在拉动式生产系统中，如果每道工序都按其后一道工序的要求在适当的时间按需要的产品和数量生产，就可以实现真正的按需生产。

拉动式生产系统可以进一步扩展到销售和订货领域，成为拉动式生产系统。在这种情况下，企业根据订单确定最后一道工序需要生产的数量，再根据最后一道工序的生产数量倒推前一工序需要加工的数量，一直倒推至第一道工序需要加工的在制品数量，结合生产进度和原材料需求量，最终确定发送给供货商的订单，且要求供货商仅在生产经营需要时将其送达。

适时制采用的正是拉动式系统，具体的措施是看板制。“看板”本质上是一种信息交流系统，它可以是一张卡片、一个标签、一个盒子或箱子，或者简单到一些画在或粘贴在工厂地板或工作台面上的方块，这些可以统称为指令，其目的在于通知其前一制作程序完成某种零件。其核心思想是“只在需要的时候，按需要的量生产需要的产品”，以最大限度地减少企业存货、降低成本，最终增加企业利润，提高企业的竞争地位。

（二）改变材料采购策略

在适时制下，企业一方面要保持尽可能低的存货水平，又不能因为原材料供应中断影响到正常生产运行，这就对企业采购部门提出了很高的要求：在存货水平很低的情况下，既要保证材料供应的及时性，又要保证材料的质量满足生产需求。由此，在适时制下，企业需要与供应商建立一种全新的利益伙伴关系，要遵循以下原则：

1.在原材料采购上，只与有限数量的比较了解的供应商建立长期合作关系

在企业只与有限数量且比较了解的供应商建立长期合作关系时，采购部门就不会为寻找和选择供应商浪费更多的时间，还会节约订货成本。由于经过选择和长期合作，企业对指定供应商供应的材料、供应商信誉及服务等比较了解，订购的原材料质量就有了保证，从而不会因材料质量问题影响生产；而且由于货源稳定、质量有保证，采购部门还可以根据具体情况，适当减少对购进原材料进行检验时的抽样样本量，甚至取消检验，降低检验成本；还可以要求供应商多批次、小批量供应材料，进一步降低企业原材料的存货水平。

2.在选择供应商时要同时考虑材料的价格，以及服务质量和材料质量

适时制下，极低的存货水平要求企业在选择供应商时，一定要在价格之外充分关注供应商服务的质量（即供应商是否在企业随时提出需求时都能快速交货，保证供货的及时性）以及所供应原材料的质量，以保证不会因材料的质量问题影响生产的正常进行。

3.建立生产员工直接向经批准的供应商订购生产所需材料的机制

由于材料的供应商已经指定且数量很少，企业就可以按照适时制系统的特点，要求供应商经常运送小批量材料，可以是每周一次、每天一次，甚至每天几次，并在采购合同中约定采用定期结算的方式，这样，当企业生产部门需要某种类型的材料时，就可以经过企业授权直接与对应的供应商联系，让供应商将材料直接运送至企业，使采购部门节约订货

时间，降低订货成本，并增强材料供应的及时性。

4.要求供应商直接将材料送至生产场所

在传统方式下，企业采购的原材料批量较大，在检验之后，必须入原材料库存放，无形中增加了储存成本和管理成本。在适时制下，只有在生产需要时才订购材料，材料到位后直接投入生产，所以，可以要求供应商直接将材料运送到车间堆放，以缩短从订购到投入生产所需的时间，增强了供货的及时性，并缩短了搬运距离，节约了搬运的成本。

(三) 建立无库存生产的制造单元

为减少库存，提高工作效率，采用适时制的企业需要对车间进行重新布置与整理，按产品对象建立制造单元。一个制造单元内配备有各种不同的机床，可以完成一组相似零件的加工，机床等设备需按照所生产的产品或零件的种类重新排列，使每个零件从投料、加工到完工都有一条明确的流动路线。

制造单元有两个明显的特征：一是在该制造单元内，工人随着零件走，从零件进入单元到加工完毕离开单元，均由一个工人操作。工人不是固定在某一台机器上，而是逐次操作多台不同的机器。二是无库存的生产制造单元具有很大的柔性，它可以通过对制造单元内工人数量的调整使单元的生产效率与整个系统保持一致。

无库存制造单元在一定程度上起到了仓库的作用，要求每个工序有一个入口存放处和一个出口存放处，入口存放处放置着待加工的原材料或在制品，出口存放处放置着本单元已加工完毕的在制品。工人看到他们加工的零件还没有为下一道工序所用时，就不会盲目生产。

(四) 减少不附加价值的成本，缩短生产周期

企业的经营活动多种多样，从总体上可分为两种：一种是在生产过程中使物料实体发生改变，增加产品价值的活动，如制造加工和包装，与这种经营活动相对应的成本即为增加价值的成本；另一种则是只导致物料的地理位置发生改变，并不增加产品价值的活动，如检验和仓储，与这种经营活动相对应的成本是不增加价值的成本。适时制肯定增加价值的成本，认为它所对应的经营活动是合理的，而不增加价值的成本是一种浪费，应尽量减少其发生。

生产一件或一批产品所需的全部时间称为生产周期，包括生产准备时间、加工时间、搬运时间、等候时间和检验时间等。生产准备时间是为生产特定产品准备机器设备所需的时间，加工时间是生产产品所耗用的时间，搬运时间是在生产场所之间或检验场所之间搬运产品所耗用的时间，等候时间是产品在等待加工、搬运或检验而暂时储存时所耗费的时间，检验时间是产品接受检验时耗费的时间。在生产周期的五个构成因素中，只有加工时间能够增加产品价值，其他时间则因为不增加价值而应予以压缩，以缩短生产周期。

通过减少不增加价值的成本，缩短生产周期，可以有效地减少在产品存货，降低存货成本。

(五) 快速满足客户需求

在适时制下，客户订单是整个企业开始生产的最原始动力和指令。鉴于企业存货的有限性，为满足客户需求，就要求企业在材料采购、生产上采取措施，有效缩短不增加价值的生产准备时间、搬运时间、等候时间和检验时间等，以大幅度缩短生产周期和企业从接受订货到交货的时间间隔，充分满足客户需求。

（六）保证生产顺利进行，实施全面质量管理

质量是适时制的基本保证。保证生产顺利进行，必须要保证加工质量，消除废品，采用全面质量管理（total quality management，TQM）的方法。全面质量管理就是企业组织全体职工和有关部门参加，综合运用现代科学和管理技术成果，控制影响产品质量的全过程和各因素，经济地研制生产和提供用户满意产品的系统管理活动。

全面质量管理的原则是开始就把必要的工作做正确，强调全员、全面、全过程的参与，从根源上保证产品质量，从操作者、机器、工具、材料和工艺过程等方面保证不出现不合格产品。这就要求企业将质量管理工作从事后把关变成事前预防，正确地规定质量标准，使工艺过程得到控制，并加强对工人的培训，将工人培养成多面手，不仅可以操作制造单元内所有的机器设备，还要熟悉设备的维护，在生产间歇对机器进行预防性维护。

三、适时制实施中的风险应对

适时制的最终目的是要减少并最终消灭存货，实现零存货状态。因此，企业需要制定应对零存货可能产生风险的相应对策，并将其作为一种思想贯穿于企业生产经营的全过程，不断优化管理，提高自身的竞争能力。

（一）零存货可能产生的风险及适时制管理的对策

零存货尽管能够降低存货成本，提高企业的获利能力，但也可能导致停工待料，或由于产品质量问题不能及时交货，或难以享受采购折扣等情况的出现，这就需要适时制管理提供相应的对策。

1.满足客户需求问题

在传统的生产方式下，企业一般都是通过建立产成品库存来保证按时交货以及客户的意外订货。在适时制的零存货理念下，解决这一问题的方法是通过发展柔性生产、缩减生产准备时间、建立制造单元、提高产品质量、直接在工厂而非产成品仓库提货、缩短搬运距离等措施，缩减从接到订单到交货之间的时间间隔，增强企业在交货日交货以及对市场需求做出快速反应的能力。

2.避免停工问题

支持适时制的观点认为存货并未真正解决由于机器故障、材料质量问题等带来的停工问题，而只是掩盖了这些问题。相反，通过将存货缩减至零，使问题暴露出来，才能引起管理人员的重视，以通过全面的预防性维护和全面质量管理以及同供应商建立良好关系、保证供货质量、实行看板制等措施，彻底避免停工待料的情况出现。

3.折扣和价格上涨问题

传统观点认为企业应按经济批量进行采购，以享受折扣并预防未来的价格上涨，降低存货成本。适时制则认为通过和少数几个选定的与生产地点尽可能接近的供应商签订长期供货合同可以达到同样的目的，这样不但可以将采购价格限定在一定水平，而且可以规定可接受的质量水平，从而大大降低采购成本和与质量有关的检验成本等。

（二）采用适时制应注意的问题

尽管近些年适时制的支持者对经济采购批量和经济生产批量提出了批评，认为管理人员应致力于减少存货而非批量最优，但需要注意的是，适时制在本质上只是一种思想，还不存在完全采用的外部条件。

1.对制造企业来说，现阶段存货的存在仍然是必要的

在现实企业中，存货是无处不在而且是不可避免的。从企业内部来看，实现物料转化的均衡连续，达到零存货的目的，必然要求转化工程各个环节（如制造单元）的能力均衡，而且要绝对协调，不能出现任何环节的停工或纰漏。但由于影响任一环节工作状态的可控或不可控因素有很多，如人的因素、环境的因素等，要使每一环节都百分之百完全工作几乎是不可能的，因而由于各种原因引起的不协调是不可避免的。从企业外部来看，由于任何企业都不是孤立地存在于社会之中，都必定要与周围的企业发生或多或少的联系，因此，企业的物流体系也不是自成体系，而是整个社会物流网络的一部分，要实现系统内的网络转化连续、均衡，必须使整个物流大网络连续、均衡地运行，使全社会的各个行业均实现无库存生产。毫无疑问，这种协调工作是非常艰巨的，要实现几乎不可能。所以，在目前状态下，企业的存货是必要的。

2.零存货可以作为一种管理理念

从理论上讲，存货的存在是一种资源浪费；从现实来看，存货的存在又不可避免，甚至是有利于生产经营活动正常进行的。不顾企业管理水平和外部环境，生搬硬套“零存货”是很危险的行为。企业管理者应将“零存货”作为一种管理理念，一方面通过不断地改善经营管理，为最终实现零存货而奋斗；另一方面又应该面对现实，使存货维持某一特定水平，做到让浪费最少而又能保证生产经营正常进行。

知识拓展

关于零库存管理的思考

专业素养

1.客户购买的是产品的使用价值，不是产品本身。产品价格应和其自身功能而不是成本相匹配，所以，应站在客户而非企业的角度进行定价。

2.形成正确区分支出的理念，尽量减少不增加价值的消耗，减少停顿中的资金占用，提高单位资金的产出。

3.树立科学消费观，日常生活中要理性花费而不是冲动购买，减少冗余商品的采购支出，可以节约空间占用，减少资金浪费。

4.支出决策应基于正确的管理理念，从成本效益原则出发，而不是看支出的绝对额；要习惯在学习的基础上，借用管理软件提高决策的科学性和管理效率。

基本训练

一、单项选择题

1.（　　）不是非标准产品的定价方法。

A.固定合同价格　　B.成本加成合同　　C.差别定价合同　　D.奖励合同

2.在产品平均成本的基础上，充分考虑市场需求弹性等因素，确定一个加成百分比计算产品成本的方法叫成本加成定价法。其依据的平均成本不包括（　　）。

A.平均制造成本　　B.平均变动成本　　C.平均固定成本　　D.平均完全成本

3.尾数定价法适用于（　　）。

A.高档商品　　B.进入寿命成熟期的商品

C.价值较小的商品　　D.耐用消费品

4.下列各项中，与经济订货批量无关的是（　　）。

A.每日消耗量　　B.每日供应量　　C.储存变动成本　　D.订货提前期

5.某种商品的再订货点为500件，安全库存量为200件，采购间隔日数为10天，假设每年有260个工作日，则年度耗用量是（　）件。

A.13 000　　B.7 800　　C.5 200　　D.11 000

6.由于存货数量不能及时满足生产和销售的需要而给企业带来的损失称为（　　）。

A.储存成本　　B.缺货成本　　C.采购成本　　D.订货成本

7.首先从产品装配出发，每道工序和每个车间按照当时的需要向前一道工序和车间提出要求，发出工作指令，前面的工序和车间完全按这些指令进行生产的方式称为（　　）。

A.推动式生产系统　　B.拉动式生产系统　　C.预算工时　　D.实际工时

8.下列各项中不属于储存成本的是（　　）。

A.企业自设仓库的水电费、空调费　　B.按存货价值计算的保险费

C.陈旧报废损失　　D.采购人员的检验费

二、多项选择题

1.一般来说，影响产品价格的因素包括（　　）。

A.产品成本　　B.市场竞争

C.科学技术周期　　D.相关产品的销售状况

2.成本加成定价法需要事先准确地核算产品或劳务的成本，可以是（　　）。

A.产品的平均成本　　B.产品的固定成本　　C.产品的计划成本　　D.产品的目标成本

3.在变动成本加成定价法下，加成率包括（　　）。

A.固定的制造费用　　B.期间费用　　C.相应的销售税金　　D.预期利润

4.差别定价法是企业按照两种或两种以上不反映成本费用比例差异的价格销售某种产品或劳务的定价方法，具体可分为（　　）。

A.顾客差别定价法　　B.声望差别定价法

C.产品形式差别定价法　　D.产品部位差别定价法

5.再订货点取决于（　　）。

A.从制作订单到对方收到订单所需时间　　B.存货的在途、验收时间

C.对方的供应间隔时间　　D.每日平均的正常耗用量

6.下列关于适时生产系统对存货看法的描述中，正确的有（　　）。

A.持有存货会发生仓储和管理成本　　B.持有存货可以保证企业均衡生产

C.持有存货有利于销售，减少缺货成本　　D.持有存货可能掩盖生产质量问题

7.为了满足客户需求，适时制要求（　　）。

A.发展柔性生产　　B.进行全面的防护性维护

C.直接由工厂而非产成品仓库提货　　D.与供应商建立良好关系

8.某企业年需要A材料1 000千克，单价100元，一次订货成本20元，年储存成本是单价的1%，则（　　）。

A.经济订货量为200千克

B.经济订货量为20 000元

C.经济订货次数为5次

D.经济订货量为200元，经济订货次数为5次

三、判断题

1.成本加成定价法多适用于非标准产品的定价。（ ）

2.在制造成本加成定价法下，加成的内容仅包括预期利润和相应的销售税金。（ ）

3.产品在投入期可采用目标价格策略来确定最优价格，使该阶段的目标利润率较高。（ ）

4.产品在成熟期可采用以竞争为基础的定价策略，对于竞争条件相当的竞争对手，采用低价倾销的策略，在价格政策允许的范围内挤走竞争者或扩大市场占有率。（ ）

5.在确定存货采购批量时，存货的相关总成本包括储存成本和订货成本。（ ）

6.保险储备会使再订货点提高，从而导致经济采购批量上升。（ ）

7.制造企业应该尽快推行适时制，减少存货对企业资金的占用，降低机会成本。（ ）

8.在有数量折扣的决策中，订货成本、储存成本是订购批量决策中的相关成本，而采购成本则与决策无关。（ ）

9.安全库存量的上限实际是按照交货期最长和每日耗用量最大这两种不正常现象同时发生为基础计算的。（ ）

10.一般来讲，当库存存货量降到采购间隔期的耗用量加上安全库存量的总和时，就应再次订购货物。（ ）

四、计算题

1.思嘉公司正在研究甲产品的定价策略。在对市场行情进行调查研究的基础上，该企业认为甲产品的价格采用成本加成定价法可行。甲产品成本的预测资料见表7-8。

表7-8　甲产品成本预测表　单位：元

项　目	单位成本
直接材料	200
直接人工	350
变动性制造成本	180
固定性制造成本	400
变动性销售及管理费用	230
固定性销售及管理费用	450
合　计	1 810

要求：

（1）在单位变动成本的基础上加成180%作为甲产品的目标售价。

（2）在单位制造成本的基础上加成90%作为甲产品的目标售价。

（3）在单位完全成本的基础上加成30%作为甲产品的目标售价。

2.英豪公司生产乙产品，年设计生产能力为60 000件，单位售价为650元，其正常的单位成本见表7-9。

表7-9 乙产品单位成本构成 单位：元

项　目	单位成本
直接材料	125
直接人工	100
制造费用	
其中：变动性制造费用	75
固定性制造费用	110
合　计	410

根据目前的生产状况，企业尚有40%的剩余生产能力未被充分利用，可以继续接受订货。现有一客户要求再订购一批乙产品，每件出价320元。试就以下不相关情况进行决策：

（1）客户要求订购的乙产品为24 000件，且对这批订货有某些特殊要求，需另行购置一台100 000元的专用设备，是否接受该批订货？

（2）如果不接受该24 000件的订货，剩余生产能力可用于为其他企业代加工某零件，可获得加工收入250 000元，是否接受该批订货？

（3）如果该批订货的数量是26 000件，接受订货不需增加专用设备，剩余的生产能力也不可转作他用，是否接受该批订货？

3.长海公司每年使用A材料56 000千克，单位采购成本150元，单位变动储存成本为20元，每一次的订货成本为1 400元。

要求：

（1）求A材料的经济采购批量及相应的年总成本。

（2）如果A材料是边送边用，每日送货量为250千克，每日耗用量为200千克，计算A材料的经济采购批量及相应总成本。

（3）若供应商规定，当企业每次采购的A材料为3 200千克以上时，可享受2%的折扣，材料能够按采购量一次送达。确定企业应如何进行A材料的采购。

（4）长海公司对A材料的耗用量正常为每天200千克，订货提前期为10天，求其再订货点。

五、简答题

1.影响定价决策的基本因素有哪些？

2.成本加成定价法具体有哪几种？

3.边际成本定价法的经济学原理是什么？

4.保本和保利定价法下价格的计算公式是什么？

5.非标准产品应如何定价？

6.除了以成本为基础定价外，还有哪些其他的定价基础及相应的定价方法？

7.存货的功能和成本有哪些？

8.试述经济订货批量及其扩展模型。

9.适时制生产系统如何看待存货？适时制应如何实施？

基本训练答案解析

案例分析

格兰仕的定价策略

格兰仕创建于1978年，前身是一家乡镇羽绒制品厂。其发展历程如下：鹅毛掸子→羽绒制品→微波炉→空调、小家电，在发展过程中，格兰仕总是先将一个产品做大做强，然后再做下一个产品。在不同的成长期，生产不同的产品，相互依托，相互支撑，最后形成一个硕果累累的“家电花园”。1992年，带着让中国品牌在微波炉行业扬眉吐气、让微波炉进入中国百姓家庭的雄心壮志，格兰仕大胆闯入家电业。格兰仕微波炉从零开始，迅猛地从中国第一发展到世界第一。微波炉、空调和小家电是格兰仕的三大支柱产业。

格兰仕公司是中国商业史上成功的“成本领先战略”标杆之一，并将自己未来的优势也坚定地定在了“总成本领先战略”上。由于成本领先成就了格兰仕公司善于打价格战的名声，因此其获得了“价格屠夫”“价格杀手”的绰号。格兰仕公司曾经公开表示，只要竞争，其价格战会一直持续下去。这种低价格策略就是先将产品的价格定得较其竞争者低很多，使产品迅速被消费者所接受，抢先一步在市场取得主导地位。由于低价格赢得了市场份额，同时也由于利润过低，有效地排斥了竞争对手，从而使得自己能够长期占领市场。格兰仕公司在微波炉领域依靠推行低价格策略赢得了半壁江山，于是将这种策略也复制到了其空调和另外几类产品上，在市场上大打价格战，以期能获得更高的市场份额。

格兰仕降价备忘录：

1996年8月，格兰仕微波炉发动第一次降价，平均降幅达40%，推动了微波炉在国内的普及。当年实现产销65万台，市场占有率超过35%。

1997年10月，格兰仕微波炉第二次大幅降价，降幅在29%～40%，使其当年的市场占有率扩大到47.6%，产销量猛增到198万台。

1998年5月，格兰仕微波炉以“买一赠三”和抽奖等形式进行变相降价，并逐步将市场重心转移到海外。此时，其微波炉年产达到450万台，是世界上最大的微波炉生产厂家之一。其国内市场占有率达到60%。

2000年6月，格兰仕微波炉第四次掀起大规模的价格大战，降幅仍高达40%，以“五朵金花”系列中档机为主。

2000年10月，格兰仕微波炉第五次大降价，利刃直指高端市场，高档黑金刚系列微波炉降价接近40%，高档机型需求迅猛提高。其全年国内市场占有率高达76%；国际市场占有率突破30%，晋升为中国家电出口二强之一。

2001年4月，格兰仕推出300元以下微波炉，再次令淡季市场空前火爆。

中低档产品的价格，加上数码光波、太空金刚、白金刚等高新技术产品的上市及热销，格兰仕“封杀”了整个微波炉市场。

2002年2月26日，格兰仕打响空调价格大战第一枪，对喷涂系列近20款畅销主力机降价，平均降幅约30%，最高降幅约35%。格兰仕表示，希望通过生产力水平的提升，在“高档中价”的基础上进一步推进国内市场上高档空调的“平民化”。

2002年3月7日，黑金刚系列中高档微波炉价格全面下调，最高降幅超过30%，平均降幅25%。

2013年8月，格兰仕又抛出“清爽”的价格。在格兰仕发布的空调战略中，一款售价仅为2 999元的全直流变频空调再一次放出了惊喜，这款有着较高配置的产品采用了高效静电过滤网，能形成PM 2.5过滤器，其去除PM 2.5的净化率大于99.9%。第三方监测数据显示，具有去除PM 2.5功能的全直流变频空调行业均价超过7 000元。更重要的是，这款不足行业均价一半水平的产品并不是短期促销，而是“不限量供应”。事实上，在格兰仕的产品体系中，“不限期不限量供应”的“超低价”产品不仅只这一款产品。在格兰仕洗衣机2014年度营销战略暨新品发布会上，其一口气推出了“五朵金花”，即5款999~2 399元超低价位的滚筒洗衣机，大大低于当时市场上3 000元的平均价格。其中，售价999元的6公斤滚筒洗衣机正是2013年年底引发格兰仕与行业协会及其他竞争对手激烈竞争的产品。根据当时的监测数据，产品价格不足行业内同水平产品价格的1/3。

从2019年4月开始，格兰仕陆续推出5款微蒸烤一体机相关产品，丰富200~5 000元价格带的产品；2019年9月之前实现12款微蒸烤一体机的产品矩阵布局，丰富2 000~15 000元价格带的产品，满足高消费群体的差异化需求。2021年，格兰仕已经从单品展示提升到产品系列，从产品功能进阶到解决方案，从传统制造蜕变为智能创造，依托全产业链、科技转型、工业4.0、芯片布局的赋能，成为继海尔、美的、格力之后又一家白色家电综合企业，改变了白色家电既有的行业格局。

2022年年底，格兰仕召开发布会，对外发布一款型号为XQG60-A708的滚筒洗衣机，在节能补贴后售价仅为999元，是当前市场上价格最低的一款滚筒洗衣机。大中、国美和苏宁电器的多家门店其他品牌同类滚筒洗衣机折后价均在1 500元以上。

资料来源：①叶碧华，陈泽钊. 格兰仕的自我革命［J］. 中国中小企业，2021（5）：36-38. ②新金融观察报. 格兰仕再祭价格战大旗［EB/OL］.（2013-08-11）. http：//finance.sina.com.cn/chanjing/gsnews/20130811/160016410926.shtml.

案例分析参考答案

要求：

（1）分析格兰仕定价策略的特点。

（2）分析企业在定价决策中应该注意的问题。

（3）你认为格兰仕的产品定价策略可以如何改进？

第八章 作业成本法

学习目标

知识目标：了解作业成本法的基本概念、作业的特征及作业的分类；了解成本动因的含义和应用。

能力目标：掌握作业成本的计算与作业成本管理。

素养目标：熟悉作业成本法的作用及其与传统成本法的区别；熟悉成本动因的确定；利用作业成本法进行成本管理。

第一节 作业成本概述

一、作业成本法的概念

教学视频 8-1

作业成本法概述

作业成本（activity-based costing，ABC），包括作业成本法和作业成本管理。作业成本法是以作业为基础的成本计算方法。作业成本管理是以作业是否增值作为评判标准的管理活动。作业成本法认为，企业的全部经营活动是由一系列相互关联的作业组成的，企业每进行一项作业都要耗用一定的资源；而企业生产的产品（包括提供的服务）需要通过一系列的作业来完成。因而，产品的成本实际上就是企业全部作业所消耗资源的总和。由于成本计算对象决定成本计算方法，作业成本法是以作业作为成本计算对象，首先按经营活动中发生的各项作业来归集成本，计算出作业成本；然后再按各项作业成本与成本对象（产品或服务）之间的因果关系，将作业成本追溯到成本对象，最终完成成本计算过程。因此作业成本法是一种全新的成本计算和管理方法。

作业成本法的核心思想是：资源有成本，作业耗用资源，成本对象消耗作业。该核心思想中资源通过作业进行成本归集、再过渡到成本对象。这与传统的制造成本法中成本对象直接耗用资源的理念不同。

作业成本法与传统成本法的区别见表8-1。

表8-1 **作业成本法与传统成本法的区别**

项目	作业成本法	传统成本法
成本动因	多个成本动因：作业基础动因和数量基础动因（视何者最能准确计算成本）	最多三个成本动因，只有数量基础动因具有普适性
间接费用	间接费用先分配到各项作业中，然后再分配给产品或服务	间接费用先分配到部门，再分配给产品或服务
重心	重心放在解决部门间的成本计算和流程问题上	重心放在让各部门经理负责其部门内的各项成本和流程改进上

二、作业成本法的作用

作业成本法的作用主要体现在决策有用性上，作业成本法强调以作业为基础计算出的成本信息更能够满足企业生产经营决策多方面的需要。

现代企业对成本信息的需求是多方面的，主要包括：

（1）成本信息应有助于相对准确地确定期末存货的价值，从而有助于反映企业的财务状况；

（2）成本信息应有助于相对准确地确定已销商品成本，从而有助于核定企业的期间损益；

（3）在企业按照不同需求层次组织多品种产品生产时，成本信息应有助于确定某些特殊用户订货产品的价格；

（4）成本信息应有助于考核企业的业绩，衡量企业在各个制造环节的耗费并进一步为降低产品成本提供依据。

在变化了的制造环境下，传统成本计算方法往往扭曲了成本信息，甚至使成本信息完全丧失决策有用性。主要表现在以下几个方面：

首先，在将间接费用计入最终产品或服务时采用单一的标准，并假定间接费用的支出有助于生产，这种情况在现代制造业中已发生改变。

其次，将间接费用按直接人工工时或机器工时分配给最终产品或服务，必然会导致生产数量多的产品要负担较多的间接费用，而生产数量少、批量小的产品则负担较少的间接费用。显然，这种分配方式在假定间接费用随产量变动而变动的前提下是合适的。而在现代制造业中，产量只是引起间接费用发生的一个原因而不是唯一原因，甚至不再是主要原因。

最后，传统成本计算方法是以企业为主体、以产品为对象反映整个企业的业绩（尽管某些企业也以步骤或批别为对象，但最终是反映整个企业的业绩），却无法反映内部不同责任单位（如不同部门、不同过程、不同工序和环节）的系统化、对象化的考核要求。在竞争日趋激烈的今天，企业要更多地组织、协调产品的生产工作，并为此发生资源耗费，增加企业间接费用；同时也要求企业内部不同工序和环节紧密相扣、适时相接。这一切都要求成本管理深入到作业层次，把企业生产工序和环节视为对最终产品提供服务的作业，把企业看成为最终满足顾客需要而设计的一系列作业的集合。

综上所述，获取对决策有用性强的成本信息是作业成本法得以产生的理论依据，也是作业成本法的理论基础。

三、作业的确认

作业是作业成本计算和管理的第一对象。资源耗费是成本被汇集到各作业的原因，而作业是资源耗费汇集的对象。

从管理角度看，作业是指企业生产过程中的各工序和环节；但从作业成本计算角度看，作业是基于一定的目的、以人为主体、消耗一定资源的特定范围内的工作。

作业应具备如下特征：

（1）作业是以人为主体的工作，强调管理的基本属性：通过管人去管物，通过人的行为调整促进使用价值生产过程的优化及价值增值的最大化。

（2）作业消耗一定的资源，使得管理能从产生价值的最直接和最小单位入手，去促进有限资源的最大利用，达到低碳高效的经济目标。

（3）区分不同作业的标志是作业目的。在一个完备的制造业企业中，其现代化程度越高，生产程序的设计和人员分工越合理，企业经营过程的可区分性也就越强。这样，可以把企业制造过程按照每一部分工作的特定目的区分为若干作业，每个作业负责该作业职权范围内的每一项工作，这些作业互补并且互斥，构成了完整的经营过程。作业目的不同于某一具体工作的目的，如采购作业负责适时为生产提供材料，但从该作业内部看，仍然包括若干项具体工作：有人负责与供应商建立固定联系，有人处理款项结算与材料交接，有人负责材料运输，等等。之所以把这些工作确定为一项作业，是有深层次原因的，这个原因就是作业动因，因为这些具体工作都因该作业动因而发生。

（4）对于一个生产程序不尽合理的企业而言，作业可以区分为增值作业（该增值作业可以进一步分为低增值作业和高增值作业）和不增值作业，便于企业站在竞争角度调整价值链，达到社会资源的最佳配置和高效利用。这里，不增值作业虽然也消耗资源，但其消耗并不是合理消耗，并不直接对制造产品的目的作出贡献。如企业内部产品的搬运作业，以搬运距离作为其动因消耗资源，但作业成本法认为，这种搬运作业可以采用缩短搬运距离，即紧凑经营过程的方式予以逐步消除。

在上述分析中可以看到，作业作为成本计算对象，不仅有利于相对准确地计算产品成本，还有利于成本考核和分析工作。既然作业吸纳了资源，那么，搞清作业状况，就搞清了资源耗费状况；减少作业，就堵塞了资源消耗的渠道，这都为降低产品成本提供了基本依据。

四、作业的分类

作业成本下，可以作业的增值性、作业与产品联系的紧密程度等为标准来进行分类。

1.按是否增加价值区分作业

区分作业最基本的方法是按是否增加价值分为增值作业和不增值作业，其中增值作业是指能给顾客带来附加价值因而能给企业带来利润的作业，而不增值作业是指不能给顾客带来附加价值的作业。例如车间领用钢材10吨，其中6吨加工为产品对外销售，而4吨退回仓库。此时，6吨钢材的领用就是增值作业，而4吨钢材的领退就是不增值作业。

划分增值作业和不增值作业的立足点是从用户的角度看作业的效果，即是否能达成“用户满意”以及在多大程度上满足“用户满意”。从用户的角度来分析作业实际上就是“用户满意”的思想在作业成本管理模式中的体现，是作业成本管理的重点。

按作业的增值能力进一步把作业分为低增值作业和高增值作业是作业成本管理的延伸，相对来说，低增值作业具有改善的必要性和急迫性，高增值作业在短期内不必急于改善。例如某企业的产品对外销售是用自营车队运输的，由于车辆空驶返回，利用率只有50%，此时的车辆使用属于低增值作业；而如果将自营车辆卖掉，资金用于生产，对外销售的产品由社会上的运输公司运输，即使单程运输费用比自营贵30%，但依然比自营节约20%，此时，外包属于高增值作业。

考虑改善作业的必要性的同时，也要考虑改善作业的可能性，这才是作业改善的现实思路。低增值作业是否一定就要进行消减呢？例如，员工培训计划对于产品制造而言是不增值作业，但是对企业长期的战略发展具有非常重要的意义，不具有消减的余地，就应该和可以直接消减的其他不增值作业进行区分。所以，作业本身的合理性会影响按增值观点来区分作业的做法，应该作为一项参考因素纳入对增值的考虑中。

2.按与产品联系的紧密程度区分作业

按与产品联系的紧密程度可以将作业分为产品单位层次的作业、产品批量层次的作业、产品种类层次的作业和产品工序层次的作业四类：

（1）产品单位层次的作业，即能使单位产品受益的作业。这种作业的成本往往与产品的产量或销售量呈线性关系（即成比例变动），如机器的折旧及动力等。

（2）产品批量层次的作业，即能使一批产品受益的作业。这种作业的成本往往与产品的批别呈正比例变动，如对每批产品的检验、机器准备、原料处理、批量采购、设备调试、订单处理等。

（3）产品种类层次的作业，即能使某种产品的每个单位都受益的作业。这种作业的成本和产品的产量或批次无关，但与产品项目呈正比例变动，例如，产品设计开发、生产流程的确定、对每一种产品编制数控规划及材料清单等。

（4）产品工序层次的作业，也叫过程作业，是为制造产品和提供服务作出贡献，但和产品或服务的数量无关的作业。

前三个层次的作业成本向最终成本对象的归集，是由其所处的层次所决定的。因此，认识作业的层次也是作业成本计算的一个基本要求。

3.其他分类

基于不同的情况和研究目的，许多学者对作业进行了不同的分类，这对深入研究和把握作业成本法起到了促进作用。

特尼教授认为若是小型公司，作业可分为两类：

（1）目标作业，即使产品或顾客受益的作业。为顾客提供技术服务即是一个典型的目标作业。

（2）维持性作业，即使某个机构或某个部门受益的作业，它与产品的种类和某种产品的多少无关。

而詹姆斯·A.布林逊将作业分成了三类：

（1）重复性作业和不重复作业，前者是以连续性为基础的，在作业系统内不断维持投入、产出和处理过程的作业；后者是一次性作业，主要用于一次性工程。

（2）基础作业和派生作业，前者是指一个部门或一个组织单位的基本职责，例如工程部门的基本作业是产品设计和制模；后者是支持组织基本作业的作业，例如支持整个组织或组织中某个部门的基本作业的派生作业有行政管理、监督、训练、秘书工作等。

（3）必需作业和任意作业，前者是一个组织必不可少的作业，后者是可以根据管理者的判断进行任意选择的作业。

杰弗·米勒和汤姆·沃尔曼则将作业分为四类：

（1）逻辑性作业，是订购、执行和确保材料移动的作业。忙于逻辑性作业的全体人员包括从事接收、运输、数据登记、电子计算机处理系统和会计工作的人员等。

（2）平衡性作业，是将原材料、人工和机器供应与需求进行配比的作业。

（3）质量作业，是确保生产和规范一致的作业。质量控制、间接工程技术、采购等人员从事质量作业。

（4）变化作业，是使生产信息现代化的作业。它包括编制计划、程序规范标准和材料清单等的人员以及质量工程师从事的作业。

五、成本动因

成本动因又称成本驱动因子，是指导致成本变动的原因。无论是成本计算还是成本管理都应首先确定成本动因，才能进行正确的成本计算和有效的成本管理。

成本动因分作业性成本动因和战略成本动因两种（出于学习的需要，本书只展开作业性成本动因的阐述）。

作业性成本动因是指在微观层次、就某一特定的作业而言导致成本变动的原因。传统上往往把业务量（如产量、销售量）看作是成本变动的唯一的动因（自变量），至少认为它对成本分配起着决定性的制约作用，而把其他因素（动因）撇开不论。按照这一成本动因思想，企业的全部成本分为变动成本和固定成本两大类。基于这一认识，形成了诸如本量利分析以及依存于产量的弹性预算等在成本费用管理中的具体应用。

然而，业务量并不是驱动成本的唯一因素。因此，在确定成本动因时应注意以下两点：

（1）成本动因的选择不必求全，但应该找到最重要的、与主要成本花费相关的关键因子。试图找出与所有成本耗用均相关的成本动因，往往是不可能的，因为在一个独立的作业中不可能所有的耗费都与同一个成本动因成正比。正确的做法是先选择出相对独立的、对产品的形成影响较大的主要作业，然后再确定作业中与主要的成本消耗相关性较大的成本动因。

(2) 成本动因的选择采取多元化的方式，并注意与传统成本核算系统相结合。事实上，在将更多的间接费用直接化的过程中，作业成本法往往可以在解决传统成本方法存在的问题的基础上进一步发展传统成本方法，有助于提高成本核算的准确性和合理性。

第二节 作业成本计算

一、作业成本计算程序

作业成本法是把企业消耗的资源按资源动因分配到作业，以及把作业收集的作业成本按作业动因分配到成本对象的核算与管理方法。作业成本核算的基础是“成本驱动因素”理论：生产导致作业的发生，作业消耗资源并导致成本的发生，产品消耗作业。由此可见，作业成本计算的基本程序就是要把资源耗费的价值予以分解并分配给作业，再将各作业汇集的价值分配给最终产品或服务，形成不同成本计算对象（如产品或服务）的成本。

（一）确认作业中心，将资源耗费价值归集到各作业中心

这一步骤只是价值归集过程。在作业成本法下，价值归集的方向受两方面的限制：一是资源种类；二是作业中心种类。在实务操作中，对某制造中心（如某一产品）的每一作业中心都按资源类别设立资源库，把该制造中心所耗资源价值归集到各资源库中去。如对圆珠笔生产而言，可以分别设置制芯和制壳两个作业中心，并设立材料费、动力费、折旧费、办公费等资源库。这样，可以从资源耗费的最初形态上把握各种资源归集到各作业中心的状况。

（二）确认作业，将作业中心汇集的各资源耗费价值予以分解并分配到各作业成本库中

该步骤的重点是选择合理、有效的成本动因，并据以计算作业成本库的分配率（即作业的单位成本）。成本计量要考虑成本动因材料是否易于获得；成本动因和消耗的资源之间相关程度越高，成本被歪曲的可能性就越小。

（三）将各作业成本库汇集的价值分配计入最终产品成本计算单，计算完工产品成本

与传统成本计算法一样，可以为制造中心投产的每一种（或批）产品设立成本计算单，在每一张成本计算单中还应按该产品生产所涉及作业种类开立作业成本项目。这样，该成本计算步骤就是要把各作业成本库的价值结转到各产品成本计算单上，这一步骤工作反映的作业成本计算规则是：产出量的多少决定着作业的耗用量。专家们将这种作业消耗量与产出量之间的关系描述为作业动因。作业动因，是指各作业被最终产品或服务消耗的方式和原因。

可见，作业动因是将作业库成本分配到产品或服务中去的标准，也是将作业耗费与最终产出相沟通的中介。既然作业是依据作业动因确认的，就每一项作业而言，其动因也就已经确定，成本计算在这一步骤并无障碍。如订单作业是一种批别动因作业，我们只需将该作业成本除以当期订单份数即可得到分配率。将此分配率乘以某批产品所用订单份数即可得到应计入该批产品成本计算单“订单”这个成本项目中的价值。

在把作业库成本计入各产品成本计算单以后，如何得出完工产品成本是一个简单的问

题。如果把作业成本法应用于财务会计，则在期末有必要在完工产品与在产品之间分配成本（此问题在后面结合实例说明），如果认为作业成本法只是一种管理会计手段，则用成本计算单追踪到产品全面完工即可。

教学视频 8-2

解读作业成本法业务流程

可见，作业成本法下产品成本计算公式如下：

产品成本=$\sum$(作业 × 该种作业的数量 × 该种作业的单位成本)

作业成本法业务流程如图 8-1 所示。

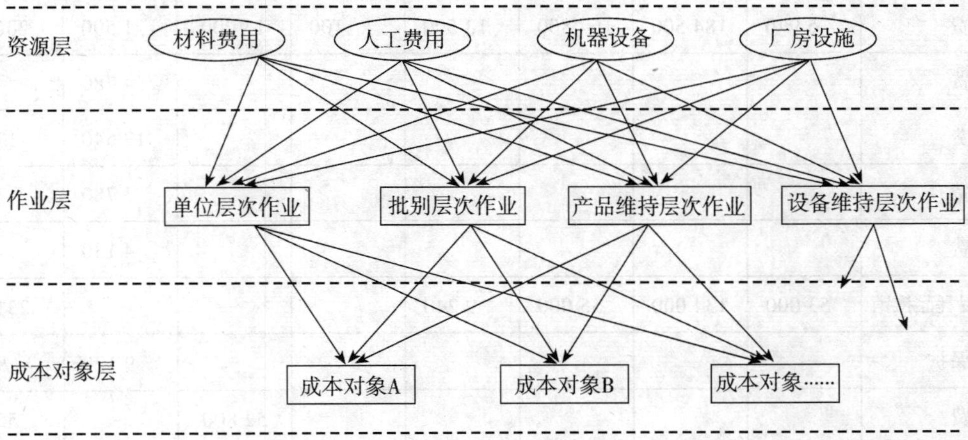

图8-1　作业成本法业务流程图

注：设备维持层次作业可以按生产工人工时比例、生产工人工资比例、机器小时比例分配给成本对象，也可以直接计入期间费用。

二、作业成本计算举例①

某电机公司水电车间的生产过程主要涉及铲磨、重金、轻金、装配、检验、运输等作业。不同型号的产品所涉及的加工工艺存在一定的差别，对这些作业的资源消耗量是不同的。

在传统成本计算法下，成本资料并不能体现产品消耗的各类作业的实际情况，而是笼统地以直接人工工时为基础对制造费用进行分配，造成以直接人工工时吃“大锅饭”的现象，成本管理无法深入到作业水平。该公司拟采用作业成本计算法进行成本计算与管理。通过分析，该公司水电车间的作业及各项作业的成本动因见表 8-2。

表8-2　水电车间的作业及成本动因

作业	成本动因
铲磨	台时数
重金	台时数
轻金	台时数
装配	装配人工工时
检验	检验时间
运输	运输时间
其他	直接人工工时

① 亨格伦，桑顿，斯特尔顿. 管理会计教程［M］. 许秉岩，史向东，译. 10版. 北京：华夏出版社，1999.

该水电车间20××年6月发生的间接费用的归集见表8-3。

表8-3　水电车间20××年6月间接费用归集表　单位：元

项目	铲磨	重金	轻金	装配	检验	运输	其他	小计
工资费用							68 000	68 000
折旧费	10 290	29 820	154 350	51 450	12 000	9 000	10 000	276 910
修理费	5 940	184 500	67 800	13 500	100	13 000	1 500	286 340
办公费							4 780	4 780
水电费							17 640	17 640
通勤费							3 780	3 780
差旅费							4 130	4 130
低值易耗品摊销	53 000	134 000	35 000	9 240				231 240
劳动保护							9 120	9 120
运输费						52 800		52 800
检验费					356 000			356 000
其他							16 850	16 850
动力燃料	58 500	250 000	79 500	29 800				417 800
合计	127 730	598 320	336 650	103 990	368 100	74 800	135 800	1 745 390

该水电车间20××年6月份各项作业发生的成本动因量见表8-4。

表8-4　水电车间20××年6月份各项作业发生的成本动因量

项目	铲磨（台时）	重金（台时）	轻金（台时）	装配（工时）	检验（时）	运输（时）	其他（工时）
成本动因量	4 550	23 000	14 000	10 500	2 400	385	65 050

该公司的作业成本实施小组在水电车间生产的十几种产品中选择了D-1和Z-1两种产品，因为这两种产品的工艺复杂程度有较大的差异。经过统计，6月份这两种产品消耗的成本动因量见表8-5。

表8-5　水电车间20××年6月份两种产品各项作业发生的成本动因量

项目	铲磨（台时）	重金（台时）	轻金（台时）	装配（工时）	检验（时）	运输（时）	其他（工时）
D-1	200	590	1 900	660	10	4 026	4 020
Z-1	810	4 460	1 240	1 680	310	12	10 550

水电车间20××年6月份生产D-1和Z-1两种产品的直接成本见表8-6。

表8-6　**水电车间20××年6月份生产两种产品的直接成本**

项目	直接材料（元）	直接人工（元）
D-1	4 510	30 000
Z-1	3 760 000	156 800

要求：用作业成本计算法和传统成本计算法分别计算两种产品的总成本。

1.作业成本计算法

（1）计算成本动因率，见表8-7。

表8-7　**水电车间20××年6月份成本动因率计算表**

项目	铲磨	重金	轻金	装配	检验	运输	其他
作业成本（元）	127 730	598 320	336 650	103 990	368 100	74 800	135 800
成本动因量（台时、工时或时）	4 550	23 000	14 000	10 500	2 400	385	65 050
成本动因率（元/台时、元/工时或元/时）	28.0725	26.0139	24.0464	9.9038	153.3750	194.2857	2.0876

（2）计算D-1和Z-1两种产品的作业成本，见表8-8和表8-9。

表8-8　**D-1产品的作业成本计算表**

	成本动因量（台时、工时或时）	成本动因率（元/台时、元/工时或元/时）	作业成本（元）
直接材料			4 510
直接人工			30 000
铲磨	200	28.0725	5 614.50
重金	590	26.0139	15 348.20
轻金	1 900	24.0464	45 688.16
装配	660	9.9038	6 536.51
检验	10	153.3750	1 533.75
运输	4 026	194.2857	782 194.23
其他	4 020	2.0876	8 392.15
合计			899 817.50

表8-9　**Z-1产品的作业成本计算表**

项目	成本动因量（台时、工时或时）	成本动因率（元/台时、元/工时或元/时）	作业成本（元）
直接材料			3 760 000
直接人工			156 800
铲磨	810	28.0725	22 738.73
重金	4 460	26.0139	116 021.99
轻金	1 240	24.0464	29 817.54
装配	1 680	9.9038	16 638.38
检验	310	153.3750	47 546.25
运输	12	194.2857	2 331.43
其他	10 550	2.0876	22 024.18
合计			4 173 918.50

2.传统成本计算法

在传统成本计算法下，该水电车间的制造费用是以直接人工小时为标准进行分配的。

（1）计算制造费用分配率。

制造费用分配率=1 745 390÷65 050=26.83（元/工时）

D-1分配的制造费用=4 020×26.83 =107 856.60（元）

Z-1分配的制造费用=10 550×26.83=283 056.50（元）

（2）计算D-1和Z-1产品的成本，见表8-10。

表8-10　**D-1和Z-1产品的成本计算表**　单位：元

项目	直接材料	直接人工	制造费用	合计
D-1	4 510	30 000	107 856.60	142 366.60
Z-1	3 760 000	156 800	283 056.50	4 199 856.50

3.两种成本计算方法的成本差异比较

对采用两种成本计算方法得出的D-1和Z-1两种产品成本进行比较，见表8-11。

表8-11　**产品成本差异比较表**　单位：元

项目	作业成本计算法	传统成本计算法	差 异
D-1	899 817.50	142 366.60	757 450.90
Z-1	4 173 918.50	4 199 856.50	-25 938

通过表8-11可以看出，在传统成本计算法下，生产工艺比较复杂的D-1产品的成本被少计了757 450.90元，而生产工艺相对简单的Z-1产品成本被多计了25 938元。

资料来源：侯晓红，林爱梅．成本会计学［M］．4版．北京：机械工业出版社，2021．计算结果存在尾差调整．

第三节　作业成本管理

一、作业成本管理的目标

作业成本管理（activity-based management，ABM）是以企业作业为研究对象，通过作业分析尽量为顾客提供更多的价值，并从中获取更多利润的一种管理方法，其主要目标是：

（1）区分增值作业和非增值作业，消除非增值作业成本并使低增值作业成本达到最低。

（2）引入效率与效果，使低增值作业成本向高增值作业成本转换，从而使经营过程中展开的增值活动衔接流畅，以改善产出。

（3）发现造成无效益和低效益的根源并加以改正。

（4）根除由不合理假设与错误成本分配造成的扭曲成本，避免管理决策的失败。

二、作业成本管理与作业成本法的区别

作业成本法与作业成本管理的本质区别在于作业成本法是以产品成本的核算为中心的一种计算方法，而作业成本管理则是追求过程改善。二者的关系如图8-2所示。

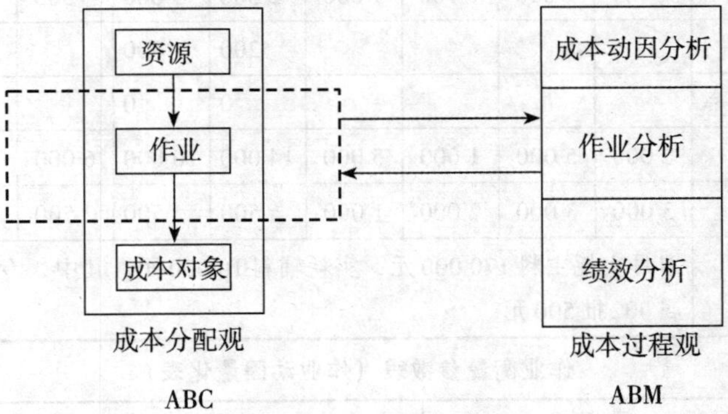

图8-2　作业成本法与作业成本管理关系图

作业成本法的观点即成本分配观，主要为企业提供关于资源、作业及成本对象的有关信息。它是以“成本对象引起作业需求，而作业需求进而引起资源需求”为基本依据，将资源首先分配至作业，再由作业分配至成本对象。

作业成本管理的观点是成本过程观，它关注的是“何种因素引起作业以及作业完成效果如何”的信息。企业可以利用这些信息不断优化经营过程，从而实现持续改善。作业成本管理的目的在于对作业链进行持续改善，以便使企业获得竞争优势。

三、作业成本管理的应用

为方便读者了解作业成本管理的具体应用，现通过一例予以简单说明。

（一）资料

某服装厂现有员工50人，其中定编员工48人、编外人员2人，按缝纫、平整两个中心组织生产。缝纫中心每月可提供4 000工时，平整中心每月可提供2 000工时。

该厂生产规划作业资料见表8-12至表8-15。

表8-12 **本月生产作业规划资料**

产品批别	名称	数量（件）	单位材料（主料）定额（元）	需用工时定额（工时）		完工状况
				缝纫	平整	
001	衬衣	4 000	40	1	0.5	本月完工3 000件
002	纯毛大衣	10	500	6	3	本月完工10件

表8-13 **本月资源耗费计算表**

资源项目	材料		工资费	动力费	折旧费	办公费	合计
	主料	辅料					
金额（元）	170 000	10 000	40 000	7 000	50 000	18 000	295 000

表8-14 **主要参数及专属费用表**

项目	订单	生产规划	采购	剪裁	缝纫	平整	生产协调	厂部	编外	合计
人员（人）	4	6	3	2	10	8	7	8	2	50
耗电度数（度）	400	1 000	100	1 000	2 500	3 000	500	1 500		10 000
001批未完工状态（件）					200	800				1 000
未完工产品作业完工率					0	0				
折旧费（元）	2 000	5 000	1 000	5 000	14 000	10 000	6 000	7 000		50 000
办公费（元）	3 000	3 000	2 000	1 000	500	500	2 500	5 500		18 000
材料费	本月实耗主料170 000元；实耗辅料10 000元，其中，专属001批9 500元，专属002批500元									

表8-15 **作业衡量参数表（作业动因量化表）**

作业名称	量化单位（作业动因）	衡量参数	产品消耗		
			001批	002批	其他批别
订　单	订单份数	40	1	1	38
生产规划	规划次数	30	1	1	28
采　购	采购次数	82	80	2	0
剪　裁	剪裁次数	82	80	2	0
缝　纫	缝纫工时（定额）	3 860	3 800	60	0
平　整	平整工时（定额）	1 530	1 500	30	0
生产协调	协调次数	50	30	20	0
厂　部	价　值				

（二）用作业成本管理计算产品成本

1.将本月资源耗费分别计入各资源户

将本月所耗各类资源（材料费180 000元，工资费40 000元，动力费7 000元，折旧费50 000元，办公费18 000元）分别计入各资源户。

2.将各资源户归集的价值按资源动因分配计入各作业户

（1）材料费用的分配。

由于材料直接耗用于特定产品，因而按各产品定额耗费价值计入各产品成本户，材料费用超定额差异计入期间费用，分配计算表见表8-16。

表8-16 材料费用分配计算表 单位：元

资源项目 / 作业户	材料费用	
	主料	辅料
生产成本——001批	40×4 000=160 000	9 500
——002批	500×10=5 000	500
期间费用	170 000-165 000=5 000	—
合计	170 000	10 000

（2）其他费用的分配。

其他费用按资源动因分配计入各作业户，其中：动力费按各单位耗电度数分配计算，工资费按各作业人员数分配计算，折旧费、办公费按前述表中所列专属费用计入，分配计算表见表8-17。

表8-17 其他资源耗费分配计算表 金额单位：元

资源项目	总耗费额	分配率	订单	生产规划	采购	剪裁	缝纫	平整	生产协调	厂部	期间费用
工资费	40 000	800元/人	3 200	4 800	2 400	1 600	8 000	6 400	5 600	6 400	1 600
动力费	7 000	0.7元/度	280	700	70	700	1 750	2 100	350	1 050	0
折旧费	50 000	专属	2 000	5 000	1 000	5 000	14 000	10 000	6 000	7 000	0
办公费	18 000	专属	3 000	3 000	2 000	1 000	500	500	2 500	5 500	0
合计	115 000		8 480	13 500	5 470	8 300	24 250	19 000	14 450	19 950	1 600

在表8-17中，工资费按定编人员数分配是假定每人工资一样，由于该厂有两名编外人员，作业成本法认为这两人的工资费用系非增值资源耗费，故应计入期间费用，而不计入产品成本。其他资源耗费如有类似情况也应类似处理。

3.将各作业汇集的费用分配计入各批别产品的成本户

（1）订单作业。

订单作业的作业动因是订单份数，本月该作业争取到40份订单。

每份订单成本=8 480÷40=212（元/份）

计入“生产成本——001批”的费用=212×1=212（元）

计入“生产成本——002批”的费用=212×1=212（元）

计入“生产成本——其他批别”的费用=212×38=8 056（元）

至于生产规划作业、采购作业、剪裁作业、生产协调作业等均可比照订单作业的原理计算和分配有关费用。

（2）缝纫作业。

由于在做生产规划时，为每批产品确定了单件产品缝纫工时定额，在自动化作业条件下，这种规划能够做得很准确，因而，应按此定额确定各批产品实耗工时数。

001批产品在缝纫作业有200件未完工，且完全未经缝纫作业处理：

定额消耗工时=（4 000−200）×1=3 800（工时）

002批产品全部经由该作业处理：

定额消耗工时=10×6=60（工时）

由于该作业实际生产能力为4 000工时，有理由认为有140工时（4 000−3 800−60）是未使用资源耗费工时。据此：

每工时消耗缝纫成本=24 250÷4 000=6.0625（元/工时）

应计入001批的产品成本=3 800×6.0625=23 037.50（元）

应计入002批的产品成本=60×6.0625=363.75（元）

应计入期间费用的耗费=140×6.0625=848.75（元）

（3）平整作业。

同样，平整作业也是该服装厂的主要作业，生产规划部门为每批产品设定了单件工时定额。

001批产品定额消耗工时=（4 000−200−800）×0.5=1 500（工时）

002批产品定额消耗工时=10×3=30（工时）

平整中心可提供工时为2 000工时，未使用工时为470工时（2 000−1 500−30），据此：

每工时消耗平整成本=19 000÷2 000=9.5（元/工时）

应计入001批的产品成本=1 500×9.5=14 250（元）

应计入002批的产品成本=30×9.5=285（元）

应计入期间费用的耗费=470×9.5=4 465（元）

（4）厂部作业。

厂部作为一项作业进行的是价值管理，其职能是对可控范围内的费用开支负责。对于本厂所产产品而言，已纳入生产规划的定额材料费可认为是厂部的不可控费用，其他费用均可认为是可控费用，其价值投入均与厂部管理有关。根据前面的计算，每批产品成本和期间费用的厂部可控部分分别为：

001批产品成本=212+450+5 336.59+8 097.56+23 037.50+14 250+8 670

=60 053.65（元）

002批产品成本=212+450+133.41+202.44+363.75+285+5 780

=7 426.60（元）

其他批别产品成本=8 056+12 600=20 656（元）

期间费用=5 000+848.75+1 600+4 465=11 913.75（元）

于是：

厂部费用分配率=19 950÷（60 053.65+7 426.60+20 656+11 913.75）

=0.1994

应计入001批产品成本的厂部费用=0.1994×60 053.65=11 974.70（元）

应计入002批产品成本的厂部费用=0.1994×7 426.60=1 480.86（元）

应计入其他批别产品成本的厂部费用=0.1994×20 656=4 118.81（元）

应计入期间费用的厂部费用=19 950−11 974.70−1 480.86−4 118.81=2 375.63（元）

4.列示各批别产品及期间费用成本计算单

根据上述计算，各批别产品的成本项目按作业列示，成本计算单见表8-18。

表8-18　**成本计算单**　单位：元

项目	材料		订单	生产规划	采购	剪裁	缝纫	平整	生产协调	厂部	编外	合计
	主料	辅料										
001批	160 000	9 500	212	450	5 336.59	8 097.56	23 037.50	14 250	8 670	11 974.70		241 528.35
002批	5 000	500	212	450	133.41	202.44	363.75	285	5 780	1 480.86		14 407.46
其他批别			8 056	12 600						4 118.81		24 774.81
期间费用	5 000						848.75	4 465		2 375.63	1 600	14 289.38
合计	170 000	10 000	8 480	13 500	5 470	8 300	24 250	19 000	14 450	19 950	1 600	295 000

5.计算完工产品成本和在产品成本

（1）001批产品。

001批产品本月没有全部完工，按照表8-12和表8-13的资料，有200件产品滞留在缝纫作业，且完全未经由缝纫作业；有800件产品滞留在平整作业，也完全未经由平整作业。据此，不考虑材料投入，有4 000件产品经由订单、生产规划、采购、剪裁作业；有3 800件产品经由缝纫作业；有3 000件产品经由平整、生产协调作业。

完工的3 000件产品总计作业成本=（212+450+5 336.59+8 097.56）×3 000÷4 000+23 037.50×3 000÷3 800+（14 250+8 670）×3 000÷3 000

=51 679.61（元）

未完工产品作业成本=（212+450+5 336.59+8 097.56）×1 000÷4 000+23 037.5×800÷3 800

=8 374.04（元）

由于厂部成本属于价值管理费用，因而要在完工产品和在产品之间进行分配：

分配率=11 974.70÷（51 679.61+8 374.04）=0.1994

完工产品应负担费用=51 679.61×0.1994=10 304.92（元）（尾数调整）

在产品应负担费用=8 374.04×0.1994=1 669.78（元）

辅助材料和主料同时投入，但金额较小，于是，辅料可以全部计入完工产品成本。同时，辅料也可以按完工产品与在产品的数量进行分配。本书采用第二种方法。则辅料的分配率为：

分配率=9 500÷（3 000+1 000）=2.375

于是，完工产品与在产品应负担的辅料价值分别为：

完工产品负担辅料价值=2.375×3 000=7 125（元）

在产品负担辅料价值=2.375×1 000=2 375（元）

于是，加上材料费用：

完工产品总成本=51 679.61+10 304.92+7 125+3 000×40=189 109.53（元）

在产品总成本=8 374.04+1 669.78+2 375+1 000×40=52 418.82（元）

（2）002批产品。

由于002批产品本月全部完工，因此生产成本明细账中归集的费用14 407.46元均为完工产品成本。

（3）其他批别产品。

由于只对已投产产品开设成本计算单，在以后成本计算期，对已投产产品，应于投产时将相关成本按作业成本项目从“其他批别”明细账户中转入各自成本计算单；如果某产品经研究不予投产，则相关成本应转入“期间费用”。

（4）期间费用。

期间费用于月末直接转入“本年利润”账户的借方，用当期利润予以补偿。

知识拓展

管理会计应用指引第304号
——作业成本法

作业成本法的形成和发展

专业素养

1.作业成本法是成本管理方法的初级创新，应加快从以要素驱动、投资规模驱动发展为主向以创新驱动发展为主的转变。作业成本管理应不断拓展其应用领域，以作业成本法为契机创新成本管理方法。

2.“经济增长必须是实实在在和没有水分的增长，是有效益、有质量、可持续的增长。”（习近平2012年11月30日在中共中央召开的党外人士座谈会上的讲话）只有正确进行成本归集的分配，才能形成准确的成本信息、提供真实的经济发展数据。作业成本法理论上能更真实地反映企业的产品成本信息。

基本训练

一、单项选择题

1.增值作业和不增值作业划分的立足点是从（　　）的角度看作业的效果，即达成“用户满意”的程度以及在多大程度上满足“用户满意”。

A.产品　　B.用户　　C.生产　　D.企业

2.在西方，作业会计最早提出的时间是20世纪30年代末40年代初，其代表是（　　）。

A.斯托布斯　　B.罗宾·库珀

C.罗伯特·S.卡普兰　　D.埃里克·科勒

3.目前西方会计界所广为研究和企业中加以实施的作业成本法，主要是依据（　　）所提出的理论和研究成果。

A.斯托布斯　B.库珀和卡普兰　C.詹姆斯A.布林逊　D.埃里克·科勒

4.在现代制造业中，(　　)的比重极大地增加，结构也彻底发生了改变。

A.直接人工　B.直接材料　C.间接费用　D.期间费用

5.(　　)是负责完成某一项特定产品制造功能的一系列作业的集合。

A.作业中心　B.制造中心　C.企业　D.车间

6.作业消耗一定的(　　)。

A.成本　B.时间　C.费用　D.资源

7.采购作业的作业动因是(　　)。

A.采购次数　B.采购批量　C.采购数量　D.采购员人数

8.与传统成本计算方法相比，作业成本计算法更注重成本信息对决策的(　　)。

A.有用性　B.相关性　C.可比性　D.一致性

9.(　　)是将作业成本分配到产品或服务中去的标准，也是将作业耗费与最终产出相沟通的中介。

A.资源动因　B.作业动因　C.成本动因　D.价值动因

10.(　　)是把资源户价值分解到各作业户的依据。

A.资源动因　B.作业动因　C.成本动因　D.批别动因

二、多项选择题

1.与作业成本法相比，传统成本计算方法的缺陷表现在(　　)。

A.分配标准单一

B.分配结果扭曲

C.无法反映内部不同责任单位的系统化、对象化的考核要求

D.成本管理未深入到作业层次，无法相对准确地计算产品成本

2.作业成本法的目标有(　　)。

A.区分增值作业和不增值作业，消除不增值作业成本并使低增值作业成本达到最低

B.引入效率与效果，使低增值作业成本向高增值作业成本转换

C.根除由不合理假设与错误成本分配造成的扭曲成本，避免管理决策的失误

D.发现造成无效益和低效益的根源并加以纠正

3.作业成本法下，作业应具备的特征包括(　　)。

A.作业可以区分为增值作业和不增值作业，便于企业站在竞争角度调整价值链，达到社会资源的最佳配置和高效利用

B.作业消耗一定的资源，使得管理能从产生价值的最直接和最小单位入手，去促进有限资源的最大利用，达到低碳高效的经济目标

C.区分不同作业的标志是作业的目的

D.作业是以人为主体的工作，强调管理的基本属性

4.按与产品联系的紧密程度可以将作业分为(　　)。

A.产品工序层次的作业　B.产品单位层次的作业

C.产品批量层次的作业　D.产品种类层次的作业

5.在确定成本动因时应该注意以下事项(　　)。

A.有关成本动因的数据必须是可获得的

B.成本动因的选择不必求全，找到最重要的、与主要成本花费相关的关键因子即可

C.成本动因的选择采取多元化的方式，并注意与传统成本核算系统相结合

D.成本动因与资源消耗及（或）支持业务的发生之间必须具有合理的因果关系

6.作业成本法的计算程序包括（ ）。

A.确认作业中心，将资源耗费价值归集到各作业中心

B.确认作业，将作业中心汇集的各资源耗费价值予以分解并分配到各作业成本库中

C.将各作业成本库汇集的价值分配计入最终产品成本计算单

D.计算完工产品和期末在产品成本

7.按照库珀和卡普兰的“成本动因理论”，成本动因可归纳为（ ）几类。

A.产品动因 B.工厂动因 C.批次动因 D.数量动因

三、判断题

1.不增值作业是指不能给顾客带来附加价值的作业，因此，均应进行削减以便增加企业价值。（ ）

2.作业动因，是指各作业被最终产品或服务消耗的方式和原因，是将作业库成本分配到产品或服务中去的标准，也是将作业耗费与最终产出相沟通的中介。（ ）

3.如果把作业成本法应用于财务会计，则在期末有必要在完工产品与在产品之间分配成本；如果认为作业成本法只是一种管理会计手段，则用成本计算单追踪到产品全面完工即可。（ ）

4.在变化了的制造环境下，传统的成本计算方法计算产品成本将会歪曲成本信息，甚至使成本信息完全丧失决策相关性。（ ）

5.能增加股东回报的作业称为增值作业。（ ）

6.资源即使被消耗，也不一定都是对形成最终产出有意义的消耗。（ ）

7.作业成本计算法认为，产品直接消耗资源。（ ）

8.获取决策相关性强的成本信息是作业成本计算法得以产生的理论依据。（ ）

9.传统成本法的重心是解决部门间的成本计算和流程优化。（ ）

四、计算题

某企业专门制造和销售X110型打印机，采用作业成本核算法，其产品成本由直接成本（直接材料）和四个作业中心成本构成。这四个作业中心及其作业动因资料见表8-19。

表8-19 **四个作业中心的作业动因资料**

作业中心	作业动因	分配率
材料管理	部件数量	10元/个
机械制造	机器小时数	65元/小时
组装	装配小时数	80元/小时
检验	检验小时数	105元/小时

A公司从该企业订购了50台X110型打印机，每台打印机直接材料成本为2 500元，需要50个部件、10个机器小时、16个装配小时和5个检验小时。

要求：计算A公司订购的X110型打印机总成本和单位成本。

五、简答题

1.传统成本计算法与作业成本法的理论差异表现在哪些方面？

2.为什么说传统的成本计算方法丧失了决策的相关性？

3.作业成本法中的作业有什么特点？

4.按照作业动因，作业应该如何分类？

5.作业成本计算的基本程序是什么？可以分为哪几个步骤？

6.作业成本管理的目标是什么？

7.作业成本法和作业成本管理的关系如何？

基本训练答案解析

案例分析

案例一　EPW厂ABC法应用实例

EPW厂是一家国有中型电器制造厂，技术力量雄厚，产品质量过硬，生产过程及生产成本管理严格。但是近年来，EPW厂主导产品LA的市场竞争日趋激烈。为使企业产品在市场上取得强大的竞争力，EPW厂跳出传统的以生产制造过程为重点的成本管理范围，应用战略成本管理原理指导成本管理工作。

EPW厂针对市场环境，将LA产品定位于中高档，采取“成本领先”战略，运用财务数据严格控制成本的上升，并局部运用ABC法控制产品成本，使得LA产品的价格在市场上一直保持较强的竞争力。

1）实施ABC法控制

ABC法是将着眼点放在作业活动上，以作业为成本对象，依据作业对资源的消耗情况，将资源成本分配到作业，再由作业依据成本动因追踪到产品成本的形成和积累过程。由此得出最终产品成本。可见ABC法是战略成本管理向作业层面的渗透，而战略成本管理则是ABC法拓展延伸到生产上游的采购和下游的销售的一个系统，两者之间是相辅相成、互为依托的。EPW厂通过ABC法进行实证研究，发现浪费，找到降低成本机会之所在，提高作业活动效率，完善定价决策，为企业创造新的价值。下面着重介绍ABC法在EPW厂实际运用的情况。

2）研究设计

（1）样本选择及数据来源。

选择EPW厂的A部门作为ABC法研究的样本。A部门生产高压电器产品H10型LA（以下简称H型产品）和ZH10型LA（简称ZH型产品）。H型产品是普通产品，市场价150元/只，ZH型产品是新型、复杂的产品，市场价250元/只。这两种产品都在相同的生产线上制造。数据来自EPW厂2000年3月份的财务报表，另有一部分与作业相关的数据来自流水线上的技术人员和优秀员工的口述。

（2）研究假设。

①假设A部门符合作业成本法的适用要求，理由有以下几点：

A部门有以数控设备等现代化装备为主要特征的现代化制造系统。

A部门人员经过多次精减，直接人工成本在产品成本中的比例小于20%。

H型产品和ZH型产品属于有不同特点却可在同一生产线上生产的产品，H型产品产量大，工艺复杂程度低；而ZH型产品产量小，工艺复杂程度高。

产品零库存，因为H型和ZH型产品均供不应求，不存在成本沉淀到会计分期中去的问题。A部门管理水平较高，员工成本意识均较强，成本核算的数据较为准确。

②假设：

H型产品和ZH型产品的成本分摊使用传统成本计算法不合理，制造费用的分配率应重新调整。

采用ABC法重新计算产品成本能反映出上述不合理。

ABC法对H型与ZH型产品的成本分配将改变现有核算方法下的产品定价决策并发现降低成本的重点所在。

（3）验证。

2000年3月份A部门生产了ZH型产品400只，同时生产了H型产品6 000只，有关这两种产品的生产成本资料见表8-20。

表8-20 **两种产品的生产成本资料** 单位：元

成本项目	直接材料	直接人工	制造费用	合计
H型产品	116 091.49	76 571.53	341 235.89	533 898.91
ZH型产品	8 859.43	8 496.84	37 872.98	55 229.25
合计	124 950.92	85 068.37	379 108.87	589 128.16

按传统成本法计算H型产品和ZH型产品的单位成本，计算结果见表8-21。

表8-21 **EPW厂A部门产品单位成本表** 单位：元

成本项目	直接材料	直接人工	制造费用	合计
H型产品（6 000只）	19.35	12.76	56.87	88.98
ZH型产品（400只）	22.15	21.24	94.68	138.07

上述传统成本计算法，按直接人工成本比例分配制造费用，而制造费用是直接人工成本的446%，这样分配制造费用虽然方便了成本核算工作，但分配直接人工成本时产生的小的错误就会被放大近4.5倍，可能扭曲成本数据，不利于对制造费用采取针对性控制措施和以成本进行的定价决策。

根据ABC法的实施步骤，EPW厂组织会计、技术、生产和采购等专业人员对该月A部门的制造费用进行分析，并按ABC法重新计算H型和ZH型产品的单位成本。

首先，通过会计和管理等专业人员的作业分析及与A部门技术人员、生产工人的谈话了解，列出了制造费用的详细清单见表8-22。

表8-22 **制造费用详细清单**

制造费用项目	金额（元）
间接人工：	
材料处理	24 765.56
准备工作	25 179.61
检验人员	64 275.19
产品分类包装人员	19 419.15
管理人员	6 473.46
小计	140 112.97

续表

制造费用项目	金额（元）
其他制造费用：	
房屋占用	34 976.62
设备折旧	101 058.55
通风、照明	12 922.57
材料管理	4 250
机器动力电费	85 788.16
小计	238 995.90
合计	379 108.87

其次，对清单中的项目进行成本动因分析，将导致成本发生的因素归纳如下：

①H型和ZH型产品的单位机器小时比例为1∶12。

②每批产品须做清洁及装卸模具的准备工作。H型产品每批6只，ZH型产品每批1只。

③H型进料12批/月，每批移动4次，ZH型进料4批/月，每批移动4次。

④每批产品的检验数为：H型产品每批2只，ZH型产品每批1只。

⑤H型产品和ZH型产品分类打包并运输进仓的次数分别为24次和6次。

最后，在成本动因分析的基础上，根据因果关系和同质性原理，按照单位级作业、批量级作业、产品级作业和管理级作业四个作业层次分配制造费用。

单位级作业层次：

① 直接材料和直接人工成本的计算与传统成本计算法相同。

② 机器动力成本按一定比率进行分配，分别分配给H型产品和ZH型产品，计算过程见表8-23。

表8-23　**机器动力成本分配表**　金额单位：元

产品名称	使用比例	数量（只）	合计（只）	分配率	分配额
H型产品	1	6 000	6 000	7.9433	47 660.09
ZH型产品	12	400	4 800	7.9433	38 128.07
合计	—	—	10 800	7.9433	85 788.16

批量级作业层次：

①准备工作成本根据准备次数为基准进行分配，H型产品每批生产6只，生产6 000只，H型产品共准备1 000次（6 000÷6），ZH型产品共准备400次。计算过程见表8-24。

表8-24　**准备成本分配表**　金额单位：元

产品名称	准备次数	分配率	分配额
H型产品	1 000次	17.985	17 985.44
ZH型产品	400次	17.985	7 194.17
合计	1 400次	17.985	25 179.61

②材料处理成本以材料移动次数为基础分配，计算过程见表8-25。

表8-25 **材料处理成本分配表** 金额单位：元

产品名称	批次	每批移动次数	合计	分配率	分配额
H型产品	12	4	48	386.96	18 574.17
ZH型产品	4	4	16	386.96	6 191.39
合计	—	—	64	386.96	24 765.56

③产品检验成本按照检验次数分配。H型产品检验批次为1 000次，每批2只，每只检验1次，检验只数为2 000只；ZH型产品检验批次为400次，每批1只，每1只检验1次，检验只数为400只，计算过程见表8-26。

表8-26 **检验成本分配表** 金额单位：元

产品名称	批次	每次检验（只）	合计（只）	分配率	分配额
H型产品	1 000	2	2 000	26.78	53 562.66
ZH型产品	400	1	400	26.78	10 712.53
合计	—	—	2 400	26.78	64 275.19

产品级作业层次：

产品分类成本以分类次数为基础分配，计算过程见表8-27。

表8-27 **产品分类成本表** 金额单位 元

产品名称	分类次数	分配率	分配额
H型产品	24	647.305	15 535.32
ZH型产品	6	647.305	3 883.83
合计	30	647.305	19 419.15

管理级作业层次：

①设备折旧属于管理级作业，但该部门主要设备是生产线上的设备（生产设备占设备总量的80%），且一直是满负荷运转，故将约80%的机器设备折旧按H型和ZH型产品使用机器的小时比例估算分配给H型和ZH型产品，见表8-28。

表8-28 **生产设备折旧分配表** 金额单位：元

产品名称	使用比例	数量（只）	合计	分配率	分配额
H型产品	1	6 000	6 000	7.486	44 914.91
ZH型产品	12	400	4 800	7.486	35 931.93
合计	—	—	10 800	7.486	80 846.84

②管理级作业以直接成本（直接材料成本+直接人工成本）为基础分配，H型产品和ZH型产品的单位直接成本分别为32.11元（19.35+12.76）和43.39元（22.15+21.24），见表8-29。

表8-29　**管理级总成本分配表**　金额单位：元

产品	单位产品直接成本	产量（只）	总计	分配率	分配额
H型产品	32.11	6 000	192 660	0.3754	72 319.38
ZH型产品	43.39	400	17 356	0.3754	6 514.98
合计	—	—	210 016	0.3754	78 834.36

管理级总成本归集如下：

管理人员工资　6 473.46元

房屋占用　34 976.62元

设备折旧的20%　20 211.71元（由101 058.55×20%计算所得）

通风、照明　12 922.57元

材料管理　4 250元

合计　78 834.36元

通过以上成本动因分析，用ABC法对四个作业层次的作业分配制造费用后，H型产品和ZH型产品的总成本和单位成本汇总见表8-30。

表8-30　**EPW厂A部门产品生产成本表**　单位：元

作业成本项目	H型产品		ZH型产品	
	单位成本	总成本	单位成本	总成本
单位级作业				
直接材料	19.35	116 100	22.15	8 860
直接人工	12.76	76 560	21.24	8 496
机器动力成本	7.94	47 640	95.32	38 128
小　计	40.05	240 300	138.71	55 484
批量级作业				
准备工作	3	18 000	17.99	7 196
材料处理	3.10	18 600	15.48	6 192
检验	8.93	53 580	26.78	10 712
小　计	15.03	90 180	60.25	24 100
产品级作业	2.59	15 540	9.71	3 884
管理级作业				
生产设备折旧	7.49	44 940	89.83	35 932
管理	12.05	72 300	16.29	6 516
小　计	19.54	117 240	106.12	42 448
合　计	77.21	463 260	314.79	125 916

注：因折算的单位成本保留了两位小数，总成本与前述各表略有差异。

（4）研究结论。

从以上实例研究中发现：ABC法计算结果与现行传统成本计算法的结果有着明显的区别。EPW厂生产的H型产品和ZH型产品原先的销售成本率（单位产品生产成本÷销售单价）分别为59.32%和55.23%。但采用ABC法计算后发现原先H型产品的生产成本被高估了15.24%，而ZH型产品的生产成本被低估了56.14%。主要原因是ABC法认识到新型、复杂的ZH型产品每只产品需要的机器动力、准备次数、材料处理、产品分类等费用皆比H型产品多。由于传统成本法不能把成本分配给所有的作业，所以在传统成本法下普通的H型产品为新型、复杂的ZH型产品承担了费用。

由此可见，ABC法的应用，使被传统方法扭曲的成本计算恢复其本身应有的面目，纠正了成本计算不实所带来的成本信息失真，从而也为降低成本的努力指出方向。ABC法揭示了低产、有复杂要求的产品成本比人们想象的更高，这里ZH型产品的产品成本是原来成本的2.28倍；并且可以发现哪些层次的作业成本偏高，这个实例中ZH型产品的单位级作业中机器动力成本、批量级作业中准备工作的成本和管理级作业中生产设备折旧成本皆明显偏高，降低成本工作应抓住这几个关键作业进行。

（5）改进与提高。

对EPW厂A部门用ABC法进行计算后，发现ZH型产品的产品成本是原来制造成本法下该产品成本的2.28倍，达314.79元/只，远远高出其市场售价，大大出乎所有人的意料。虽然很多人对原来的ZH型产品的销售成本率比H型产品的销售成本率低持怀疑态度，但没料到差异如此之大。EPW厂组织技术、装备、会计和A部门的管理人员对ZH型产品的成本问题作专题研究。

首先，利用ABC法提供的详细资料在同质性作业中对比分析，立刻发现ZH型产品的单位机器动力成本和生产设备折旧成本明显偏高，明确了降低ZH型产品的成本，主要应抓住这两个关键作业进行。

其次，进一步分析ABC法的计算过程，发现这两个作业成本高的原因是由一个共同的因素引起的，即ZH型产品的单位机器占用小时数多，为H型产品的12倍。这就使ZH型产品降低成本工作的重点更加明确：降低ZH型产品的单位机器小时就能大幅度地降低ZH型产品的单位成本。

接着EPW厂成立以技术和装备人员为主的项目组，就如何降低ZH型产品的单位机器小时作为突破口开展工作。经分析和研究发现ZH型产品机器小时数为H型产品的12倍，是两个因素的乘数作用使然；一个因素是ZH型产品的每批工艺耗时为40分钟，是H型产品的2倍；另一个因素是每批出产ZH型产品1只，而H型产品6只。针对这两点，工艺技术人员进行攻关，通过采用新材料和新工艺使ZH型产品的工艺耗时降到30分钟/批；同时装备人员通过改进，力争每批出产3只ZH型产品。这样ZH型产品的生产能力可提高4倍，其单位机器小时数为原来的1/4，其成本大大降低。在ZH型产品需求没有大幅度增长的情况下，所节约的工时每月可多出产H型产品3 000只以上，更好地满足市场需求。

可见，ABC法的实施为降低成本指明了突破口。在此基础上该厂结合市场情况对定价重新决策，H型产品由原来售价150元/只调整为135元/只，ZH型产品由原来售价250元/只调整为288元/只。

本案例在哪些方面给你以启示？

案例二　　A企业作业成本法应用案例分析

一、案例背景

A企业为某市传统的城市物流企业，主要承接多家购物中心的货运工作，其工作承接流程为：订单管理→运输→验收包装→入库→存储→出库→配送。随着物流管理技术水平与设备的不断发展与创新，A企业通过购买新型自动化设备来提高公司工作效率，这一举措不仅提升了A企业的工作效率，而且还降低了企业的劳动力使用数量与成本，同时，A企业也在不断加强企业内部管理信息系统的建设，推动企业进一步向前发展。

近年来，随着承接业务量的增加，经营规模逐渐扩大，A企业承接业务类型趋于复杂，而在成本核算方面，却一直沿用传统的制造业成本核算方法。该种会计核算方法较为粗略，重点对企业发生的直接成本进行核算，而间接成本核算较为简单，难以发现企业中存在的成本问题。目前，A企业仅设置了“主营业务成本”“销售费用”“管理费用”几个一级科目，对企业所发生的人工费、折旧费、办公费、仓库租金、运输费、维修费等费用并未进行细致的分配，难以获得企业物流成本的真实数据。

二、作业成本法的应用

假设A企业现已建立完善的信息管理系统，能够完整地记录和核算财务信息和非财务信息，保证企业成本管理工作的正常开展。

该企业2019年8月承接以下业务合同：A物流公司分别与甲、乙两家购物中心签订运输合同，且本月内不再有其他业务发生。与甲公司签订M合同内容如下：公司将60 000箱商品分2次在月初和月中从m地运往n地的仓库，再以2 000箱/天的频数运往甲购物中心所在地。与乙购物中心签订N合同内容如下：该公司将60 000箱商品一次性于月初从m地运往n地仓库，再以每6 000箱/3天的频数运往乙购物中心所在地。且已知m地到n地距离为2 000km，甲、乙购物中心到n仓库距离基本相等。我们以A企业为例，讨论和分析作业成本法在A企业的实际应用价值。由于物流企业成本中的直接成本可以直接归集到服务成本中，所以我们仅对物流企业营运成本间的差异进行对比。

三、作业成本法在A企业中的应用流程

（一）划分作业及作业成本中心，确定各作业成本动因

按企业工作承接流程确定企业服务中涉及的作业有订单作业、退货作业、分拣作业等，按同质作业可划分为若干作业成本中心，分别是订单作业中心、运输作业中心、验收作业中心等。确定各作业的成本动因见表8-31。

表8-31　　**各作业的成本动因**

作业项目	成本动因
订单作业	订货单数
退货作业	退货数量
分拣作业	分拣次数
装卸作业	人工工时
验收作业	验收次数

续表

作业项目	成本动因
仓储作业	存货数量和时间之积
入（出）库作业	入（出）库次数
配送作业	箱数
运输作业	运输公里数

（二）按资源动因将资源分配到作业中心

1.订单作业中心（见表8-32）。

表8-32 订单作业中心费用分配表 单位：元

项目	工资及福利费支出	水电费支出	差旅费支出	订单处理费	其他费用	总计
订单作业	20 000	1 000	25 000	6 000	18 000	70 000

注：由于企业存货管理不善，N合同中两箱货物发生退货，退货成本为2 200元。

2.运输作业中心（见表8-33）。

表8-33 运输作业中心费用分配表 单位：元

项目	工资及福利费支出	汽油及过路费支出	车辆折旧费	维修费用	其他费用	总计
运输作业	30 000	62 000	35 000	20 000	11 000	158 000

3.验收作业中心（见表8-34）。

表8-34 验收作业中心费用分配表 单位：元

项目	工资及福利费支出	分拣费用支出	房屋折旧费	水电费	维修费	其他费用	总计
分拣作业	26 400	13 100	2 400	1 200	1 200	1 440	45 740
验收作业	17 600	0	1 600	800	800	960	21 760
总计	44 000	13 100	4 000	2 000	2 000	2 400	67 500

注：验收作业与分拣作业按人工工时进行分配，即两作业间的资源动因为人工工时。已知两者作业耗用人工工时之比为3：2，分拣费用支出单独列示，直接归集到分拣作业成本中。

4.入（出）库作业中心（见表8-35）。

表8-35 入（出）库作业中心费用分配表 单位：元

项目	工资及福利费支出	包装材料费	设备折旧费	水电费	其他费用	总计
入库作业	21 600	0	3 000	1 836	1 140	27 576
出库作业	14 400	0	3 000	1 224	760	19 384
装卸作业	36 000	21 000	12 000	3 060	1 900	73 960
总计	72 000	21 000	18 000	6 120	3 800	120 920

注：入库作业、出库作业及装卸作业间成本按人工工时进行分配，已知三者之间工时比例为3：2：5，装卸作业耗用人工总工时为100小时，M合同与N合同耗用的装卸作业工时相同，包装材料费及不同设备的折旧费用单独列示，分别计入各自的成本费用中。

5.仓储作业中心（见表8-36）。

表8-36　**仓储作业中心费用分配表**　单位：元

项目	工资及福利费支出	水电费	房屋折旧费	其他费用	总计
仓储作业	31 000	6 080	29 000	2 100	68 180

M合同存货仓储数量与仓储时间积为：2 000×（15+ 14+…+2+1）×2=480 000

N合同存货仓储数量与仓储时间积为：6 000×（3+ 6+…+27+30）=990 000

6.配送作业中心（见表8-37）。

表8-37　**配送作业中心费用分配表**　单位：元

项目	工资及福利费支出	交通补助费	设备折旧费	其他费用	总计
配送作业	43 200	16 000	19 000	1 400	79 600

（三）按作业动因，将作业成本分配到成本对象

各作业或作业中心作业成本分配见表8-38。

表8-38　**各作业或作业中心作业成本分配表**　金额单位：元

作业	作业成本总额	总成本动因量	单位动因量	M合同间接成本		N合同间接成本	
				动因数	分配额	动因数	分配额
订单作业	70 000	2	35 000	1	35 000	1	35 000
退货作业	2 200	—	—	—	—	—	2 200
分拣与验收作业	67 500	3	22 500	2	45 000	1	22 500
入库作业	27 576	3	9 192	2	18 384	1	9 192
出库作业	19 384	40	484.60	30	14 538	10	4 846
装卸作业	73 960	100	739.60	50	36 980	50	36 980
运输作业	158 000	12 000	13.17	8 000	105 333	4 000	52 667
仓储作业	68 180	1 470 000	0.0464	480 000	22 263	990 000	45 917
配送作业	79 600	40	1990	30	59 700	10	19 900
总计	566 400	—	—	—	337 198	—	229 202

由表8-38可知，M合同与N合同虽然数量上完全一致，但作业成本法下实际成本相差107 996元，占总间接成本费用的19.07%。

要求：对作业成本法与传统成本法核算结果进行比较，并谈谈你的体会。

案例分析参考答案

第九章 成本控制

学习目标

知识目标：了解责任成本的特点、分类、制定、管理程序和日常控制；了解全面预算的内容、种类、作用和编制程序。

能力目标：熟悉标准成本控制的特点、分类、作用及标准成本的制定；熟悉责任成本的控制和考核指标。

素养目标：熟练进行标准成本差异的计算、分析和账务处理；能熟练掌握预算编制。

第一节 责任成本控制

一、责任成本与责任成本中心

标准成本的实现及作用的发挥需要借助于责任成本控制制度。

（一）责任成本的概念及特点

责任成本是一种以具体的责任中心（部门、单位或个人）为成本计算对象，以其承担的责任为范围所归集的成本，也就是特定责任中心的全部可控成本。它是考评各责任中心经营业绩和职责履行情况的重要依据。责任成本一般是可控成本，因为只有责任中心能够控制的成本，才能作为对其进行考核的依据。在实行责任成本管理的企业，应该按照日常生产经营过程中各项成本发生的原因和责任归属，确定相应的责任部门。企业发生的各项成本按责任归属落实到各责任成本中心，构成各责任成本中心的责任成本。

责任成本具有以下特点：

1.与特定的责任成本中心相联系

责任成本以责任成本中心为对象进行汇集，按责任成本中心进行控制、核算和考核。

因此，责任成本是与特定责任中心相联系的一种成本。一项成本，对某个责任中心来说是可控的，对另外的责任中心来说则是不可控的。例如，耗用材料的进货成本，采购部门可以控制，使用材料的生产单位则不能控制。有些成本，对于下级单位来说是不可控的，而对于上级单位来说则是可控的。例如，车间主任不能控制自己的工资（尽管其通常要计入车间成本），而他的上级则可以控制。

2.可预知性

各责任成本中心将要发生的责任成本的性质、内容可以预先加以确定，其耗费水平可以预先加以估计，从而可以预先较为合理地确定各责任成本中心的责任成本的构成内容及消耗标准。

3.可控性

各责任成本中心有能力控制、调节责任成本。换言之，各责任成本中心以该中心的可控成本为其责任成本的范围，可控性是划分责任成本、确定成本责任的基本标志。

一般来说，未消耗或支付的当期成本是可控的，一旦消耗或支付就不再可控。有些成本是以前决策的结果，如折旧费、租赁费等，在添置设备和签订租约时曾经是可控的，而使用设备或执行契约时已无法控制。从整个公司的空间范围和很长的时间范围来观察，所有成本都是人的某种决策或行为的结果，都是可控的。但是，对于特定的人或时间来说，则有些是可控的，有些是不可控的。

4.可追溯性

企业发生的耗费与特定的原因和目的相联系，受特定管理权限的制约，因而发生的成本均可按其发生的原因及其可控性追溯到有关责任部门。责任成本可按其发生的原因及其可控性追溯到有关责任部门的特性，称为责任成本的“可追溯性”。这是责任成本的基本特征。各责任成本中心发生的成本，有些是该责任成本中心的可控成本，有些是不可控成本。同样，责任成本中心的可控成本不一定发生在该责任成本中心。为了正确确定各责任成本中心的成本责任，对于发生在某责任成本中心之外但应由该责任成本中心承担责任的成本，也应追溯到该责任成本中心。

（二）责任成本中心

1.责任成本中心的分类

责任成本中心是按既定职责范围确定成本责任，对成本发生负有管理责任的内部责任单位。责任成本中心具有相对独立的经营业务和财务收支活动，是一个责权利相结合的实体，能够对其可控项目承担经济责任，便于进行责任核算、业绩考核和评价。按照分权管理的原则可将企业内部单位划分为成本中心、利润中心和投资中心等三类责任中心。

成本中心是按成本水平评价、考核其工作成果的企业内部责任单位。成本中心一般没有销售业务，从而没有收入来源，故只对成本负责而无需对收入、利润及投资负责。成本中心的范围最广，一般来说，凡是企业内部有成本发生，需要对成本负责、能实施成本控制的单位都可以成为成本中心。制造类企业上至工厂，下至车间、工段、班组，甚至个人都有可能成为成本中心。

利润中心除了对成本负责外，还要对收入与利润负责。利润中心往往处于企业内部较高层次，是对产品或劳务有生产经营决策权的企业内部部门（如分厂、分店、分公司等具有独立经营权的部门）。

投资中心除了对成本和利润负责之外，还要对投资及投资收益负责。投资中心不仅在产品的生产和销售上享有较大自主权，而且能够独立地运用其所掌握的资金。

尽管成本中心、利润中心和投资中心在权责范围的大小等方面存在差别，但它们都对发生在各自中心的成本负有责任。从责任成本管理角度看，它们都属于责任成本中心。

2.责任成本中心的层次性

大的责任成本中心内部可以进一步划分为若干较小的责任成本中心，形成多层次的责任成本中心体系。如分厂可以作为责任成本中心，而分厂又可以按车间、车间又可以按班组划分成更小的责任成本中心。利润中心、投资中心下面也可以进一步划分为不同的责任成本中心。

责任成本中心的层次不同，其责任成本的内容会有所不同，对成本的控制能力也不一样。层次高的责任成本中心，其责任成本的构成内容多，控制面广，协调能力强，但对具体耗费项目的控制能力相对要弱。层次低的责任成本中心，其可控成本内容少，但控制项目较为具体，对具体耗费项目有较强的控制能力。

责任成本中心的具体划分，应考虑企业的生产特点和组织特点，以有独立履行特定职责的能力、有利于成本控制、便于进行责任成本的核算与考核为原则确定，要发挥不同层次具有不同控制能力的优势，建立多层次的责任成本中心体系，实行责任成本分级控制。一般企业的责任成本中心可按生产部门、业务部门和职能管理部门进行划分，如生产部门责任成本中心、物资供应部门责任成本中心、设备管理部门责任成本中心、技术开发部门责任成本中心、产品销售部门责任成本中心等。

3.责任成本与产品成本

责任成本与产品成本是两种不同的分类体系，它们之间在汇集对象、目的作用、构成内容等方面存在区别。产品成本以特定的产品为汇集对象，以反映生产耗费、正确进行资产计价和损益计算为主要目的，其构成内容是产品生产过程中发生的直接材料、直接人工、制造费用等，不包括管理费用、销售费用、财务费用等期间费用。

责任成本以责任成本中心为汇集对象，以落实责任、考核工作绩效、加强成本管理为目的，其构成内容是各责任成本中心可以控制的各项耗费，不论这些耗费是构成产品成本，还是构成期间费用。因而责任成本在内容上不仅包括产品成本，还包括期间费用。

尽管责任成本与产品成本存在着上述多种差别，但它们之间仍存在着许多重要的联系。责任成本主要是产品成本，实行责任成本管理的主要目的是管理产品成本，降低产品成本。

4.责任成本的计算

计算责任成本的关键是判别每一项成本费用支出的责任归属。

（1）判别成本费用支出责任归属的原则。

见本节“责任成本内容确定的原则”部分。

（2）制造费用的归属和分摊方法。

将发生的直接材料和直接人工费用归属于不同的责任成本中心通常比较容易，而制造费用的归属则比较困难。为此，需要仔细研究各项消耗和责任成本中心之间的因果关系，采用不同的分配方法。一般是依次按下述五个步骤来处理：

① 直接计入责任中心。

将可以直接判别责任归属的费用项目，直接列入应负责的成本中心。例如，机物料消耗、低值易耗品的领用等，在发生时可判别耗用的责任成本中心，不需要采用其他标准进行分配。

② 按责任基础分配。

对不能直接归属于个别责任成本中心的费用，优先采用责任基础分配。有些费用虽然不能直接归属于特定责任成本中心，但它们的数额受责任成本中心的控制，能找到合理的依据来分配，如动力费。如果责任成本中心能自己控制使用量，可以根据其用量来分配。分配时要使用固定的内部结算价格，防止供应部门的责任向使用部门转嫁。

③ 按受益基础分配。

有些费用不是专门属于某个责任成本中心的，也不宜用责任基础分配，但与各责任成本中心的受益多少有关，可按受益基础分配，如按装机功率分配电费等。

④ 归入某一个特定的责任成本中心。

有些费用既不能用责任基础分配，也不能用受益基础分配，则考虑有无可能将其归属于一个特定的责任成本中心。例如，车间的运输费用和试验检验费用，难以分配到生产班组，不如建立专门的责任成本中心，由其控制此项成本，不向各班组分配。

⑤ 不能归属于任何责任成本中心的固定成本，不进行分摊。

例如，车间厂房的折旧是以前决策的结果，短期内无法改变，可暂时不加控制，作为不可控费用。

二、部门责任成本的内容

正确确定责任成本的构成内容，是明确成本责任、加强责任控制、正确进行绩效考评的依据。责任成本中心不同，其责任成本的构成内容也有所不同。

（一）责任成本内容确定的原则

在确定各责任成本中心的责任成本时，应遵循可控原则与责任归属原则。

各责任成本中心发生的可控成本分为两种情况：一是各责任成本中心直接发生的责任成本；二是发生在其他责任成本中心，而根据责任归属原则应该由该责任成本中心承担责任的成本。这种从其他责任成本中心追溯而来的应由本责任成本中心承担的责任成本，称为被追溯责任成本。如供水、供电部门未保证正常水电供应，导致其他部门的停工损失及由此而产生的废品损失等，尽管这些损失发生在相关部门，但其责任应该在供水、供电部门，相关的损失应该由遭受损失的部门追溯到供水、供电部门。对于供水、供电部门而言，这就是被追溯责任成本。被追溯责任成本主要有：本责任成本中心产生的废品结转到后续生产步骤而应负担的损失，包括该废品在本责任成本中心的生产成本及后续生产部门生产过程中追加的成本；本责任成本中心责任造成的其他责任成本中心发生的损失；未能按生产计划均衡生产致使半成品或产成品供应中断而导致后续生产部门的停工损失或产品销售的违约损失；设备使用不当而造成的各方面的损失等。

判别成本费用支出的责任归属可按以下原则：假如某责任中心通过自己的行动能有效

地影响一项成本的数额，则该中心就对这项成本负责；假如某责任中心有权决定是否使用某种资产或劳务，它就应对这些资产或劳务的成本负责；某管理人员虽然不能直接决定某项成本，但是上级要求他参与有关事项，从而对该项支出施加了重要影响，则他对该成本也要承担责任。

对于各责任成本中心之间相互提供材料、劳务和半成品的，为正确划分成本责任，应确定恰当的内部结算价格进行结算，以排除各责任成本中心之间成本超支或节约的相互影响，以便准确考核评价各责任成本中心的工作绩效。

（二）生产部门的责任成本

生产部门责任成本的内容与制造成本的内容比较接近，但有些项目需要调整。这些需要调整的项目包括：

（1）直接材料及半成品成本需要按内部结算价格等计价，以便分清不同部门之间的责任。

（2）制造费用中固定资产的折旧费、大修理费等项目根据不同情况进行调整。

生产部门使用的固定资产的折旧费主要由企业以往的投资活动及政策选择所决定，大修理费取决于固定资产的性质。从成本可控性角度看，固定资产的折旧费及大修理费不应由生产部门承担责任。但固定资产在生产部门使用得合理与否，对固定资产需求总量、使用年限、大修理费用等均有影响；并且固定资产与其他生产要素（如人工等）之间存在某种替代性，如果不将固定资产的折旧费与大修理费作为固定资产使用部门的责任成本，难免会出现设备配置过剩或过分使用设备等弊端。因此，在实际工作中可以将固定资产折旧这一固定成本变换为生产部门的弹性预算，当生产部门按正常生产能力完成产品生产量时，其负担的折旧费不发生变化，当生产部门的实际产量超过（或低于）正常生产能力时，其折旧费的相对超支（或节约）差异表现为生产部门对折旧费承担的责任，即生产部门不负责折旧费的预算差异，但对其产量差异负责。固定资产大修理费可以比照折旧费的处理方法进行处理，固定资产的日常修理费作为生产部门的责任成本。

（三）供应部门的责任成本

供应部门的责任成本包括：材料物资的采购成本，供应部门发生的各项费用，材料物资盘盈、盘亏、毁损等，材料储存成本，因材料质量问题而造成的废品损失，因未按计划时间供应材料而造成生产部门的停产损失等，因材料不符合规定的型号、标准等而造成的浪费。由于企业调整生产计划等原因造成材料报废、超时储存，以及为保证特殊需要而进行紧急订货等原因所追加的成本或增加的损失，应从供应部门责任成本的相关项目中扣除。

上述各部门以外的其他职能部门，应对其在管理或业务活动过程中发生的各种费用负责。这些职能部门的责任成本包括其在执行职能时发生的各项成本，以及由于管理不当等原因导致其他部门发生的损失。

三、责任成本管理的实施要求与基本程序

责任成本管理是在分权管理的条件下，为加强成本管理，落实成本责任，进行成本考核，实行责、权、利相结合而采用的一种成本管理方式。

（一）实施责任成本管理的要求

实施责任成本管理，应正确组织责任成本核算，确定合理的内部结算价格，建立责任成本考核激励制度。主要应遵循以下要求：

（1）正确组织责任成本核算。

责任成本核算是汇集责任成本，确定成本责任的主要手段。实施责任成本管理，应根据管理的需要，合理确定责任成本核算体制，以便提供较为准确的责任成本信息。

（2）确定合理的内部结算价格。

企业应对不同责任成本中心之间的材料、半成品和劳务供应，确定合理的结算价格，以排除各责任成本中心之间的相互影响，正确计量和考核各责任成本中心的责任成本。

（3）建立责任成本考核激励制度。

考核与激励是实施责任成本管理的重要措施，对责任成本中心进行绩效考评，建立成本绩效激励机制，可以保证责任成本管理制度的顺利实施，可以调动职工和各责任成本中心加强成本管理的积极性。

（二）责任成本管理的基本程序

责任成本管理的基本程序为：

（1）划分责任成本中心。

责任成本中心的划分与确定是进行责任成本核算与管理的前提。企业应根据内部组织结构、生产经营活动的特点、内部业务的流程等情况，确定责任成本中心。为了强化成本控制，提高各级部门和职工参与成本管理的程度，企业还可以建立多层次的责任成本中心，将大的责任成本中心进一步划分为更小的责任成本中心，直至班组、岗位，甚至个人，建立多层次的责任成本中心体系。

（2）确定各责任中心责任成本的内容。

如成本中心的责任成本是既定产品质量和数量条件下的标准成本，利润中心的责任成本可以包括变动成本、可控固定成本、不可控固定成本和分配的固定成本中的部分或全部，投资中心的责任成本包括经营过程中的全部成本、资本成本等。

（3）编制责任成本预算。

责任成本预算是责任成本评价的重要依据，是责任成本管理的核心内容。责任成本预算是对责任中心可控成本的事先预测和计划，是责任成本控制的目标，也是签订责、权、利相结合合同的依据。

（4）进行责任成本的考核与激励。

为了保证责任成本管理制度的正确贯彻和实施，必须在计量、分析有关责任单位预算实际执行情况的基础上，对它们的工作成绩和经营效果进行严格的考核和恰当的评价。只有通过工作绩效的考评，才能充分肯定各责任单位的成绩，及时发现问题，并有针对性地制定修正措施，强化成本控制，促进各责任单位做好各项经营管理工作。

（5）编制责任成本报告。

责任成本报告即责任成本绩效报告，是有关责任单位在一定期间内从事生产经营活动的集中反映，也是各责任单位对预定责任（责任预算）执行过程、执行结果的概括说明。通过编制责任成本报告，可以根据责任单位的特点和其他条件，按照实现企业总体目标的要求，相应调节和控制自身权责范围内的生产经营活动，不断提高经济效益。

在成本管理过程中，还必须加强责任成本日常管理工作，深化成本管理过程控制，积累丰富的责任成本数据资料，为后续产品的预算工作打好基础，不断完善日常管理工作，为企业总体目标的实现做贡献。

四、责任成本预算的制定与分解

为了加强责任成本管理，为责任成本控制提供标准和依据，需要编制责任成本预算。责任成本预算是责任成本控制的标准，应按责任成本中心进行编制。责任成本预算指标由各责任中心责任成本的具体项目构成，在实行目标成本管理的企业中，责任成本预算应该建立在按部门分解的目标成本的基础之上。

责任成本预算应与企业编制的成本计划及费用预算相互协调。有条件的企业，产品成本计划及生产费用预算可与责任成本预算一并编制，对企业预期发生的成本，一方面按产品编制成本计划，另一方面按责任成本中心编制责任成本预算。

责任成本预算可以分为责任成本总预算和分部门的责任成本预算。各责任成本中心的预算可以进一步分解到各支出项目、各班组（工序）等。为了便于责任成本的控制和责任落实，责任成本可以以作业为基础进行编制。

五、责任成本控制与考核指标

责任成本控制与考核需要一套合理、实用的指标体系。这些指标是编制计划、实施责任成本控制与考核的依据，在设计、确定时要遵循可控性原则、目标一致性原则和实用性原则：设计指标时，责任成本控制和考核指标在计算口径、内容上要按可控性原则确定；所设置的责任成本的控制考核指标要符合企业降低成本的总目标，与实现企业总体经营目标的要求一致；成本控制和考核指标还要便于掌握、应用和进行考核，能够较为客观地评价责任成本中心的绩效，激励责任成本中心降低成本的积极性。尽管按照分权管理的原则可将企业生产经营的责任中心划分为成本中心、利润中心和投资中心，但鉴于利润中心和投资中心的考核指标均以各种成本的控制为基础[①]，所以，责任成本的控制和考核是各个责任中心业绩考核的共同点。责任成本控制与考核的指标主要有：

（一）责任成本预算指标

责任成本预算指标是指作为责任成本控制和考核标准的责任成本水平。由于成本总额受部门业务量（产量、工作量）的影响，在实际应用责任成本预算指标时，往往需要按实际业务量调整。因而，责任成本预算指标通常有三种不同的含义。

（1）初始责任成本预算（预算Ⅰ）。

该预算是指编制责任成本预算时按计划业务量（或产量）和成本支出标准确定的责任成本预算指标。其计算公式可表示为：

责任成本预算（预算Ⅰ）=计划业务量×单位业务量责任成本变动项目预算+责任成本固定项目预算 ①

或 责任成本预算（预算Ⅰ）=计划业务量×单位业务量责任成本预算 ②

---

① 利润中心的考核指标主要是利润，具体有四个指标可供选择：边际贡献（销售收入-变动成本）、可控边际贡献（边际贡献-可控的固定成本）、部门边际贡献（可控边际贡献-不可控的固定成本）和税前部门利润（部门边际贡献-分配来的固定成本）；投资中心的考核指标有部门投资报酬率（部门税前经营利润边际贡献/部门平均净经营资产）、部门剩余收益（部门税前经营利润边际贡献-部门平均净经营资产×资本成本要求的报酬率）和部门经济增加值（调整后的部门税前经营利润-部门加权平均税前资本成本率×调整后的部门投资额）。但由各指标的计算公式可以看到，成本是利润中心和投资中心比较容易且能够控制的因素。

初始责任成本预算确定后，①式和②式的计算结果相同。预算Ⅰ是以计划业务量为依据确定的，其作用在于为按实际业务量变动调整预算提供依据和标准。当实际业务量变动时，派生出按弹性预算管理调整指标的预算指标。

（2）按弹性预算[①]管理调整的预算（预算Ⅱ）。

该预算是指在责任成本划分为变动项目和固定项目的基础上，将变动项目预算按实际业务量进行调整所确定的预算，即按①式调整的预算。其调整公式为：

责任成本预算（预算Ⅱ）=实际业务量×单位业务量责任成本变动项目预算+责任成本固定项目预算

预算Ⅱ是建立在将成本划分为变动成本和固定成本，并且固定成本预算不受产量影响基础之上的。该预算排除了产量变动的影响，为责任成本中心提供了在实际业务量条件下，每项成本的支出标准，将责任成本控制的重点引导到降低每项耗费上来。

（3）按单位产品责任成本调整的预算（预算Ⅲ）。

该预算是按实际业务量和单位业务量责任成本预算调整的预算，即按②式调整的预算。其调整公式为：

$$\begin{aligned}\text{责任成本预算（预算Ⅲ）} &= \text{实际业务量}\times\text{单位业务量责任成本预算}\\ &= \text{实际业务量}\times\text{单位业务量责任成本变动项目预算}+\frac{\text{实际业务量}}{\text{计划业务量}}\times\text{责任成本固定项目预算}\end{aligned}$$

预算Ⅲ引入了实际业务量，其依据是固定项目虽然与业务量等产量指标无关，但业务量变动会导致单位产品分摊的固定成本随产量的变动而变化，责任成本中心有责任在控制成本的同时，扩大产量以降低产品成本。这种调整方式旨在指导责任成本中心充分利用生产能力，在降低消耗的同时，提高产量、降低成本。

（二）责任成本差异

责任成本差异是指责任成本实际数额与责任成本预算之间的差额，反映责任成本预算的执行结果。按责任成本差异的计算口径不同，分为责任成本预算差异和责任成本产量差异。

（1）责任成本预算差异Ⅰ。

该差异指责任成本实际发生额与责任成本预算Ⅱ之间的差额。计算时对于变动项目应按实际业务量予以调整。其计算公式为：

$$\begin{aligned}\text{责任成本预算差异Ⅰ} &= \text{实际责任成本}-\text{预算Ⅱ}\\ &= \text{实际责任成本}-\left(\text{实际业务量}\times\text{单位业务量责任成本变动项目预算}+\text{责任成本固定项目预算}\right)\\ &= \text{实际业务量}\times\left(\text{单位业务量责任成本变动项目实际数}-\text{单位业务量责任成本变动项目预算}\right)+\left(\text{责任成本固定项目实际数}-\text{责任成本固定项目预算}\right)\end{aligned}$$

该指标旨在使责任成本中心降低消耗，控制每项成本的发生，为每项成本和总成本提供控制标准。

（2）责任成本预算差异Ⅱ。

该差异指责任成本实际发生额与责任成本预算Ⅲ之间的差额。计算时对于变动项目应

① 弹性预算的相关内容见本章第三节。

按实际业务量予以调整。其计算公式为：

$$\text{责任成本预算差异Ⅱ} = \text{实际责任成本} - \text{预算Ⅲ}$$

$$= \frac{\text{实际责任}}{\text{成本}} - \left(\frac{\text{实际}}{\text{业务量}} \times \frac{\text{单位业务量责任成本}}{\text{变动项目预算}} + \frac{\text{实际业务量}}{\text{计划业务量}} \times \frac{\text{责任成本固定}}{\text{项目预算}}\right)$$

$$= \frac{\text{实际}}{\text{业务量}} \times \left(\frac{\text{单位业务量责任成本}}{\text{变动项目实际数}} - \frac{\text{单位业务量责任成本}}{\text{变动项目预算}}\right) + \left(\frac{\text{责任成本固定}}{\text{项目实际数}} - \frac{\text{实际业务量}}{\text{计划业务量}} \times \frac{\text{责任成本固定}}{\text{项目预算}}\right)$$

（3）责任成本产量差异。

该差异是指由于产量变动而形成的固定成本差异。其计算公式为：

$$\text{责任成本产量差异Ⅰ} = \text{预算Ⅱ} - \text{预算Ⅲ}$$

$$= \text{责任成本固定项目预算} - \frac{\text{实际业务量}}{\text{计划业务量}} \times \text{责任成本固定项目预算}$$

$$= \text{责任成本固定项目预算} \times \left(1 - \frac{\text{实际业务量}}{\text{计划业务量}}\right)$$

$$= \text{责任成本预算差异Ⅱ} - \text{责任成本预算差异Ⅰ}$$

上述公式计算结果为正时，表示超支差异；计算结果为负时，表示节约差异。

责任成本产量差异旨在通过将成本与产量相联系，以及提高产量、降低单位产品责任成本中的固定成本的含量来降低产品成本。

（三）责任成本降低额和降低率

责任成本降低额是责任成本实际数与责任成本预算额之间的差异，其数量及计算公式与责任成本差异相同。另外，还可按单位产品实际责任成本与单位产品责任成本预算计算单位产品责任成本降低额。责任成本降低率是责任成本降低额与责任成本预算的比率。其计算公式如下：

$$\text{责任成本降低率} = \frac{\text{责任成本降低额}}{\text{责任成本预算}}$$

由于责任成本降低额可以分别按责任成本差异计算的两种不同口径确定，责任成本降低率也可分别按两种口径计算。计算时责任成本降低额和责任成本预算的调整口径应保持一致。责任成本的构成内容、预算指标、执行情况、成本差异等，应该通过责任成本报告加以反映。

责任成本考核即通过责任成本差异指标，考核各责任成本中心责任成本预算的执行情况。考核时既要考核责任成本预算差异，以揭示各项成本的支出水平，评价各责任成本中心降低成本支出的绩效，又要考核责任成本产量差异，以揭示各责任成本中心通过增加产量形成的成本相对节约额，促使责任成本中心寻求降低成本的途径。另外，还可以将责任成本考核与产品成本考核结合起来，揭示产品成本变化的原因，为进一步降低产品成本提供资料。

六、责任成本的日常控制

责任成本中心应以责任成本预算为标准，在生产经营活动中加强责任成本日常控制，及时调整责任成本差异，降低责任成本的发生额。责任成本日常控制的主要方法是划分责任层次、及时进行信息反馈、加强各项成本支出的管理。

（一）实行责任成本分级控制，做好成本管理协调工作

责任成本日常控制依赖于各责任成本中心管理人员和职工的共同努力。在划分各责任成本中心的基础上，将各责任成本中心进一步划分为若干个小的责任成本单位，并按管、干结合的原则，根据其工作性质、工作内容确定其责任成本的具体项目，如生产车间成本中心可以进一步按工序、班组划分责任成本单位，并根据其工作内容确定各工序、小组责任成本的具体内容。通过这种分级控制方式，将责任成本控制变成各部门、各班组、各职工共同关心和共同参与的专业控制与群众参与相结合的控制方式。同时，成本管理职能部门还要做好各责任成本中心之间的协调工作，使各责任成本中心的日常控制保持目标一致。

（二）建立责任成本信息反馈制度，及时调节责任成本差异

信息的及时传递和反馈是进行日常成本控制的基本条件，各级成本责任单位和有关职能部门要建立责任成本信息反馈制度，及时将实际脱离预算的差异反映给有关部门，并对发生的不利差异尽快采取有效措施进行调节。为此，责任成本控制可以与标准成本法结合起来，将责任成本控制、责任成本核算与产品标准成本核算和控制结合起来，以及时进行信息的传递与反馈，并在成本发生过程中适时控制成本。

（三）采用科学的控制方法，加强成本支出管理

各责任成本中心应根据自身责任成本控制的特点，运用科学的控制方法，控制各项支出。

生产部门责任成本中心应合理用料，包括改进下料方法，提高材料利用率，充分利用边角余料和废料，合理使用代用材料；提高劳动生产率，降低人工消耗；加强质量控制，搞好产品质量检测，减少废品损失；合理安排支出，降低制造费用。

物资供应责任成本中心应综合考虑材料买价、运输费、保管费等因素，选择最佳采购地点和合理的经济采购批量，根据质量和价格的关系，提供质优价廉的材料。

设备管理部门责任成本中心应根据设备的技术经济指标，合理确定设备的经济寿命周期，妥当安排设备更新；根据日常修理、大修理费支出的特点，科学安排设备的修理；根据生产经营的实际需要，进行设备的最优配置，对剩余生产能力提出追加生产、出租、代加工等不同处理方案；对于生产经营需要追加的设备，根据实际需要和资金供应等情况，提供购建、租入固定资产或委托加工等方案。

技术开发部门责任成本中心应合理确定开发项目，科学编制项目预算，进行项目可行性分析，加速项目开发，节约项目开发支出等。

其他管理部门责任成本中心应节约成本支出，同时按职能分工，积极协调各责任成本中心降低成本的工作。

七、责任成本控制报告与考核

业绩的考核涉及成本控制报告、差异调查和奖惩等问题，其目的是纠正偏差，改进工作。

（一）成本控制报告

成本控制报告是成本管理控制的主要内容之一，也是对各个责任中心进行业绩考核的依据。其目的是将责任中心的实际成本与预算比较，以判别成本管理控制的业绩。

1.成本控制报告的内容

控制报告主要包括实际成本资料，控制目标资料，以及两者之间的差异和原因三部分内容：

（1）实际成本资料——它回答“完成了多少”的问题。实际成本资料可以通过账簿系统提供，也可以在责任中心设置兼职核算员，在账簿系统之外搜集加工。

（2）控制目标资料——它回答“应该完成多少”的问题。控制目标可以是目标成本，也可以是标准成本，一般都按实际业务量进行调整。

（3）两者之间的差异和原因——它回答“完成得好不好，是谁的责任” 的问题。控制报告的格式见表9-1。

表9-1 **责任成本控制报告**

责任单位：××车间 20××年××月

项　目	预算	调整预算	实际	业务量差异	耗费、效率差异
	①	②	③	④=②-①	⑤=③-②
直接材料（A钢材）					
材料数量差异					
材料价格差异					
直接人工					
效率差异					
工资率差异					
变动性制造费用					
效率差异					
耗费差异					
变动成本合计					
可控固定成本					
管理人员工资					
折旧					
可控固定成本合计					
车间成本合计					
实物数据					
甲产品（件）					
A钢材（千克）					
直接工时（工时）					

表9-1的填制方法为：第①栏来自成本责任预算；第②栏=实际生产量×标准单耗×标准单位标准单价；第③栏根据车间的“车间成本”与“车间成本差异”账户有关数据填列。

2.良好的成本控制报告应满足的要求

一个良好的成本控制报告应满足以下要求：报告的内容与其责任范围一致，报告的信息要适合使用人的需要，报告的时间要符合控制的要求，报告的列示要简明、清晰、实用。

（二）差异调整

一般来说，偏差的产生可能是由于执行人的原因，也可能是由于目标或成本核算的原因。执行人的原因包括过错、没经验、技术水平低、责任心差、不合作等；目标的原因可能包括原来制定的目标过高或过低，或者情况变化后使目标不再适用等；成本核算的问题可能包括数据记录、加工、汇总错误，以及故意造假等。

通过差异调查能够发现出现偏差的具体原因，分清责任，以采取纠正措施，达到降低成本的效果。

（三）奖励与惩罚

奖励可以采用奖金、加薪或升职的方式，但要注意只奖励那些符合企业目标、值得提倡的行为，而且奖励的标准要事先明确，并且要尽可能前后一致。

惩罚可以采用批评、扣发奖金、降级、停止提升或免职等，其目的是避免被惩罚人和其他员工的不符合期望的行为。惩罚时要在调查研究的基础上尽快采取行动，要预先有警告，只有重复违反和违反尽人皆知的准则的人才受到惩罚，且惩罚要一视同仁、前后一致。

（四）纠正偏差

纠正偏差是成本控制系统的目的，是各责任中心主管人员的主要职责。纠正偏差的措施通常包括：重新制订计划或修改目标，采取组织手段重新委派任务或明确职责，采取人事管理手段增加人员、选拔和培训主管人员或者撤销主管人员，改进指导和领导工作、给下属以更具体的指导和实施更有效的领导等。

成本指标具有很强的综合性，无论哪一项生产作业或管理作业出了问题都会引起成本失控。因此，纠正偏差的措施必须与其他管理职能结合在一起才能发挥作用，包括计划、组织、人事指导与领导。

第二节　标准成本控制

教学视频 9-1

标准成本概述

一、标准成本控制概述

（一）标准成本控制的特点

标准成本控制本质上是一种成本管理方法，它是一种将成本计算与成本控制结合在一起，由制定标准、差异分析和差异处理三部分组成的一个成本控制系统。

与其他成本计算方法相比，标准成本法具有以下特点：

（1）标准成本法强调的是成本控制，因而只计算各种产品的标准成本，不计算各种产品的实际成本。

（2）成本差异要在专门设置的各种差异账户中进行核算，如"材料数量差异"、"材料价格差异"、"人工价格/工资率差异"、"人工效率差异"、"变动性制造费用耗费差异"、"变动性制造费用效率差异"、"固定性制造费用耗费差异"、"固定性制造费用能量差异"、"固定性制造费用效率差异"和"固定性制造费用能力差异"等。

（3）标准成本法既可以与完全成本法结合使用，也可以与变动成本法结合使用。

（二）标准成本的分类

标准成本按其制定时所依据的生产技术和经营管理水平，分为理想标准成本、正常标准成本、基本标准成本和现行标准成本。

1.理想标准成本

理想标准成本是指在最优的生产条件下，利用现有的规模和设备能够达到的最低成本。制定理想标准成本的依据，是理论上的业绩标准、生产要素的理想价格和可能实现的最高生产经营能力利用水平。这里所说的理论业绩标准，是指在生产过程中毫无技术浪费时的生产要素消耗量，最熟练的工人全力以赴工作，不存在废品损失和停工时间等条件下可能实现的最优业绩。这里所说的最高生产经营能力利用水平，是指理论上可能达到的设备利用程度，只扣除不可避免的机器修理、改换品种、调整设备等时间，而不考虑产品销路不佳、生产技术故障等造成的影响。这里所说的理想价格，是指原材料、劳动力等生产要素在计划期间最低的价格水平。因此，这种标准是"工厂的极乐世界"，很难成为现实，即使暂时出现也不可能持久。它的主要用途是提供一个完美无缺的目标，揭示实际成本下降的潜力。因其提出的要求太高，不能作为考核的依据。

2.正常标准成本

正常标准成本是指在效率良好的条件下，根据下期一般应该发生的生产要素消耗量、预计价格和预计生产经营能力利用程度制定出来的标准成本。在制定这种标准成本时，把生产经营活动中一般难以避免的损耗和低效率等情况也计算在内，使之切合下期的实际情况，成为切实可行的控制标准。要达到这种标准不是没有困难的，但它们是可能达到的。从具体数量上看，它应大于理想标准成本，但又小于历史平均水平，实施以后更大的可能是逆差而不是顺差，是要经过努力才能达到的一种标准，因而可以调动职工的积极性。

在标准成本系统中，广泛使用正常标准成本。它具有以下特点：它是用科学方法根据客观实验和过去实践经充分研究后制定出来的，具有客观性和科学性；它排除了各种偶然性和意外情况，又保留了目前条件下难以避免的损失，代表正常情况下的消耗水平，具有现实性；它是应该发生的成本，可以作为评价业绩的尺度，成为督促职工去努力争取的目标，具有激励性；它可以在工艺技术水平和管理有效性水平变化不大时持续使用，不需要经常修订，具有稳定性。

3.基本标准成本

这种标准成本一旦制定，只要生产条件无重大变化就不予以改变，它可以使各期成本以同一标准成本为基础进行比较。生产的基本条件的重大变化是指产品的物理结构变化，重要原材料和劳动力价格的重要变化，生产技术和工艺的根本变化等。只有这些条件发生变化，基本标准成本才需要修订。由于市场供求变化导致的售价变化和生产经营能力利用程度的变化以及由于工作方法改变而引起的效率变化等，不属于生产的基本条件变化，对此不需要修订基本标准成本。但实际上，产品的生产技术和企业生产经营状态会随时间的推移发生变化，使原有的标准成本赖以制定的基础发生改变，使它在成本管理中不能发挥应有的作用，所以，这种标准成本在实际中很少采用。

4.现行标准成本

它是在现行生产技术条件下，通过有效的经营管理所能达到的一种成本水平。现行标准成本在制定时考虑了生产经营中一些目前无法避免的损耗和浪费，同时剔除了经过努力应能避免的各种损耗和浪费。生产技术和经营管理条件有较大的改变时，标准成本也应随之进行修订。由于现行标准成本在成本控制中能发挥应有的作用，因而在实际工作中应用最为广泛。

（三）标准成本控制的作用

标准成本制度最显著的特点是把成本计划、成本控制、成本计算有机地结合在一起，因而成为成本管理的重要工具。具体地讲，其作用包括以下几个方面：

1.提供了成本控制的依据

标准成本是事先经过调查研究制定的既先进又可行的成本，既能为生产经营各有关部门提供一个努力的目标，也能作为评价和考核工作质量与效果的依据。尤其是能配合“责任会计”的实施，加强成本差异的分析和考核，增强职工对成本的责任感，积极主动挖掘降低成本的潜力。

2.为进行正确经营决策提供数据

标准成本代表了成本要素的合理近似值，因而在经营决策时可以代替实际成本，为决策提供信息。例如，在制定产品价格或评价有关方案的经济效果时，利用标准成本可以进行“差别成本”的分析。

3.可作为存货计价的依据

由于标准成本中已剔除了各种浪费和损耗，以此作为材料、在产品和产成品计价的基础，可使存货计价建立在更加健全的基础上，避免以实际成本计价所带来的同样实物形态的存货计价标准不同的现象，更能反映存货的真实价值。

4.可以为企业的例外管理提供数据

以标准成本为基础与实际成本进行比较所产生的差异，是企业进行例外管理的必要信息。

5.可以简化账务处理

在标准成本制度下，材料、在产品、产成品和销售收入账户都可以标准成本入账，成本差异另设账户归集，期末一并处理，从而减少了许多费用的分配计算，账务处理及时而且简单。

二、标准成本的制定

标准成本通常按成本项目分别制定，一般先确定直接材料、直接人工的标准成本，其次确定制造费用的标准成本，最后确定单位产品的标准成本。在制定时，无论哪一个成本项目，都需要分别确定数量标准和价格标准，然后以数量标准乘以价格标准得到单位成本项目的标准成本。不同成本项目的数量标准和价格标准含义不同。数量标准包括直接材料单耗、单位产品直接人工工时消耗量等标准数量，主要由生产部门来主持制定，并尽量吸收负责执行标准的职工参与。价格标准包括材料价格、小时工资率、小时制造费用分配率标准，主要由会计部门会同有关部门研究确定。材料价格主要由采购部门负责，人事部门和生产部门对小时工资率负责，小时制造费用分配率主要由各生产车间负责。

（一）直接材料标准成本的制定

直接材料标准成本由单位产品的用料量标准和材料的标准单价组成。其中，单位产品的用料量标准（即数量标准）应为在现有生产技术条件下，生产单位产品需要的材料数量，通常采用统计方法、工业工程法和其他技术分析方法确定，包括构成产品实体的材料、生产中必要的损耗和不可避免地形成一定废品所需用的材料，按产品耗用的各种材料分别予以确定。材料的标准单价，包括购价、运杂费、检验和正常损耗等，应按各种材料分别予以计算。据此，直接材料标准成本计算公式为：

$$\text{直接材料标准成本}=\sum\left(\text{单位产品直接材料的标准耗用量}\times\text{直接材料标准价格}\right)$$

【例 9-1】江淮公司生产甲产品，该产品所耗原材料有两种：材料 B 和材料 C，根据相关数据制定的直接材料标准成本见表 9-2。

表9-2 甲产品直接材料标准成本

项　目	材料 B	材料 C
价格标准：		
发票价	5.0元/千克	3.5元/千克
运杂费等	0.5元/千克	0.5元/千克
标准单价	5.5元/千克	4.0元/千克
数量标准：		
产品实耗	3千克	2.0千克
合理损耗	0.3千克	0.2千克
预计废品耗用	0.1千克	—
标准单耗	3.4千克	2.2千克
标准成本	18.7元（5.5×3.4）	8.8元（4.0×2.2）
合　计	27.5元	

（二）直接人工标准成本的制定

直接人工标准成本由标准工时和标准工资率构成。标准工时是指在现有生产技术条件下，生产单位产品所耗用的工时，它包括直接加工产品所需的操作时间、必需的间歇时间和停工检修时间及不可避免废品所耗工时。标准工时应以作业研究和工时研究为基础，参考有关统计资料确定；标准工资率是每一标准工时应分配的工资，在计件工资制下是预定的每件产品支付的工资除以标准工时，在计时工资制下需要根据月工资总额和可用工时总量来计算标准工资率。直接人工标准成本的计算公式如下：

直接人工标准成本=标准工时×标准工资率

其中：标准工资率=预计标准工资总额÷标准总工时

（三）制造费用标准成本的制定

制造费用标准成本必须先按部门分别编制，然后再将同一产品涉及的各部门单位制造费用标准加以汇总，得出整个产品制造费用标准成本。

由于制造费用按其性态可划分为变动性制造费用和固定性制造费用两部分，所以，制造费用的标准成本也需分别确定。

1. 变动性制造费用标准成本

变动性制造费用的数量标准通常采用单位产品直接人工工时标准，它在直接人工标准成本制定时已经确定。有的企业采用机器工时或其他用量标准。作为数量标准的计量单位，应尽可能与变动性制造费用保持较好的线性关系。

变动性制造费用的价格标准是每一工时变动性制造费用的标准分配率，它根据变动性制造费用预算和直接人工总工时计算求得。

变动性制造费用标准成本的计算公式为：

变动性制造费用标准成本=变动性制造费用标准分配率×单位产品直接人工标准工时

变动性制造费用标准分配率=变动性制造费用预算总额÷直接人工标准总工时

各车间变动性制造费用的标准成本确定之后，可汇总出单位产品的变动性制造费用标准成本。

2. 固定性制造费用标准成本

如果企业采用变动成本计算法，固定性制造费用不计入产品成本，单位产品的标准成本中不包括固定性制造费用的标准成本。在这种情况下，不需要制定固定性制造费用的标准成本，固定性制造费用的控制通过预算管理进行。如果企业采用的是完全成本计算法，则需要确定固定性制造费用的标准成本。其确定方法与变动性制造费用标准成本相同，先计算确定固定性制造费用的标准分配率，然后再乘以预计的直接人工的标准工时，求得固定性制造费用标准成本。

固定性制造费用标准成本的计算公式为：

固定性制造费用标准成本=固定性制造费用标准分配率×单位产品直接人工标准工时

固定性制造费用标准分配率=固定性制造费用预算总额÷直接人工标准总工时

各车间固定性制造费用的标准成本确定之后，可汇总出单位产品的固定性制造费用标准成本。

【例9-2】江淮公司生产的甲产品有两道工序分别在第一车间和第二车间加工，其制造费用标准成本的制定见表9-3。

表9-3　**制造费用标准成本**　金额单位：元

行次	项目	第一车间	第二车间
1	生产量标准（小时）	19 500	13 800
2	变动性制造费用：		
3	间接材料	32 000	28 000
4	间接人工	24 000	16 000
5	运输费	4 000	16 000

续表

行次	项目	第一车间	第二车间
6	水电费	16 000	8 000
7	其他	2 000	1 000
8	小计	78 000	69 000
9	变动性制造费用分配率（8÷1）	4元/小时（78 000÷19 500）	5元/小时（69 000÷13 800）
10	单位产品所耗工时标准	3小时/件	1小时/件
11	变动性制造费用标准（9×10）	12元（4×3）	5元（5×1）
12	固定性制造费用：		
13	折旧费	10 000	4 000
14	维护费	3 000	1 280
15	管理人员工资	6 500	3 000
16	小计	19 500	8 280
17	固定性制造费用分配率（16÷1）	1元/小时（19 500÷19 500）	0.6元/小时（8 280÷13 800）
18	固定性制造费用标准（10×17）	3元（3×1）	0.6元（1×0.6）
19	制造费用标准成本（11+18）	15元（12+3）	5.6元（5+0.6）
20	合计	20.6元	

将以上确定的直接材料、直接人工和制造费用的标准成本按产品加以汇总，就可以确定有关产品完整的标准成本。

标准成本的制定，是一件十分细致的工作，不能草率行事，只有经过认真的分析研究，才能使标准成本具有科学性、现实性、稳定性和目标性。否则，制定得过高会挫伤执行人员的积极性，过低则起不到降低成本的作用，经常变动而缺乏稳定性的标准成本也会影响成本控制的效果。但是，标准成本的制定绝不是一劳永逸的事情，为保证标准成本能够适应企业特定经营环境的需要，企业还需要定期对标准成本进行检查和修订。

三、标准成本差异的计算与分析

（一）标准成本差异的含义

标准成本是一种目标成本，由于种种原因，产品的实际成本会与目标不符。实际成本与标准成本之间的差额，称为标准成本的差异，或称为成本差异。成本差异是反映实际成本脱离预定目标程度的信息。为了消除这种偏差，要对产生的成本差异进行分析，找出原因和对策，以便采取措施加以纠正。

标准成本差异是指产品的实际成本与标准成本之间的差额。

如果实际成本超过标准成本，所形成的成本差异反映成本的超支，称为不利差异；反之，如果实际成本低于标准成本，所形成的差异反映成本的节约，称为有利差异。管理人员在成本形成过程中应密切注意实际成本的发生额，随时与标准成本进行对比分析，对于无法控制的不利差异应分析其形成的原因和责任，采取措施，防止不利差异在以后期间出现；对于有利差异则应进一步拓展。

成本差异分为直接材料成本差异、直接人工成本差异、变动性制造费用成本差异和固定性制造费用成本差异四部分。

（二）变动成本差异的分析

直接材料、直接人工和变动性制造费用都属于变动成本，其成本差异分析的基本方法相同。由于它们的实际成本高低取决于实际用量和实际价格，标准成本的高低取决于标准用量和标准价格，所以其成本差异可以归结为用量脱离标准造成的数量差异与价格脱离标准造成的价格差异两类。

用公式可表示如下：

标准成本差异=数量差异+价格差异

数量差异=（实际用量-标准用量）×标准价格

价格差异=（实际价格-标准价格）×实际用量

数量差异和价格差异往往由不同部门负责，所以对成本差异的分析不仅要按成本项目及成本特性进行分析，还要将同一项目成本差异分解为数量差异和价格差异，分析不同差异产生的原因及责任，采取不同措施改进成本控制。

（三）标准成本差异的分析方法

标准成本差异分析一般是先将总成本差异按成本项目及特性分成直接材料成本差异、直接人工成本差异、变动性制造费用差异和固定性制造费用差异四部分，然后再将各部分差异进一步分解为数量差异和价格差异进行分析研究。

1.直接材料成本差异分析

直接材料实际成本脱离标准成本的差异即为直接材料成本差异，包括材料数量差异和材料价格差异两种。

（1）材料数量差异是指产品生产过程中材料实际耗用数量超过或低于标准耗用数量形成的超支或节约。当产品生产耗用的原材料不止一种时，应分别计算不同材料的数量差异。其计算公式为：

材料数量差异=（实际用量-标准用量）×标准单价

材料数量差异是在材料耗用过程中形成的，反映生产部门的成本控制业绩。材料数量差异形成的具体原因有许多，如操作疏忽造成废品和废料增加、工人用料不精心、新工人上岗造成多用料、机器或工具不适用造成用料增加等。有时多用料并非生产部门的责任，如购入材料质量低劣、规格不符也会使用料超过标准；又如工艺变更、检验过严也会使数量差异加大。因此，要进行具体的调查研究才能明确责任归属。

材料的数量差异一般应由生产部门负责，但如果由于采购部门低价购进次质材料或不适宜的代用材料，则由此引起材料的不利数量差异，应由采购部门负责。

（2）材料价格差异是指材料实际采购价格与标准价格不符而形成的成本差异。同样，当产品所耗材料不止一种时，应分别计算不同材料的价格差异。其计算公式为：

材料价格差异=（实际单价-标准单价）×实际用量

计算结果为正数为超支差异，计算结果为负数则为节约差异。

形成材料价格差异的原因有很多，有些应由生产部门负责，有些应由采购部门负责，应根据具体情况具体分析。采购部门未能按标准价格进货的原因有许多，如供应厂家价格变动、未按经济采购批量进货、未能及时订货造成的紧急订货、采购时舍近求远使运费和途耗增加、不必要的快速运输方式、违反合同被罚款、承接紧急订货造成额外采购等，需要进行具体分析和调查，才能明确最终原因和责任归属。例如，因生产追加订货，小批量订购材料使采购价格高于标准价格产生的差异，应由生产部门负责；采购价格、运费、途中的合理损耗等原因导致的价格差异等应由采购部门负责。

材料数量差异和材料价格差异之和为直接材料成本差异。

【例9-3】嘉实公司只生产甲产品，制造甲产品需用A、B两种直接材料，A、B两种直接材料的标准价格分别为15元/千克、80元/千克，单位产品的标准用量分别为60千克/件、10千克/件；20××年3月共生产甲产品2 600件，实际耗用A材料154 000千克、B材料26 500千克，A、B两种材料的实际价格分别为14.50元/千克、83元/千克。则直接材料成本差异的计算分析如下：

甲产品直接材料的实际成本=154 000×14.5+26 500×83=4 432 500（元）

甲产品直接材料的标准成本=2 600×（60×15+10×80）=4 420 000（元）

甲产品直接材料的成本差异=4 432 500−4 420 000=12 500（元）（不利差异）

其直接材料的成本差异可以分解为数量差异和价格差异：

A材料标准用量=60×2 600=156 000（千克）

B材料标准用量=10×2 600=26 000（千克）

A材料数量差异=（154 000−156 000）×15=−30 000（元）（有利差异）

B材料数量差异=（26 500−26 000）×80=40 000（元）（不利差异）

甲产品直接材料数量差异=−30 000+40 000=10 000（元）（不利差异）

A材料价格差异=（14.50−15）×154 000=−77 000（元）（有利差异）

B材料价格差异=（83−80）×26 500=79 500（元）（不利差异）

甲产品直接材料价格差异=−77 000+79 500=2 500（元）（不利差异）

甲产品直接材料成本差异=10 000+2 500=12 500（元）（不利差异）

在计算出材料成本差异的基础上，可据此进一步分析原因，落实责任。

2.直接人工成本差异分析

直接人工成本差异是向产品生产工人支付的职工薪酬超过或低于直接人工标准成本形成的差异，包括直接人工数量差异和直接人工价格差异。直接人工数量差异即工时耗用差异，常被称为直接人工效率差异；直接人工价格差异指工资率差异。

（1）直接人工效率差异。

人工效率差异是指生产单位产品的实际工时脱离标准工时形成的差异，反映了生产工人劳动效率的变化。当产品生产有多个工序时，应分别计算不同工序的人工效率差异，为下一期生产提供改进的方向，为本期业绩考核、评价提供依据。其计算公式如下：

直接人工效率差异=（实际耗用工时−标准耗用工时）×标准工资率

计算结果为正，表示实际人工效率低于预计人工效率，为不利差异；反之，则表示实际人工效率高于预计人工效率，为有利差异。

效率差异形成的原因，包括工作环境不良、工人劳动情绪不佳、工人经验不足、新上岗工人太多、作业计划安排不当、机器使用不当等等。一般说来，生产部门对效率差异的形成负责，但如果材料质量不符合生产需要，也会影响生产效率，此时形成的效率差异则应由采购部门负责。在实际中，要针对形成差异的不同原因进行分析，采取相应的措施，加大成本控制的力度。

（2）直接人工价格差异。

直接人工价格差异即工资率差异，指实际小时工资率脱离标准工资率而形成的差异。当存在不同工序时，同样需要按工序分别计算分析。其计算公式如下：

直接人工工资率差异=实际工时×（实际工资率-标准工资率）

工资率差异形成的原因，包括直接生产工人升级或降级使用、奖励制度未产生实效、工资率调整、加班或使用临时工、出勤率变化等。其原因复杂而且难以控制。一般来说，应归属于人事劳动部门管理，差异的具体原因会涉及生产部门或其他部门。由于实际工资率是以实际职工薪酬总额除以实际有效总工时求得的，因此，除上述原因外，工人人数变动、非生产工时损失等也会形成工资率差异，企业应针对不同的成因采用不同的措施和对策。

【例9-4】依例9-3，嘉实公司生产的甲产品只需一个工种进行加工，实际耗用33 800工时，实际职工薪酬总额为94 640元；标准工资率为3元/小时，单位产品的工时耗用标准为12工时。则直接人工成本差异的计算分析如下：

甲产品直接人工的标准成本=2 600×12×3=93 600（元）

甲产品直接人工成本差异=94 640-93 600=1 040（元）（不利差异）

甲产品直接人工的成本差异可分解为效率差异和工资率差异：

标准工时=12×2 600=31 200（工时）

实际工资率=94 640÷33 800=2.80（元/工时）

直接人工效率差异=（33 800-31 200）×3=7 800（元）（不利差异）

直接人工工资率差异=（2.8-3）×33 800=-6 760（元）（有利差异）

甲产品直接人工成本差异=7 800-6 760=1 040（元）（不利差异）

3.变动性制造费用差异分析

变动性制造费用差异是指实际变动性制造费用与标准变动性制造费用不符形成的差异，可以分解为价格差异和数量差异。价格差异是指变动性制造费用实际分配率脱离标准分配率所形成的差异，常被称为变动性制造费用耗费差异。变动性制造费用可以人工工时为基础进行分配，也可以机器工时为基础进行分配。数量差异反映实际机器工时（或人工工时）脱离标准机器工时（或人工工时）形成的差异，常被称为变动性制造费用效率差异。

$$\text{变动性制造费用耗费差异} = \text{实际工时} \times \left(\text{变动性制造费用实际分配率} - \text{变动性制造费用标准分配率}\right)$$

$$\text{变动性制造费用效率差异} = \text{变动性制造费用标准分配率} \times \left(\text{实际工时} - \text{标准工时}\right)$$

变动性制造费用同一定生产活动水平相联系，因此，应首先编制变动性制造费用弹性预算，以根据不同生产活动水平确定的费用水平作为分析的标准。

变动性制造费用的耗费差异，是实际支出与按实际工时和标准费率计算的预算数之间的差额。由于后者承认实际工时是在必要的前提下计算出来的弹性预算数，因此该项差异反映耗费水平即每小时业务量支出的变动性制造费用脱离标准的程度。耗费差异是部门经理的责任，他们有责任将变动性制造费用控制在弹性预算限额之内。

变动性制造费用效率差异，是由于实际工时脱离了标准，多用工时导致的费用增加，因此其形成原因与人工效率差异相同。

【例 9-5】依例 9-4，生产甲产品过程中实际发生的变动性制造费用为 135 200 元，变动性制造费用标准分配率为每一直接人工工时 4.20 元。则变动性制造费用差异分析如下：

甲产品的标准工时=2 600×12=31 200（工时）

甲产品标准的变动性制造费用=31 200×4.20=131 040（元）

变动性制造费用差异=135 200−131 040=4 160（元）（不利差异）

甲产品变动性制造费用差异可分解为耗费差异和效率差异：

变动性制造费用实际分配率=135 200÷33 800=4（元/工时）

变动性制造费用耗费差异=（4−4.20）×33 800=−6 760（元）（有利差异）

变动性制造费用效率差异=（33 800−31 200）×4.20=10 920（元）（不利差异）

变动性制造费用差异=−6 760+10 920=4 160（元）（不利差异）

变动性制造费用是一个综合性的费用项目。对其差异的分析，应结合构成变动性制造费用的具体明细项目深入开展。在实际工作中，通常采用根据变动性制造费用的弹性预算的明细项目，结合同类项目的实际发生数，进行对比分析，从而找出差异的原因及责任归属的方法。

应当指出的是，变动性制造费用效率差异实际上反映的是产品制造过程中的工时利用效率问题，在分析时应结合直接人工效率差异进行分析。

4.固定性制造费用差异分析

固定性制造费用主要是由生产能力的形成与维护决定的，在一定范围内，生产活动水平变化不会对其产生影响。因此，对固定性制造费用主要按总额编制一定期间的固定性制造费用预算进行控制。

固定性制造费用差异，是指一定期间的实际固定性制造费用与标准固定性制造费用之间的差额。其计算公式为：

$$\text{固定性制造费用差异}=\left(\text{实际分配率}\times\text{实际工时}\right)-\left(\text{标准分配率}\times\text{标准工时}\right)=\text{实际固定性制造费用}-\text{标准固定性制造费用}$$

其中：

$$\text{固定性制造费用标准分配率}=\frac{\text{预算固定性制造费用}}{\text{预算工时}}$$

$$\text{固定性制造费用实际分配率}=\frac{\text{实际固定性制造费用}}{\text{实际工时}}$$

固定性制造费用差异可以用两因素分析法或三因素分析法进行分析。

两因素分析法，是把固定性制造费用差异分为耗费差异和能量差异。耗费差异是指固定性制造费用实际发生数与固定性制造费用预算数之间的差异。能量差异是由于实际产量标准工时与预算工时之间的差异而产生的差异，能量差异与现有生产能力的利用程度有关。当实际工时小于预算工时时，说明企业生产能力的利用程度未达到预算时的计划水平；反之，则说明企业生产能力的利用程度超过了预算规定的水平。

两因素分析法进行分析时的成本差异计算如下：

固定性制造费用耗费差异=固定性制造费用实际发生数-固定性制造费用预算数

固定性制造费用能量差异=固定性制造费用预算数-固定性制造费用标准成本

$$=\frac{固定性制造费用}{标准分配率}\times\frac{计划产量}{标准工时}-\frac{固定性制造费用}{标准分配率}\times\frac{实际产量}{标准工时}$$

=(计划产量标准工时-实际产量标准工时）×固定性制造费用标准分配率

三因素分析法，是将固定性制造费用差异分为耗费差异、效率差异和能力差异三部分。耗费差异与两因素分析法相同，只是能量差异被细分为效率差异和能力差异。效率差异是指实际产量下的实际工时脱离实际产量下的标准工时而形成的差异，能力差异是实际产量下的实际工时脱离计划产量下的标准工时而引起的生产能力利用程度差异导致的成本差异。具体计算公式为：

固定性制造费用效率差异=（实际工时-实际产量标准工时）×固定性制造费用标准分配率

固定性制造费用能力差异=（计划产量标准工时-实际工时）×固定性制造费用标准分配率

【例9-6】以例9-5的资料为例，嘉实公司本月预算的固定性制造费用为84 000元，预算工时为33 600工时，实际固定性制造费用为85 880元。则固定性制造费用差异可计算分析如下：

固定性制造费用标准分配率=84 000÷33 600=2.50（元/工时）

甲产品本月标准的固定性制造费用=标准工时×标准分配率

=31 200×2.50

=78 000（元）

固定性制造费用差异=85 880-78 000=7 880（元）（不利差异）

固定性制造费用的差异按两因素分析法可以分解为耗费差异和能量差异：

固定性制造费用耗费差异=85 880-84 000=1 880（元）（不利差异）

固定性制造费用能量差异=（33 600-31 200）×2.50=6 000（元）（不利差异）

固定性制造费用差异=1 880+6 000=7 880（元）（不利差异）

固定性制造费用的差异按三因素分析法可分解为耗费差异、效率差异和能力差异：

固定性制造费用耗费差异=85 880-84 000=1 880（元）（不利差异）

固定性制造费用效率差异=2.50×（33 800-31 200）=6 500（元）（不利差异）

固定性制造费用能力差异=2.50×（33 600-33 800）=-500（元）（有利差异）

固定性制造费用差异=1 880+6 500-500=7 880（元）（不利差异）

固定性制造费用也是一个综合性的费用项目，因此，为了较为准确地查明差异产生的原因，必须按固定性制造费用各项目的预算数与其实际发生数进行对比，以便逐项分析差异原因和责任归属。

固定性制造费用耗费差异的出现有外部原因，但大多数是内部原因，如临时购置固定资产，超计划雇用管理人员及辅助生产人员，研究开发费、培训费的增加等。

固定性制造费用能力差异的出现主要是由产销数量引起的，如经济萧条、产品定价过高造成销路不好和开工不足，或原材料、能源供应不足造成生产能力利用不充分等。

形成固定性制造费用效率差异的原因与直接人工效率差异形成的原因相同，主要应由人事部门和人工管理部门负责。

四、标准成本差异的账务处理

(一)标准成本差异账务处理的特点

采用标准成本法时,其成本差异的账务处理有以下特点:

1.通过"原材料"、"生产成本"和"产成品"账户登记标准成本

只登记标准成本,即这些账户无论是借方还是贷方均登记实际数量的标准成本,其余额亦反映这些资产的标准成本。

2.设置成本差异账户,分别记录各种成本差异

在标准成本系统中,要按成本差异的类别设置一系列成本差异账户,如"材料价格差异"、"材料数量差异"、"直接人工效率差异"、"直接人工工资率差异"、"变动性制造费用耗费差异"、"变动性制造费用效率差异"、"固定性制造费用耗费差异"和"固定性制造费用能量差异"等。差异账户的设置,要同采用的成本差异分析方法相适应,为每一种成本差异设置一个账户。

在登记"原材料"、"生产成本"和"产成品"账户时,应将实际成本分离为标准成本和有关的成本差异,标准成本数据记入"原材料"、"生产成本"和"产成品"账户,而有关差异分别记入各成本差异账户。

为便于考核,各成本差异账户还可以按责任部门设置明细账,分别记录各部门的各项成本差异。

3.会计期末对成本差异进行处理

(二)标准成本差异的具体账务处理

各成本差异账户的累计发生额,反映了本期成本控制的业绩。在月末(或年末)对成本差异的处理方法有两种:调整销货成本与存货法,结转本期损益法。

第一种,调整销货成本与存货法。按照这种方法,在会计期末将成本差异按比例分配至已销产品、在产品和产成品。

采用这种方法的依据是税法和会计制度均要求以实际成本反映存货成本和销货成本。本期发生的成本差异,应由存货和本期的销货成本共同负担。当然,这种做法会增加一些计算分配的工作量。此外,有些费用计入存货成本不一定合理,如能力差异是一种损失,但并不能在未来换取收益,作为资产计入存货成本明显不合理,不如作为期间费用在当期参加损益汇总。

第二种,结转本期损益法。按照这种方法,在会计期末将所有差异转入"本年利润"账户,或者先将差异转入"主营业务成本"账户,再随同已销产品的标准成本一起转至"本年利润"账户。

采用这种方法的依据是确信标准成本是真正的正常成本,成本差异是不正常的低效率和浪费造成的,应当直接体现在本期损益之中,使利润能体现本期工作成绩的好坏。此外,这种方法的账务处理比较简便,但是,如果差异数额较大或者制定的标准成本不符合实际的正常水平,则不仅使存货成本严重脱离实际成本,而且会歪曲本期经营成果。因此,在成本差异数额不大时采用此种方法为宜。

第三节　预算管理与控制

预算就是用货币单位表示的财务计划，它是以货币的形式来反映企业未来某一特定期间的有关现金收支、资金需求、资金融通、营业收入、成本及财务状况和经营成果等方面的详细计划。预算是为企业战略服务的，是定量化地表示企业战略的方式。自20世纪初预算管理开始运用于企业管理实践以来，经过近一个世纪的发展和完善，当今世界绝大多数有一定规模的企业都接受和坚持运用预算管理方法来进行成本的管理与控制。实行预算管理与否、效果好坏，已经成为检验企业管理科学化的重要标志之一。

一、全面预算体系

全面预算是反映企业未来某一特定期间的全部生产、经营活动的财务计划。它以销售预测为起点，进而对生产、成本及现金收支等各个方面进行预测，并在这些预测的基础上，编制出一套预计资产负债表、预计利润表等预计财务报表及其附表，以反映企业在未来期间的财务状况和经营成果。

（一）全面预算的内容

全面预算是由一系列预算构成的体系，各项预算之间相互联系，关系复杂。其各项预算之间的主要联系如图9-1所示。

从图9-1可以看出全面预算体系的编制顺序和特点：首先，企业应根据长期市场预测和生产能力，编制长期销售预算，以此为基础确定本年度的销售预算，并根据企业财力确定资本支出预算。其次，根据“以销定产”的原则，根据本年度销售预算确定生产预算和销售及管理费用预算，生产预算的编制，除了考虑计划销售量外，还要考虑现有存货和年末存货。再次，根据生产预算编制直接材料、直接人工和制造费用预算。最后，在以上各项预算的基础上，编制产品成本预算、现金预算以及各种预计财务报表，产品成本预算、现金预算是有关预算的汇总，预计利润表、预计资产负债表和预计现金流量表是全部预算的综合。

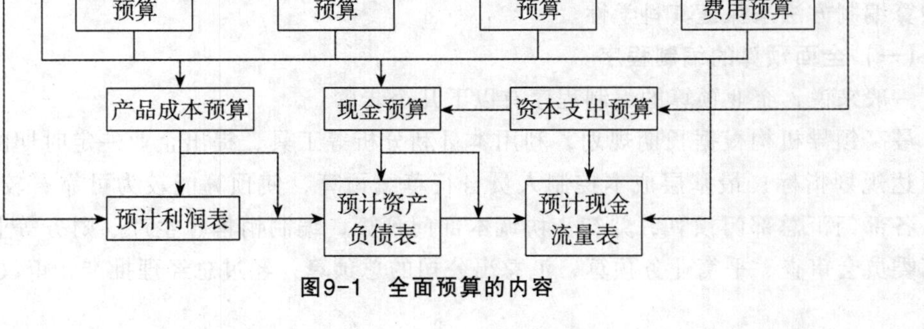

图9-1　全面预算的内容

（二）全面预算的种类

全面预算按其涉及的预算期的长短分为长期预算和短期预算。长期销售预算和资本支出预算属于长期预算，有时还包括长期资金筹措预算与研究和开发预算；短期预算是指年度预算，或者时间更短的季度或月度预算，如直接材料预算、现金预算等。通常长期和短期的划分以1年为界限，有时把2～3年的预算称为中期预算。

全面预算按其涉及的内容分为总预算和专门预算。总预算是指现金预算、预计利润表、预计资产负债表和预计现金流量表。它们反映企业的总体状况，是各种专门预算的综合。专门预算是指其他反映企业某一方面经济活动的预算。

全面预算按其涉及的业务活动领域分为销售预算、生产预算和财务预算。前两个预算又统称业务预算，用于计划企业的基本经济业务。财务预算是关于资金筹措和使用的预算，包括短期的现金收支预算和信贷预算，以及长期的资本支出预算和长期资金筹措预算。

（三）全面预算的作用

企业预算是各级各部门工作的奋斗目标、协调工具、控制标准、考核依据，在经营管理中发挥着重大的作用。

企业的目标是多重的，不能用唯一的数量指标来表达，而需要通过预算被分解成各级各部门的具体目标。预算中规定了企业一定时期的总目标以及各级各部门的子目标，从而可以动员全体职工为此而奋斗。

企业内部各级各部门必须协调一致，才能最大限度地实现企业的总目标。各级各部门因其职责不同，往往会出现互相冲突的现象。例如，企业的销售、生产、财务等各部门可以分别提出对自己来说是最好的计划，而该计划在其他部门不一定能行得通。销售部门根据市场预测，提出一个庞大的销售计划，而生产部门却可能没有那么大的生产能力；生产部门可以提出一个充分发挥生产能力的计划，但销售部门却可能无力将这些产品推销出去等。只有代表企业整体的最优方案，才能够使各级各部门的工作在此基础上协调起来。

计划一经确定，就进入了实施阶段，管理工作的重心就转入控制。控制过程包括经济活动状态的计量，实际状态和标准状态的比较及两者之间差异的确定和分析，并采取措施及时纠正偏差等。

现代化生产是许多共同劳动的过程，因此不能没有责任制度，而有效的责任制度离不开工作成绩的考核。通过考核，对每个人的工作进行评价，并据此实行奖惩和安排人事任免，可以促使人们更好地工作。

二、全面预算的编制程序和方法

企业预算的编制，涉及经营管理的各个部门，需要有一个合理的预算编制程序和规范的预算编制方法来保证其科学性。

（一）全面预算的编制程序

一般来说，企业预算的编制程序有以下几个步骤：

最高领导机构根据长期规划，利用本量利分析等工具，提出企业一定时期的总目标，并下达规划指标；最基层成本控制人员自行草编预算，使预算能较为可靠、较为符合实际；各部门汇总部门预算，并初步协调本部门预算，编制销售、生产、财务等业务预算；预算委员会审查、平衡业务预算，汇总出公司的总预算；经过总经理批准，审议机构通过或者驳回修改预算；主要预算指标报告给董事长或上级主管单位，讨论通过或者驳回修改；批准后的预算下达给各部门执行。

（二）全面预算的编制方法

全面预算的编制方法有固定预算、弹性预算、零基预算、概率预算和滚动预算等。

教学视频 9-2

固定预算编制

1.固定预算

固定预算是指按预算期内计划的某种业务量水平来编制的预算，这种预算也称为静态预算。固定预算在编制时不考虑预算期内业务水平可能发生的变动，是一种最基本的全面预算编制方法。

【例 9-7】佳豪公司生产和销售一种产品，该产品销售单价为600元，20×7年1—4季度预计的销售量分别为600台、700台、800台和650台，预期的销售现金收入的60%于本季度收现，其余40%于下季度收现，20×6年年末的应收账款余额为100 000元。编制该公司的销售预算。

根据以上资料编制的佳豪公司20×7年的销售预算和预计现金收入见表9-4。

表9-4 **销售预算** 金额单位：元

项　目	第一季度	第二季度	第三季度	第四季度	全　年
预计销售量（台）	600	700	800	650	2 750
预计单位售价（元/台）	600	600	600	600	600
销售收入	360 000	420 000	480 000	390 000	1 650 000
预计现金收入					
收到上季应收账款	100 000	144 000	168 000	192 000	604 000
收到本季应收销货款	216 000	252 000	288 000	234 000	990 000
现金收入合计	316 000	396 000	456 000	426 000	1 594 000

【例 9-8】依例 9-7，假设预计各季末产品存货占次季销售量的10%，年初产品存货为80台，年末留存50台。编制该企业的生产预算。

由于产品销售会受经济发展状况、消费者喜好等因素的影响，企业的生产量往往不会刚好和预算的销量相等，而是经常保持一定量的存货，保证能在发生意外需求时按时供货，并均衡生产，节省赶工的额外支出。企业根据预计的产品销售量结合期末、期初的产品存货量，确定预算期产品的预计生产量。其计算公式是：

预计生产量=预计销售量+预计期末存货量-预计期初存货量

根据以上资料编制的生产预算见表9-5。

表9-5 **生产预算** 单位：台

项　目	第一季度	第二季度	第三季度	第四季度	全　年
预计销售量	600	700	800	650	2 750
加：预计期末存货量	70	80	65	50	50
合计	670	780	865	700	2 800
减：预计期初存货量	80	70	80	65	80
预计生产量	590	710	785	635	2 720

【例 9-9】依例 9-7、例 9-8，假定各季度的“期末材料存货量”根据下季度生产需用

量的20%计算，预计材料期初存货量为2 000千克，期末存货量为1 500千克。单位产品材料用量为20千克/台，材料的单价为20元/千克。直接材料采购款中有50%在本季度内付清，另外50%在下季度付清，不享受现金折扣，年初应付上季度材料采购款为120 000元。编制佳豪公司的直接材料预算。

与生产预算相似，直接材料采购预算是以预计生产需要耗用的材料数量为基础，同时考虑期初、期末原材料库存量来编制的。预计材料采购量的计算公式为：

预计材料采购量=生产需用量+预计期末存货量-预计期初存货量

企业确定了预计材料采购量后，就可以预测当期的现金支出。财务人员根据当期支付货款的金额和应付账款的详细资料与清单，考虑赊购的时间、采购过程中可能发生的材料退回和折让或享受的现金折扣等因素，编制现金预算表。

直接材料预算的内容包括预计生产量下直接材料的单位产品耗用量、本期生产需用量、期初和期末存货量等。其中，“预计生产量”的数据来自生产预算；“单位产品材料用量”和“单价”的数据来自标准成本资料或企业的消耗定额资料；“生产需用量”是预计产量和单位产品材料用量的乘积。年初和年末的材料存货量，可以根据当前生产经营情况和长期销售预测进行估计。

据此，佳豪公司20×7年度的直接材料预算及预期现金支出见表9-6。

表9-6 **直接材料预算及预期现金支出** 金额单位：元

项　目	第一季度	第二季度	第三季度	第四季度	全　年
预计生产量（台）	590	710	785	635	2 720
单位产品材料用量（千克/台）	20	20	20	20	20
生产需用量（千克）	11 800	14 200	15 700	12 700	54 400
加：预计期末存货量（千克）	2 840	3 140	2 540	1 500	1 500
减：预计期初存货量（千克）	2 000	2 840	3 140	2 540	2 000
预计材料采购量（千克）	12 640	14 500	15 100	11 660	53 900
单价（元/千克）	20	20	20	20	20
预计采购金额（元）	252 800	290 000	302 000	233 200	1 078 000
预计现金支出					
应付上季赊购款	120 000	126 400	145 000	151 000	542 400
应付本季现购款	126 400	145 000	151 000	116 600	539 000
现金支出合计	246 400	271 400	296 000	267 600	1 081 400

【例9-10】依例9-7至例9-9，设生产单位产品需用的直接人工小时为5小时，每小时的直接人工成本为10元。编制佳豪公司的直接人工预算。

直接人工预算也是以生产预算为基础编制的。其编制方法是先确定单位产品的需用工时，再乘以各期预计产品产量，得到各期需用直接人工小时数，最后再以各期需用直接人工小时数乘以每小时的直接人工成本，就可以得到各期预计的直接人工成本。直接人工预算与其他预算不同的是，人工工资全部以现金支付，企业直接人工预算编制完毕后，支付工资的现金流出量就可以相应地确定。

佳豪公司20×7年的直接人工预算见表9-7。

表9-7 **直接人工预算**

项目	第一季度	第二季度	第三季度	第四季度	全年
预计生产量（台）	590	710	785	635	2 720
单位产品工时（小时/台）	5	5	5	5	5
人工总工时（小时）	2 950	3 550	3 925	3 175	13 600
每小时人工成本（元/小时）	10	10	10	10	10
人工总成本（元）	29 500	35 500	39 250	31 750	136 000

【例9-11】依例9-7至例9-10，假定佳豪公司在预算期间的变动性制造费用为21 760元（其中间接人工6 528元，间接材料6 256元，修理用机物料消耗4 352元，水电费4 624元），固定性制造费用为81 600元（其中修理用机物料消耗8 600元，折旧费12 000元，职工薪酬36 000元，财产保险费25 000元）。公司的制造费用按产品产量进行分配，各项付现支出均在当季用现金支付。编制该公司的制造费用预算和产品成本预算。

根据所给条件可求出变动性制造费用分配率，并据以编制佳豪公司的制造费用预算：

变动性制造费用分配率=21 760÷2 720=8（元/台）

编制的制造费用预算见表9-8。

表9-8 **制造费用预算** 金额单位：元

项目	第一季度	第二季度	第三季度	第四季度	全年
预计生产量（台）	590	710	785	635	2 720
变动性制造费用现金支出	4 720	5 680	6 280	5 080	21 760
固定性制造费用	20 400	20 400	20 400	20 400	81 600
减：折旧	3 000	3 000	3 000	3 000	12 000
付现的固定性制造费用	17 400	17 400	17 400	17 400	69 600
制造费用现金支出合计	22 120	23 080	23 680	22 480	91 360

单位产品的固定性制造费用=81 600÷2 720=30（元/台）

根据表9-6至表9-8编制的产品成本预算见表9-9。

表9-9 **产品成本预算** 金额单位：元

项目	单位成本			生产成本（2 720台）	期末存货（50台）	销货成本（2 750台）
	价格标准	用量定额	成本（元/台）			
直接材料	20元/千克	20千克/台	400	1 088 000	20 000	1 100 000
直接人工	10元/小时	5小时/台	50	136 000	2 500	137 500
变动性制造费用			8	21 760	400	22 000
固定性制造费用			30	81 600	1 500	82 500
合计			488	1 327 360	24 400	1 342 000

【例9-12】依例9-7至例9-11，佳豪公司预算期间变动性销售及管理费用为49 500元，按销售量计算分配率；固定性销售及管理费用为96 000元。所有支出均直接用现金支付。编制其销售及管理费用预算。

变动性销售及管理费用分配率=49 500÷2 750=18（元/台）

每季度的固定性销售及管理费用=96 000÷4=24 000（元）

根据上述条件编制的佳豪公司销售及管理费用预算见表9-10。

表9-10 **销售及管理费用预算** 金额单位：元

项　目	第一季度	第二季度	第三季度	第四季度	全　年
预计销售量（台）	600	700	800	650	2 750
变动性销售及管理费用现金支出	10 800	12 600	14 400	11 700	49 500
固定性销售及管理费用现金支出	24 000	24 000	24 000	24 000	96 000
现金支出合计	34 800	36 600	38 400	35 700	145 500

实际工作中，销售费用预算应和销售预算相配比，应有按产品、按地区、按用途的具体预算数额。在编制时，要对过去的销售费用逐项进行分析，对过去销售费用支出的必要性和效果进行论证，以最大限度地减少那些不必要的开支，实现销售费用的最有效使用；管理费用多属于固定成本，一般以过去的实际开支为基础，根据预算期的可预见变化进行调整，在调整过程中，必须充分考察每种费用是否有开支的必要，以便提高费用的使用效率。

【例9-13】依例9-7至例9-12，假定佳豪公司预计将在第3季度购置价值26 000元的设备，在第2和第4季度分别发放现金股利20 000元，期末现金余额不得少于30 000元，否则将向银行借款，借款和归还的金额为10 000元的倍数，借款的年利率为8%，为每季季初借入、季末归还。公司期初现金余额为38 000元，预计所得税为每季度8 000元。按季度编制佳豪公司的现金预算。

根据上述资料和前例编制的佳豪公司现金预算见表9-11。

表9-11 **现金预算** 单位：元

项　目	第一季度	第二季度	第三季度	第四季度	全　年
期初现金余额	38 000	33 180	34 600	38 070	38 000
加：销货现金收入（表9-4）	316 000	396 000	456 000	426 000	1 594 000
可供使用现金	354 000	429 180	490 600	464 070	1 632 000
减：各项支出					
直接材料（表9-6）	246 400	271 400	296 000	267 600	1 081 400
直接人工（表9-7）	29 500	35 500	39 250	31 750	136 000
制造费用（表9-8）	22 120	23 080	23 680	22 480	91 360
销售及管理费用（表9-10）	34 800	36 600	38 400	35 700	145 500
所得税	8 000	8 000	8 000	8 000	32 000
购买设备			26 000		26 000
股利		20 000		20 000	40 000
支出合计	340 820	394 580	431 330	385 530	1 552 260
现金多余或不足	13 180	34 600	59 270	78 540	79 740
向银行借款	20 000				20 000
还银行借款			20 000		20 000
借款利息（年利率8%）			1 200		1 200
合计			21 200		21 200
投资支出				40 000	40 000
期末现金余额	33 180	34 600	38 070	38 540	38 540

现金预算的编制，以各项营业预算和资本预算为基础，反映了各预算期的收入款项和支出款项，并作对比说明。编制现金预算的目的在于合理地组织和调动企业资金，在资金不足时筹措，在资金多余时及时处理，并且提供现金收支的控制限额，发挥现金管理的作用。

以上所编制的现金预算是年度现金预算，管理者只能了解到每季度末的现金余缺。而实际上，许多公司都在编制月度现金预算，以预测每月末的现金溢余和短缺的数量，更好地计划其资金的来源和运用；而当月的现金预算可以按日进行，以监控每日现金流入流出的数量。

【例9-14】依例9-7至例9-13，佳豪公司期初的资产负债表见表9-12。编制其预算期期末的资产负债表和预算期的利润表。

表9-12　　期初资产负债表（简表）

20×6年12月31日　　单位：元

项　目	期末余额	项　目	期末余额
货币资金	38 000	应付账款	120 000
应收账款	100 000	长期借款	150 000
原材料	40 000	股本	1 000 000
库存商品	39 040	未分配利润	97 040
土地	150 000		
房屋及设备	1 200 000		
累计折旧	200 000		
资产总额	1 367 040	权益总额	1 367 040

根据上述资料编制的佳豪公司的预计利润表和预计资产负债表分别见表9-13和表9-14。

表9-13　　预计利润表（简表）

20×7年度　　单位：元

项　目	金　额
销售收入（表9-4）	1 650 000
销售成本（表9-9）	1 342 000
毛利	308 000
销售及管理费用（表9-10）	145 500
利息（表9-11）	1 200
利润总额	161 300
所得税（表9-11）	32 000
税后净收益	129 300

表9-14 **预计资产负债表（简表）**

20×7年12月31日

单位：元

项目	期末余额	项目	期末余额
货币资金（表9-11）	38 540	应付账款（表9-6）	116 600
交易性金融资产（表9-11）	40 000	长期借款	150 000
应收账款（表9-4）	156 000	股本	1 000 000
原材料（表9-6）	30 000	未分配利润（表9-11、表9-13）	186 340
库存商品（表9-5、表9-9）	24 400		
土地	150 000		
房屋及设备（表9-11）	1 226 000		
累计折旧（表9-8）	212 000		
资产总额	1 452 940	权益总额	1 452 940

表中大部分项目的数据来源已在表中注明。土地、长期借款、股本三项本年度没有变化。年末“未分配利润”的计算过程如下：

期末未分配利润=期初未分配利润+本期利润-本期发放股利

=97 040+129 300-40 000

=186 340（元）

编制预计利润表和预计资产负债表的目的，在于判断预算反映的经营状况和财务状况的稳定性和流动性。如果预算利润与最初编制方针中的目标利润有较大的不一致，就需要调整部门预算，设法达到目标，或者经企业领导批准后修改目标利润；如果通过预计资产负债表的分析，发现某些财务比率不佳，必要时可修改有关预算，以改善财务状况。

2.弹性预算

弹性预算又称动态预算，是指在变动成本法下，充分考虑到预算期各预定指标可能发生的变化，而编制出的能够适应各预定指标不同变化情况的预算。在实际工作中，企业可以根据实际业务量的情况选择执行相应的预算，并按此预算评价与考核各部门的预算执行情况。可见，弹性预算比固定预算更便于区分和落实责任。现举例说明这种预算的编制过程。

【例9-15】设佳庆公司预算期产品销售单价为200元，单位变动成本为100元，固定成本总额为60 000元。佳庆公司充分考虑到预算期产品销售量发生变化的可能性，编制了销售量分别为1 500件、1 600件、1 700件、1 800件、1 900件时的弹性利润预算，见表9-15。

表9-15 **弹性利润预算**

20××年

金额单位：元

销售量（件）	1 500	1 600	1 700	1 800	1 900
销售收入（单价200元）	300 000	320 000	340 000	360 000	380 000
减：变动成本（单位变动成本100元）	150 000	160 000	170 000	180 000	190 000
边际贡献	150 000	160 000	170 000	180 000	190 000
减：固定成本	60 000	60 000	60 000	60 000	60 000
营业净利	90 000	100 000	110 000	120 000	130 000

3.零基预算

零基预算的全称是“以零为基础编制的计划和预算”，主要用于各项费用预算的编制。其主要特点是各项费用的预算数完全不受以往费用水平的影响，而是以零为起点，从根本上考虑各项费用项目开支的必要性及其数目。

零基预算的编制步骤是：

（1）确定预算期的各项目标。

在编制零基预算时，首先需要确定预算期的各项目标，如利润目标、销售目标、成本目标等，在充分沟通酝酿的基础上提出必须安排的费用项目，并为每一个费用项目编写一套开支方案，明确费用开支的目的和确切金额。

（2）进行成本效益分析。

对每一个预算项目的所得与所耗进行比较，评价各预算项目的经济效益，在权衡各个费用开支项目轻重缓急的基础上决定对所有预算项目资金分配的先后顺序。

（3）分配资金，落实预算。

这一步要做到既要保证优先预算项目的资金需要，又要使预算内的各项生产经营活动得以协调均衡发展。

【例9-16】嘉兴公司采用零基预算法编制下一年度销售费用预算。具体过程如下：

第一步，由部门根据企业在下年度的利润目标、销售目标和成本目标以及销售和管理部门具体承担的经营管理任务的要求，确定计划期各项费用及其水平，见表9-16。

表9-16　**销售费用预算**　单位：元

明细项目	金额
广告费	20 000
房租费	18 000
办公费	20 000
培训费	30 000
差旅费	10 000

第二步，根据有关历史资料，对各种费用作“成本效益分析”。

房租费、差旅费和办公费属于约束性固定成本，是必不可少的开支项目；广告费和培训费属于酌量性固定成本，根据以往的平均费用金额和相应的平均收益金额，计算出成本收益比率，见表9-17。

表9-17　**部分销售费用的成本效益分析**

明细项目	平均费用金额	平均收益金额	成本收益比率
广告费	1 000元	15 000元	15
培训费	1 000元	25 000元	25

第三步，排出各种费用的开支顺序。

房租费、差旅费和办公费是必须支出项目，需全额保证，列为第一层次；培训费的成本收益率高于广告费，列为第二层次；广告费列为第三层次。

第四步，分配现有资金和落实预算。若企业可供使用的资金只有80 000元，则分配结果见表9-18。

表9-18 销售费用预算 单位：元

明细项目	金额
房租费	18 000
差旅费	10 000
办公费	20 000
培训费	20 000（（80 000-48 000）×25÷40）
广告费	12 000（（80 000-48 000）×15÷40）

零基预算的优点是不受历史资料和现行预算的局限，对一切业务活动及其费用开支都要像组织第一次创立一样，以零为起点来考虑其必要性和重要程度，然后重新分配企业资源。因此，这种预算方式可以有效地压缩经费开支，提高资金的使用效果和合理性。但是，零基预算的方案评价和资源分配具有较大的主观性，容易引起部门之间的矛盾。

4.概率预算

概率预算是为了反映企业在实际经营过程中各项预定指标可能发生变化的范围及其概率而编制的预算。它不仅考虑了各因素可能发生变化的水平范围，而且还考虑到在此范围内有关数据出现的概率。用该方法编制出来的预算，由于在编制过程中把企业将来可能遇到的情况均包含在内，因此比较接近客观实际，同时还能帮助企业管理当局对各种经营情况出现的概率做到心中有数，有备无患。

【例9-17】贝格公司预算期产品的销售单价为200元，销售量、变动成本、固定成本的预期值及其相应概率见表9-19。编制其利润预算。

表9-19 销售量、变动成本、固定成本及其概率情况

销售量（台）	5 000			6 000			7 000		
概率Ⅰ	0.2			0.6			0.2		
变动生产成本（元/台）	50	55	60	50	55	60	50	55	60
变动销售成本（元/台）	5	5	5	5	5	5	5	5	5
概率Ⅱ	0.3	0.4	0.3	0.3	0.4	0.3	0.3	0.4	0.3
固定成本（元）	400 000	400 000	400 000	500 000	500 000	500 000	550 000	550 000	550 000

根据表9-19，编制的贝格公司的利润预算见表9-20。

表9-20 **贝格公司的利润预算**

20××年

销售量（台）	5 000			6 000			7 000		
销售收入（元）	1 000 000			1 200 000			1 400 000		
概率Ⅰ	0.2			0.6			0.2		
变动生产成本（元/台）	50	55	60	50	55	60	50	55	60
变动销售成本（元/台）	5	5	5	5	5	5	5	5	5
概率Ⅱ	0.3	0.4	0.3	0.3	0.4	0.3	0.3	0.4	0.3
固定成本（元）	400 000	400 000	400 000	500 000	500 000	500 000	550 000	550 000	550 000
利润（元）	325 000*	300 000	275 000	370 000	340 000	310 000	465 000	430 000	395 000
总概率（Ⅰ×Ⅱ）	0.06	0.08	0.06	0.18	0.24	0.18	0.06	0.08	0.06
利润期望值（元）	350 000**								

*325 000=5 000×（200−55）−400 000

**利润期望值=Σ 利润×总概率

5.滚动预算

滚动预算又称连续预算或永续预算，是指在编制预算时，将预算期与会计年度脱离开，随着预算的执行不断延伸补充预算，逐期向后滚动，使预算期始终保持为一个固定期间的一种预算编制方法。预算滚动的频率越高，对预算沟通的要求越高，预算编制的工作量越大。过高的滚动频率容易增加管理层的不稳定感，导致预算执行者无所适从，给预算的执行带来较大困难。固定期间的预算使管理人员的决策视野往往局限于剩余预算期间的活动，缺乏长远的打算，不利于企业的长期稳定和有序发展。通过滚动预算的编制、逐期滚动管理，动态反映市场、建立跨期综合平衡，有效指导企业营运，强化预算的决策与控制职能。因此，实际工作中，可以采用滚动预算的方式来进行预算的编制与控制。

滚动预算又称“永续预算”或“连续预算”，其预算期不是固定在某一期间（一般预算的预算期通常是一年，并且保持与会计年度相一致），但总要保持12个月的时间跨度。每执行完一个月的预算，就要根据这个月的经营成果，结合执行中发生的变化等情况，修订调整后几个月的预算，同时自动增加一个月的预算，使新的预算期间仍然是12个月。滚动预算的格式如图9-2所示。

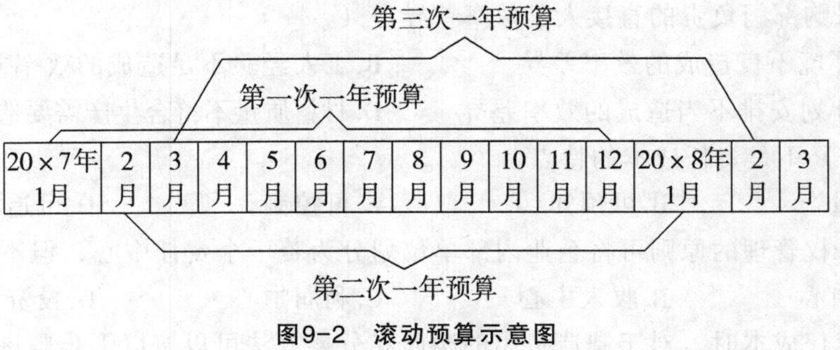

图9-2 滚动预算示意图

滚动预算的编制基本上是按其他的预算方法进行，但是它对近3个月内的预算比较详细具体，而对其后9个月的预算则较为笼统，因为远期的市场等因素一般较难预测。滚动预算在执行过程中，由于随时对预算进行调整，从而可以避免由于预算期过长导致预算脱离实际、无法指导实际工作的可能；并且滚动预算长期保持一年的预算期，使企业管理当局对企业的未来有一个较为稳定的视野，将有利于保证企业的经营管理工作能稳定、有序地进行。但是，滚动预算的延续工作将耗费大量的人力和物力，代价较大。

阅读材料 9-1

C企业的标准成本管理

知识拓展

管理会计应用指引第200-201号预算管理相关应用指引

管理会计应用指引第202号——零基预算

管理会计应用指引第203号——弹性预算

管理会计应用指引第204号——作业预算

管理会计应用指引第300-304号成本管理相关应用指引

内部转移价格的确定

专业素养

1.从权变原则引导学生刚性与柔性结合，培养学生原则性与灵活性相统一的辩证思维。结合预算的编制过程，引导学生树立“整体决定部分，部分影响整体”的马克思主义哲学观。

2.通过对成本控制的学习，培养学生对待差错与失误的正确态度，以及对待问题冷静分析处理的科学素质。启发学生创新性地运用各种预算管理工具，培养学生的开拓精神和创新精神。

基本训练

一、单项选择题

1.单位产品的用料量标准（即数量标准）应为在现有生产技术条件下，生产单位产品需要的材料数量，通常采用的方法不包括（ ）。

A.统计方法　　B.合同认定的方法

C.工业工程法　　D.其他技术分析方法

2.应由采购部门负责的直接人工效率差异是（ ）。

A.工作环境不良造成的效率差异　　B.工人经验不足造成的效率差异

C.作业计划安排不当造成的效率差异　　D.材料质量不符合生产需要造成的效率差异

3.（ ）不是责任成本的特点。

A.可计量　　B.可预知　　C.可控制　　D.可追溯

4.按照分权管理的原则可将企业内部单位划分为若干个责任中心，但不包括（ ）。

A.成本中心　　B.收入中心　　C.利润中心　　D.投资中心

5.采用责任成本时，对于制造费用的归属和分摊方法可以按以下步骤进行，下面选项中排序正确的是（ ）。

① 直接计入责任中心 ②按责任基础分配 ③按受益基础分配

④ 归入某一个特定的责任中心

⑤ 不能归属于任何责任中心的固定成本，不进行分摊。

A.①②③④⑤ B.①③②④⑤ C.①④②③⑤ D.①④③②⑤

6.（ ）不是实施责任成本管理应该遵循的要求。

A.明确划分责任中心 B.正确组织责任成本核算

C.确定合理的内部结算价格 D.建立责任成本考核激励制度

7.利润中心的责任成本不包括（ ）。

A.变动成本 B.可控的成本 C.不可控固定成本 D.资本成本

8.（ ）不是责任成本预算指标。

A.初始责任预算 B.按弹性预算原理调整的预算

C.按单位产品生产成本调整的预算 D.按单位产品责任成本调整的预算

9.投资中心的考核指标不包括（ ）。

A.部门投资报酬率 B.部门剩余收益 C.部门经济增加值 D.部门总成本

10.（ ）不是责任成本的日常控制方法。

A.划分责任层次 B.及时进行信息反馈

C.加强各项成本支出的管理 D.进行业绩评价和激励

11.（ ）不是责任成本控制报告的作用。

A.报告的内容与其责任范围一致 B.提高人们工作的积极性

C.反映过去的工作状况 D.为考核提供依据

12.全面预算是反映企业未来某一特定期间的全部生产、经营活动的财务计划。它以（ ）为起点。

A.生产预算 B.销售预算 C.采购预算 D.现金预算

13.全面预算按其涉及的内容分为总预算和专门预算。（ ）不属于总预算的范畴。

A.现金预算 B.产品成本预算 C.预计利润表 D.预计资产负债表

14.全面预算按其涉及的业务活动领域分为业务预算和财务预算，不属于该分类的预算是（ ）。

A.销售预算 B.生产预算 C.研发预算 D.财务预算

15.（ ）是最不科学的内部转移价格定价方法。

A.市场价格 B.以市场为基础的协商价格

C.全部成本转移价格 D.变动成本加固定费转移价格

16.下列关于“以市场为基础的协商价格”定价方法的描述中，错误的是（ ）。

A.要有一个某种形式的外部市场，两个部门经理可以自由地选择接受或是拒绝某一价格

B.在谈判者之间共同分享所有的信息资源

C.最高管理层要进行必要的干预

D.适用于中间产品存在完全竞争的外部市场的情况下

二、多项选择题

1.正常标准成本的特点表现为（ ）。

A.用科学方法根据客观实验和过去实践经充分研究后制定，具有客观性和科学性

B.排除了各种偶然性和意外情况，又保留了目前条件下难以避免的损失，代表正常情况下的消耗水平，具有现实性

C.是应该发生的成本，可以作为评价业绩的尺度，成为督促职工去努力争取的目标，具有激励性

D.可以在工艺技术水平和管理有效性水平变化不大时持续使用，不需要经常修订，具有稳定性

2.基本标准成本一旦制定，只要生产条件无重大变化就不予以改变，它可以使各期成本以同一标准成本为基础进行比较。生产基本条件的重大变化包括（　　）。

A.产品的物理结构变化　　B.市场供求变化导致的售价变化

C.生产经营能力利用程度的变化　　D.重要原材料和劳动力价格的重要变化

3.标准成本控制的作用有（　　）。

A.提供成本控制的依据　　B.可以为企业的例外管理提供数据

C.可作为存货计价的依据　　D.为进行正确经营决策提供数据

4.不同成本项目的数量标准包括（　　）。

A.直接材料单耗　　B.单位产品直接人工工时

C.小时工资率　　D.小时制造费用分配率

5.不同成本项目的价格标准包括（　　）。

A.直接材料单耗　　B.单位产品直接人工工时

C.小时工资率　　D.小时制造费用分配率

6.生产单位产品所耗用的工时，包括（　　）。

A.对产品直接加工所需的操作时间　　B.必需的间歇时间

C.不可避免废品所耗工时　　D.必需的停工检修时间

7.（　　）是材料数量差异形成的原因。

A.操作疏忽造成废品和废料增加　　B.操作技术改进而节省材料

C.新工人上岗造成多用料　　D.材料质量低劣、规格不符

8.（　　）材料价格差异应由采购部门负责。

A.不必要的快速运输方式

B.未按经济采购批量进货

C.采购时舍近求远使运费和途耗增加

D.生产追加订货，小批量订购材料使采购价格高于标准价格

9.应由生产部门负责的直接人工效率差异是（　　）。

A.工作环境不良造成的效率差异　　B.作业计划安排不当造成的效率差异

C.工人经验不足造成的效率差异　　D.材料质量不符合生产需要造成的效率差异

10.工资率差异形成的原因包括（　　）。

A.直接生产工人升级或降级使用　　B.工人经验不足

C.奖励制度未产生实效　　D.出勤率变化

11.固定性制造费用耗费差异的出现有外部原因，但大多数是内部原因，如（　　）。

A.临时购置固定资产　　B.经济萧条

C.超计划雇用管理人员及辅助生产人员　D.原材料、能源供应不足

12.固定性制造费用能力差异的成因主要有（　）。

A.研究开发费、培训费的增加　B.经济萧条

C.超计划雇用管理人员及辅助生产人员　D.原材料、能源供应不足

13.下列表述中，属于被追溯责任成本的有（　）。

A.本责任成本中心产生的废品结转到后续生产步骤而应负担的损失

B.本责任成本中心责任造成的其他责任成本中心发生的损失

C.未能按生产计划均衡生产致使半成品或产成品供应中断而导致后续生产部门的停工损失

D.未能按生产计划均衡生产致使半成品或产成品供应中断而导致产品销售的违约损失

14.利润中心的考核指标有（　）。

A.边际贡献　B.可控边际贡献　C.部门边际贡献　D.税前部门利润

15.全面预算的编制方法有（　）。

A.固定预算　B.弹性预算　C.零基预算　D.滚动预算

16.主要的内部转移价格类型有（　）。

A.市场价格　B.以市场为基础的协商价格

C.变动成本加固定费转移价格　D.固定成本加固定费转移价格

三、判断题

1.标准成本控制本质上是一种成本管理方法，它是一种将成本计算与成本控制结合在一起，由制定标准、执行标准和业绩评价三部分组成的一个成本控制系统。（　）

2.标准成本法既可以与完全成本法结合使用，也可以与变动成本法结合使用。（　）

3.基本标准成本的主要用途是提供一个完美无缺的目标，揭示实际成本下降的潜力。（　）

4.正常标准成本应大于理想标准成本，小于基本标准成本，这样才能在实施以后广泛调动职工的积极性。（　）

5.正常标准成本在实务中常以过去若干时期实际数据的平均值作为正常条件下应达到的成本水平，在成本控制中可以很好地发挥衡量业绩的作用。（　）

6.生产部门对直接人工的工时差异和小时工资率全面负责。（　）

7.小时制造费用分配率主要由各生产车间负责。（　）

8.材料的标准用量包括构成产品实体的材料、生产中必要的损耗和不可避免地形成一定废品所需用的材料。（　）

9.材料的标准单价，包括购价和运杂费、检验和正常损耗等。（　）

10.变动性制造费用的数量标准通常采用单位产品直接人工工时标准、机器工时等，也可以采用其他用量标准。（　）

11.如果企业采用变动成本计算法，固定性制造费用不计入产品成本，不需要制定固定性制造费用的标准成本，固定性制造费用的控制通过预算管理进行。（　）

12.对于车间消耗的材料，其数量差异均应由生产部门负责。（　）

13.材料价格差异形成的原因尽管有很多，但一般均应由采购部门负责。（　）

14.直接人工效率差异，是实际小时工资率脱离标准工资率而形成的差异，也叫作工

资率差异。（ ）

15.直接人工工资率差异是生产单位产品的实际工时脱离标准工时形成的差异，反映了生产工人劳动效率的变化。（ ）

16.变动性制造费用同一定生产活动水平相联系，因此，应首先编制变动性制造费用弹性预算，以根据不同生产活动水平确定的费用水平作为分析的标准。（ ）

17.变动性制造费用效率差异，是由于实际工时脱离了标准，多用工时导致的费用增加，因此其形成原因与人工效率差异相同。（ ）

18.固定性制造费用差异可以用两因素分析法或三因素分析法进行分析。两因素分析法，是把固定性制造费用差异分为耗费差异和能力差异，三因素分析法是将固定性制造费用差异分为耗费差异、能量差异和效率差异三部分。（ ）

19.标准成本法期末进行会计处理时，可以将成本差异分配至销货成本和期末存货中，这种方法的依据是确信标准成本是真正的正常成本，成本差异是不正常的低效率和浪费造成的。（ ）

20.各责任成本中心发生的成本，有些是该责任成本中心的可控成本，有些为不可控成本。同样，责任成本中心的可控成本不一定发生在该责任成本中心。（ ）

21.凡是企业内部有成本发生，需要对成本负责，并能实施成本控制的单位都可以成为成本中心。制造类企业上至工厂，下至车间、工段、班组，甚至个人都有可能成为成本中心。（ ）

22.分厂自身可以作为责任成本中心，又可以按车间，车间又可以按班组划分成更小的责任成本中心。（ ）

23.层次高的责任成本中心，其责任成本的构成内容多，控制面广，协调能力强，对具体耗费项目的控制能力相对较强。（ ）

24.固定资产的日常修理费是生产部门的责任成本，但折旧费的产量差异不归生产部门负责。（ ）

25.责任成本产量差异旨在通过将成本与产量相联系，通过提高产量、降低单位产品责任成本中的固定成本的含量来降低产品成本。（ ）

26.销售费用预算应和销售预算相配比，有按产品、按地区、按用途的具体预算数额。（ ）

27.编制现金预算的目的在于更好地控制现金流入和流出，发挥现金管理的作用。（ ）

28.弹性预算又称动态预算，是指在完全成本法下，充分考虑到预算期各预定指标可能发生的变化，而编制出的能够适应各预定指标不同变化情况的预算。（ ）

29.零基预算的主要特点是各项费用的预算数完全不受以往费用水平的影响，而是以零为起点，从根本上考虑各项费用项目开支的必要性及其数目，是一种最常用的全面预算编制方法。（ ）

四、计算题

1.佳星公司只生产乙产品，制造乙产品需用C、D两种材料，标准价格分别为20元/千克、50元/千克，产品的标准用量分别为50千克/件、10千克/件；20××年6月共生产乙产品4 000件，实际耗用C材料220 000千克、D材料38 000千克，C、D两种材料的实际价格分别为18元/千克、55元/千克；生产乙产品只需一个工种进行加工，实际耗用35 000工时，实际职工薪酬总额为140 000元；标准工资率为4.2元/工时，产品的工时耗用标准为9工时/件；生产乙产品过程中实际发生的变动性制造费用为136 500元，变动性制造费用标准分配率为4元/工时；本月预算的固定性制造费用为88 400元，预算工时为34 000工时，实际固定性制造费用93 280元。假定佳星公司的标准成本制定得比较合理，成本差异全部结转至当期营业成本，固定性制造费用采用三因素分析法。计算直接材料、直接人工和制造费用的各种成本差异并进行账务处理。

2.佳星公司预算期产品销售单价为100元，单位变动成本为40元，固定成本总额为60 000元。可能的销售量分别为2 000件、2 500件、3 000件、3 500件、4 000件，编制不同销量下的弹性利润预算。

五、简答题

1.标准成本控制有哪些特点和作用？

2.标准成本是如何制定的？它有哪些种类？

3.成本差异的种类有哪些？

4.如何计算、分析成本差异？如何对其进行账务处理？

5.什么是责任成本？它有哪些特点？

6.责任成本中心是如何进行分类的？

7.如何确定各责任成本中心的责任成本及进行责任成本管理？

8.责任成本的预算和考核指标各有哪些？

9.如何进行责任成本的日常控制、报告和考核？

10.全面预算的内容、作用和种类各有哪些？

11.如何编制预算？

基本训练答案解析

案例分析

XL日用化工企业标准成本法应用实践

标准成本制度是管理会计中最传统的成本控制方法。这种成本控制方法通过制定成本标准，将实际成本与标准成本进行对比，分析成本差异，寻找产生差异的原因，进行改进，从而达到控制成本、提高企业经济效益的目的。标准成本制度自20世纪20年代在美国形成后，在西方的企业中得到了广泛的应用。自改革开放以来，我国也已经有越来越多的企业应用标准成本法。国内也有很多学者对标准成本法的应用进行了研究和总结。如于增彪（2002）对标准成本制度在邯钢的应用进行了总结。刘运国等（2002）对标准成本制度在广东某合资企业的应用进行了案例研究。钟小林（1982）对上海电梯厂试行标准成本的情况进行了介绍。章鼎东（1984）对我国煤矿企业标准成本的制定和差异分析进行了分析和介绍。费璋（1986）对医疗行业标准成本应用进行了总结。范松林（2004）对宝钢集团应用标准成本的情况进行了总结和分析，尤其是对宝钢的标准成本制度中组织体系和制度构架、标准成本的制定和成本差异分析等进行了比较细致的研究。

XL集团是20世纪90年代中期在广东成立的民营企业。在公司成立之初，XL只生产和销售洗衣粉和洗洁精两种产品。当时，高档日化产品已经被外资品牌占领。XL利用灵活的销售经营策略、过硬的产品质量和较低的产品价格迅速抢占了洗衣粉和洗洁精的中档市场，并逐步壮大。在发展的初期，XL集团采用先建市场，开拓品牌，再建工厂的策略，产品几乎全部以OEM的方式生产。当销售量扩大到一定程度后，在1996年才建设XL集团的第一个生产基地。在2003年，XL集团开始以收购兼并的方式扩张。到目前为止，该集团已经形成拥有11家生产子公司，产品范围涵盖"衣物洗涤、衣物护理、洗洁精、个人护理、口腔清洁、家居清洁、纸品、消毒杀菌"等八大类一百多个品种的日用化工企业集团。该集团的洗衣粉、洗洁精和洗衣皂均列全国市场占有率前五名，集团已经发展成为代表民族日用化工的标杆企业和旗舰企业。

第一步，成本标准的制定。

为了适应生产子公司生产管理人员在生产成本控制方面的习惯，使成本报表上显示的成本资料对管理层的决策有用，XL集团将产品成本划分为原材料、包装物、能源、直接人工和其他制造费用五大类，在大类下面再根据控制要点划分二级分类，如能源再分为燃料（煤）、水费、电费、压缩空气、水蒸气等；直接人工再分为生产工人工资、包装工人工资、车间管理人员工资等；其他制造费用再分为修理费、折旧费和其他制造费用。XL集团制定成本标准时，遵循两个基本原则：先进原则和合理原则。先进，即单位产品成本必须比上一年度有所下降，下降标准必须通过一定努力才能达到；合理，就是要有激励，必须通过一定努力后能够达到，要让员工们"够得着"，如果通过一定努力后也难以达到，对员工就没有激励。没有激励，就没有积极性。在整个生产过程中，由于各生产工序所产生的成本费用是不完全相同的（见表9-21），若要更准确地制定各成本中心实际可控的成本或费用标准，不同的生产工序需要分别制定不同的成本费用的基本标准。

表9-21　**洗衣粉各生产工序的费用发生情况**

一级分类	二级分类	原料输送	前配料	喷雾干燥	后配料	包装
原材料			√(主料)		√(辅料)	
包装物						√
能源	燃料(煤)			√		
	水费		√			
	电费		√	√	√	√
	压缩空气		√	√		
	水蒸气	√	√	√		
直接人工	生产工人		√	√		
	包装工人					√
	车间管理人员工资	√	√	√	√	√
其他制造费用	修理费		√	√	√	√
	折旧费		√	√	√	√
	其他制造费用	√	√	√	√	√

由于可支配的资源是有限的，无法对整个洗衣粉生产过程中所产生的所有成本费用均花费一样的资源去管理，因此，需要确定成本控制的重点。实际操作时可以采用重要性原则，将管理难度高、成本占比大的成本费用作为关键控制点，XL集团的洗衣粉A010的生产成本构成比例及关键控制点见表9-22。

表9-22　**洗衣粉A010生产成本构成比例表**

一级分类	二级分类	构成比例	是否关键控制点
原材料		81.65%	是
包装物		13.38%	是
能源	燃料(煤)	1.90%	是
	水费	0.04%	否
	电费	0.35%	否
	压缩空气	0.30%	否
	水蒸气	0.10%	否
直接人工	生产工人	0.42%	否
	包装工人	0.81%	否
	车间管理人员工资	0.12%	否
其他制造费用	修理费	0.11%	否
	折旧费	0.61%	否
	其他制造费用	0.19%	否
合　计		100%*	

*尾数调整。

（1）原料成本标准的制定。

原料成本标准的制定有两个部分：

①原料耗用量标准，即消耗标准，是指在特定的工艺流程及操作方法下，生产单位合格产品需消耗的合理的原料，用量包括了损耗及残次品的耗用量。

②单价标准。由于XL集团采用的是集权式管理，所有原料均由集团公司统一采购，所以生产子公司不需要对采购价格负责，单价标准在生产子公司标准成本实施中的作用就是作为计算标准成本的可比性指标，关键的是原料耗用量标准的制定。洗衣粉A010部分原料标准示例见表9-23。

表9-23　**洗衣粉A010部分原料标准示例**

品种编码	材料编码	本年度标准(千克/吨)	是否影响质量控制指标
A010	10Y010002	437	
	10Y010001	160	是
	10Y010003	168	是
	10Y020001	216	
	10Y020004	56	
	10Y020003	116	是
	10Y020041	11	
	10Y010005	1	
	10Y020002	11	是
	10Y010036	3	
	10Y010054	61	是

（2）包装物标准的制定。

包装物标准的制定比较简单，因为每个规格的产品使用的包材规格和数量都有技术文件规定，是必须要用的，只可能存在损耗，不可能节约，否则，就无法包装出最终的成品。包装物标准制定的关键就是如何确定其损耗率，将包装物的成本控制在公司可接受的范围内。因为XL集团与OEM厂根据行业水平制定了一个损耗率，这是行业中普遍接受的标准，故对XL集团的生产子公司来说，也是公平和可操作的。若市场上没有同类产品的参考标准，则按照各生产子公司的历史消耗水平确定消耗率。如洗衣粉A010包装物标准举例见表9-24。

表9-24 **洗衣粉A010包装物标准示例**

品种编码	规格	材料编码	理论单耗	损耗率
A010	1550克×6	5001A01H0802	6件	0
		5002A01H0802	1件	0.3%

（3）能源标准的制定。

能源费用占XL集团主要产品成本的构成比例并不是很大，而且要准确核算单位产品的能源费用要增加2～3个车间统计人员，还要增加专门的计量设备。所以，XL集团对占能源费用较高且统计工作相对简单的煤进行重点关注，根据行业中的普遍水平和生产子公司历史消耗水平确定其标准用量，其余的能源标准均参考生产子公司历史水平来确定。洗衣粉能源标准示例见表9-25。

表9-25 **洗衣粉能源标准示例**

产品大类	能源编码	单位	标准
洗衣粉	P0011	千克/吨	90
	P0021	立方米/吨	0.307
	P0031	千瓦/吨	18
	P0041	立方米/吨	30
	P0051	千克/吨	13

能源标准是根据工艺流程来确定的，若生产工艺一样，即使产品的品种不一样，如洗衣粉A010和A011，但其能源标准都是一样的。如果生产工艺不一样，如洗衣粉喷雾热风炉采用重油加热的话，则其能源标准和热风炉用煤加热会不一样。

（4）制造费用标准的制定。

制造费用标准的制定，从理论上可以通过制定机器小时标准、人工工时标准或标准费率等方法确定。XL集团在制定费用标准时，考虑了两点：制造费用在XL集团洗衣粉产品成本中的比例不足3%，没有必要设置专人记录机器工时、人工工时等数据，以降低成本；各产品的生产流程都是原料一次投入，直接生产出产品，费用的发生与各生产子公司工人的熟练程度、设备的保养维护程度有较大关系，没有行业标准可供参考。在考虑了上述两因素之后，XL集团采用单位费用发生额的方法确定制造费用标准，所参考的依据主要是历史数据，见表9-26。

表9-26　**洗衣粉制造费用标准示例**

产品大类	费用代码	费用额（元/吨）
洗衣粉	C5011	20
	C5012	95
	C5013	13
	C5014	10
	C5021	31
	C5031	18
	C5041	64

第二步，成本差异分析。

对各标准成本的差异进行具体分析。将各标准成本差异划分到具体的成本中心后，可以从差异产生的源头进行分析，针对不同的成本差异来寻找原因。

（1）包装物消耗差异分析。

XL集团的包装环节都是在最后一个工序进行，且使用的包装物的规格和数量都有技术文件规定，产生损耗较少，并没有太多的成本控制空间，只要分析其消耗率是否超出标准即可。

（2）原料消耗差异分析。

原料成本是XL集团成本控制的关键，以洗衣粉生产为例，原料消耗差异主要在喷粉车间发生，根据其生产工艺特点，要在不同的环节分析产生差异的原因。一是在前配料环节分析料浆的理化指标。洗衣粉生产中，有五种原料属于质量控制的检测指标，根据检验出来的理化指标，可判断出原料的投放量是偏高还是偏低，并调整投放比例。二是对每种原料的差异进行分析。为了获得最优的成本差异，工艺工程师会根据理化指标的数据调整不同原料的投放量，通过减少价值高的原料投放量，增加价值低的原料投放量来控制成本，见表9-27。

表9-27　**洗衣粉A010原料成本差异示例表**

材料编码	本年度标准（千克/吨）	实际消耗（千克/吨）	标准单价（元/千克）	差异金额（元）	是否影响质量控制指标
10Y010002	437	448.64	0.60	6.98	
10Y010001	160	158.20	6.00	−10.80	是
10Y010003	168	164.94	1.70	−5.20	是
10Y020001	216	214.93	0.50	−0.54	
10Y020004	56	52.25	0.70	−2.63	
10Y020003	116	115.00	11.00	−11.00	是
10Y02041	11	10.70	6.50	−1.95	
10Y010005	1	0.96	66.00	−2.64	
10Y020002	11	11.33	14.00	4.62	是
10Y010036	3	2.92	19.00	−1.52	
10Y010054	61	61.28	4.00	1.12	是
合　计	1 240	1 241.15		−23.56	

注：本表数据有尾数调整。

从表9-27可知，生产班组加大了价格比较低的原料10Y010002的投料量，减少了价值比较高的10Y020003的投放量，虽然总的投料量比标准投放量增加了，但成本差异却是有利差异。值得注意的是，由于10Y020003属于影响质量控制的指标，所以，要降低其投放量的前提是该原料所体现的检验指标是合格的。

（3）制造费用耗费差异分析。

制造费用的核算，是按照生产分厂专项核算的，分析的重点是费用构成的主要项目，包括直接人工费用、折旧费用、修理费用等。XL集团是先计算出各费用的差异后，再分析该项费用的差异原因。对于变动性制造费用，主要分析产量原因造成的差异，可称为产出差异。

$$\text{产出差异}=\left(\frac{\text{实际变动性}}{\text{制造费用总额}}\div\frac{\text{单位产品标准}}{\text{变动性制造费用}}-\frac{\text{实际}}{\text{产量}}\right)\times\frac{\text{单位产品标准}}{\text{变动性制造费用}}$$

$$=\text{实际变动性制造费用总额}-\text{标准变动性制造费用总额}$$

固定性制造费用的差异是根据实际发生额和预算额确定的：

固定性制造费用耗费差异=实际发生额-预算金额

（4）能源价格差异分析。

在XL集团，能源价格差异包含两部分，一部分是外购能源的价格差异，另一部分是自产能源的成本差异。

外购能源价格差异=各能源实际采购价格-标准采购价格

自产能源成本差异=各能源实际成本-各能源标准成本

（5）原料及包装物的价格差异分析。

采购价格差异是实际采购价格与标准采购价格的差异。分析采购价格差异可以帮助采购部门掌握市场变化对成本的影响，及时调整采购谈判策略。

$$\text{采购价格差异}=\sum\left(\frac{\text{各原料、包装物}}{\text{实际采购价格}}-\frac{\text{各原料、包装}}{\text{物标准采购价格}}\right)\times\frac{\text{各原料、包装物}}{\text{实际采购数量}}$$

实践中，制定标准采购价格比较困难。企业可以采用上年同期采购价格、上年全年平均采购价格、上月平均采购价格、预计的采购价格等作为制定标准采购价格的依据。由于采购价格受市场影响较大，不同的市场环境下价格差异很大，所以，企业需要准确预测未来市场的价格才能保证标准采购价格比较合理。XL集团在制定标准采购价格时，一开始采取了以上年实际平均采购价格为采购标准单价。在市场行情比较稳定时，可以反映出采购成本的变化趋势是否合理，但在2008年的市场情况下，这一方法就不适合了。所以，在2009年，XL集团修改了标准采购价格的制定方法，改为每月25日前制定下一个月的标准采购价格。为此，还专门成立了“采购价格管理小组”负责制定标准采购价格。

（6）配方成本差异分析。

产生配方成本差异的原因有两个，一是调整配方原料投放比例造成的差异，二是以替代原料更换配方中某原料产生的差异。

$$\text{配方原料投放比例差异}=\sum(\text{新配方原料投放比例}-\text{原配方原料投放比例})\times\text{标准单价}$$

对配方原料投放比例差异进行分析，可以帮助供应链运营中心决定何时更换配方，规划成本。

原料替代配方成本差异=$\sum$（新配方原料投放比例×原料标准单价-旧配方原料投放比例×原料标准单价）

原料替代配方成本差异主要是对同一品种，有两个以上配方的时候，可以根据市场上不同原料价格的变化趋势来调整生产配方。分析采购价格差异可以帮助采购部门掌握市场变化对成本的影响，及时调整采购谈判策略。

资料来源：①刘运国，邓凯．标准成本法在某日用化工企业应用的案例研究（上）——以XL集团为例［J］．财会通讯，2010（6）：13-17．②刘运国，邓凯．标准成本法在某日用化工企业应用的案例研究（下）——以XL集团为例［J］．财会通讯，2010（7）：17-22．

案例分析
参考答案

要求：请说明如何确定成本分析模式。

第十章 成本报表与分析

学习目标

知识目标：了解成本报表的含义、特点和种类；了解成本报表分析的原则和评价标准；了解期间费用分析的基本方法。

能力目标：掌握全部产品生产成本表、主要产品单位成本表和费用报表的编制方法；掌握成本报表分析的方法。

素养目标：熟练掌握可比产品成本表和主要产品单位成本表的分析方法。

第一节 成本管理会计报告体系

一、成本报表的概念和特点

为实现成本的全面管理，调动从企业领导到车间、部门及广大职工的成本意识，提高成本管理的积极性，必须让其了解成本的现状，并将降低成本的任务与企业职工的本职工作联系起来，落实到每位职工的行动中。这就需要会计部门有针对性地编制成本报表，及时、正确地反映成本费用支出的资料，准确有效地提供成本信息。

（一）成本报表的概念

成本报表是根据产品成本和期间费用的核算资料以及其他有关资料编制的、用以反映和监督企业一定时期内产品成本和期间费用水平及其构成情况的报告性文件。成本报表属于企业对内报表，是成本核算的最终成果，也是成本计划与控制的全面反映。

编制和分析成本报表是成本管理会计的一项重要工作，是分析成本计划完成情况、考核成本管理业绩的主要工具。

（二）成本报表的特点

成本报表作为企业内部报表，是有关企业内部成本管理的报表。与现行会计制度规定的对外报表相比，具有如下特点：

1.成本报表编制的目的主要是满足企业内部管理者的需要，其内容更具针对性

在市场经济条件下，成本是企业的商业秘密，不对外公开，因此，成本报表主要是为企业内部的管理者服务，满足企业领导以及各部门、车间、岗位责任人和广大职工等对成本信息的需要。所以，成本报表的内容更具有针对性，只反映内部使用人关注的信息，而不是泛泛地、千篇一律地提供总括的情况。同时，成本报表可以按照责任成本、可控成本等分类标准详细反映各种成本信息，使使用者充分了解自己在成本管理中扮演的角色及在成本升降中的责任，了解成本管理对产品成本乃至企业效益的影响，可以使大家主动关心成本，主动履行在成本降低方面的责任。

2.成本报表的种类、内容和格式由企业自行决定，更具灵活性

由于成本报表是内部报表，所以，其内容、格式和编制方法等，均由企业根据生产经营过程的特点和内部管理的具体要求自行决定和设计，不受公认企业会计准则的影响。为适应不同管理的要求，会计部门除了定期编制全面反映成本计划（包括各项费用计划，下同）完成情况的报表外，还可以针对某一方面的问题，或者从某个侧面编制报表进行重点分析；报表的格式可以灵活多样，内容、指标可多可少；可以事后编制，也可以事中编报或事前预报。总之，成本报表应遵循实质重于形式的原则，力求简明扼要、讲求实效。

为将成本管理与技术管理相结合，分析成本升降的具体原因，寻求降低成本的途径和方法，简化报表的种类和编制方法，可以将成本会计指标、统计指标和经济技术指标等相结合，合并编制报表；还可以不定期地向有关部门和人员编报经济技术指标变动对成本影响的报表。

如果企业的实际主管部门要求企业将其主要成本报表作为会计报表的附表上报，则企业主要成本报表的种类、格式和编制方法等也可以由企业主管部门会同企业共同商定。

3.内部成本报表的编报不定期，更注重时效性

作为内部报表的成本报表，除为满足企业定期考核和分析成本计划完成情况的需求定期编报一些报表外，为及时反馈成本信息、揭示成本管理工作中存在的问题和技术经济指标的变动对成本的影响，还可以采用日报、周报或旬报的形式，定期或不定期地向有关部门和人员编报不同内容的成本报表，以使其能及时地、有针对性地采取措施，解决生产经营中存在的问题。成本报表还可以直接报告与成本升降有关的技术经济指标的变动情况，尽可能使成本报表所提供的信息与其所反映的内容在时间上保持一致，充分发挥成本报表对生产的指导作用。另外，为加强成本工作的预见性，企业可以在成本计划执行的过程中，对未来时期能否完成成本计划进行预计，向有关部门和人员编报分析报告，及时沟通成本信息，保证成本计划的贯彻和执行。

4.内部成本报表按生产经营组织体系上报

对外报表需要及时报送到财政、银行和证监会等部门。而内部成本报表是根据企业生产经营组织体系逐级上报，或者是为解决某一特定问题而在某一权责范围内进行传递，使有关成本单元及时掌握成本计划目标的执行情况，揭示差异，查找原因和明确责任，评价内部环节和人员的业绩。

二、成本报表的种类

企业应当从生产经营的实际情况和管理要求出发设计和编制成本报表，尽可能注重报表的实用性，注意指标项目应简化，以便及时、正确、有针对性地提供成本管理需要的各种报表，满足日常成本管理控制的需要，为成本的预测、决策及计划编制提供重要依据。

（一）成本报表按其所反映的经济内容分类

成本报表按其所反映的经济内容可以分为反映产品成本情况的报表和反映费用支出情况的报表。

1.反映产品成本情况的报表

这类报表主要反映企业为生产一定种类和数量的产品所发生的生产费用水平及其构成情况，并与计划数、上年实际数、企业历史最优水平或同行业同类产品先进水平相比较，以反映产品成本的变动情况和趋势。属于此类成本报表的有全部产品生产成本表、主要产品单位成本表、销售成本表、质量成本表和责任成本表等。

2.反映费用支出情况的报表

这类报表主要反映企业在一定时期内各种费用的发生额及其构成情况，并与计划（或预算）数及上年实际数进行对比，反映各项支出的变动情况及变动趋势。属于此类成本报表的主要有制造费用明细表、管理费用明细表、销售费用明细表和财务费用明细表等。

（二）成本报表按编制的时间分类

成本报表按编制的时间可以分为定期报表和不定期报表。

定期报表包括年报、半年报、季报、月报以及旬报、周报、日报和班报等。

不定期报表可以在成本计划制订完成时编报，也可以在成本计划执行中或者成本计划执行后编报，或者在成本计划执行到一定阶段时，为反映其执行情况，及时发现问题而进行编报。

（三）成本报表按其所反映的范围分类

成本报表按其所反映的范围可以分为全厂成本报表、车间成本报表、班组成本报表和责任个人成本报表等。

（四）成本报表按其报送对象分类

成本报表按其报送对象可分为对内成本报表和对外成本报表。对内成本报表是指企业向内部信息使用者（如管理层等）提供的成本报表，主要是为满足企业内部经营管理需要而编制的，不对外公开。因此，对内成本报表的种类、格式、项目、指标的设计和编制方法、编报日期、具体报送对象，都没有统一的标准，由企业根据自己生产经营和管理的需要来决定。它有利于企业领导者和职工了解日常成本费用计划的执行情况，进而激励全体员工控制成本费用，服务于企业的价值增值活动。另外，对内成本报表为企业管理层提供了经营的成本费用信息，便于其进行科学决策和采取有效措施降低成本费用。对外成本报表是指企业向外部单位（如上级主管部门和联营主管单位等）报送的成本报表。企业对外成本报表的种类、格式、项目和编制方法，一般由主管企业的上级机构同企业共同商定。通常情况下，成本报表被认为是企业内部管理用的报表，作为对内报表，按惯例不对外公布。但在我国国有企业和国有联营企业中，为了管理的需要，目前甚至以后相当长的一段时间内还存在着监管这些企业的主管部门，这些主管部门为了控制成本费用，监督成本计划的完成情况，分析企业成本管理情况在行业内的地位，以及进行成本的预测和决策，常常要求企业将其成本报表作为会计报表的附表上报。

教学视频 10-1

成本报表编制方法

三、成本报表的编制方法

企业编制的成本报表主要包括全部产品生产成本表、主要产品单位成本表、各种费用明细表以及主要经济技术指标报表等。

（一）全部产品生产成本表

全部产品生产成本表是反映企业在报告期内生产的全部商品（包括可比产品和不可比产品）的总成本以及各种主要产品的单位成本和总成本的报表。全部产品生产成本表有利于企业各层次管理者及时监督和控制企业成本费用的耗费情况，识别出成本管理中的有利因素和不利因素，并采取有效措施降低成本。全部产品生产成本表中，全部产品分为可比产品和不可比产品两大类。可比产品指的是上年或者以前年度正式生产过的，成本资料保存比较完备并且可以比较的产品。不可比产品指的是企业以前年度没有生产过而本年度初次生产的，或虽非初次生产但以前仅属试制而未正式投产的，因此没有成本资料可以参考的产品，即除可比产品以外的其他产品。全部产品生产成本表列示了本月产量、本年累计产量、上年实际平均成本、计划单位成本、实际单位成本、本月总成本和本年累计总成本等成本信息。

全部产品生产成本表可以从两个不同的角度进行编制：一是按产品种类反映的全部产品生产成本表，反映企业在报告期内所生产的全部产品的总成本和各种主要产品的单位成本及总成本。利用此表可以定期、总括地分析和考核企业全部产品成本计划的完成情况和可比产品成本降低计划的执行情况，对企业产品成本工作从总体上进行评价，为进一步分析指明方向。二是按成本项目反映的全部产品生产成本表，汇总反映企业在报告期内发生的全部生产费用和全部产品总成本。利用此表可以定期、总括地分析和考核企业全部生产费用和全部产品总成本计划的完成情况，对企业成本工作从总体上进行评价，为进一步分析指明方向。

1.按产品种类反映的全部产品生产成本表的编制

该表分为基本报表和补充资料两部分。基本报表部分按可比产品和不可比产品分别列示。可比产品是指企业过去曾经正式生产过，有完整的成本资料可以进行比较的产品；不可比产品是指企业本年度初次生产的新产品，或虽非初次生产，但以前仅属试制而未正式投产的产品，该产品缺乏可比的成本资料。在成本计划中，对不可比产品只规定本年的计划成本指标，对可比产品除需规定计划成本指标外，还需规定成本降低计划指标，即本年度可比产品计划成本比上年度（或以前年度）实际成本的降低额和降低率。

按产品种类反映的全部产品生产成本表的格式见表10-1。

（1）基本报表部分的填列。

全部产品生产成本表的基本报表部分应反映各种可比和不可比产品本月及本年累计的实际产量、实际单位成本和实际总成本。表10-1中项目的本月数（第1、5、9栏），应根据本月产品成本明细账中的有关记录填列；本年累计实际产量（第2栏）和累计实际总成本（第12栏）应根据本月数加上上月本表的累计数计算填列；本年累计实际平均单位成本（第6栏）根据本年累计实际总成本除以累计实际产量计算填列。

表10-1

全部产品生产成本表（按产品种类反映）

20××年12月

金额单位：元

产品名称	计量单位	实际产量		单位成本				本月总成本			本年累计总成本		
		本月	本年累计	上年实际平均	本年计划	本月实际	本年累计实际平均	按上年实际平均单位成本计算	按本年计划单位成本计算	本月实际	按上年实际平均单位成本计算	按本年计划单位成本计算	本年实际
		1	2	3	4	5	6	7	8	9	10	11	12
可比产品													
合　计								44 500	41 500	40 600	568 000	531 000	517 600
其中：甲	件	200	2 300	110	100	98	96	22 000	20 000	19 600	253 000	230 000	220 800
乙	件	100	1 400	225	215	210	212	22 500	21 500	21 000	315 000	301 000	296 800
不可比产品													
合　计									31 000	31 400		316 000	317 800
其中：丙	台	50	500		500	510	508		25 000	25 500		250 000	254 000
丁	台	20	220		300	295	290		6 000	5 900		66 000	63 800
全部产品成本合计									72 500	72 000		847 000	835 400

补充资料（本年累计实际数）：

① 可比产品成本降低额：50 400元。

② 可比产品成本降低率：8.87%。

③ 全部产品计划成本降低额：11 600元。

④ 全部产品计划成本降低率：1.37%。

为反映企业当年全部产品成本计划的完成情况，基本报表部分还反映各种可比产品和不可比产品本月和本年累计按计划单位成本计算的总成本。本年计划单位成本（第4栏）应按本年成本计划填列，本月和本年累计计划总成本（第8、11栏）应根据本年计划单位成本分别乘以本月实际产量和本年累计实际产量计算填列。

为计算可比产品成本降低额和降低率，基本报表部分还反映可比产品本月和本年度按上年实际平均单位成本计算的总成本。上年实际平均单位成本（第3栏）应根据上年度12月份本表全年累计实际平均单位成本填列；本月和本年累计按上年实际平均单位成本计算的总成本（第7、10栏）应根据上年实际平均单位成本分别乘以本月和本年累计实际产量计算填列。不可比产品由于过去没有正式生产过，没有成本资料可供比较，因而不必填写上年实际平均单位成本及按其计算的本月和本年累计总成本的情况。

（2）补充资料部分的填列。

补充资料部分只填列本年累计实际数。

可比产品成本降低额是指可比产品本年累计实际总成本比按上年实际平均单位成本计算的总成本降低的数额，超支额用负数表示。其计算公式如下：

$$\text{可比产品成本降低额}=\text{可比产品按上年实际平均单位成本计算的总成本}-\text{可比产品本年累计实际总成本}$$

可比产品成本降低率是指可比产品本年成本降低额与按上年实际平均单位成本计算的总成本的比率，超支率用负数表示。其计算公式为：

$$\text{可比产品成本降低率}=\frac{\text{可比产品成本降低额}}{\text{可比产品按上年实际平均单位成本计算的总成本}}\times 100\%$$

全部产品计划成本降低额是指全部产品本年累计实际总成本比按本年计划单位成本计算的本年累计总成本降低的数额，超支额用负数表示。其计算公式如下：

$$\text{全部产品计划成本降低额}=\frac{\text{按本年计划单位成本计算的}}{\text{本年累计总成本}}-\text{全部产品本年累计实际总成本}$$

全部产品计划成本降低率是指全部产品计划成本降低额与按本年计划单位成本计算的本年累计总成本的比率，超支率用负数表示。其计算公式为：

$$\text{全部产品计划成本降低率}=\frac{\text{全部产品计划成本降低额}}{\text{按本年计划单位成本计算的本年累计总成本}}\times 100\%$$

2.按成本项目反映的全部产品生产成本表的编制

按成本项目反映的全部产品生产成本表的格式见表10-2。

由表10-2可以看出，报表分为生产费用和产品生产成本两部分。生产费用部分按成本项目反映，产品生产成本部分是在生产费用的基础上，加减在产品和自制半成品的期初、期末余额计算的产品成本合计数。生产费用和产品生产成本可以按本年计划数、本月实际数和本年累计实际数分栏反映，以便分析利用。如果可比产品单独列示，表中还可以增加上年实际数一栏。

表中数字的具体填制方法为：本年计划数（第1栏）根据成本计划有关资料填列；本月实际数（第2栏）按成本项目反映的各项生产费用，根据各种产品成本明细账所记录的本月生产费用合计数，分成本项目分别汇总填列；本年累计实际数（第3栏）根据本月实际数，加上上月本表的本年累计实际数计算填列。在产品和自制半成品的期初、期末余额，根据各种产品成本明细账的期初、期末余额分别汇总填列。产品生产成本合计等于生产费用合计加上在产品和自制半成品的期初余额，减去其期末余额即可。

表10-2 **全部产品生产成本表（按成本项目反映）**

20××年12月 单位：元

项　目	本年计划数	本月实际数	本年累计实际数
	1	2	3
生产费用			
1.直接材料	120 000	11 000	118 000
2.直接人工	80 000	7 000	82 000
3.制造费用	65 000	5 400	66 000
生产费用合计	265 000	23 400	266 000
加：在产品、自制半成品期初余额	0	0	0
减：在产品、自制半成品期末余额	0	0	0
产品生产成本合计	265 000	23 400	266 000

注：本表中的数据假定不考虑在产品、自制半成品的期初和期末余额。

（二）主要产品单位成本表

主要产品是指企业经常生产、在企业全部产品中所占比重较大、能总括反映企业生产经营情况的产品。

主要产品单位成本表是反映企业在报告期内生产的各种主要产品单位成本水平和构成情况以及各项主要技术经济指标执行情况的报表。该表按产品成本的构成项目分别列示，同时反映上年实际平均、本年计划、本月实际和本年累计平均实际单位成本等信息。该表可以分产品单独编制，也可以将企业主要产品成本的构成情况列在同一张表中显示。

利用主要产品单位成本表，可以按成本项目分析和考核主要产品单位成本计划的执行情况；按成本项目将本月实际和本年累计实际平均单位成本，与上年实际平均单位成本进行对比，了解单位成本的变动情况；可以分析和考核各种主要产品的主要经济技术指标，进而查明引起主要产品单位成本变动的具体原因，挖掘节约成本的潜力，降低产品成本。如果企业想了解主要产品成本构成情况和历史最好水平的差异，也可以在表中每个成本项目下增加“历史最好水平”一栏。

主要产品单位成本表的格式见表10-3。

表10-3中各项的填列方法为：销售单价（第3栏）根据产品定价表填列；产品产量（第4～6栏）分别根据产品生产计划、产品成本明细账或产品成本汇总表填列；上年实际平均单位成本（第7、11、15、19栏）根据上年度主要产品单位成本表累计实际平均单位成本填列；本年计划单位成本（第8、12、16、20栏）根据本年度成本计划填列；本月实际单位成本（第9、13、17、21栏）根据产品成本明细账或产品成本汇总表填列；本年累计实际平均单位成本（第10、14、18、22栏）根据各种产品成本明细账所登记的自年初至报告期末完工入库产品实际总成本除以累计实际产量计算填列。

表10-3

主要产品单位成本表

20××年××月

金额单位：元

产品名称	计量单位	销售单价	产品产量			直接材料				直接人工				制造费用				产品单位成本			
			本月计划产量	本月实际产量	本年累计实际产量	上年实际平均	本年计划	本月实际	本年累计实际平均	上年实际平均	本年计划	本月实际	本年累计实际平均	上年实际平均	本年计划	本月实际	本年累计实际平均	上年实际平均	本年计划	本月实际	本年累计实际平均
1	2	3	4	5	6	7	8	9	10	11	12	13	14	15	16	17	18	19	20	21	22
甲	件	250	580	600	7 000	120	115	116.1	118	40	38	36	34	40	38	36	39	200	191	188.1	191
乙	双	80	1 000	1 000	11 000	30	28	28	26	18	16	17	21	16	15	15	15	64	59	60	62
丙	套	600	210	200	2 300	280	258	260.2	254	110	100	95.97	96	90	85	88	92	480	443	444.17	442
⋮																					

表10-3中上年实际平均、本年计划、本月实际和本年累计实际平均的单位成本，应与全部产品生产成本表（按产品种类反映）该种产品相应的单位成本核对相符。

（三）各种费用明细表

各种费用是指企业在生产经营过程中，为进行产品生产、组织和管理生产经营活动所发生的制造费用、管理费用、销售费用和财务费用。制造费用属于产品成本的组成部分，管理费用、销售费用和财务费用则属于期间费用。编制各种费用明细表的作用在于反映各费用计划的完成情况，分析引起各种费用变动的原因及其对产品成本和当期损益的影响。

1.制造费用明细表的格式及编制

制造费用明细表反映企业在某一会计期间内的制造费用发生额。通过此表可以分析制造费用的构成，考核制造费用的计划执行情况，以便针对存在的问题采取措施降低费用。

制造费用明细表的格式见表10-4。

表10-4

制造费用明细表

20××年12月

项　目	本年计划数	上年同期实际数	本月实际数	本年累计实际数
	1	2	3	4
职工薪酬				
折旧费				
办公费				
水电费				
机物料消耗				
劳动保护费				
运输费				
保险费				
其他				
制造费用合计				

制造费用明细表按制造费用项目分别反映各费用的本年计划数、上年同期实际数、本月实际数和本年累计实际数。其中，“本年计划数”根据成本计划中的制造费用计划填列；“上年同期实际数”根据上年制造费用明细表的累计实际数填列；“本月实际数”根据制造费用总账所属各基本生产车间制造费用明细账的本月合计数汇总填列；“本年累计实际数”根据车间制造费用明细账的本月累计数汇总计算填列。

此表反映的制造费用，可以根据企业实际情况反映企业发生的全部制造费用，也可以只填列基本生产车间的制造费用。如反映企业的全部制造费用，当辅助生产车间的制造费用通过“制造费用”账户核算时，“上年同期实际数”和“本年计划数”的填列方法同上，“本月实际数”和“本年累计实际数”则根据“制造费用——基本生产”和“制造费用——辅助生产”两套明细账中相应细目相加的累计数填列；当辅助生产车间的制造费用不通过“制造费用”账户核算，而是发生时直接归集在“辅助生产成本”账户时，应该在“辅助生产成本”账户下设置多栏式的制造费用二级账，“本月实际数”和“本年累计实际数”根据“制造费用”明细账和“辅助生产成本——制造费用”明细账中相对应细目相加的累计数填列。

2.期间费用明细表的格式及编制

期间费用明细表包括管理费用明细表、销售费用明细表和财务费用明细表。期间费用明细表一般可按年度编制，分别反映会计期内的管理费用、销售费用和财务费用的发生情况及费用构成，可用来考核和分析这三项费用计划（预算）的执行情况。管理费用明细表、销售费用明细表和财务费用明细表的格式分别见表10-5、表10-6和表10-7。

表10-5 **管理费用明细表**

20××年××月

项　目	本年计划数	上年同期实际数	本月实际数	本年累计实际数
职工薪酬				
折旧费				
修理费				
办公费				
差旅费				
水电费				
咨询费				
诉讼费				
劳动保险费				
物料消耗				
业务招待费				
劳动保护费				
保险费				
其他				
管理费用合计				

表10-6 **销售费用明细表**

20××年××月 单位：元

项 目	本年计划数	上年同期实际数	本月实际数（略）	本年累计实际数
运输费	36 000	38 000		35 000
装卸费	2 500	3 000		2 600
包装费	20 000	22 000		19 000
折旧费	50 000	52 000		50 000
修理费	6 000	6 000		5 800
办公费	10 000	11 000		9 800
保险费	12 000	13 000		12 000
广告费	100 000	120 000		95 000
展览费	30 000	36 000		32 000
租赁费	28 000	30 000		28 000
物料消耗	3 000	4 000		2 800
专设销售机构经费	60 000	65 000		58 000
其他	80 000	70 000		100 000
销售费用合计	437 500	470 000		450 000

表10-7 **财务费用明细表**

20××年××月

项 目	本年计划数	上年同期实际数	本月实际数	本年累计实际数
利息支出				
汇兑净损失				
相关手续费				
其他				
财务费用合计				

期间费用明细表分别按各自的明细项目反映本年计划数、上年同期实际数、本月实际数和本年累计实际数等信息。其编制方法为：本年计划数按本年各费用的计划数填列；上年同期实际数按上年各报表的本年累计实际数填列；本月实际数和本年累计实际数分别根据各费用明细账的明细项目填列。

（四）主要经济技术指标报表

主要经济技术指标是指与企业生产技术特点具有内在联系的经济技术指标。企业的经济技术指标从不同角度反映着企业生产经营活动的效果，其完成的好坏会直接或间接地影响产品成本水平。由于各类企业的生产技术特点不同，用来考核企业经济活动的经济技术指标也不同，因而没有统一的格式，但其主要内容要反映企业人力、物力的消耗和利用情况。

主要经济技术指标报表的格式见表10-8。

表10-8 **主要经济技术指标报表**

产品名称	材料名称	计量单位	耗用量			
			上年实际数	本年计划数	本月实际数	本年累计实际数
甲产品	A材料	千克				
	B材料	千克				
乙产品						
丙产品						
⋮						

主要经济技术指标报表可以使成本分析深入生产技术环节，使经济分析和技术分析相结合，具体查明成本升降的原因；可以将企业降低成本的目标与生产车间人员的技术操作联系起来，使广大职工关心成本，从提高经济效益的角度促进各项经济技术指标的完成；可以把成本分析工作与日常的生产技术和经营管理相结合，变定期分析为经常分析，更好地发挥成本及时指导和调节生产实践的能动作用。

表10-8中各项目的填列方法为：上年实际数按上期各经济技术指标的实际耗费数填列；本年计划数按本期各项经济技术指标的计划数填列；本月实际数和本年累计实际数分别根据各相应的明细账的明细项目填列。

（五）其他成本报表

除了以上几种常见的成本报表外，企业还可以根据生产特点和成本管理的具体要求，编报一些其他成本报表，如责任成本报表、环境成本报表、质量成本报表、生产情况表、材料成本考核表和人工成本考核表等。责任成本报表见第九章的相关内容；由于环境成本从不同角度可以划分为不同的成本项目，环境成本报表的格式和内容至今尚未形成统一标准；其他成本报表的基本格式分别见表10-9至表10-12。

表10-9 **质量成本报表**

项目	20××年			差异			
	上年实际	计划数	实际数	与上年相比		与计划相比	
				差异额	差异率	差异额	差异率
质量工作费							
产品评审费							
质量教育培训费							
质量奖励费							
质量改进措施费							
质量管理专职人员薪酬							
工序控制费							

续表

项　目	20××年			差　异			
				与上年相比		与计划相比	
	上年实际	计划数	实际数	差异额	差异率	差异额	差异率
质量会计核算费							
其他质量预防费							
预防成本小计							
进货检测试制费							
现场产品制造和加工费							
产品测试费							
检验成本小计							
不可修复的废品损失							
可修复废品的返修损失							
返工后或矫正后的产品重复检测和试验的复验费用							
由于产品质量事故引起的停工损失及产品降级损失							
内部缺陷成本小计							
诉讼费用							
索赔费用							
退换货损失							
保修费用和降价损失							
外部缺陷成本小计							
质量保证措施费用							
产品质量验证费							
质量评定费							
外部质量保证成本小计							
质量成本总额							
销售收入							
占销售收入的百分比							

表10-10 **生产情况表**

××车间 ××产品 年 月

日期	摘要	生产数量				直接材料	直接人工	制造费用	其他	合计
		投产数	完工入库数	在产品数	废品数					

表10-11 **材料成本考核表**

年 月 日 至 年 月 日

部门	实际成本 （实际用量×计划单价）	标准成本 （标准用量×计划单价）	差异数	差异率
一车间				
二车间				
合计				

表10-12 **人工成本考核表**

年 月 日

工人姓名或工号	实际工时	定额工时	工作效率

质量成本报表为企业管理层展示了各质量成本项目的内在联系和发展方向，便于进一步进行质量成本分析，帮助管理层了解质量对公司利润的财务影响。另外，质量成本报表还反映了质量成本的重要性，有助于公司预算的合理分配。

生产情况表反映某种产品、某个车间、某个部门甚至某个企业一定时期内生产产品的数量及其成本情况，可按半月、旬、周编制。本表采用成本和产量对比的方式加强对产品成本的控制。表内各成本项目根据领料单、生产工时统计和小时工资率及费用支出凭证填列；完工入库数根据产品入库单或产品成本明细账填列；在产品数根据盘点或在产品明细账填列。

表10-11是分部门列示的，其中，实际成本根据实际用量（按领料单填列）乘以计划单价计算填列；标准成本根据标准用量乘以计划单价计算填列。两者的差额计入差异数，节约用负号表示。

人工成本考核表可由生产班组编制并逐级汇总，不仅可以作为成本考核的资料，也可以用作发放劳动报酬的依据之一。

第二节　成本报表分析的依据和方法

一、成本报表分析的原则和评价标准

引起成本变动的因素可以分为两个层次：微观层次上与企业具体的生产作业相关的成本动因，如物质消耗、作业量等；战略层次上的成本动因，如规模、技术多样性、质量管理等。按这两个层次的成本动因划分，成本分析可以分为短期成本分析和长期成本分析。短期成本分析是对日常经济活动的分析，多侧重于从企业内部、责任中心等影响成本的因素分析成本升降原因。短期成本分析可以在经济活动的事前、事中或事后进行。通过事前成本预测分析，可以选择达到最佳经济效益的成本水平，确定目标成本，为编制成本计划提供可靠依据；通过事中成本控制分析，可以随时掌握成本节约或超支情况，及时采取措施控制成本的超支，保证目标成本的实现；通过事后成本分析，可以评价成本计划的执行结果，揭示问题，总结经验，指导未来。长期成本分析是企业从战略发展角度出发对成本进行的分析。这种分析立足于企业未来的发展前景，全面分析研究导致企业成本变化的一切活动和驱动因素，从中寻找降低成本的途径，使企业保持持久的成本优势。由于本书有关章节已对战略成本、成本预测和成本决策进行了论述，因而本章重点介绍事后成本分析。

（一）成本报表分析的原则

成本报表分析是成本管理的重要组成部分。其根本目的是揭示成本计划的完成情况，查明成本降低的原因，寻求降低成本的途径和方法，从而实现以最低的劳动消耗取得最大的经济效益。

进行成本报表分析，应遵循以下原则：

1.全面分析与重点分析相结合原则

成本是企业经济活动情况的综合反映，是多种因素综合作用的结果，只有从经济活动的各个方面相互联系地进行全面研究，才能揭示成本升降的真实原因。全面分析就是要求成本分析内容具有全局性、广泛性，要以产品成本形成的全过程为对象，结合生产经营各阶段的不同性质和特点，做到事前进行预测分析、事中进行控制分析、事后进行查核分析。然而，成本分析的全面性并不是要求成本分析事无巨细、面面俱到，而是应该突出重点，抓住问题的主要矛盾，找出关键性问题，进行透彻分析。只有将主要问题分析清楚了，才能提出恰当的改进措施，促使成本进一步降低。为了提高成本分析的工作效率，分析人员要把精力集中在例外差异上。即对那些差异率或差异额较大、差异持续时间较长、差异影响了企业长期盈利能力的项目进行重点分析，并及时反馈给有关责任单位，迅速采取措施予以消除。

2.专业分析与群众分析相结合

成本涉及企业所有部门及全体职工的工作业绩，为使成本分析能够做到经常性和有效性，必须发动群众参与，将成本分析化为广大群众的自觉行动。这就要求成本分析要上下结合、专群结合，充分发挥每个部门和广大群众分析成本、挖掘降低成本潜力的积极性，把专业分析建立在群众分析的基础之上，充分发挥其应有的作用。

3.定量分析与定性分析相结合

定量分析是通过对成本变动数量的分析，揭示成本指标的变动幅度及各因素的影响程度。而定性分析是通过对成本性质的分析，揭示影响成本费用各因素的性质、内部联系及其变动的趋势。定量分析是定性分析的基础，定性分析是对定量分析的进一步补充和说明。进行成本分析必须在定量分析的基础上进行科学的定性分析，才能使成本分析更深入、更透彻。

4.纵向分析与横向分析相结合

进行成本分析时，不仅要在企业内部范围进行本期与上期的对比分析、本期与计划的对比分析、本期与历史先进水平的对比分析，而且还要与国内外同行业先进水平相对比，找出差距，取长补短，激发企业的赶超精神，充分发挥潜力，达到或超过先进水平。

5.经济分析与技术分析相结合

该原则是指通过经济分析为技术分析提供课题，增强技术分析的目的性；通过技术分析提高经济分析的深度，并从经济效果角度对所采取的技术措施加以评价，从而通过改进技术提高经济效益。由于企业成本的高低既受经济因素影响，又受技术因素影响，而且在一定程度上技术因素起决定性作用。为此就要求成本分析人员通晓一些技术知识，同时吸引和发动技术人员参加成本分析工作，把经济分析和技术分析结合起来，既能防止成本分析的片面性，又能结合技术等因素查明成本指标变动的深层次原因，以全面改进工作，提高经济效益。

6.成本分析与成本考核相结合

为了达到成本分析的目的，还应将成本分析结果同企业内部各部门业绩考核相结合，将降低成本的任务落实到各责任部门，使得各职能部门的责任目标更具体、更明确，并且可及时将执行任务的结果进行反馈，使成本分析更实际、更深入。

（二）成本分析的评价标准

在进行成本报表分析之前，首先要设定评价标准，使之与分析对象进行比较，以寻找与现实成本的差距，进而分析产生差异的原因，最后找到降低成本的措施和方案。因此，设定成本分析评价标准是成本报表分析最为关键的基础工作。其评价标准包括历史标准、行业标准与预算标准等。

1.历史标准

历史标准是以企业过去某一时间的实际业绩作为评价标准。在分析实践中，历史标准也有多种选择，如企业上年同期的成本水平，企业以前正常情况下某一时间段内的平均水平或该时间段内的最好水平等。采用历史标准的优势在于所运用的成本资料比较可靠，而且具有较高的可比性，并可以通过比较发现成本自身的变化趋势；其不足在于不能用来评价企业在同行业中的地位与竞争能力。

2.行业标准

行业标准是以企业所处行业的某些成本指标作为评价标准。通过将企业自身的成本水平与相对应的行业标准进行对比，可以有效地评价企业在同行业中的地位和竞争能力。运用行业标准时需要注意以下两方面的问题：一是行业的准确界定；二是同一行业内部的具体分类。实际工作中，可以借鉴中国证监会发布的《上市公司行业分类指引》的分类方法来进行行业分类及其所属子行业的界定。只有较为准确地把握了这两个方面的问题，才能使分析具有较强的对应性。

3.预算标准

预算标准（或称计划标准、目标标准），是指企业预先规定的在计划期内产品生产耗费和各种产品的成本水平。预算标准具体包括主要产品单位成本预算、商品产品成本预算、制造费用预算、销售费用预算、管理费用预算和财务费用预算等。根据预算标准，企业可以分析其实际生产消耗水平与预算之间的差异并通过分析差异原因，使其在以后的经营管理中力争成本消耗不突破预算，并使成本水平不断降低、从而增加企业经济效益。预算标准一旦确定，就会被细化为一系列特定具体目标或关键结果，成为企业内部进行成本业绩考核的参照，被用来指导企业行为。在制定预算标准时应充分关注客观存在的各种不确定性，并根据内外部条件的变化及时对预算标准进行调整。

上述标准分别从不同的角度对企业客观的事实成本数据进行比较，在企业成本报表分析中经常综合使用。

二、成本分析的方法

成本分析的方法，在实践中是多种多样的。具体采用哪种方法，要根据成本分析的目的、分析对象的特点、所掌握的计划资料和核算资料的性质和内容来决定。成本分析的方法通常包括成本报表整体分析方法、指标分析法和因素分析法。

（一）成本报表整体分析方法

成本报表整体分析方法主要有以下三种：

1.水平分析法

水平分析法是指将反映企业报告期成本的信息（特别指成本报表信息资料）与反映企业前期或历史成本状况的信息进行对比，以研究企业经营业绩或成本状况发展变动情况的成本分析方法。一般来说，水平分析法所进行的分析对比不是指单指标对比，而是对反映某方面情况的报表的全面、综合的对比分析。

2.垂直分析法

垂直分析法与水平分析法不同，它是通过计算成本报表中各项目占总体的比重或结构来反映报表中的项目与总体的关系及其变动情况。会计报表经过垂直分析法处理后，通常被称为同度量报表、总体结构报表或共同比报表等。

3.趋势分析法

趋势分析法是根据企业连续几年或几个时期的分析资料，通过对指数或完成率的计算，确定分析期各有关项目的变动情况和变动趋势的一种成本分析方法。趋势分析法既可用于对会计报表的整体分析，即研究一定时期报表各项目的变动趋势，也可用于对某些主要指标的发展趋势进行分析。

（二）指标分析法

指标分析法可以分为比较分析法和比率分析法。

1.比较分析法

比较分析法又称对比分析法，是通过将某项经济指标实际数与基数进行对比来确定数量差异的一种成本分析方法。比较分析法是成本分析中最基本、最主要的分析方法。比较的基数根据分析目的的不同，可以选择计划数、定额数、标准数、上年数以及本企业历史最好水平和国内同行业先进水平等。

需要注意的是，比较分析法只适用于同质指标，即对比的指标所采用的计量单位、计价标准、时间单位、指标内容和前后采用的计算方法等都应具备可比的条件和基础；如果在不同公司之间进行指标比较，还必须注意公司行业类别、财务规模等的一致性。比较分析法可以采用绝对数比较，也可以采用相对数比较。

2.比率分析法

比率分析法是利用两个指标间的某种关联关系，通过计算比率来考察、计量和评价企业成本水平和经济效益状况的一种成本分析法。比率分析法其实是比较分析法的一种，由于它在分析中有特殊意义，因而把它单独列作一种分析方法加以说明。

采用比率分析法进行分析时，需要根据分析的内容和要求，计算出有关的比率，然后进行分析。主要的比率有相关比率、构成比率和动态比率等。

（1）相关比率。

相关比率是将两个相互有联系的财务指标的数额相除，据以对企业成本水平进行分析的一种方法。比如将企业的营业成本与营业收入进行对比计算销售成本率，将企业在营业环节发生的全部成本费用与营业利润对比求出成本费用利润率等，可以观察企业成本效益水平的高低。将相关比率的实际数与计划数或预算数、上期数、历史平均水平、同行业平均数进行对比，可充分揭示公司在某方面的发展变化状况。

$$销售成本率=\frac{营业成本}{营业收入}\times 100\%$$

$$成本费用利润率=\frac{营业利润}{营业成本+期间费用}\times 100\%$$

（2）构成比率。

构成比率是指某项成本分析指标的各构成部分数值占总体数值的百分比。如可以分别求出直接材料、直接人工和制造费用占产品成本的比率，以观察企业制造成本的特点及其变动趋势；如果将计算出的比率分别与计划数或预算数、上期数、历史平均水平、同行业平均数进行对比，可充分揭示公司产品成本结构的发展变化情况。其计算公式为：

$$构成比率=\frac{指标某部分的数值}{指标总数值}\times 100\%$$

（3）动态比率。

动态比率是指将几个时期同类指标的数字进行对比而求出比率，以分析该指标增减速度和发展趋势，并从其中的变化里发现企业的不足。在动态比率中，计算定基发展速度或环比发展速度以进行趋势分析最为常见。其中：

$$定基发展速度=\frac{分析期某指标数据}{固定基期该指标数据}$$

$$环比发展速度=\frac{分析期某指标数据}{前期该指标数据}$$

（三）因素分析法

因素分析法是依据分析指标与其影响因素之间的关系，按照一定的程序和方法，确定各因素对分析指标差异影响程度的一种技术分析方法。根据其分析特点，因素分析法分为连环替代法和差额计算法两种。

1.连环替代法

连环替代法是因素分析法的基本形式。它是依据分析指标与其影响因素之间的关系，按照一定的程序和方法，确定各因素对分析指标差异影响程度的一种技术方法。连环替代法的一般程序如下：

第一步，确定分析指标与其影响因素之间的关系。确定分析指标与其影响因素之间关系的方法，通常是用指标分解法，即将经济指标在计算公式的基础上进行分解或扩展，从而得出各影响因素与分析指标之间的关系式。

第二步，根据分析指标的报告期数值与基期数值列出两个关系式或指标体系，确定分析对象。

第三步，连环顺序替代，计算替代结果。连环顺序替代就是以基期指标体系为计算基础，用实际（报告期）指标体系中的每一因素的实际数顺序地替代其相应的基期数，每次替代一个因素，替代后的因素被保留下来。计算替代结果，就是在每次替代后，按关系式计算其结果，有几个因素就替代几次，并相应确定计算结果。

第四步，比较各因素的替代结果，确定各因素对分析指标的影响程度。比较替代结果是连环进行的，即将每次替代所计算的结果与这一因素被替代前的结果进行对比，二者的差额就是替代因素对分析对象的影响程度。

【例10-1】某企业20××年有关材料费用、产品产量、材料单耗和材料单价的计划和实际资料见表10-13。要求：分析各因素变动对材料费用的影响程度。

表10-13　**材料费用资料**

指　标	计　划	实　际
材料费用（元）	320 000	369 600
产品产量（件）	2 000	2 200
材料单耗（千克）	16	14
材料单价（元/千克）	10	12

根据连环替代法的程序和对材料费用的因素分解式，可得出：

实际指标体系：2 200×14×12=369 600（元）

基期指标体系：2 000×16×10=320 000（元）

分析对象：369 600−320 000=49 600（元）

在此基础上，按照第三步骤的做法进行连环顺序替代，并计算每次替代后的结果：

替代第一因素：2 200×16×10=352 000（元）

替代第二因素：2 200×14×10=308 000（元）

替代第三因素：2 200×14×12=369 600（元）

根据第四步骤，确定各因素对材料费用的影响程度：

产品产量的影响：352 000−320 000=32 000（元）

材料单耗的影响：308 000−352 000=−44 000（元）

材料单价的影响：369 600−308 000=61 600（元）

最后检验分析结果：32 000−44 000+61 600=49 600（元）

从上述计算程序中，可以看出这一分析方法具有以下特点：

(1) 计算程序的连环性。

上述计算是严格按照规定的因素替换顺序，逐次以一个因素的实际数替换其基数，而且每次替换都是在前一个因素替换的基础上进行的，这样每次比较的基础是不同的，这就形成了计算程序的连环性。

(2) 因素替换的顺序性。

运用这一方法的一个重要问题，就是要正确确定各因素的替换顺序（即排列顺序）。另外，在分析相同问题时一定要按照同一替换顺序进行，这样的计算结果才具有可比性。通常各因素的替换顺序是：基本因素在前，从属因素在后；数量因素在前，质量因素在后；实物量指标在前，货币量指标在后。

(3) 计算条件的假定性。

运用这一方法测定某一因素的变动影响时，是以假定其他因素不变为条件的。因此，计算结果只能说明是在某种假定条件下的结果。这种科学的抽象分析方法，是在确定事物内部各种因素影响程度时必不可少的。

2.差额计算法

差额计算法是连环替代法的一种简化形式，是利用各个因素比较期与基期之间的差异依次按顺序替换，直接计算出各个因素变动对综合指标变动影响程度的一种分析方法。应用这种方法的要求与连环替代法相同，只是在计算上简化一些。所以，在实际工作中应用得较为广泛。

这种分析方法的一般程序如下：

(1) 确定各因素实际数与基数的差额；

(2) 以各因素的差额乘上计算公式中该因素前面的各因素的实际数，以及列在该因素后面的其余因素的基数，求得该因素的影响值；

(3) 将各个因素的影响值相加，其代数和应同该项经济技术指标的实际数与基数之差相符。

【例 10-2】资料同例 10-1，用差额计算法分析各因素变动对材料费用的影响程度。

(1) 产量变化对材料费用的影响为：

(2 200-2 000) ×16×10=32 000（元）

(2) 材料单耗变化对材料费用的影响为：

(14-16) ×2 200×10=-44 000（元）

(3) 材料单价变化对材料费用的影响为：

(12-10) ×2 200×14=61 600（元）

(4) 各因素的共同影响=32 000-44 000+61 600=49 600（元）

第三节 全部产品成本表分析

一、全部产品成本计划完成情况分析

全部产品包括可比产品和不可比产品两大部分。对全部产品成本的分析首先应对全部产品的计划完成情况进行总括的了解与评价，然后再对可比产品成本计划降低情况进行分析并找出成本升降的原因。

（一）按产品种类对全部产品成本计划完成情况进行总括分析

按产品种类对全部产品成本计划完成情况进行总括分析时，既要对企业全部产品成本计划的完成情况进行总括分析，还应当就每一种产品的成本计划完成情况展开分析，以对每种产品的成本计划完成情况有所了解，进而分析差异产生的原因。

【例10-3】某公司生产甲、乙、丙、丁四种产品，其中甲和乙是可比产品，丙和丁是不可比产品。相关资料见表10-1。要求：按产品种类分析产品成本计划的完成情况。

从报表的补充资料来看，企业全部产品成本降低额为11 600元，降低率为1.37%，说明该企业全部产品的成本完成了计划，但并不能说明该企业所有的产品都已经完成了成本计划。所以，为全面反映企业各种产品成本的计划完成情况，需要按照可比产品、不可比产品和每种产品具体进行分析，编制全部产品成本计划完成分析表。该公司全部产品成本分析表见表10-14。

表10-14 **全部产品成本分析表（按产品类别和本年累计实际数）** 金额单位：元

产品		实际产量		与计划的差异	
		计划成本	实际成本	升降额	升降率
可比产品	甲	230 000	220 800	−9 200	−4%
	乙	301 000	296 800	−4 200	−1.40%
	小计	531 000	517 600	−13 400	−2.52%
不可比产品	丙	250 000	254 000	+4 000	+1.60%
	丁	66 000	63 800	−2 200	−3.33%
	小计	316 000	317 800	+1 800	+0.57%
全部产品		847 000	835 400	−11 600	−1.37%

从表10-14可以看出，企业的可比产品全部完成了成本降低计划；不可比产品中，丁产品完成了成本降低计划，但丙产品发生了超支。这说明该公司并未完成全部产品成本降低计划，需进一步分析丙产品超支的原因。

按产品类别分析全部产品成本计划完成情况时，需要注意以下两个问题：第一，分析可比产品成本时，不仅要将本年实际成本与按本年实际产量计算的计划成本相比，还要将本年单位计划成本与上年实际平均单位成本进行比较，分析成本计划制订的合理性。第二，分析不可比产品时，如果成本差异额较大，应进一步查明原因，分析是计划制订不准确，还是初次生产引起的消耗或废品过多；此外，还要注意费用分配的合理性，分析是否存在分配共同费用时故意对可比产品分配较少，以超额完成可比产品成本降低任务的情况。

（二）按成本项目对全部产品成本计划完成情况进行总括分析

按成本项目进行产品成本分析，可以了解各成本项目的升降情况，找出企业成本升降的关键因素。按成本项目进行产品成本分析时，需要对全部产品的总成本按成本项目分别比较其实际总成本与计划总成本，以确定各个成本项目的升降额和升降率，并比较分析各成本项目变动对总成本的影响程度。

【例10-4】某公司生产甲、乙、丙三种产品，各种产品的成本构成情况见表10-3。要求：按成本项目分析产品成本计划的完成情况。

为了按照成本项目分析产品成本计划的完成情况，需要编制相应的分析表，见表10-15。

表10-15 **全部产品成本分析表（按成本项目和本年累计实际数）** 金额单位 元

成本项目	全部产品		节约或超支		各项目差异对总成本的影响
	计划成本（1）	实际成本（2）	绝对数（3）	百分数（4）	百分比（5）
直接材料	1 706 400	1 696 200	−10 200	−0.60%	−0.34%
直接人工	672 000	689 800	+17 800	+2.65%	+0.59%
制造费用	626 500	649 600	+23 100	+3.69%	+0.77%
合　计	3 004 900	3 035 600	+30 700	+1.02%	+1.02%

表10-15中各栏的填写方法为：

$$(1)栏=\sum\left(\begin{matrix}各种产品各成本项\\目的计划单位成本\end{matrix}\times\begin{matrix}该种产品的本年\\累计实际产量\end{matrix}\right)$$

$$(2)栏=\sum\left(\begin{matrix}各种产品各成本项目的\\本年累计实际平均单位成本\end{matrix}\times\begin{matrix}该种产品的本年\\累计实际产量\end{matrix}\right)$$

(3)栏=(2)栏−(1)栏

(4)栏=(3)栏÷(1)栏×100%

(5)栏=(3)栏÷计划成本合计数×100%

由表10-15的计算结果可以看出，该公司全部产品实际成本比计划成本超支了30 700元，超支率为1.02%，其主要原因是：虽然直接材料有所降低，但是直接人工和制造费用有所上升。需深入分析直接人工和制造费用上升的原因，若是其构成项目发生了变化，需进一步分析这种变化的合理性；若是其金额发生了超支，需详细分析其超支的原因，以便采取有效措施，增加有利差异，消除不利差异，提高企业的成本管理水平。

二、可比产品成本降低计划完成情况分析

企业在制订成本计划时，往往规定了可比产品成本比上年成本降低的任务，即计划降低额和计划降低率。因此，对可比产品成本进行分析，首先要计算出实际降低额和实际降低率，以便与计划降低额和计划降低率相比较，从而了解可比产品成本降低任务的完成情况；同时为了分析可比产品成本降低计划的完成情况，还需要对影响可比产品成本降低计划的完成情况的因素进行分析。

（一）可比产品成本降低计划的完成情况分析

可比产品计划降低额、计划降低率、实际降低额和实际降低率的计算公式如下：

$$计划降低额=\sum\left[\begin{matrix}某种可比产\\品计划产量\end{matrix}\times\left(\begin{matrix}上年实际平\\均单位成本\end{matrix}-\begin{matrix}本年计划\\单位成本\end{matrix}\right)\right]$$

$$计划降低率=\frac{计划降低额}{\sum\left(\begin{matrix}某种可比产\\品计划产量\end{matrix}\times\begin{matrix}上年实际平\\均单位成本\end{matrix}\right)}\times 100\%$$

$$实际降低额=\sum\left[\begin{matrix}某种可比产\\品实际产量\end{matrix}\times\left(\begin{matrix}上年实际平\\均单位成本\end{matrix}-\begin{matrix}本年实际\\单位成本\end{matrix}\right)\right]$$

$$实际降低率=\frac{实际降低额}{\sum\left(\begin{matrix}某种可比产\\品实际产量\end{matrix}\times\begin{matrix}上年实际平\\均单位成本\end{matrix}\right)}$$

【例10-5】某公司可比产品甲产品和乙产品本年的计划产量分别为2 400件和1 500件，其他资料见表10-1。要求：分析可比产品成本降低计划的完成情况。

首先，计算可比产品计划和实际的成本降低额和降低率，见表10-16。

表10-16　**可比产品成本降低额和降低率**

20××年××月　　金额单位：元

可比产品	产　量		单位成本			总成本（按计划产量计算）		总成本（按实际产量计算）			计划降低指标		实际降低指标	
	计划（件）	实际（件）	上年实际	本年计划	本年实际	按上年实际平均单位成本计算	按本年计划单位成本计算	按上年实际平均单位成本计算	按本年计划单位成本计算	本年实际	降低额	降低率（%）	降低额	降低率（%）
甲	2 400	2 300	110	100	96	264 000	240 000	253 000	230 000	220 800	24 000	9.09	32 200	12.73
乙	1 500	1 400	225	215	212	337 500	322 500	315 000	301 000	296 800	15 000	4.44	18 200	5.78
合计						601 500	562 500	568 000	531 000	517 600	39 000	6.48	50 400	8.87

其次，计算可比产品成本降低计划的完成情况，见表10-17。

表10-17　**可比产品成本降低计划的完成情况**

项　目	实　际			计　划			差　异		
	甲产品	乙产品	合计	甲产品	乙产品	合计	甲产品	乙产品	合计
降低额（元）	32 200	18 200	50 400	24 000	15 000	39 000	8 200	3 200	11 400
降低率（%）	12.73	5.78	8.87	9.09	4.44	6.48	3.64	1.34	2.39

由以上计算可知，可比产品的成本降低额和降低率均超额完成了计划，全部可比产品成本降低额比计划多降低了11 400元，成本降低率比计划多降低2.39%。从分产品的情况来看，甲产品成本降低额比计划多降低了8 200元，成本降低率比计划多降低3.64%；乙产品成本降低额比计划多降低了3 200元，成本降低率比计划多降低1.34%。企业对可比产品成本的控制情况较好，应继续坚持。

（二）可比产品成本降低计划完成的因素分析

影响可比产品成本的主要因素有三个：产品产量、产品的品种结构和单位产品成本。首先，可比产品的计划降低额是根据各种产品的计划产量确定的，可比产品的实际降低额是根据各种产品的实际产量确定的，在产品品种结构和产品单位成本不变的情况下，产量变动将会使成本降低额发生同比例变动，但由于计算成本降低率的分子和分母会同时发生同比例变动，因而产量变动将不会影响成本降低率的变动。其次，由于各种产品的成本降低程度不同，因而产品品种比重变动将会使成本降低额与成本降低率同时发生变动。成本降低程度大的产品比重增加会使成本降低额和降低率增加，反之则减少。最后，产品单位成本降低会使成本降低额和成本降低率增加，反之会减少。因此，影响成本降低额的因素有三个，即产品产量变动、产品品种结构变动和产品单位成本变动。影响成本降低率的因素有两个：产品品种结构变动和产品单位成本变动。

对可比产品成本降低计划完成情况进行因素分析时，可选择采用连环替代法或差额计算法。若用0、1和2分别代表上年数、计划数与实际数，p和c分别代表产品产量和单位成本，则各因素对成本降低计划完成情况的影响可分别计算为：

产量变动后的成本降低额 $=\sum p_2c_0\times$ 成本计划降低率

品种结构变动后的成本降低额 $=\sum p_2c_0-\sum p_2c_1$

单位成本变动后的成本降低额 $=\sum p_2c_0-\sum p_2c_2$

因素变动对成本计划降低额的影响等于因素变动后的降低额减去因素变动前的降低额。

因素变动对成本计划降低率的影响=因素变动后的降低额÷$\sum p_2c_0$

【例10-6】依例10-5，分析各因素变动对产品成本计划完成情况的影响。

由影响产品成本计划完成情况的因素可知，其连环替代的顺序应为产品产量、产品品种结构和单位产品成本。

实际指标体系：$\sum p_2c_0-\sum p_2c_2=50\ 400$（元）

基期指标体系：$\sum p_1c_0-\sum p_1c_1=39\ 000$（元）

其中：$\sum p_1c_0=2\ 400\times110+1\ 500\times225=601\ 500$（元）

$\sum p_1c_1=2\ 400\times100+1\ 500\times215=562\ 500$（元）

$\sum p_2c_0=2\ 300\times110+1\ 400\times225=568\ 000$（元）

$\sum p_2c_1=2\ 300\times100+1\ 400\times215=531\ 000$（元）

$\sum p_2c_2=2\ 300\times96+1\ 400\times212=517\ 600$（元）

分析对象：50 400−39 000=11 400（元）

成本降低率的考核指标=50 400÷568 000×100%−39 000÷601 500×100%=8.87%−6.48%=2.39%

在此基础上，进行连环顺序替代，并计算每次替代后的结果。

产量变动的影响：由于产量变动只影响成本降低额，不影响成本降低率，所以，产量变动对成本降低额的影响可用按实际产量乘以上年实际平均单位成本计算的总成本，再乘以计划的成本降低率即可。

产量变动后的成本降低额=568 000×6.48%=36 806（元）①

产量变动后的成本降低率依然为6.48%（见表10-17）。

品种结构变动后的成本降低额=568 000−531 000=37 000（元）

品种结构变动后的成本降低率=37 000÷568 000×100%=6.51%

单位成本变动后的成本降低额=568 000−517 600=50 400（元）

单位成本变动后的成本降低率=50 400÷568 000×100%=8.87%

---

① 进行了尾数调整。

确定各因素对产品成本计划完成情况的影响：

产量变动对成本降低额的影响=36 806-39 000=-2 194（元）

对成本降低率没有影响。

品种结构变动对成本降低额的影响=37 000-36 806=194（元）

品种结构变动对成本降低率的影响=6.51%-6.48%=0.03%

单位成本变动对成本降低额的影响=50 400-37 000=13 400（元）

单位成本变动对成本降低率的影响=8.87%-6.51%=2.36%

最后检验分析结果：

-2 194+194+13 400=11 400（元）

0.03%+2.36%=2.39%

由以上三个因素的计算结果可以看出，虽然总体上可比产品的成本降低额和降低率均超额完成了计划，但是三个影响因素的影响方向不尽相同，从产量上看，由于甲、乙两种可比产品的产量均未完成计划，导致产品成本降低额比计划少降低了2 194元；从品种结构上看，由于成本降低程度大的甲产品所占比重稍有增加，使得成本降低额比计划多完成194元，成本降低率增加0.03%；从单位成本角度看，由于甲产品和乙产品的单位成本均有所下降，导致可比产品成本降低额比计划增加13 400元，成本降低率增加2.36%。因此，建议企业在产品可以顺利销售的情况下，可以通过增加产品产量，尤其是增加成本降低程度大的产品产量，来降低可比产品的总成本。

第四节　主要产品单位成本表分析

对主要产品单位成本表进行分析，可以揭示企业各种主要产品单位成本及其各个成本项目的变动情况，尤其是各项消耗定额的执行情况；确定产品结构、工艺和操作方法的改变，以及有关经济技术指标变动对产品单位成本的影响，查明单位成本升降的具体原因。主要产品单位成本表的分析包括对产品单位成本计划完成情况的分析，产品单位成本项目的分析和经济技术指标变动对成本影响的分析等内容。

一、主要产品单位成本的基本分析

主要产品单位成本的基本分析包括对产品单位成本计划完成情况的分析及成本构成项目变动的分析。

（一）产品单位成本计划完成情况的分析

产品单位成本计划完成情况的分析主要采用比较分析法，通过对主要产品单位实际成本与计划、与上年实际等的比较，来说明单位成本的升降情况。

【例10-7】某公司主要生产甲、乙、丙三种产品，产品单位成本的资料见表10-3。要求：对产品单位成本计划的完成情况进行分析。

由表10-3的资料可以看出，甲、乙、丙三种主要产品的单位成本本月实际均低于去年同期的水平；甲产品的本月实际成本也低于计划水平，而乙产品和丙产品本月实际的单位成本均略高于计划水平。从本年累计实际平均的单位成本来看，三种产品的单位成本均低于去年同期水平；从各产品单位成本和计划比较的情况来看，甲产品本年累计实际平均单位成本刚刚完成计划，乙产品则没有完成计划，丙产品超额完成了计划。企业应深入分析乙产品成本的构成情况及没有完成计划的原因，以便采取措施，深入挖掘降低成本的潜力，努力降低主要产品的单位成本。

（二）产品单位成本构成项目变动分析

产品单位成本由直接材料、直接人工和制造费用等项目构成，需分别展开分析。

1.直接材料成本分析

直接材料在产品成本中往往占有重要地位，在加工制造业中材料费用所占的比重更大，是产品成本项目分析的重点。分析直接材料的变动情况，应首先将其实际成本与上年同期和计划成本进行比较，分析其成本变动趋势和计划的完成情况，然后进行直接材料费用影响因素的深入分析，找出影响直接材料费用的详细原因。

影响单位成本直接材料项目变动的因素主要是材料的单耗和单价，对直接材料项目进行因素分析实际上是从产品的生产和材料供应两方面入手，寻找降低材料成本的途径，从改进企业生产和材料供应工作上挖掘降低成本的潜力。

【例10-8】依例10-7，假定企业生产产品只消耗A和B两种材料，甲产品只消耗A材料，乙产品只消耗B材料，每件丙产品消耗两份A材料和一份B材料。材料的消耗定额、计划单价、本月实际消耗量及实际单价等情况见表10-18。要求：分析直接材料成本的计划完成情况及其影响因素。

表10-18 直接材料成本资料

20××年××月

金额单位：元

材料名称	计量单位	直接材料用量		直接材料单价		直接材料成本	
		计划	实际	计划	实际	计划	实际
A材料	千克	50	51.6	2.3	2.25	115	116.1
B材料	千克	14	12.5	2	2.24	28	28

由表10-3可以看出，甲产品本月实际和本年累计实际平均的直接材料成本均低于去年同期的成本水平，但均高于本年计划，需深入挖掘其直接材料成本计划的制订情况，分析是计划制订不合理，还是材料控制效果较差；乙产品本月实际和本年累计实际平均的直接材料成本均低于去年同期的成本水平，但本月实际的成本水平与计划刚好持平，需继续分析本月直接材料成本的控制情况；丙产品本月实际和本年累计实际平均的材料成本均低于去年同期的成本水平，本年累计实际平均的材料成本也低于本年计划，但本月实际的成本水平高于本年计划，需要深入分析本月实际材料成本超支的原因，提高材料成本的控制水平。

根据表10-18可以分析材料成本变动的影响因素：

（1）甲产品直接材料成本的影响因素：

单耗对材料成本的影响=（51.6−50）×2.3=+3.68（元）

单价对材料成本的影响=（2.25−2.3）×51.6=−2.58（元）

由于单位产品材料消耗量的增加使得甲产品单位材料成本增加了3.68元，但由于材料单价的降低使甲产品的单位材料成本降低了2.58元，二者的共同影响使甲产品单位材料成本实际比计划增加了1.1元。企业需要深入调查是供应部门采购的材料质量有问题，还是生产部门对材料的耗用存在浪费问题。

（2）乙产品直接材料成本的影响因素：

单耗对材料成本的影响=（12.5-14）×2=-3（元）

单价对材料成本的影响=（2.24-2）×12.5=+3（元）

由于单位产品材料消耗量的下降使得乙产品单位材料成本减少了3元，但由于材料单价的提高使乙产品的单位材料成本增加了3元，二者的共同影响使乙产品单位材料成本实际和计划相同。企业仍需分析材料单价提高的原因，看是否还存在降价的空间，以进一步降低材料成本。

（3）丙产品直接材料成本的影响因素：

单耗对材料成本的影响=（51.6-50）×2.3×2+（12.5-14）×2 =+4.36（元）

单价对材料成本的影响=（2.25-2.3）×51.6×2+（2.24-2）×12.5=-2.16（元）

分析略。

2.直接人工成本分析

分析产品单位成本中的人工费用，需按照不同的工资制度和工资费用计入成本的方法来进行。在计件工资制度下，计件单价不变，单位成本中的工资费用一般也不变，除非生产工艺或劳动组织方面有所改变，或者出现了问题；在计时工资制度下，如果企业生产多种产品，产品成本中的工资费用一般是按生产工时比例分配计入的。这时产品单位成本中工资费用的多少，取决于生产单位产品的工时消耗和小时工资率两个因素。生产单位产品消耗的工时越少，成本中分摊的工资费用也越少，而小时工资率的变动则受计时工资总额和生产工时总数的影响，其变动原因需从这两个因素的总体角度去查明。基于这种原因，分析单位成本中的工资费用，应结合生产技术、工艺和劳动组织等方面的情况，重点查明单位产品生产工时和小时工资率变动的原因。

【例10-9】依例10-7和例10-8，假定企业采用计时工资制计算产品成本。丙产品直接人工的计划工时、计划工资率、本月实际工时及实际工资率的情况见表10-19。要求：分析直接人工成本的计划完成情况及其影响因素。

表10-19　**直接人工成本资料**

20××年××月

产品名称	计量单位	直接人工工时（工时）		直接人工工资率		直接人工成本（元）	
		计划	实际	计划	实际	计划	实际
丙产品	千克	5	4.57	20	21	100	95.97

由表10-3可以看出，丙产品无论本月实际的直接人工成本还是本年累计实际平均的直接人工成本均低于去年同期和计划水平，直接人工成本控制得较好，应继续坚持。

通过表10-19可以分析直接人工成本不同于计划成本的影响因素：

工时对人工成本的影响=（4.57-5）×20=-8.6（元）

工资率对人工成本的影响=（21-20）×4.57=+4.57（元）

分析结果表明，单位产品工时的下降使得丙产品单位人工成本减少了8.6元，但由于人工工资率的提高使得丙产品的单位人工成本增加了4.57元，二者的共同影响使得丙产品单位人工成本实际比计划降低了4.03元。单位产品所耗工时的节约，一般是生产工人提高了劳动熟练程度，从而提高了劳动生产率的结果，但也不排除是由于偷工减料造成的，应该查明节约工时以后是否影响了产品的质量；工资率是以生产工资总额除以生产工时总额计算得出的，工资总额控制得好，生产工资总额减少，会使每小时工资费用降低，否则会使每小时工资费用提高。在工资总额固定的情况下，非生产工时控制得好，减少非生产工时，增加生产工时总额会使每小时工资费用降低，否则会使每小时工资费用提高。因此，除了要查明每小时工资费用变动的原因外，还应对生产工时的利用情况进行分析研究。

3.制造费用分析

制造费用在多产品生产中通常是间接计入费用，分配标准一般是受益产品所耗用工时。因此，产品单位成本中的制造费用就取决于单位产品工时消耗量和每小时制造费用两个因素。其计算公式为：

单位产品制造费用=单位产品工时消耗量×小时制造费用额（或小时制造费用分配率）

根据单位产品制造费用的计算公式，采用差额计算法分析两个因素对制造费用的影响程度时，可按如下公式进行计算：

$$制造费用效率差异对单位成本的影响=\left(\begin{matrix}单位产品\\实际工时\end{matrix}-\begin{matrix}单位产品\\计划工时\end{matrix}\right)\times 制造费用计划分配率$$

$$制造费用分配率差异对单位成本的影响=\left(\begin{matrix}制造费用实际\\分配率\end{matrix}-\begin{matrix}制造费用计划\\分配率\end{matrix}\right)\times 单位产品实际工时$$

【例10-10】依例10-7至例10-9，丙产品制造费用的计划和实际情况及耗用工时的情况见表10-3和表10-19。要求：分析丙产品制造费用的计划完成情况及其影响因素。

由表10-3可以看出，丙产品本月实际的制造费用低于上年实际，却高于本年计划；本年累计实际平均制造费用既高于去年同期，又高于本年计划。可见，丙产品制造费用的计划完成情况非常糟糕，企业需认真分析其原因，包括进行因素分析以及制造费用的构成比率分析，找出重点项目，更好地控制生产过程中间接费用的发生情况，降低产品成本。

通过表10-3和表10-19可以分析制造费用本月实际不同于计划成本的影响因素：

首先，计算制造费用计划和实际分配率。

制造费用计划分配率=85÷5=17（元/小时）

制造费用实际分配率=88÷4.57=19.26（元/小时）

其次，分析因素变动对制造费用的影响。

工时对制造费用的影响=（4.57−5）×17=−7.31（元）

分配率对制造费用的影响=（19.26−17）×4.57=+10.33（元）

计算结果表明，单位产品工时的下降使得丙产品单位成本中包含的制造费用减少了7.31元，但由于制造费用分配率的提高使丙产品负担的单位制造费用增加了10.33元，二者的共同影响使丙产品单位制造费用实际成本比计划提高了3.02元。需要深入分析制造费用分配率大幅上升的原因，并积极采取措施予以降低，以更好地控制成本，挖掘降低成本的潜力。

二、主要经济技术指标变动对成本影响的分析

产品成本是企业一系列行为的结果，任何一项成本项目的变动都会受到诸多因素的影响，而这些因素可能来自企业经营活动的各个方面，它们直接或间接地影响着产品成本的

变动。在实践中一般将这些经营活动通过一系列技术经济指标予以反映，如反映企业生产资源利用情况和产品质量的经济技术指标等。在进行成本分析时，经常按照成本流程将其划分为如下几个方面：与投入有关的劳动生产率、材料利用率、能源利用状况，与投入转化有关的生产设备利用情况，与产品产出有关的产品质量等。

（一）劳动生产率对成本的影响

劳动生产率提高意味着生产单位产品所耗用的时间比以前减少。这一方面会使单位产品所负担的工资成本减少，另一方面又会因工资率的增长，使单位产品成本提高。因此，要降低产品成本，必须使劳动生产率的提高大于工资率的提高。劳动生产率变动对产品单位成本的影响可用下列公式表示：

$$\begin{array}{l}\text{劳动生产率变动的影响}\\\text{(单位产品成本降低率)}\end{array}=\frac{\text{劳动生产率增长率}-\text{平均工资增长率}}{1+\text{劳动生产率增长率}}\times\begin{array}{l}\text{上年生产工人工资占}\\\text{单位产品成本的比重}\end{array}$$

（二）材料利用率对成本的影响

材料利用率就是单位产品材料的消耗率。材料投入产品生产要经过一系列处理和加工过程，其间会发生种种损耗，如材料在切割或裁剪过程中的边角余料、切削下来的废料及切割或裁剪损坏等，这些损耗越少就表明材料利用得越充分。提高材料的利用率就是通过降低单位产品材料的消耗率，降低产品成本中的材料成本，从而降低产品的单位成本。材料利用率变动对成本的影响，可用公式表达如下：

$$\begin{array}{l}\text{材料利用率变动的影响}\\\text{(单位产品成本降低率)}\end{array}=\frac{\text{本年实际材料利用率}-\text{上年实际材料利用率}}{\text{本年实际材料利用率}}\times\begin{array}{c}\text{上年材料成本占单位}\\\text{产品成本的比重}\end{array}$$

（三）能源利用状况对成本的影响

能源利用状况是从实物量角度反映的能源耗费状况。在生产单一产品的企业里，能源利用状况指标的计算公式为：

单位产品生产耗用煤（电）量=生产耗用煤（电）量÷产品产量

若企业生产多种产品，则可将生产耗用煤（电）量以消耗定额比例分配至各受益产品，以分别计算单位产品能源利用状况。能源利用状况还可以用每万元产值耗用煤（电）量表示，计算时只需将上述计算公式的分母换为“工业总产值（万元）”即可。能源利用状况变动对成本的影响，可用如下公式计算：

$$\text{能源利用状况变动的影响}=\left(\begin{array}{c}\text{单位产品耗用}\\\text{煤(电)量实际数}\end{array}\div\begin{array}{c}\text{单位产品耗用}\\\text{煤(电)量计划数}\end{array}-1\right)\times\begin{array}{c}\text{本年计划燃料及动力}\\\text{占产品成本比重}\end{array}$$

在不同类型的企业中，能源利用状况可以用不同的专业用语，如单位产品耗煤指标在火力发电厂叫标准煤耗率，在造纸厂被称为每吨纸耗用标准煤量等。

（四）生产设备利用情况对成本的影响

不同企业拥有不同的技术装备，导致反映生产设备利用情况的技术经济指标也各不相同，如机械企业以单位台时产量表示，冶金企业以高炉（平炉）利用系数表示等。这些技术经济指标与总产量有着直接关系，当产品产量增加时，单位产品负担的固定性制造费用就会降低；反之，则会增加。提高设备利用情况可以通过增加产品产量，降低单位产品成本中固定成本的比重来达到降低单位产品成本的目的。生产设备利用情况变动对成本的影响，可用如下公式计算：

$$\text{生产设备利用情况对成本的影响}=\left(\frac{1}{1+\text{总产量增长率}}-1\right)\times\text{本年计划固定成本占产品成本的比重}$$

（五）产品质量对成本的影响

在生产消耗水平不变的前提下，产品质量提高必然引起单位产品成本降低。衡量质量好坏的指标很多，如合格品率、废品率、等级品率等。现以合格品率和等级系数为例说明其对单位产品成本的影响。

1.合格品率对单位产品成本的影响

合格品率对单位产品成本的影响，可用公式表示如下：

$$\text{合格品率变动的影响（单位成本降低率）}=\left(1-\frac{\text{上年实际合格品率}}{\text{本年实际合格品率}}\right)\times 100\%$$

2.产品等级系数对成本的影响

同一种材料经过相同的加工过程，可能会生产出不同等级的产品，因此，在计算产品的单位成本时，需要将不同等级的产品数量折算为某一等级的标准数量。如果各种等级产品数量中等级高的产品所占比重较高，则折算后的标准产品产量就大，产品的单位成本会较低。产品等级系数通常用来描述产品的平均质量水平。不同等级产量折算为标准产量的比例称为等级折合率，一般按各等级产品价格与一级品价格之比确定。产品等级系数对成本的影响可用以下公式计算：

$$\text{产品等级系数}=\sum\left(\text{各等级产量}\times\text{该等级折合率}\right)\div\sum\text{各等级产品产量}$$

$$\text{产品等级系数对成本的影响}=\left(\frac{\text{本年计划(或上年实际)}}{\text{等级系数}}\div\frac{\text{本年实际}}{\text{等级系数}}-1\right)\times 100\%$$

【例 10-11】依例 10-7 至例 10-10，假定丙产品材料利用率去年为 96%，今年为 97%；丙产品消耗的人工工时去年为 5.5 小时/件，去年的工资率为 20 元/小时；丙产品去年的合格品率为 91.16%，今年的合格品率为 99%。要求：分析劳动生产率、材料利用率和合格品率的变动对产品成本的影响。

由表 10-3 可知，丙产品去年的成本构成中材料成本占 58.33%，人工成本占 22.92%。

（1）劳动生产率变动对成本的影响：

$$\text{劳动生产率提高的百分比}=\frac{5.5-4.57}{5.5}\times 100\%=16.91\%$$

$$\text{小时平均工资率提高的百分比}=\frac{21-20}{20}\times 100\%=5\%$$

$$\begin{array}{l}\text{劳动生产率变动的影响}\\ \text{（单位产品成本降低率）}\end{array}=\frac{16.91\%-5\%}{1+16.91\%}\times 22.92\%=2.33\%$$

计算结果表明：该企业伴随着劳动生产率提高 16.91%，小时平均工资率也提高了 5%，由于劳动生产率的增长速度高于小时平均工资率的增长速度，使得单位产品成本降低了 2.33%。

（2）材料利用率变动对成本的影响：

$$\text{材料利用率变动的影响（单位产品成本降低率）}=\left(1-\frac{96\%}{97\%}\right)\times 58.33\%=0.6\%$$

计算结果表明，由于企业本年材料利用率比去年有所提高，使产品单位成本降低了 0.6%。

（3）合格品率变动对成本的影响：

$$合格品率变动的影响（单位成本降低率）=\left(1-\frac{91.16\%}{99\%}\right)\times100\%=7.92\%$$

第五节　期间费用分析

期间费用分析应该包括各种费用计划完成情况分析和各种费用增减变动情况分析两方面内容。

一、各种费用计划完成情况分析

对各种费用计划完成情况的分析，是根据前述各种费用明细表中的资料，以本年累计实际数与各项费用计划相比较，确定实际脱离计划的差异，发现各种费用的变动趋势，并分析差异产生的原因。

由于各种费用所包括的内容具有不同的经济性质和用途，为了具体分析各种费用的增减变化和计划执行好坏的情况与原因，应按各个费用项目分别进行分析，对超支或节约数额较大或者费用比重较大的项目，应有重点地进行分析；分析时应注意不能孤立地检查某种费用控制计划的完成情况，以防止一些费用项目的节约掩盖了另一些费用项目的超支；分析时还应注意不同费用项目支出的特点，对具体问题作具体分析，不能简单地将所有超过计划的费用支出都认为是不合理的。比如对于企业某些适销对路的产品，在超额完成其销量计划，并且其市场占有率不断提高的情况下，相应增加的销售人员的职工薪酬、运输费、包装费和装卸费等项支出就是合理的，反之，也不能将一切费用支出的减少都作为企业工作的成绩。比如管理费用中的职工教育经费等费用的减少，就不一定都是企业工作的成绩，因为这项费用支出的减少，有可能导致企业劳动生产率和产品质量下降，甚至影响企业的安全生产。

二、各种费用增减变动情况分析

进行期间费用增减变动情况分析时，首先，需要计算各项费用具体项目的构成情况，以判断各项费用中应重点关注的费用项目。其次，可以根据各种费用明细表中的资料，将本月实际数与上年同期实际数进行对比，揭示本月实际与上年同期实际之间的增减变化，以便从动态上观察、比较各项费用，特别是一些主要的、重点的费用项目的变动情况和变动趋势。在进行分析时应注意前后期费用指标的口径是否一致，如果不一致，应按照基期或报告期的口径进行调整，调整后再进行比较分析。最后，在对管理费用、财务费用和销售费用进行分析时，还应注意对于变动费用项目，应联系业务量的变动，计算相对的节约或超支；对于固定费用项目，可以用实际数与基数相比较，直接确定其绝对差异；对于某些支出和损失项目，应结合其抵消数进行分析。

总之，通过上述分析，应促使企业不断总结经验，改进企业的生产经营管理，有效控制各种费用支出，最终提高企业的经济效益。

【例 10-12】某公司销售费用上年同期实际数、本年计划和本年累计实际数见表 10-6。要求：分析该公司销售费用的计划完成情况并进行费用增减变动情况的分析。

销售费用计划完成情况及各项目增减变动的情况见表 10-20。

表10-20 **销售费用计划完成情况及各项目增减变动情况分析表** 金额单位：元

项　目	本年计划数	本年实际数	实际比预算		各项目占总体比重（%）	
			增减金额	变动率（%）	预算数	实际数
运输费	36 000	35 000	−1 000	−2.78	8.23	7.78
装卸费	2 500	2 600	100	4	0.57	0.58
包装费	20 000	19 000	−1 000	−5	4.57	4.22
折旧费	50 000	50 000	0	0	11.43	11.11
修理费	6 000	5 800	−200	−3.33	1.37	1.29
办公费	10 000	9 800	−200	−2	2.29	2.18
保险费	12 000	12 000	0	0	2.74	2.67
广告费	100 000	95 000	−5 000	−5	22.86	21.11
展览费	30 000	32 000	2 000	6.67	6.86	7.11
租赁费	28 000	28 000	0	0	6.40	6.22
物料消耗	3 000	2 800	−200	−6.67	0.69	0.62
专设销售机构经费	60 000	58 000	−2 000	−3.33	13.71	12.89
其他	80 000	100 000	20 000	25	18.28*	22.22
销售费用合计	437 500	450 000	12 500	2.86	100	100

*进行了尾数调整。

由表10-20可以看出，企业的销售费用从整体上并未完成计划，而是超支了12 500元，超支率为2.86%。从各项目的预算执行情况看，运输费、包装费、广告费、专设销售机构经费等均比计划有所减少，超额完成了计划；但展览费和其他等则发生了超支。企业需结合销售收入计划和实际的数额进行分析，正常情况下运输费、包装费等应随销售收入的变化而成比例变化，如果企业的销售收入完成了计划，则该项费用的减少值得肯定，而如果由于广告费和专设销售机构经费的减少导致销售收入未完成计划，从而形成的运输费和包装费等的节约则需要企业深入思考；另外，企业需分析展览费超支的原因，并结合广告费的发生一起分析，因为二者对企业产品的销售作用相同；最后，占预算和实际金额都很多的其他销售费用发生了20 000元的超支，超支率达25%，应详细分析其他销售费用的构成，分析其明细项目的变动情况，找出导致其超支的主要原因，以采取措施予以纠正。

知识拓展

管理会计应用指引第801号
——企业管理会计报告

管理会计应用指引第802号
——管理会计信息系统

专业素养

1.根据成本报表，利用报表分析方法，增强成本管理者的专业技能和职业素养。利用报表数据，结合报表使用者的职业素养，探寻契合经济发展的规律。

2.以专业分析与群众分析相结合的原则，引申出“整体与部分的关系”，培养学生的集体主义观念。以全面分析与重点分析相结合的原则，引申出整体发展观，培养学生管理、业务、财务一体化的发展理念。以经济分析与技术分析相结合的原则，引申出创新观念，培养学生的创新理念。

3.通过编制、审批、报送成本报表，领会精益求精的工匠精神和严肃认真的科学精神，培养学生严谨的工作态度，提升自身素质。通过报表分析，感知看待问题和处理问题的全局观，提升为他人和社会提供全方位服务的意识。

基本训练

一、单项选择题

1.主要产品不包括（　　）产品。

A.企业经常生产的　　B.在企业全部产品中所占比重较大的

C.能总括反映企业生产经营情况的　　D.企业本年度初次生产的

2.成本分析评价标准是成本报表分析最为关键的基础工作，其评价标准不包括（　　）。

A.历史标准　　B.作业标准　　C.行业标准　　D.目标标准

3.（　　）不是成本报表分析的定量分析方法。

A.比较分析法　　B.比率分析法　　C.回归分析法　　D.因素分析法

4.比率分析法是比较分析法的一种，常用的分析比率不包括（　　）。

A.比较比率　　B.相关比率　　C.动态比率　　D.构成比率

5.下面关于可比产品成本降低计划完成情况的计算公式中错误的是（　　）。

A.$计划降低额=\sum\left[某种可比产品计划产量\times\left(上年实际平均单位成本-本年计划单位成本\right)\right]$

B.$计划降低率=\dfrac{计划降低额}{\sum\left(某种可比产品计划产量\times本年计划平均单位成本\right)}\times100\%$

C.$实际降低额=\sum\left[某种可比产品实际产量\times\left(上年实际平均单位成本-本年实际单位成本\right)\right]$

D.$实际降低率=\dfrac{实际降低额}{\sum\left(某种可比产品实际产量\times上年实际平均单位成本\right)}$

6.影响可比产品成本的主要因素不包括（　　）。

A.产品产量　　B.产品成本计划　　C.产品品种结构　　D.单位产品成本

7.影响成本降低额的因素不包括（　　）。

A.产品产量变动　　B.产品成本计划变动

C.产品品种结构变动　　D.单位产品成本变动

8.下列各项对产品成本的分析方法中，属于构成比率的是（　　）。

A.本期实际成本与计划成本的比重　　B.本期的成本费用利润率

C.本期销售收入的成本率　　D.制造费用占产品成本的比重

9.连环替代法和差额计算法（　　）。

A.两者没有任何联系　　B.两者是一种分析方法

C.后者是前者简化的计算方法　　D.两者计算原理和计算结果可能不同

10.既反映本期发生的生产费用，又反映本期完工产品成本的报表是（　　）。

A.按成本项目反映的产品生产成本表　　B.按产品种类反映的产品生产成本表

C.主要产品单位成本表　　D.制造费用明细表

二、多项选择题

1.成本报表作为企业内部报表，与现行会计制度规定的对外报表相比，具有（　）等特点。

A.更注重时效性

B.是根据产品成本和期间费用的核算资料以及其他有关资料编制的、用以反映和监督企业一定时期内产品成本和期间费用水平及其构成情况的报告性文件

C.成本报表编制的目的主要是满足企业内部管理者的需要，其内容更具针对性

D.成本报表的种类、内容和格式由企业自行决定，更具灵活性

2.成本分析的评价标准有（　）。

A.历史标准　　B.行业标准　　C.目标标准　　D.技术标准

3.企业编制的成本报表主要包括（　）等。

A.经济技术指标变动对产品成本影响分析表

B.主要产品单位成本表

C.全部产品生产成本报表

D.各种费用明细表

4.按产品种类反映的全部产品生产成本表的内容包括（　）。

A.可比产品生产成本的资料　　B.不可比产品生产成本的资料

C.生产费用的资料　　D.补充资料

5.成本报表分析的原则有（　）。

A.全面分析与重点分析相结合　　B.专业分析与群众分析相结合

C.经济分析与技术分析相结合　　D.成本分析与成本考核相结合

6.因素分析法主要具有（　）等特点。

A.计算条件的假定性　　B.计算结果的一致性

C.因素替换的顺序性　　D.计算程序的连环性

7.利用技术经济指标变动进行成本分析时，经常按照成本流程将其划分为（　）等方面。

A.劳动生产率　　B.生产设备利用情况　　C.材料利用率　　D.产品质量

8.采用连环替代法进行成本分析时，各因素的顺序是（　）。

A.应按一定顺序排列：先质量指标后数量指标

B.可以任意排列

C.应按一定顺序排列：先实物量指标后价值量指标

D.应按一定顺序排列：先基本指标后从属指标

9.产品产量增加对可比产品成本的影响有（　）。

A.使成本降低额增加　　B.使成本降低额减少

C.使成本降低率增加　　D.使成本降低率不变

三、判断题

1.成本报表的内容更具有针对性，只反映内部使用人关注的信息，而不是泛泛地、千篇一律地提供总括的情况。（　）

2.成本报表可以事后编制，也可以事中编报或事前预报。（　）

3.如果企业的实际主管部门要求企业将其主要成本报表作为会计报表的附表上报，则企业主要成本报表的种类、格式和编制方法等也可以由企业主管部门会同企业共同商定。（　）

4.定性分析是定量分析的基础，定量分析是对定性分析的进一步补充和说明。进行成本分析必须在定性分析的基础上进行科学的定量分析，才能使成本分析更深入、更透彻。（　）

5.企业成本的高低既受经济因素影响，又受技术因素影响，而且在一定程度上技术因素起决定性作用。（　）

6.比较分析法是成本分析中最基本、最主要的分析方法。（　）

7.比较分析法只适用于同质指标，即对比的指标所采用的计量单位、计价标准、时间单位、指标内容和前后采用的计算方法等都应具备可比的条件和基础。（　）

8.利用因素分析法时，通常各因素的替换顺序是：基本因素在前，从属因素在后；数量因素在前，质量因素在后；实物量指标在前，货币量指标在后。（　）

9.产量变动只影响成本降低额的变动，不影响成本降低率的变动。（　）

10.在分析某个指标时，将与该指标相关但又不同的指标加以对比，分析其相互关系的方法叫作对比分析法。（　）

四、计算题

1.某公司按产品种类反映的全部产品生产成本表见表10-21。请在表中空白的地方填上准确的数字。

表10-21　**全部产品生产成本表（按产品种类反映）**

20××年12月　　金额单位：元

产品名称	计量单位	实际产量		单位成本				本月总成本		
		本月	本年累计	上年实际平均	本年计划	本月实际	本年累计实际平均	按上年实际平均单位成本计算	按本年计划单位成本计算	本月实际
可比产品										
合计								53 000	46 000	48 100
其中：A	条		4 000	80	70		72	40 000		37 500
B	条	200	3 000			53	52	13 000	11 000	
不可比产品										
合计									22 000	21 800
其中：C	件	60	400		100	90	110		6 000	5 400
D	件	80	800		200	205	210		16 000	16 400
全部产品成本合计									68 000	69 900

2.某企业20××年有关人工费用、产品产量、单位产品工时和小时工资率的计划和实际资料见表10-22。

要求：分析各因素变动对人工费用的影响程度。

表10-22 **人工费用资料**

指 标	计 划	实 际
人工费用（元）	1 600 000	1 944 000
产品产量（双）	8 000	9 000
单位产品工时（小时/双）	20	18
小时工资率（元/小时）	10	12

3.某公司可比产品A和B本年的计划产量分别为6 000件和2 500件，其他资料见表10-21。

要求：分析可比产品成本降低计划的完成情况及其影响因素。

五、简答题

1.什么是成本报表？它有哪些特点？

2.成本报表的种类有哪些？

3.如何编制全部产品生产成本表、主要产品单位成本表和费用明细表？

4.成本报表分析的原则和评价标准有哪些？

5.成本报表分析有哪些方法？

6.比率分析法有哪几种具体的方法？

7.因素分析法有哪些特点？

8.影响产品成本的主要经济技术指标有哪些？它们对成本的影响如何计算？

基本训练答案解析

案例分析

南方摩托内部管理报告案例①

重庆南方摩托车有限责任公司（以下简称南方摩托）充分应用管理会计的内部管理报告工具，重点从产品、产业、人员、资产、资金、费用等方面进行数据梳理和匹配分析，揭示管理短板、资源现状及其配置效率、价值创造能力等问题，并查找原因，制定措施，形成报告，力求从财务、业务等多方面为公司明确战略方向、落实规划措施提供有力的量化支撑。

1.编制13张管理会计报表

南方摩托编制的13张管理会计报表以资产、利润、人员、成本、产品等为对象，主要分析填列人、财、物等资源的分布状况，明确资源在产品、产业中的配置效率，并梳理出经营性损益和非经营性损益，从而揭示相关产品、产业的效益情况。这13张管理会计报表包括7张主表：一是业务结构资产负债表，该表区分为生产经营性和非生产经营性，把低效、无效等资源按照业务板块在资产负债表中进行矩阵式列示，为资源清理、匹配分析以及资源的有序流动和有效性评估提供支撑。二是业务结构利润表，该表区分为生产经营性和非生产经营性，把传统业务、成长业务和新兴业务等业务板块在利润表中进行矩阵式列示，为业务效益分析、业务调整和规划提供支撑。三是业务结构用工规模及人工成本表，该表区分为生产经营性和非生产经营性，把人员总数按业务板块在部门类别中进行矩

① 资料来源：李华光，倪尔科，王国强，等．南方摩托内部管理报告应用与实践［J］．财务与会计，2015（2）．

阵式列示，为人员分析、人员优化调整提供支撑。四是产品单品效益分析表，该表矩阵展示每个产品的价格、固定成本、变动成本、利润等构成，分析填列材料占比、毛利、边际贡献总额、现金利润等指标，为产品效益分析、产品结构调整和规划提供支撑。五是费用习性汇总表，该表按照成本费用的用途，区分固定和变动成本费用进行分类别矩阵式列示，为成本费用分析和管理提供支撑。六是盈利路径表，该表将引起利润增减变化的项目区分为增利部分和减利部分，直观地展现利润增减变化的影响因素，为盈利路径分析、目标管理和战略决策提供支撑。七是EVA驱动路径表，该表与投资决策、业务拓展紧密衔接，通过价值诊断和驱动路径分析，查找关键影响因素，为持续提升价值创造能力提供支撑。除上述7张主表外，南方摩托的管理会计报表还包括主业无效资产明细表、主业低效固定资产明细表、非主业资产明细表、盈利结构分析表、偶然性和非持续性收益及成本费用支出明细表、费用习性明细表6张明细表。

2.分析并优化产业战略及日常经营规划

（1）优化产品产业规划。通过将企业内部有关数据代入业务结构利润表、产品单品效益分析表中，并结合主要指标对比情况（见表10-23）分析，本部企业经营亏损，毛利率较合资企业低，期间费用率较合资企业高。其主要原因有两点：一是以摩托车为主的传统业务亏损，而成长业务如车用空调、特种车、高端加工等虽边际利润较高，但营业收入规模低，不足以完全支撑产业整体效益改善。二是在剔除非生产经营性效益后生产经营仍亏损，同时发现摩托车产品材料占比和盈亏平衡点较高，表明摩托车产品效益需改善。

表10-23 **主要指标对比表**

项目	行业	产业		
		合并	合资	本部
营业收入				
经营利润				
毛利率				
期间费用率				
其中：销售费用/收入				
管理费用/收入				
财务费用/收入				
销售利润率				

对此，南方摩托提出了优化产品、产业规划的对策：一是优化传统业务的产品结构，降低成本，提升盈利能力；二是投入更多资源到车用空调、特种车、高端加工等成长业务中，扩大盈利产业规模，打造外延式转型升级，发展传统业务中大排量和新兴业务通用机械等增量产业。

（2）优化产能管理规划。通过将相关数据代入业务结构资产负债表、费用习性汇总表中分析得出，本部企业传统业务固定资产规模大，存在无效、低效资源，折旧、专用工装、摊销费用占比较高，结合产能利用率对比（见表10-24）分析还发现，三家本部企业产能利用率低，形成浪费。

表10-24 **产能利用率对比**

项目	产能利用率	年折旧额	产能过剩多承担折旧费用
三家合计			
其中：嘉陵股份			
建设本部			
轻骑有限			

对此，南方摩托提出了优化产能管理的对策：一是加强产业内制造资源的整合，盘活各成员单位制造资产在其他成员单位的使用，加大共享力度。二是积极开拓市场，扩大产品规模，避免产能闲置。三是做大做强成长业务和新兴业务，实现固定资产资源再平衡。四是利用轻骑有限公司未搬迁的机会，合理规划摩托车产能，严格控制投资规模，使投入与产出匹配，减少资源占用。对于已搬迁的公司，加大力度处置闲置固定资产，提高资产运营效率。

（3）优化人力资源规划。通过将企业内部相关数据代入业务结构利润表、业务结构用工规模及人工成本表中，并结合现行收入应达人员规模（见表10-25）分析发现，本部企业传统业务中有冗员，人力资源未完全发挥作用。按现行收入规模折算人数，三家本部企业较行业水平总人数多。若按行业标准配置人员，预计盈利率可提升3%。对此，南方摩托提出了优化人力资源规划的对策：一是目标牵引，结合现有经济规模和企业最低人员数量要求，明确各单位人员数量减少的目标。二是加大改革调整力度，降低传统业务中的人员总量。三是创新机制，激发员工的价值创造能力。四是加快转型升级、合资合作步伐，加快成长、新兴业务的拓展，积极消化冗余人员。五是加强与相关部门的沟通，寻求人员优化的政策支持。

表10-25 **按现行收入应达人员规模**

<table>
<tr><th rowspan="3">项目</th><th rowspan="3">营业收入</th><th colspan="5">人数对比</th><th rowspan="3">按行业人数标准配置人员计算盈利率增减百分点</th></tr>
<tr><th rowspan="2">总人数</th><th rowspan="2">从业人数</th><th colspan="3">结合行业人数和营业收入比值折算目前营业收入对应的人数</th></tr>
<tr><th>应承担人数</th><th>较总人数增减</th><th>较从业人数增减</th></tr>
<tr><td>三家合计</td><td></td><td></td><td></td><td></td><td></td><td></td><td></td></tr>
<tr><td>其中：嘉陵股份</td><td></td><td></td><td></td><td></td><td></td><td></td><td></td></tr>
<tr><td>建设本部</td><td></td><td></td><td></td><td></td><td></td><td></td><td></td></tr>
<tr><td>轻骑有限</td><td></td><td></td><td></td><td></td><td></td><td></td><td></td></tr>
</table>

（4）优化资产结构规划。通过将企业内部有关数据代入业务结构资产负债表、业务结

构利润表及EVA驱动路径表中，并结合按现行收入和对标的总资产周转率计算应达资产规模（见表10-26）的分析发现，本部企业收入与资产占用不完全匹配。销售规模较低，资产规模较大，存在无效、低效资源，效率效益较低影响了价值创造能力的提升。与行业相比，三家本部企业在剔除无效资产和长期投资后资产总额仍较行业水平高。若按行业标准配置资产，预计盈利率可提升1%以上。

表10-26　**按现行收入和对标的总资产周转率计算应达资产规模**

<table>
<tr><th rowspan="3">项目</th><th rowspan="3">营业收入</th><th colspan="3">资产总额对比</th><th rowspan="3">处置多余资源，按行业水平优化资产（资金成本按5%计算）后增加的盈利率</th></tr>
<tr><th rowspan="2">资产总额（剔除无效资产和长期投资）</th><th colspan="2">按营业收入及行业总资产周转平均水平折算</th></tr>
<tr><th>应达资产总额</th><th>较行业水平增减</th></tr>
<tr><td>三家合计</td><td></td><td></td><td></td><td></td><td></td></tr>
<tr><td>其中：嘉陵股份</td><td></td><td></td><td></td><td></td><td></td></tr>
<tr><td>建设本部</td><td></td><td></td><td></td><td></td><td></td></tr>
<tr><td>轻骑有限</td><td></td><td></td><td></td><td></td><td></td></tr>
</table>

对此，南方摩托提出了优化资产结构规划的对策：一是进一步减少存货和应收账款，提高资金周转率。二是加大各成员单位间的研发及管理资产的整合和共享力度。三是加快清理闲置无效、低效资产，推动资产向主业集中，特别是向成长业务集中。四是严格控制投资规模，压缩非主业投资、低效投资、高风险投资和低水平重复投资。

（5）优化负债结构规划。通过将有关数据代入业务结构资产负债表、业务结构利润表、费用习性汇总表中，并结合负债对比情况（见表10-27）分析发现，本部企业资产负债率较高，融资规模和利息支出较大，表明企业存在非经营性费用。若按行业资产负债水平减少带息负债，年节约财务费用1亿元以上。

表10-27　**负债对比**

项目	资产总额	融资规模	资产负债率	达到行业资产负债率水平应减少负债	减少带息负债	节约财务费用
三家合计						
其中：嘉陵股份						
建设本部						
轻骑有限						

对此，南方摩托提出了优化负债结构规划的对策：一是盘活资产，加大资产处置的资金收取力度；二是资产处置资金专款专用，除用于经营性和资本性项目外，剩余部分全部用于还贷，以降低融资规模；三是严格控制带息资金来源，加强资本运作，积极寻求权益性融资。

3.提出盈亏平衡的路径和方向

通过以上综合分析并结合盈利路径表，南方摩托提出了盈亏平衡的路径和方向：消除低效、无效资源带来的亏损，提高存量资源的产出效益，加快成长与新兴业务增量增利步伐，在开源的同时实现节流收益，逐步实现摩托车产业止亏、减亏和扭亏目标，确保产业健康持续发展。

要求：根据以上案例，试分析内部管理报告对企业管理的作用。

案例分析参考答案

主要参考文献

［1］FEIGENBAUM A V．Total quality conntrol［M］．3rd ed．New York：McGraw-Hill，1983．

［2］HARRINGTON H J．Poor-quality cost［M］．New York：Marcel Dekker，1987．

［3］汉森，莫温．成本会计［M］．曹玉珊，译．2版．大连：东北财经大学出版社，2015．

［4］汉森，莫温．管理会计学［M］．陈良华，等译．6版．北京：中国人民大学出版社，2005．

［5］亨格伦，桑顿，斯特尔顿．管理会计教程［M］．许秉岩，史向东，译．10版．北京：华夏出版社，1999．

［6］亨格瑞，达塔尔，拉詹．成本与管理会计［M］．王立彦，刘应文，译．15版．北京：中国人民大学出版社，2016．

［7］侯晓红，林爱梅．成本会计学［M］．4版．北京：机械工业出版社，2021．

［8］胡玉明．管理会计应用指引详解与实务［M］．北京：经济科学出版社，2018．

［9］乐艳芬．成本管理会计［M］．4版．上海：复旦大学出版社，2017．

［10］刘金星．管理会计实训与案例［M］．3版．大连：东北财经大学出版社，2024．

［11］刘俊勇．成本与管理会计［M］．北京：中国人民大学出版社，2021．

［12］孙茂竹，于富生．成本与管理会计［M］．3版．北京：中国人民大学出版社，2020．

［13］孙茂竹，支晓强，戴璐．管理会计学［M］．9版．北京：中国人民大学出版社，2020．

［14］王艳茹，应小陆，杨树军．创业企业财务管理［M］．北京：中国人民大学出版社，2022．

［15］王艳茹．基础会计［M］．4版．北京：中国人民大学出版社，2019．

［16］问君彦．作业成本法在A企业的应用案例分析［J］．商业会计，2020（7）：91-93．

［17］中华人民共和国财政部．管理会计应用指引［M］．上海：立信会计出版社，2018．

